JN208012

性/生《SEI》をめぐる闘争

台湾と韓国における性的マイノリティの運動と政治

Genya Fukunaga

福永玄弥

明石書店

［装丁写真］
ソウルクィアパレード 2019（ソウル市）
出所：2019 年 6 月 9 日筆者撮影

性／生をめぐる闘争――台湾と韓国における性的マイノリティの運動と政治

目次

第二部　〈解放〉をめぐる闘争

プロローグ

この本を、時も場所も異なるふたりの生と死について語るところから書き起こしてみようと思う。

二〇二一年の春から冬にかけて、わたしはこの本の元となる博士論文を執筆していた。首都圏のいくつかの大学で非常勤講師として勤めていたが、ろくに貯金もできない経済状況と将来への切迫した不安から、週末は大学院受験のための予備校で講師職を掛け持ちしていた。ピョン・ヒス（변희수）の訃報に触れたのは、休みなく働きながら博論を執筆していた二〇二一年三月三日の夜更けのことだった。

二〇二〇年一月二二日、韓国の軍隊が下士官として服務していたトランスジェンダー女性のピョン・ヒスに対して除隊処分を下した。一九九八年に忠清北道清州《チュンチョンブクドチョンジュ》市で生まれたピョンは、出生時に医師から割り当てられた男性という性別や周囲から期待される性別役割に違和感を持っていた。幼少期にはそれを抑えようと努め、サバイバルゲームなど「男らしい」とされる趣味を選んで没頭した。長じてからは、軍人として国家に貢献することを夢みるようになった。二〇一六年春、高校を卒業したピョンは陸軍に入隊し、やがて戦車操縦士として服務する生活を始めた。

軍人としての職業生活は順調だった。一方で、女性として生きることをあきらめきれないという思いは募るばかりだった。しかし性的マイノリティの処遇に保守的なことで知られる軍隊で、女性に性別を移行《トランス》した軍人としての将来像を描くことは困難だった。ロールモデルもいなかった。けれどもピョンは「女性として生きること」と「軍人として働くこと」を両立させる選択を決意する。

二〇一九年六月、ピョンは国軍首都病院で心理カウンセリングとホルモン治療を開始した。翌月には上官にカミングアウトし、性別適合手術（Sex Reassignment Surgery）を受ける意思があることを報告する。八月には軍の両性平等相談官（양성평등상담관）にも相談した。[1] その結果、手術後の措置について――宿舎や女性休憩室の利用を含めて――便宜を図ってもらう約束をとりつけることに成功した。十一月に入ると休暇を利用してタイへ渡航し、性別適合手術を受けた。帰国後まもなく部隊への復帰が認められ、一二月二九日には法的性別を女性に訂正すべくソウル地裁への申請を済ませた。[2]

軍隊の好意的な反応は、ピョンだけでなく、彼女を支援してきたNGOの軍人権センター（군인권센터）のスタッフも驚くほどであった。[3] 実際、同センターの事務局長は当時の状況を次のようにふり返っている（김형남 2021）。

> ピョン・ヒスの道はピョン・ヒスがひとりでつくりあげたものではなかった。ピョン・ヒスの勇気の裏には、長い悩みのなかで慎重に行動に移したカミングアウトと、予想もしなかった上官や戦友たちの支持や応援の場面が積み重なっている。〔……〕ピョン・ヒスは上官に初めてカミン

グアウトした二〇一九年七月から半年以上、何事もなく服務をこなした。〔陸軍では〕いかなる排除も、差別も、嫌悪もなかった。軍隊でも自分の姿のままでいられるという信頼を持つには十分な時間だった。

軍が自分を見捨てることはないとピョンは確信していた。上官に手術の意思を表明したことも、軍の許可を得て手術を受けるためにタイへ渡航したことも、帰国して国軍首都病院に入院して部隊への復帰を準備したことも、これらはすべてそのような信頼にもとづいていた。ところが軍はピョンの期待を裏切り、信頼を打ち砕いた。二〇二〇年一月二二日、ソウル地裁が結審を迎える前に軍は彼女に除隊処分を通知したのである。ピョンは地裁判決が出るまでは審査委員会の開催を先延ばしにするよう、あらかじめ軍に要請していた。軍人権センターや国家人権委員会[4]も彼女

1 二〇一九年五月、韓国国防部は「両性平等支援に関する訓令」を施行して、軍内部の性暴力の根絶や被害者保護の強化を打ち出した。ピョン・ヒスが相談をもちかけた両性平等相談官も、この訓令を受けて配置されたものである。

2 法的性別の訂正に際して、性別適合手術を受けることが要件のひとつとされている。

3 二〇〇九年九月に創立された軍人権センターはソウル市にオフィスを設け、軍隊で起きたハラスメントや差別の解消と被害の救済に取り組んできた。初代代表のイム・テフン（임태훈、一九七六年～）はカミングアウトしたゲイとして、軍刑法に残るソドミー条項と同性愛を精神疾患と規定する徴兵検査に抗議して良心的兵役拒否を貫き、二〇〇四年に一年六ヶ月の懲役刑を宣告されて収監されている。

4 国家人権委員会（국가인권위원회：National Human Rights Commission of the Republic of Korea）は二〇〇一年に設置された国家人権機関である。国際人権規範にもとづく人権の保護と推進を目的とし、韓国で民主化を推進する重要なアクターとなった。国家人権委員会については第4章と6章で詳述する。

の主張を擁護して審査委員会の開催延期を勧告していた。にもかかわらず陸軍はこれらの要請や勧告をいっさい聞き入れなかったのである。

翌日、陸軍はピョンを強制除隊した。その根拠は、男性身体にあるべき睾丸が欠損していたという理由にもとづく「身体障害三級」の判定であった。ピョンは即座に処分の取り消しを求めた。除隊処分の通知を受けた一月二二日には記者会見を開き、トランス女性としてカミングアウトしてみずからの主張を世論に強く訴えた。軍を相手に訴訟も起こした。しかし係争中の二〇二一年三月三日、彼女は自宅で死亡しているところを発見された。二月二七日に自死したものとみられる。

ピョン・ヒスに対する軍の処遇[5]について、進歩派メディアとして民主化の推進に寄与した『ハンギョレ』は「トランスジェンダーの権利擁護」という観点から批判的な報道を重ねている。[6]女性兵士や性的マイノリティの兵士の人権擁護活動に取り組んできた軍人権センターをはじめとする性的マイノリティの社会運動団体も、ピョンを支持する姿勢を貫いた。国家人権委員会がピョンの主張を擁護したことも、すでに述べたとおりである。

ところが記者会見で陸軍による除隊通告を不当と主張して以来、ピョン・ヒスはヘイトスピーチの集中砲火を浴びつづけた。[7]深刻な差別の可視化を危惧した国家人権委員会はトランスジェンダー当事者を対象とした公的な社会調査を実施し、韓国でトランスジェンダーとして生きる人びとが置かれている困難な状況を報告書にとりまとめた。[8]これによると、過去一年間でSNSを含むインターネットでトランスジェンダーに対するヘイトスピーチに接した経験を持つ一九歳以上の当事者は九七・一%にものぼり、ピョンの経験が必ずしも特異な例ではないことがわかる。

「女性兵士」としての服務を主張したピョンに対してヘイトスピーチを投げかけた人びとは、保守的な意識を持つ市民だけではなかった。性的マイノリティの権利を否定する言論を展開した宗教右派の団体や信者、さらには女性の権利や自由を主張してきたフェミニストの姿もみられた。彼女たちの主張は、男性として生まれた「身体男性」を女性として認めてしまうと軍隊内の「本

5 二〇二四年三月二九日、韓国国防省はピョン・ヒスを殉職扱いにすることを発表した。

6 二〇二一年三月六日の『ハンギョレ』は、ピョンの死を「自殺ではなく社会的他殺」と表現し、性的マイノリティの人権保護を規定した包括的差別禁止法の制定を主張している（조현 2021）。

7 たとえばピョン・ヒスと軍人権センターが二〇二〇年一月二二日に開催した記者会見の模様を掲載したYouTubeチャンネルには、ピョンの主張に対するネガティブなコメントやトランスジェンダーに対するヘイトスピーチが溢れている。記者会見を映した動画は비디오머그（2020）からアクセスできるが、視聴の際は注意してほしい。

8 国家人権委員会の「トランスジェンダー嫌悪差別実態調査」によれば、過去一年間でトランスジェンダーに対する嫌悪表現に接した経験については、インターネットで九七・一％が、メディア（放送・新聞・インターネットニュース）では八七・三％が「ある」と回答した（국가인권위원회 2020）。当事者の被差別経験はさまざまだが、日常生活で経験する困難が多く、中学・高校に通った経験のある当事者のうち、六七％が授業中に教師から性的マイノリティを卑下する発言を聞いたことがあると、二一・三％は教師から暴力や不当な待遇を受けたと回答した。男女別公衆トイレの利用を避けるために食べ物や飲み物の摂取をしなかったことがあると答えた者は三九・二％、遠くても男女兼用もしくは障害者用のトイレを利用するとした者が三七・二％、男女別トイレの利用をあきらめた経験があると回答した者は三六％にのぼった。また、過去に就職活動の経験があると答えた者のうち、五七・一％はトランスジェンダーであることを理由にあきらめたと答えた。軍に服務した経験のある回答者が挙げた困難としては、シャワー施設の利用時が五八・三％、性的マイノリティを卑下する発言やこれを容認する文化が五四・六％、トランスジェンダーであることが知られることに対する恐れが五一・八％、セクシュアル・ハラスメントまたは性暴力の被害経験が一二・四％であった。

そもそもマイノリティの生に対する理解を欠いた社会では、マイノリティが直面する差別が承認されることさえ困難である。その意味において、この調査は韓国のトランスジェンダー差別を可視化した点で重要な意義を持つ。なお、この調査結果の概要は、徐台教（2021）が日本語でまとめている。

物の女性」の安全が損なわれるとするもので、トランス女性を「女性兵士」として遇するわけにはいかないというものだった。「トランス女性の権利」と「本物の女性の安全」があたかも対立するかのように装って前者を否定した論客として知られるラディカル・フェミニストのクク・チヘ（국지혜）は、ピョンの自死が報道された夜にFacebookに次のようなコメントを投稿した（국지혜 2021）。「性別を変えるという希望のないことにしがみついて人が死んでいく……。女ではない。そう、女じゃない。……ひとりの男が死んだね」。[9]

二〇〇〇年、屏東《ピンドン》で

二〇〇〇年四月二〇日、台湾最南端に位置する屏東県で高樹中学校に通う三年生の葉永鋕《イエ・ヨンジー》が、学校の男子トイレで意識不明で倒れているところを発見された。葉はすぐに病院へ運ばれたが、翌朝に死亡した。

葉永鋕は一九八五年に屏東で生まれた。夜遅くまで仕事する母を思いやり、夕飯をつくったりマッサージをしてあげたりする優しい子どもだった。小学三年のとき、母の陳君汝《チエン・ジュンルー》は学校から呼び出され、「お子さんは女の子がするような遊びばかりするから精神科に診せた方がいい」と担任に言われた。その忠告に不安を覚えた彼女は病院へ連れて行って診断を受けさせたが、「息子さんにおかしいところはない。かれを異常と思うひとがいたら、そう考えるひとの方に問題がある」と言われて安堵した。[10]

中学にあがると、葉永鋕は同級生から「おかま」っぽいことを理由にいじめを受けるようになった。「本物の男」かどうかを調べる「身体検査」と称して、クラスの男子たちから男子トイレでパンツを脱がされるといった性暴力の被害に遭った。葉永鋕から被害を打ち明けられた陳君汝は学校にその事実を伝えて改善を求めたが、問題は解決されなかった。葉永鋕は身の安全を守るため、同級生が行き交う休憩時間や放課後のトイレの利用を避けることを覚えた。葉の取った対処法は、授業が終わる数分前のタイミングをねらうか、仲の良い男友だちに連れ添ってもらうか、あるいは授業開始を告げるチャイムが鳴ってから男子トイレや教職員用トイレへ駆け込んで用を足すというものだった。

しかし、二〇〇〇年四月二〇日の音楽の授業中にそれは起きた。葉永鋕は休み時間を告げるチャイムが鳴る五分前に教室を出てトイレへ向かったきり、教室へ帰ってこなかったのである。授業が終わってまもなく、葉はトイレで血だまりのなかで倒れているところを発見された。すぐに病院へ搬送されたが、意識不明の重体のまま、翌朝四時四五分に死亡が確認された。直接の死因は頭部の打撲とされ、司法は葉が滑って転倒したと判断した。葉の死去から六年後の二〇〇六

---

9 クク・チへのいくつかの論考は、アジュマブックスやポルノ・買春問題研究会（APP研）によって日本語に翻訳されている。なお、トランスジェンダーに対する差別的主張を展開してきたフェミニストのシーラ・ジェフリーズの著作はクク・チへを介して韓国で翻訳・出版されたが、日本では『美とミソジニー（原題 *Beauty and Misogyny: Harmful cultural practices in the West*）』が「韓国・脱コルセット運動の原点」という販促コピーを付けて慶應義塾大学出版会から出版された。このようにトランス排除言説はフェミニストのネットワークを介してグローバルに広がっている。

10 葉永鋕に関するエピソードは、以下の動画における陳君汝の語りを参照した。「『不一様又怎様』紀錄片——葉永鋕篇」二〇一五年一一月一九日（二〇二四年三月一日取得 https://www.youtube.com/watch?v=V_M9ZId2QAY）。

年九月一二日、「生徒の安全を守るため、衛生に配慮する環境を整備しなかった」として学校側の責任を認める司法判決が下された（台湾性別平等教育協會 2006a）。

生前、葉永鋕は性的指向やジェンダー・アイデンティティを明らかにしなかったが、「おかま」っぽいことを理由にいじめや性暴力の被害を受けていたことがニュースで報道されるや否や、学校でいじめを受けていた非規範的なジェンダーを生きる青少年の悲劇として、性的マイノリティのコミュニティに大きな衝撃を与えた（畢恆達 2000b）。そして事件の余波は、立法府を動かした。

葉永鋕が死去した二〇〇〇年とは、折しも野党の民主進歩党が四〇年以上もつづいた国民党の独裁体制を打ち破って政権を奪取し、民主化志向の政治へ舵を大きく取り始めた時期だった。本書で詳しく論じるように、台湾における民主化はジェンダー平等をともなって推進されるが、葉永鋕の死は性的マイノリティの人権保障の制度化に向けた転機になった（陳恵馨 2006; 台灣性別平等教育協會 2006b; 洪慧玲 2007; 李玉璽 2013）。事実、葉永鋕の死亡を受けて、教育部（教育行政を担う中央省庁）は女性や性的マイノリティを包摂した「ジェンダー平等教育」を提唱している（畢恆達 2000b: 130-132）。二〇〇四年にはジェンダー平等教育法（性別平等教育法）が制定され、性別や性的指向、ジェンダー・アイデンティティ、ジェンダー表現にもとづく差別の禁止が規定された。

台湾で推進された「ジェンダー平等」は女性と性的マイノリティの人権を包含した。二〇一九年には婚姻平等（同性婚）がフェミニストや女性運動の後押しを受けて実現し、二〇二一年には性別適合手術を受けていないトランスジェンダーの性別訂正を認める画期的な判決が下された。女性運動や性的マイノリティの社会運動は「ジェンダー平等」という包摂的《インクルーシブ》な言説のもとで、さまざまな政治的達成を実現したのである。

追悼をめぐる政治

性的マイノリティ――本書では規範的でないジェンダーやセクシュアリティを生きるひとを包括的にそう呼ぶこととする――の死は、あまりにありふれている。しかしその死がつねに追悼されるとは限らない。性的マイノリティであることを親族や友人や知人に知られることもないまま、公的な記録にその名が刻まれることもなく忘却されることの方が多いだろう。事実、上述した韓国の社会調査によると、トランスジェンダー当事者で、家族にその事実が知られていないと考えている当事者の割合は三四・四%にものぼっている（국가인권위원회 2020）。

本書が明らかにしていくように、男性同性愛者はたかだか数十年前まで、善良で道徳的な（性的マジョリティ）市民に害をなす「他者」として露悪的に表象され、さまざまな形態の差別を被ってきた。女性同性愛者のように、露悪的に表象されることすらなく、存在が語られてこなかったセクシュアリティもあった。そして性的マイノリティが日常生活で経験する暴力や差別は、「社会」や「政治」の問題として――すなわち性的マイノリティを他者化する社会の規範や政治の構造の問題として――みなされてこなかった。事実、ピョン・ヒスに死をもたらしたのは、クク・チへによれば、女性兵士としての生き方を模索しておよそ考えうる限りの手段を講じた彼女に対する軍の理不尽な方針や、はたまた実名と素顔を晒して《カミングアウトして》軍に異議を申し立てた彼女の生を無惨に喰い散らかしたヘイトスピーチのせいではなかった。そうではなくて、ピョンが「性別を変えるという希望のないことにしがみつい」た結果であると、あたかも彼女の性／生に問題があったかのように語られてしまうのだ。

図1　葉永鋕の死がジェンダー平等を喚起したと告げる記事

出所：『聯合報』（2006. 10. 20）

ジュディス・バトラー（Judith Butler）は二〇〇九年に刊行した *Frame of War: When Is Life Grievable*（『戦争の枠組――生はいつ嘆きうるものであるのか』）のなかで次のように述べている。「もしも特定の生が、生としての資格を与えられていないとしたら、あるいは、特定の認識論的な枠組みのなかでは最初から生として想像されえないものであるとしたら、その時、これらの生は完全な意味においては生きられることもなく、失われることもない」（Butler 2009=2012: 9）。二〇〇一年に発生した「9・11」とそれにつづく米国主導の対テロ戦争において動員された情動の政治を読み解くなかで、バトラーは他者の生を生として感知する、あるいは感知し損ねる認識の枠組みが「政治性に満ちている」ことに注意を向ける。人間の生を「嘆かれるに値する生」と「嘆かれるに値しない生」とにふりわける政治を問い、これらの枠組みがどのような権力の働きによって機能づけられるかを問うているのだ。

葉永鋕の死は台湾の社会を大きく動かした契機としていまも語られ――まるでその死がなければ社会は変わらなかったかのように語られ――、公的な追悼の対象となり、「クィア史」にその名を刻んでいる（図1）。実際、「LGBTフレンドリーな台湾」について、その政治的背景を論じた研究やエッセイのなかで葉永鋕の死について言及しないものを探すことはきわめて困難である。

だが、性的マイノリティの死が「哀悼すべき死」として語られることが自明ではないとするなら、わたしたちは「葉永鋕の死が台湾をいかに変えたか」を考えるのでなく、むしろこう問うべきなのだ。いったいなぜ葉永鋕の死が、悼むに値するものとして二〇〇〇年当時の台湾で受容されたのか。あるいはピョン・ヒスの生が、その死後もなお宗教右派や一部のフェミニストによって毀損されつづけているのか、そしていかなる政治が「嘆かれるに値する生」と「嘆かれるに値しない生」を分かつのだろうか、と。

本書は、性的マイノリティの生をめぐる政治を問う試みである。台湾と韓国、両者の比較、さらには「東アジア」という枠組みをとおして、性／生をめぐる政治を考察していく。一九四五年から現在にいたる現代史を広く扱うため、長い道のりになるが、最後までお付き合いいただきたい。

【凡例】

引用内の〔 〕は筆者による補足を指す。

序論

1 はじめに

同性間でも法的婚姻を可能とし、婚姻における性別による差別をなくす動き（以下、「婚姻平等化」と言う）が、今年、ようやくアジアにも到達した。二〇〇一年のオランダに発したこの波は、二〇一九年五月二四日、日本の隣国、台湾に及んだ。これまで世界の二八カ国で婚姻平等化がなされたが、アジアでは台湾が初めてゴールを切ったことになる〔……〕。ヨーロッパに始まり、北米、南米、オセアニア、南アフリカとめぐった波は、一八年を要して、最後にようやくアジアに到達した。

（鈴木賢 2020: 30-31）

近年、性的マイノリティの権利、とりわけ同性パートナーシップとトランスジェンダーの権利が、米国や欧州、アフリカ、中東、そしてアジアでも政治的争点として関心を集めている。性的マイノリティの権利獲得の歴史は、しばしば直線的、あるいは同心円状に広がる波のようなイメージで理解される。すなわち――米国で一九六九年に起きたストーンウォールの反乱をきっかけに性的マイノリティが立ちあがって社会運動が勃興、八〇年代におけるエイズの世界的な流行《パンデミック》を背景に性的マイノリティの社会運動《クィア・アクティヴィズム》は国際社会へ広がり、その影響はやがてアジアに及び、二〇一九年には台湾で同性婚が実現――かくして「ヨーロッパに始まり、北米、南米、オセアニア、南アフリカとめぐった〔婚姻平等の〕波」は、「ようやくアジアに到達」するといったイメージである。

言い換えれば、性的マイノリティの歴史は「過去の抑圧から未来の解放へ」といった直線的な歩みだけでなく「欧米から世界へ」といった同心円的な広がりを描く、ということになる。台湾と韓国を主な事例に東アジアの性的マイノリティの性／生を論じる本書では、まさにこのような直線的《ストレート》な進歩史観や、ヨーロッパや米国を波の起点とするような帝国主義的・植民地主義的想像力を批判的に問うていきたい。

LGBT Rights are Human Rights

二一世紀に入ってから国際社会では「性的マイノリティの権利は人権である」（LGBT rights are human rights）とする言説が主流化した。本書が焦点を当てる東アジアでも、一九九〇年代以降、性的マイノリティの社会運動が勃興し、とりわけ法的権利を獲得して生の条件を担保しようとする動きがみられるようになった。性的マイノリティをとりまく新たな政治潮流が生まれるなかで、人びとの価値観も大きく変化しつつある。

図II　各国の同性愛に対する否定的意識とその推移

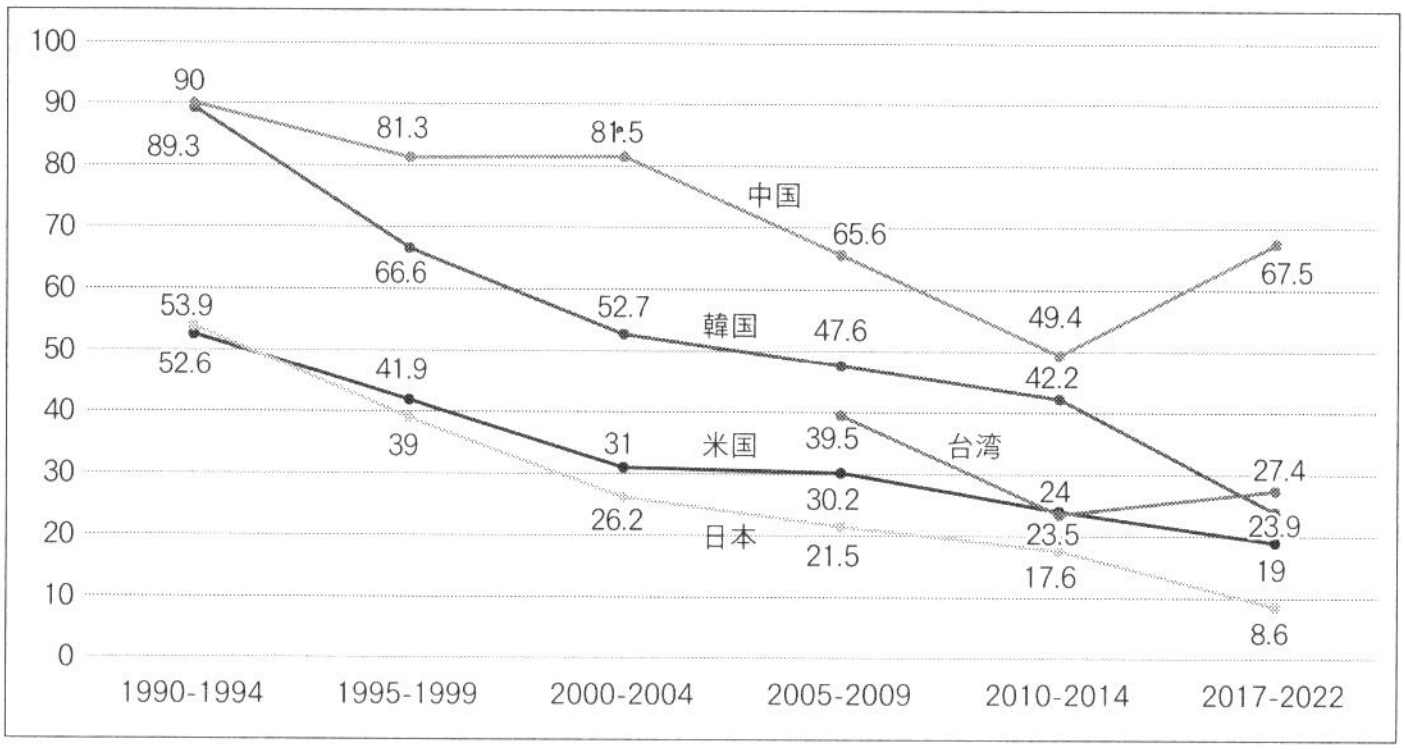

出所：「世界価値観調査」各国データを用いた集計結果

註：同性愛（homosexual）を認めるか否かを10段階（1の「まったく間違っている」から10の「まったく正しい」までの数値で評価）で問うた調査で、図IIは10（まったく間違っている）と回答した割合の推移を示したものである。なお、台湾については2006年以降の参加となるため、それ以前のデータはなく、同年を起点とした。

「世界価値観調査」によると、世界の多くの国で同性愛に対する人びとの寛容度は向上している。[11] 図IIのグラフは、同性愛に対する否定的な意識について、各国のデータを調査時期ごとに比較したものである。これによれば、米国、日本、韓国、台湾では、同性愛（homosexuality）について「まったく間違っている」と回答した割合が、一九九〇年代から二〇二〇年代にかけて著しく減少している。二〇二〇年前後にはこれらの国で同性愛に対して否定的な意識を持つ人の割合は三〇%を下回っており、例外的な高さを示す中国でも一九九〇年代前半の九〇%と比べると二〇二〇年前後には六七・五%となり、大幅に減少し

11　「世界価値観調査」は性的マイノリティのなかでも同性愛だけを調査対象とするが、一九九〇年代以降の中長期的な意識の変化を検討するには有用であると考えて参照した。

ていることが明らかである。

同性愛に対する人びとの意識はたしかにポジティブに変わっている――にもかかわらず、多くの国や地域で同性愛やトランスジェンダーの権利を否定するバックラッシュ（反動）が保守市民を中心に広がっている。日本でもフェミニズムに対するバックラッシュが一九九〇年代後半から二〇〇〇年代にかけて台頭したが、二〇一〇年代に入ると性教育やリプロダクティブ・ライツ（生殖をめぐる権利）や「慰安婦」問題に加えて、同性婚やトランスジェンダーの権利に対する攻撃が盛りあがりをみせている。台湾や韓国でもよく似た動向が確認される。

東アジアの現況をまとめると、一方で性的マイノリティの社会運動が勃興して非規範的なジェンダーやセクシュアリティを人権の枠組みで把握する認識が主流化したものの、他方で「伝統家族」によって構成される社会秩序の保護を標榜する右派や保守の運動も存在感を発揮していると言える。いずれにせよ、性的マイノリティをとりまく社会的・政治的文脈がこの二、三〇年で激変したのは事実である。こうした変化は、どのようにもたらされ、どこへ向かっていくのだろうか。

台湾と韓国の事例から

同性同士愛し合うことについて、私は同意しません。しかし、それを無条件に野蛮な風習とみなしてはいけないと私は考えます。〔……〕人権保障の一環として、レズビアンやゲイの活動にアプローチできるような視座を私たちは必要としています。（Dennis Altman 2002=2005: 28）

――一九九七年、仲間同士《キリキリ》（レズビアン団体）の質問に対する金大中大統領候補の回答

同性愛者の人権を尊重するべきです。レズビアンやゲイのために、だれからも干渉を受けないコミュニティをつくって然るべきでしょう。〔……〕同性愛者は性的指向が異なるにすぎず、良くないとか変態といった問題ではありません。尊重されるべきです。ただし結婚については、法律の問題があって支持するとも反対するとも言えません。（『聯合報』一九九八年一一月二〇日）

――一九九八年、台北市長選挙で同性愛について意見を述べる馬英九《マー・インチウ》候補の発言

本書は第二次世界大戦の終結後、すなわち大日本帝国の崩壊から現在までの東アジアの性（ジェンダー・セクシュアリティ）の政治について、とくに台湾と韓国というふたつの異なる社会をとりあげて考察する試みである。東アジアの戦後秩序を規定したグローバル冷戦に焦点を当てながら、台湾と韓国の共通性や差異を明らかにしつつ、性的マイノリティをめぐる政治とその変化を検討していく。台湾と韓国の比較というアプローチは本書に独自なものでなく、社会科学の領域では一九九〇年代以降しばしば採用されてきた方法である。[12] このアプローチを可能にする根拠は、比較に先

12 たとえば、Robert Wade（1993）や Hayam Kim & Uk Heo（2017）、日本語では服部民夫・佐藤幸人編（1996）やこれに含まれる若林正丈（1996）などが重要な先行研究としてある。このほか、台湾と韓国に日本を加えて「東アジア」という枠組みを導入して比較という方法を採る研究もあれば（たとえば Bernard Grofman et al. eds 1999）、これらに中国と朝鮮民主主義人民共和国を加えた「東アジア」という枠組みを提示して考察した研究もある（たとえば瀬地山角 1996）。

立つものとして、国家としてのありかたを規定する共通の要素が存在するところにある。この点については次節で詳述するが、あらかじめ簡潔にまとめておくと、台湾と韓国が大日本帝国の植民地統治の下で近代化を経験したこと、解放後は冷戦体制のなかで西側陣営に位置づけられて国民国家の建設に取り組んだこと、そして一九八〇年代から九〇年代にかけて民主化を経験したことが指摘できる。台湾と韓国のこのような近現代史の歩みは、性の政治を考察するうえで共通する文脈――たとえば男子徴兵制が市民権と紐づけられ、そこから排除された女性や性的マイノリティが「二級市民」として周縁化されるといった問題――を台湾と韓国で産出する背景にもなった。

性政治の領域で両者の類似点は他にもある。一例をあげると、韓国では一九九七年に進歩派の金大中《キム・デジュン》が大統領選挙期間中に同性愛を「人権」の問題であると公言し、台湾でも九八年に馬英九が台北市長選挙戦に臨んで「同性愛者の人権を尊重しなければならない」と宣言している。進歩派政党から出馬した金大中と保守政党を背景に持つ馬英九という政治的立場のちがいはあれど、政治エリートによる「ゲイフレンドリー」な言説が台湾と韓国でほとんど同じ時期にみられたこと、しかもそれが国政を左右する選挙戦でなんらかの「パフォーマンス」として機能すると考えられたという事実は、注目に値する。同性愛を「人権」の枠組みに紐づける言説が自明となった現在からふり返ると、これらの発言は平凡と感じられるかもしれないし、票を集めるための選挙戦略にすぎないと一笑に付されるかもしれない。だが、同性愛者が「変態性欲者」や「エイズを撒き散らす罪人」として強烈にスティグマ化されていた当時の社会において、これらの選挙戦は同性愛をめぐる新しい言説が公的に登場した瞬間であった。

二〇〇〇年代以降の歩みは、性的マイノリティをとりまく政治状況について台湾と韓国で大きく異なる帰結をもたらした。台湾は二〇一〇年代には「アジアでもっともＬＧＢＴフレンドリーな社会」として国内外で称賛を受けるほど、「性的マイノリティの権利という点で他国と一線を画している」（The New York Times, October 29, 2014）。二〇〇〇年代には「ジェンダー平等」を標榜した立法によって学校や職場における性的指向やジェンダー・アイデンティティにもとづく差別は禁止され、二〇一九年にはリベラルな蔡英文政権下で同性婚の法制化が実現した。冷戦時代に戒厳令を敷いて民主化運動を弾圧した国民党でさえ二〇〇〇年代には「ＬＧＢＴフレンドリー」なイメージを強調し、性的マイノリティの社会運動を支援するようになった。そして二〇一〇年代の台湾では、性的マイノリティの権利保障に消極的とされる中国とは対照的に、国家としての優越性や寛容さを国際社会にアピールする「ホモナショナリズム」（Jasbir Puar 2007）が主流化している。

韓国でもセクシュアリティを人権に紐づける認識は社会に浸透した。けれども同性愛やトランスジェンダーを標的としたバックラッシュの組織的な展開を受けて、性的マイノリティの社会運動は政治的苦境に立たされている。事実、二〇〇七年以降、包括的差別禁止法の立法化が試みられたものの、性的指向とジェンダー・アイデンティティが差別禁止の事由に含まれたことが宗教右派や保守市民の激しい反発を引き起こし、法制化の動きは挫折を余儀なくされている。軍隊はソドミー法を保持して同性間の性行為をスティグマ化して同性愛者を取り締まり、トランスジェンダーを精神病とみなして軍隊から排除する姿勢を崩さない。リベラルから期待を集めた文在寅《ムン・ジェイン》政権（二〇一七〜二二年）も性的マイノリティの権利に対しては消極的な姿勢を貫き、二〇二二年には右派の尹錫悦《ユン・ソンニョル》に政権を譲った。

2　先行研究の検討

性的マイノリティの政治や社会運動について社会科学のアプローチから考察した先行研究の多くは、近代国家によって画定された国境／境界線を前提とし、特定の国家内で生じる現象としてこれらを論じてきた。東南アジア各国（インドネシア、マレーシア、フィリピン、タイ、ベトナム、ラオス、ミャンマー）の比較研究から性的マイノリティの政治について論じた日下渉・伊賀司（2021: 8-10）は、これらの先行研究を整理しながら、非西洋社会で性的マイノリティの権利が保障されるための条件を次のように整理している。つまり、資本主義による都市化・近代化といった経済的条件、政治の世俗化や民主主義の強度（独立性の高い地方分権や司法）、社会運動の成功を指摘しつつ、東南アジア諸地域では市民権が「国民」という共同体に紐づけられることから、性的マイノリティの「国民」への包摂／排除を重層的に検討することを提唱している。加えて、東南アジアでは各地域の土着の文化のうえに植民地主義が形成された経緯があること、そのうえでキャッチアップ型の国民国家形成や急速な近代化が経験されていることも西洋社会との質的差異として重視する。本書が扱う台湾と韓国を論じるうえでも、参照すべき意義のある議論となっている。

これらの先行研究を踏まえたうえで、本書の議論の射程を確定しつつ、検討すべき課題を明確にするため、以下では先行研究を大きく三つに分けて――セクシュアリティ研究、台湾と韓国の比較研究、冷戦研究――整理を進めたい。

セクシュアリティの近代

同性愛をめぐる歴史は、しばしば次のように想像される。すなわち、同性愛はかつて禁止され、あるいは抑圧の対象とされたが、未来の解放へ向かってその歴史を前に進めてきた、といった直線的《ストレート》なイメージである。こうした主張はもっともらしく聞こえるし、当事者を励まし、勇気づける力を持つ。しかしセクシュアリティ研究はこうした見方とは異なる知見を提供してきた。

ミシェル・フーコー（Michel Foucault 1976=1986）は、セクシュアリティを禁止や抑圧といった観点からとらえる見方を棄却し、権力による知や言説の産出という観点から考察すべきものとして再定位した。たしかに近代ヨーロッパにおいてセクシュアリティに関するタブーが形成され、禁止や抑圧のメカニズムが作動したことは事実である。けれどもセクシュアリティに関する言説は一八世紀以降、禁止されるどころか、むしろ増殖の一途をたどっている。教育や軍隊、医療や法といった近代権力が行使されるあらゆる空間において、セクシュアリティは語るべきなんらかの価値を有するものとみなされ、実際に語られてきた。

セクシュアリティの言説を駆動させる背景にあるものとして、フーコーはおもにふたつの形態から構成される「生権力」を措定した。まず、個々の身体にねらいを定め、監視や調教によって身体を有用かつ従順なものにつくり変えようとする規律権力が、一七世紀から一八世紀にかけて近代資本主義を支えるものとして登場する。そして一八世紀なかばには、個々の身体ではなく「人口（population）」に働きかける権力として生政治が現れる。人間を集団で把握し、より長く生きさせようとする政治が発動し、医療や公衆衛生や教育といったさまざまな近代権力が「人口」に介入してこれを管理・統治する。

フーコーによれば、個別的な身体と集合的な「人口」に照準を合わせたふたつの権力を媒介するものとしてセクシュアリティが存在する。セクシュアリティは個々の身体の監視や調教にとっても、あるいは「人口」の管理にとっても有用であるだけでなく、両者の接続を可能にするものとして機能するのだ。こうしてセクシュアリティは近代社会において探求すべき価値を有するものと位置づけられ、さまざまなアクターがこれをめぐって多様な、ときに互いに矛盾するような議論を展開する。そのなかでも、同性愛はとりわけ多くの知的情熱が注がれてきた。

「性倒錯」をめぐる言説 ―― 抑圧と抵抗の拠点

権力をめぐるフーコーの議論で重要なのは、これまでに考えられてきたような支配と被支配、抑圧と被抑圧との対立として権力をとらえるのでなく、こうした二項対立を可能にする力関係としてこれを把握する視点である。権力は、奪ったり奪われたりするものではなく、ネットワークのようにはりめぐらされている。権力から自由な外部は存在せず、それはあらゆるところにある。

ゆえに抵抗とは、権力の外部へと抜け出すことではなく、そのなかで試みられるものである。権力のネットワークのなかで、抑圧や管理に貢献しているまさにその言説を抵抗の拠点として利用することが可能になるのだ（慎改康之 2019: 144）。そうした抵抗の成功例として、フーコーは同性愛をめぐる性解放の運動に注目する。

よく知られるように、同性間の性行為は歴史的にさまざまな地域でみられた。一九世紀に入り、西洋で勃興した近代医療によって同性愛は「性倒錯」のひとつとして「発見」され、管理や統治の対象下に置かれる。すると、「性倒錯」としてのセクシュアリティを内面化した「同性愛者」が登場し、みずからのセクシュアリティについて語りはじめる。かれらはやがて同性愛の正当性を主張し、権利を求める運動を推進していく。こうした過程で、同性愛から「性倒錯」というネガティブな意味合いが削ぎ落とされ、人権を構成する要素（属性）のひとつとして、あるいは異性愛と変わらない自然なセクシュアリティのひとつとしてポジティブな意味を新たにまとうようになる。ここにおいて、ネガティブな意味をともなって構築された言説を拠点として同性愛者というアイデンティティにもとづく集合が形成されるだけでなく、その意味を転覆するという抵抗が実現したのである。

これがフーコーの描く歴史の見取り図だが、以下では一九世紀の西洋で同性愛をめぐる認識が「行為」の問題から「アイデンティティ」の問題へと変化した過程について、もう少し詳しくみておきたい。

中世ヨーロッパにおいて、同性間の性行為を含む、生殖に結びつかないさまざまな性行為はキリスト教の影響下で「ソドミー（sodomy）」と名指され、宗教上の罪として非難の対象とされた。[13]一九世紀に入ると、工業化や都市化の進展によって同性同士の親密な関係件が都市部を中心に可視化され（風間孝・河口和也 2010: 77）、これを受けて米国やイギリスやドイツなどで同性間の性行為を刑法上の犯罪として取り締まる動きが進展した。とりわけ厳格なことで知られるのがドイツで、統一直後の一八七一年に制定されたプロシア刑法は男性間の性行為や異性装を「反自然的な猥褻行為」とみなして懲役刑に処すと定めた。ナチス・ドイツ時代には同性愛者の抹殺が目標とされ、少なく見積もっても五千人から一万五千人もの同性愛者たちが、同じくホロコーストの対象とされたユダヤ人や障害者らとともに強制収容所に送られたことがと指摘されている（同上 81）。

皮肉なことに、同性間の性行為や異性装を犯罪化する法権力の動きがこれらの医療化を促進した（Peter Conrad & Joseph W. Schneider [1980]1992=2003: 339-40）。一九世紀に勃興した近代科学は、その担い手であった西洋男性を標準としてそこからの距離を測る「分類学（taxonomy）」を構築したが（Ardel Haefele-Thomas 2019）、同時代に流行した進化論や優生思想の影響を受けて特定の人種やセクシュアリティに対する規範が「正常／異常」「進化／退化」といった観点にもとづいて形成された。そしてセクシュアリティをめぐる知の構築に取り組んだ「性科学（sexology）」は、宗教的観点から罪とされたソドミー行為や非異性愛的な性表現を「異常」とみなし、治療すべき「病気」と把握した。「性的倒錯（sexual perversions）」に対する医療的関心は、これらを法的に取り締まろうとする動きへの反発や対抗として喚起されたのである。

実際、性科学者たちは、懲罰的な法による統制というメカニズムに対して、医療的な定義とそれにもとづく「治療」というアプローチを掲げてセクシュアリティに対する介入を進めてきた。かれらは同性間性行為や異性装が生物学的な遺伝によるものであると主張することで、これらの行為の背後にある当事者の意志を不問に付して、犯罪化の対象から外そうと試みたのだ。こうした観点からセクシュアリティに関して強い影響力を持つ議論を打ち出した性科学者が、ドイツで研究に従事したクラフト＝エビング（Krafft-Ebing, 1840-1902）である。エビングは非異性愛的かつ生殖に結びつかない行為を「性的倒錯」に分類したが、これらを犯罪として取り締まるのでなく治療の対象とすることを主張した。こうした性科学者たちの試みは、セクシュアリティを論じる場を宗教から医学へ移行させることに大きな貢献を果たした。[14]

フーコーが見立てた同性愛の歴史をイヴ・コゾフスキー・セジウィック（Eve Kosofsky Sedgwick

13　「ソドミー」の由来は、旧約聖書のなかで「ソドム」という町の住民が同性間の性行為に耽っていたことを理由に、この町が焼き滅ぼされた物語にあるとされる。

14　エビングは非規範的な性表現やジェンダー・アイデンティティを同性間の性行為と区別しなかったが、同時代のドイツのマグヌス・ヒルシュフェルト（Magnus Hirschfeld, 1868-1935）は「トランスヴェスタイト（transvestites）」という概念を「異性装により興奮を得るもの」と定義し、これを同性愛者と区別しようと試みた。一九五〇年代に入ると、デンマークで性別適合手術を受けたクリスティーン・ジョーゲンセン（Christine Jorgensen, 1926-1989）を擁護した医学者のハリー・ベンジャミン（Harry Benjamin, 1885-1986）が「トランスセクシュアル（trans sexual）」という概念を打ち出している。かれは、精神療法で患者のジェンダー・アイデンティティを変えることは不可能であり、ホルモン治療や性別適合手術をおこなうことがトランスセクシュアルに対する適切な対処法であると主張した（森山至貴 2017: 89）。
　近代西洋で発展した性科学は、一方で非規範的なセクシュアリティに対する病理化を促進したが、他方では性的指向やジェンダー・アイデンティティやジェンダー表現といった現代社会でも流通する概念に関する知を構築したと言うことができる（Ardel Haefele-Thomas 2019）。

1990=1999: 117-8）は次のように整理する。

フーコーが一九世紀に見出したのは、ヨーロッパ思想において、同性間のセクシュアリティについての見方が、禁止され孤立した性器をめぐる行為の問題であるとする見方（この見方では、性欲一般をしっかり制御できない人だったらだれでも犯し得る行為である）から、アイデンティティの安定した定義の関数であるとする見方（そのため、たとえおそらく性器に関わる行為がまったくなかったとしても、ある人の性格の構造が、その人をホモセクシュアルであると定める）に変わるという転換をしたことであった。〔……一九世紀とは〕この新種の生物、ホモセクシュアルの人間を命名し、説明し、定義しようとする過度な試みがなされた時期であった。

セジウィックによれば、フーコーのこのような歴史観は問題を含んでいる。そこで語られる直線的な歴史によれば、同性愛に関する想像力において「アイデンティティ」が「行為」を駆逐したことになる。だが、米国でも二〇〇〇年代までソドミー法が存在したことが象徴するように、「行為」で定義される同性愛は二〇世紀に入ってからも完全には消え去ることがなかった。セジウィックが指摘するのは、「行為」による定義と「アイデンティティ」による定義が共存してきたという事実であり、一見すると矛盾するこれらの定義が同性愛の人びとの生を規定してきたのだ。それゆえ重要なのは、同性愛をめぐる「この一貫性のない制度そのもの、様々な矛盾と切り離すことのできないくびきそのものを、研究すること」となる（同上 127）。

セクシュアリティと東アジア

東アジアの歴史をみても、同性間の性行為を罪とする宗教や法の言説は、同性愛を病理とする医療の言説の台頭と流通によってもなお、その影響力を完全に失ったわけではない。本書の議論を先取りするなら、同性愛をめぐる宗教や法・医療の言説は、現実にはそれぞれが互いに支えあったり矛盾をきたしたりしながら併存していくこととなる。

西欧由来の性科学や優生思想の言説は、帝国主義や植民地主義の広がりを受けてアジアでも流通をみせた。同性愛や非異性愛的な性表現は東アジアの諸地域でも「性倒錯」と位置づけられ、同性愛というアイデンティティを内面化した人びとが二〇世紀前半に誕生している（前川直哉 2017; 郭立夫・福永玄弥 2020; Todd A. Henry ed 2020）。一方、同性間性行為を刑法上の犯罪とする法の言説も、帝国主義や植民地主義を介してこれらの地域へ翻訳されている。大英帝国の植民地統治下に置かれた香港では、同性間性行為を禁止するソドミー条例が整備され、中国返還後も同性愛に対するスティグマの根拠として根強い影響力を保持してきた。韓国では軍刑法がソドミー条項を含み、同性愛に対するバックラッシュの法的根拠として参照されつづけているが、その起源は米軍法にあることが明らかになっている（第2章参照）。香港や韓国では、同性間性行為を犯罪とする法の言説と同性愛を精神病と規定する医療の言説が共存しつつ重層的にスティグマ化されてきたのだ。

近代日本においても性科学言説の翻訳をとおして同性愛をめぐる認識が形成された。「西洋の衝撃」を背景に、不平等条約の改正と西洋列強の仲間入りを喫緊の政治課題とみなした明治政府は、国家建設を急ピッチで推し進めるために近代的な軍隊や教育、衛生や医療を確立したが、その過程でセクシュアリティが人びとの関心を喚起した。サビーネ・フリューシュトゥック（Sabine Frühstück 2003）によれば、「社会の防衛」を掲げた軍医や行政官、教育者、性科学者たちがセクシュアリティの言説化に寄与したという。一八九〇年代には男性兵士を「売春婦」との接触による性病から防衛することを主張する軍医や行政官が、一九〇〇年代には子どもを性的な危険から保護することを主張する教師が、そして二〇年代から三〇年代にかけては性的規範を「変態性欲者」から防衛することを主張する性科学者が登場した。これらの時期のセクシュアリティへの関心の高まりは、優生思想と結びついて「性」の機能を生殖＝再生産に収斂させつつ、婚外の「性」や生殖に貢献しないセクシュアリティを異常化することを正当化した（陳佩甄 2013: 110）。

そして一九二〇年代に流通した性科学の言説は、植民地台湾や朝鮮でも植民者や植民地エリートを介して受容された（同上）。台湾や朝鮮では、セクシュアリティに関する言説が近代医療・衛生の普及や生活の近代化プロジェクトといった植民地権力と折り重なって増殖した。そして日本語から翻訳された「変態性欲（변태성욕）」や「同性愛（동성애）」といったセクシュアリティをめぐる新しい分類と知識体系がこれらの地域で定着し、解放後の社会でも強い影響力を保持することとなる。

台韓の比較に向けて——国民国家の建設と民主化

次に、本書で試みる台湾と韓国の比較研究に向けて、解放後の国民国家の建設と民主化の過程に注目して先行研究の議論を整理していきたい。

近代以前の東アジアでは、中国の王朝を世界の中心に位置づける中華思想を根拠とした「華夷秩序」が国際秩序を形成した。一九世紀に入ると、西欧諸国は儒教や漢字文化を共有する東アジアに進出し、自国にとって有利となる通商条約の締結を迫った。これを機に東アジアでは西欧文化の導入をつうじた「文明化」が目指され、近代化と国民国家の形成が不可分のものとして進展していく。その過程で、西欧列強の帝国主義から学び、これをいち早く取り入れた日本によって新たな支配・被支配関係に基礎づけられた国際秩序——大日本帝国圏——が構築される。そして台湾や朝鮮では植民地統治をとおして近代化が推進された。

第二次世界大戦が終結してまもなく、アジアの諸地域は米ソを基軸とする冷戦に巻き込まれた。米国は帝国日本を追放したが、「それに取って代わり、そして帝国日本を包摂した」（Leo T. S. Ching 2019= 2021: 23）。反共産主義ブロックの構築と、環太平洋同盟の経済的要石として日本を復興させるという米国の地政学的戦略は、アジア諸国に分業体制をもたらすこととなる。沖縄、台湾、韓国、フィリピンは米国の軍事機能と軍事施設の負担を集中的に担わされ、軍事化を免れた日本本土は劇的な経済成長を遂げた。

米国は共産主義の広がりを阻止するため、環太平洋地域に対する多面的な介入と軍事的ステータスの強化を推し進めた。一九四五年には沖縄と南朝鮮で軍政統治を開始し、五一年には日本・

台湾・フィリピンと、五三年に韓国、五四年に台湾との間で軍事同盟を締結し、軍事主義を基盤とする新たな国際秩序の形成を図った。台湾と韓国がそれぞれ分裂国家のカウンターパート（中華人民共和国と朝鮮民主主義人民共和国）との間で軍事的緊張を経験したことから国家存続の危機的状況に置かれるなか、米国はこれらに対する軍事的・経済的援助をとおして国家建設のプロジェクトに強く、そして深く関与した（貴志俊彦・土屋由香 2009）。

冷戦の東アジアにおける最前線となった台湾と韓国では、米国の多方面にわたる支援や介入の影響下で権威主義体制が確立された。どちらも形式上は民主国家としての憲法と議会制度を持ったが、実質的には軍や政治警察が強権を掌握し、国防や安全保障を最優先とする軍事主義（militarism）が国家や社会のありかたを根底から規定した。独裁政権は政治から市民を排除して言論の自由や社会運動を弾圧したが、経済成長がこうした権威主義体制を正当化した。

一九八〇年代に入ると、グローバルな民主化の波や冷戦の終焉、国内の中間層の拡大や社会運動の発展を背景に、権威主義体制から民主体制への移行が徐々に進展した。韓国では一九八七年の民主化宣言を経て九二年に文民政権が成立し、台湾でも八七年の戒厳令解除を経て九六年に総統の直接選挙が実現したことで、民主体制への移行がひとまず完了したとされる（若林正丈 1996: 219）。

このように台湾と韓国は日本の植民地統治を介した近代化の経験、解放後の分裂国家化、冷戦体制への編入と権威主義体制の成立、工業化進展後の民主化への移行といった一連の政治過程を共有している。両国は国際秩序におけるポジション、政治体制や経済発展といった大きな枠組みにおいて共時性と共通性を持ち（同上 219-220）、これが社会科学の分野における両者の比較研究を後押しする背景となったのである。

これらの研究成果によれば、両者の間には特筆すべきちがいも確認できる。以下では本書にとって重要な点――権威主義体制の形成過程と民主化への移行、ナショナル・アイデンティティ――に焦点を当てて、先行研究（若林 1996）を整理したい。

まず、台湾の権威主義体制は冷戦期に新たに形成されたというよりは、中国大陸から移転・再編されたものであった（同上 222）。中国大陸を舞台とする共産党との内戦に敗北した結果、国民党は軍隊を含む中央政府を台湾へ移転することを余儀なくされた。蔣介石[15]が推し進めた権威主義体制の構築は、米国の反共ブロック形成というグローバル戦略のなかにポジションを獲得することに成功し、軍隊を含む国家機構を国民党が掌握する「党国体制（party-state system）」として結実した。国共内戦と冷戦が絡まり合うなかで党国体制が形成され、これが工業化の発展を促した。

一方、韓国における権威主義体制は、「朝鮮戦争を経て他のセクターに比して質・量ともに非対称に成長した軍部が、軍事クーデタにより権力の橋頭堡を築き、そこから国家の治安セクターのみならず、強権を背景として開発セクター（行政）、正統性セクター（議会・政党）にも侵入・支配することによって成立した」（同上 222）。台湾と異なり、政党が統治機構そのものであるような

15 蔣介石（1887-1975）は浙江省生まれ。一九〇八年に日本へ留学して東京の陸軍士官学校予備学校に学び、卒業後は新潟県の野砲兵第一三連隊に配属された。留学中に、東京で孫文らと出会い、一九一一年に起きた辛亥革命に際して帰国し、革命に身を投じる。一九二八年に南京に国民政府を樹立して主席となって以来、反共政策を展開した。一九四六年に勃発した国共内戦で毛沢東率いる中国共産党に敗れて四九年に台湾へ移り、七五年に死去するまで中華民国の国家元首の地位にあった。

「党国体制」は形成されなかった。その代わり、朴正熙《パク・チョンヒ》[16]政権（一九六三〜七九年）で中枢を担った軍人グループがプレゼンスを発揮し、軍事主義を正当化する根拠として経済発展を位置づけて開発独裁政治を展開した。ベトナム戦争には累計三七万人もの兵士を参戦させ、西側諸国のなかでも米軍に次ぐ規模の派遣国となるなど、軍部は冷戦体制に適応しながら国内での安定と米国からの支持を確保しつづけた（木宮正史 2006）。

次に、民主体制への移行過程についてみてみよう（若林 1996: 226-8）。前述のとおり、台湾の権威主義体制は党国体制に特徴づけられた。このため、台湾における民主化は「国民党対反国民党」といった対抗関係、つまり新たに野党を結成して国民党の政治体制を相対化する政治過程として実現することとなる。事実、一九七〇年代に「党外勢力」と呼ばれる少数の民主派が国会進出を果たし、「党外雑誌」と呼ばれる言論媒体をつくって市民を取り込んで、反国民党勢力を形成した。この「党外勢力」が一九八〇年代後半に初の野党となる民主進歩党（以下「民進党」と略記）の結党を導き、民主化を推し進める重要なアクターとなった。

他方、韓国の権威主義体制は軍人政権による政治支配を特徴とした。そのため、民主化の課題は、クーデターによって権力エリートの地位に就いた軍人たちを政治から退出させること（政権の文民化）と、「軍人支配により歪められた政治制度の正常化」であった（同上 228）。民主派にとっては、台湾のように新たな野党を結成するよりも、軍人政権に対して民主化の圧力をかけることが重要な課題となった。

このような国家建設の歩みは、ナショナル・アイデンティティの形成や変容、さらにはこれをめぐる保守派と進歩（リベラル）派の思想対立を考察するうえでも重要である。台湾と韓国は、いずれも「分裂国家」であるという認識を前提にナショナル・アイデンティティを形成したが、近年ではジェンダーやセクシュアリティがナショナル・アイデンティティをめぐる争点として前景化している。

一九五〇年に勃発した朝鮮戦争がいまだ「休戦状態」にあるなかで、朝鮮半島の政治的な統一は韓国にとって自明の目標と位置づけられた。ポスト民主社会の韓国では、自国の国力優位を前提に「吸収統一」を主張する保守派に対し、進歩派は北との「和解協力」をベースとした国家連合を強調している。こうした保守と進歩派との対立が、二〇一〇年代にはセクシュアリティの政治を呑み込んで繰り広げられることとなる。

台湾においても、冷戦期には国民党が「反攻大陸（大陸反攻）」による「中国統一」を提唱したが、中国が一九九〇年代以降「超大国」として国際社会で台頭したことをうけて（台湾による）「中国統一」は現実味《リアリティ》を完全に失った。その結果、「中国統一」ではなく「台湾」そのものに主権国家を求める「台湾ナショナリズム」の言説が反国民党勢力の間で形成された。「台湾ナショナリズム」を重

16　一九一七年に日本統治下の朝鮮半島で生まれた朴正熙は、四二年に満州国新京軍官学校予科を優れた成績で卒業したのち、日本の陸軍士官学校に留学し、満州国軍中尉で解放を迎えた。朝鮮戦争では陸軍情報局作戦情報課長や第九師団参謀長、陸軍情報局、作戦局、軍事局を歴任し、一九五三年の休戦後は米陸軍砲兵学校に留学している。一九六一年五月一九日の軍事クーデターを主導して、軍事革命委員会・国家再建最高会議の副議長として活躍し、一九六二年に大統領権限代行に就任した。一九六三年に民主共和党総裁として第五代大統領に選出され、その後、一七年間にわたって大統領を務めた。一九七九年一〇月二六日、側近の金載圭中央情報部長に射殺された。

視するリベラルが中国に対して強硬姿勢を貫くのに対し、保守派は中国との関係改善を主張する。台湾の場合、「台湾ナショナリズム」がセクシュアリティの言説を取り込んで発展を遂げていった。

本書でみるように、権威主義体制や民主化の過程、分裂国家のカウンターパートとの関係やナショナル・アイデンティティの変化は、いずれもジェンダーやセクシュアリティの政治に影響をもたらす要因である。そのため、本書ではこれらの点に焦点を当てることで、性政治をめぐる台韓比較というアプローチを進めていきたい。

冷戦とジェンダー政治

最後に、台湾と韓国の比較研究という方法を越えて、「東アジア」という観点から性政治を考察するために冷戦研究というアプローチを導入したい。

レオ・チン（Leo T. S. Ching 2019=2021）は *Anti-Japan: The Politics of Sentiment in Postcolonial East Asia*（『反日――東アジアにおける感情の政治』）において、敗戦後の日本の脱帝国化の失敗と冷戦期に確立した米国のヘゲモニーが、東アジアの地域に植民地主義の暴力の歴史を「トラウマ的記憶」として刻印したことを指摘している。

日本の敗戦は、東アジアに脱植民地化をもたらさなかった。台湾では中国大陸からやってきた国民党が日本に代わる為政者として権威主義体制を敷き、新たな「植民地化」が進められた。呉叡人（2016=2021）が「連続的植民地化」と呼ぶこうした状況に加えて、冷戦体制を背景とする米国の帝国主義的介入も、台湾の脱植民地化をより困難で複雑なものとすることに寄与した。朝鮮半島においても「解放」は統一国家の樹立を意味しなかった。米国の直接軍政を経て韓国で成立した軍事政権は、民主主義を求める人びとの要求を「反共」の名のもとに徹底的に弾圧した。米国も民主主義を求める現地の市民に手を差し伸べるどころか、むしろ軍事政権を積極的に支援することで弾圧に加担した。にもかかわらず、米国は民主主義という贈り物を世界へもたらす象徴としてみずからを演出することに成功したのである。

米国は台湾と韓国を「反共レジスタンス」と位置づけ、これらの政府に対して自由主義諸国や国連と協調するよう指導した（貴志・土屋 2009: 22-25）。韓国に対しては朝鮮半島の統一を、台湾には「アジア全域における『自由華人』の基地・避難所」であると同時に「中国文化の守護者」となることを促し、これらの「指令」を発することで米国は自国を「自由」や「民主主義」や「人権」の保護者であるかのようにふるまってきたのである。

米国が国際社会においてヘゲモニーを確立する過程でジェンダーの政治が重要な役割を担ったことは、冷戦フェミニズム研究によって明らかにされてきた（Helen Laville 2002; Naifei Ding 2015; Lisa Yoneyama 2016）。米山リサ（Yoneyama 2016）によれば、冷戦期の米国による環太平洋地域に対する外交政策や介入は、共産主義の封じ込めといった国家戦略に女性団体やフェミニストを巻き込んで進められただけでなく、知の産出という水準でヘゲモニーの形成に貢献したという。

米国を民主主義や自由が達成され、国際的な人権基準を超越するほど例外的に優れた国家であるとする米国例外主義（American exceptionalism）は、女性の権利やジェンダー平等に関する言説を不可欠な構成要素としている。[17] 事実、米国は冷戦期に「進歩」「民主主義」『近代性（モダニティ）」という観点から環太平洋地域を監督する最上位の責任者として自国を位置づけることに成功したが、こうしたヘゲモニーの形成を支えたのは、米国が大日本帝国下で虐げられた女性たちにジェンダーの正義をもたらしたとする認識であった。日本人女性に「解放」や参政権をもたらした占領政策の成功とその喧伝が、米国の冷戦プロパガンダの中心を占めたのである（同上84−85）。「アメリカの冷戦地政学的想像力（American Cold War geopolitical imaginary）」は、米国女性に主体性を割り当てつつ、日本人女性を「受動的な犠牲者」として他者化する言説を動員した（同上85）。こうした想像力をとおして、人種やセクシュアリティ、階級、植民地主義といったさまざまな権力やそれらの複雑な連関は忘却され、日本人女性はローカルな家父長制によって抑圧された単一的な客体として人種化されたのだ。

上述のように、第二次世界大戦の終焉は東アジアに脱植民地化をもたらさなかった。敗戦後も日本にとどまった朝鮮・台湾出身者は日本本土の独立と引き換えに帝国臣民の身分を剥奪され、国民としての法的地位を追われた。また、日本軍性奴隷制度（いわゆる「慰安婦」問題）は連合国主体の東京裁判（一九四六〜四八年）で裁かれず、さらにはサンフランシスコ平和条約（一九五一年）や二国間条約でも問題化されることなく、アジア地域に「トラウマ」として遺されることとなる。

だが、環太平洋地域における米国のヘゲモニーとそれを支える冷戦地政学的想像力は、冷戦の終焉を背景に問い直され始めた。米山（2016: 5-6）は、一九九一年一二月に「慰安婦」とされた金学順《キム・ハクスン》が日本政府を告発するために立ちあがったこと、そして彼女の声に応えるように日本の植民地主義や侵略の暴力に対する賠償や正義を求める運動がグローバルに連鎖的な展開を遂げた事実に注目し、冷戦への批判的問い直しを提唱している。

冷戦フェミニズム研究の知見は、性政治を特定の国家の領域内に閉じて考察することの限界を示唆している。本書では台湾と韓国の性政治について、それぞれの国で展開した現象として考察して比較するとともに、性政治という観点から、戦後の東アジアを規定した冷戦秩序を問い直し、脱冷戦化のアプローチを模索していきたい。

3 問い

以上の議論を踏まえ、本書では性的マイノリティの性／生をめぐる闘争に焦点を当て、次のような問いを検討したい。

第一に、性的マイノリティの性／生を条件づけてきた政治をめぐる問いである。みずからを性的マイノリティと自覚する人びとの集合は近代社会で可能となったが、これらの人びとは社会の

17　たとえば、米国は一九七九年に国連で採択されたＣＥＤＡＷ（Convention on the Elimination of all forms of Discrimination Against Women、通称「女性差別撤廃条約」）をいまも批准していないが、このことは米国の民主主義が「独自に、十分発展して」おり、国際的な監督の基準をすでに超越しているという言説によって正当化されている（Lisa Yoneyama 2016: 83-84）。また、米国は二〇〇一年の対テロ戦争とそれにつづくイラク占領においても、大日本帝国の崩壊と「抑圧された日本人女性」に自由をもたらしたというふたつの点を指摘して第二次世界大戦との連続性や類似点を強調し、これを正当化している。

なかで周縁化されたマイノリティとしてさまざまな抵抗を試みてきた。性的マイノリティは東アジアにおいてどのような存在として、あるいはいかなる力学によって定義されてきたのか。そのような定義を内面化して「性的マイノリティ」として名乗りをあげた人びとは、いかにしてみずからの性／生を再定義する闘争に参与してきたのだろうか。

第二に、性的マイノリティがその生を賭けて勝ち取ろうとしたものとはなにであったのか。性的マイノリティの社会運動と言えば、婚姻制度へのアクセスや差別解消法の制定といったリベラルな政治的成果を目的とするものが想定されるだろうが、これらの成果はいかなる条件のもとで達成されるのか。本書は台湾と韓国の比較というアプローチからこれを炙り出すことを試みる。とはいえ、性的マイノリティの闘争は法の言語で表現し尽くせるものでもない。本書で論じるプライドパレードがそうした闘争の好例である。とするならば、プライドパレードとはいったいなにを賭けた闘争として読み解くことができるのだろうか。

これらの問いを検討するうえで、本書は植民地解放後《ポストコロニアルな》の東アジアを規定した冷戦秩序に焦点を当てる。台湾と韓国は日本の植民地支配をつうじて近代化を経験したが、戦後は米国という新しい帝国の影響下で近代国家体制を構築した。冷戦体制やそれがもたらした新たな国際秩序は東アジア各国の性政治にいかなる影響をもたらしたのか。冷戦フェミニズムの研究を参照することで、性的マイノリティの社会運動の歴史を直線的《ストレート》な進歩史観かつ米国を中心とする同心円的（帝国主義的／植民地主義的）な想像力で把握する見方を棄却することができると期待されるが、このような想像力はいかなる政治的プロジェクトと共犯関係にあるのか。それが性的マイノリティの過去や現在の把握のしかたをいかに制約して単一的な未来へと押しやってしまうのかを暴露し、ひとつではない複数形の未来を想像する力を取り戻すことに挑戦したい。[18]

4 対象と方法

本書は、社会学的なアプローチから、第二次世界大戦終結後から現在までの東アジアの性政治を検討する。国家や医療やメディアによるセクシュアリティやジェンダーの統制や社会規範、そしてこれらが産出した「性的マイノリティ」というアイデンティティを内面化した人びとによる集合的な社会運動を主な研究対象とする。

まず、セクシュアリティ（より直接的には同性愛やトランスジェンダー）を規定した法や条例や政策を扱う。第一部ではおもに軍隊の諸規定に注目し、第二部では自治体の条例、第三部では婚姻平等や差別解消法を検討した。時期の異なる複数の事例を検討することで、性的マイノリティをめぐる政治をできるだけ包括的に把握することを試みた。具体的な調査対象としては、立法院（台湾）や国会（韓国）の議事録、政府刊行物、自治体の刊行物、市議会の議事録、裁判資料などを扱った。そのほか、非公開のデータを収集するために、各省庁や自治体の職員らを対象に聞き取り調査も実施した。

18 こうした問題意識を醸成するうえで、酒井功雄と saki・sohee によるプロジェクト「Decolonize Futures ―― 複数形の未来を脱植民地化する」との協働から学ぶところが大きかった。ふたりのユニットによる探究と成果はＺＩＮＥとして出版されており、以下のサイトから購入可能である（二〇二四年三月一日取得 https://decolonize.base.shop/）。

次に、社会における性的マイノリティのイメージや想像力を検討するため、一九四五年以降に刊行された新聞記事やオンラインニュース、テレビ番組・ドラマ・映画・広告といった映像作品、文学やエッセイ、ＳＮＳ（Twitter/X, Facebook, Instagram）のテキストや個人ブログを検討した。

性的マイノリティの社会運動については、フィールド調査やインタビュー調査を実施した。なかでも可視性の戦略と資源の動員を重視するプライドパレードに焦点を当てた。台湾同志パレード（台灣同志遊行：Taiwan LGBT Pride）は二〇一三年から、ソウルクィアパレード（서울퀴어퍼레이드：Seoul Queer Parade）は二〇一六年から調査をつづけてきた。パレードについてはこれらのほか、台湾は高雄同志パレード（二〇一七～一九年）や台中同志パレード（二〇一九年）、韓国の全州クィアパレード（二〇一九年）でもフィールド調査を実施した。

またプライドパレード以外の性的マイノリティ団体や女性団体についても訪問してインタビュー調査をおこなった。これらの団体を列挙すると次のとおりである（順不同）。まず台湾について、婦女新知基金会（Awakening Foundation）、台湾同志ホットライン協会（台灣同志資訊熱線協會／Taiwan Tongzhi Hotline Association）、台湾ジェンダー平等教育協会（台灣性別平等教育協會）、日日春関懐互助協會（Collective Of Sex Workers And Supporters）、台灣性別不明關懷協會（Intersex, Transgender and Transsexual People Care Association）、台灣伴侶盟權益推動聯盟（Taiwan Alliance to Promote Civil Partnership Rights）、想像不家庭陣線（英語名称なし）である。第三部で焦点を当てた台灣伴侶盟權益推動聯盟については、二〇一六年一二月二日から七日まで、高雄市で開催されたアドボカシー活動や高雄市議会議員に対する抗議活動で参与観察を実施した。

韓国の団体については、ソウルクィアパレードとソウルクィア映画祭を主催するソウルクィア文化祭（서울퀴어문화축제；Seoul Queer Culture Festival）、レインボー財団（비온뒤 무지개재단／Beyond the Rainbow Foundation）、行動する性的マイノリティ人権連帯（행동하는 성소수자 인권연대／Solidarity for LGBT Human Rights of Korea）、軍人権センター（군인권센터／Center for Military Human Rights Korea）を訪問し、スタッフに対して聞き取り調査を実施した。

これらの団体や社会運動を検討するにあたって、団体のオフィスやデモの現場、ウェブサイトやＳＮＳのテキストなどを観察・収集し、運営団体や参加者たちがいかなるフレームを提示し、なにに対して、どのように異議申し立てを展開しているか（演説やプラカード、オンライン記事、ＳＮＳのテキストを含む）、資金やスタッフといった資源をいかに調達しているか、さらには政府や自治体や他の運動団体との関係や交渉はどのようなものかを分析した。

最後に、性的マイノリティやフェミニズムに対するバックラッシュを推し進める右派や保守の社会運動も調査対象とした。台湾については婚姻平等やジェンダー平等教育に対する抗議集会やデモ活動（台北市と高雄市）、韓国に関してはプライドパレードに対する直接抗議やデモ活動（ソウル市と全州市）でフィールド調査を実施した。以上の調査について、実施した場所や時間などの詳細をすべて書くと膨大な分量となるため、議論を進めるうえで明示する必要があると判断した場合に限って注に記した。

性的マイノリティを対象とした政策や立法、自治体の施策や条例の制定への関与が明らかになっている団体は、上記に列挙したものでかなりの部分を網羅しているはずである。もちろん、このような調査対象の設定にも限界はある。台湾と韓国の性的マイノリティ運動は多様な資源が集中する首都圏に偏在していることから、本書の調査対象も首都圏を拠点とする団体が多くを占めた。言うまでもなく性的マイノリティの団体や運動は地方にも存在しているし、それぞれの運動が直面する問題や採用する戦略には地方ごとの特色があるかもしれない。[19] このような意味において、性的マイノリティの闘争の歴史を考察した本書も、特定の関心にもとづいて特定の地域の団体にアプローチしたものにすぎないという限界があることは述べておきたい。

5 構成

本書は三部構成で、それぞれの部が台湾と韓国を扱う章からなる。

第一部「〈包摂〉をめぐる闘争」では、解放後まもなく冷戦体制に組み込まれた台湾と韓国における性の政治について、軍事主義の観点から検討する。とりわけ国家建設のプロジェクトにとって重要な施策と位置づけられた軍隊と男子徴兵制に焦点を当てる。男子徴兵制が女性を「二級市民」として私的領域に配置しつつ、男性を「国民」として構築する政治制度であることは知られるが（上野千鶴子 1998 (2012); Cynthia Enloe 2000=2006; 佐藤文香 2004）、あらゆる男性が男性として生まれた（出生時に男性という性別を割り当てられた）というだけで崇高な軍事的任務を担う国民として承認されるわけではない。では、軍はいったいなにを根拠に特定の人びとを「真正の男性」として承認したり、しなかったりするのか。それらの根拠は通時的に不変なのか。もし変わりうるのならば、いかなる要因によって変容するのだろうか。

第一部は、一九五〇年代以降の歴史を軍事主義という点から再考する試みである。時間軸で言えば本書の議論の起点に該当する箇所である。軍隊や徴兵制を扱う議論は、日本の多くの読者には馴染みが薄く感じられるかもしれないが、そのことは戦後の日本（本土）が冷戦体制下で特権的状況に置かれてきたことを示唆するものでもある。

第二部「〈解放〉をめぐる闘争」では、民主化が進展したポスト冷戦時代の首都圏で勃興した性的マイノリティの社会運動に焦点を当てる。台湾と韓国では一九九〇年代以降に性的マイノリティの社会運動が展開したが、これらの運動はいったいなにを問題化し、だれと、いかに交渉してきたのか。そのなかでもプライドパレードに注目し、これを公共空間のなかで性的マイノリティの生存空間を切りひらくことに寄与した社会運動と位置づけて、その挑戦を検討する。

第三部「〈権利〉をめぐる闘争」では、性的マイノリティの生を保障する条件が「権利」という法的言語によって表現されるようになった二〇〇〇年代以降の闘争を考察の対象とする。性的マ

19　このことは、都市部の性的マイノリティの社会運動が進歩的で、地方のそれが保守的であるといったメトロノーマティヴな発想を前提とするものではない。クィア・メトロノーマティヴィティ（queer metronormativity）について、ジャック・ハルバースタムは性的マイノリティをめぐる想像力において支配的なイメージ――すなわち抑圧された「田舎」から寛容な「都市」へと移動する物語――と関連づけて論じている（Jack Halberstam 2004）。こうした物語は、性的マイノリティのコミュニティや幸福を都市的なライフスタイルと紐づけると同時に、地方に生きる性的マイノリティを想像不可能なものとして抹消する危うさを孕んでいる（Bud W. Jerke 2011）。なお、こうした問題意識を共有した日本の研究に、東北地方を対象とした杉浦郁子・前川直哉（2022）がある。

イノリティの権利獲得や運動の成否をいかなる要因が阻害したり促進したりするのか。第三部では、おもに諸権利の獲得を目指した性的マイノリティの社会運動を論じるが、これに先行する女性運動やフェミニズム、さらには宗教右派を中核とするバックラッシュにも焦点を当てる。台湾については同性婚を、韓国は包括的差別禁止法をめぐる動向を考察した。

終論では、本書の議論を整理して、序論でとりあげた問いに答える。最後に日本の事例にも言及しつつ、本書の議論を東アジアの地政学的枠組みに位置づけて、冷戦やナショナリズムという視角から性的マイノリティの社会運動の歴史を再想像する。

6　用語と翻訳

本書では、異性愛規範《ヘテロノーマティヴィティ》から逸脱的で周縁化されたジェンダーやセクシュアリティを生きる人びとの総称（アンブレラ・ターム）として「性的マイノリティ」という表現を用いる。東アジアでは二〇一〇年前後より英語由来の〝ＬＧＢＴ〟(Lesbian, Gay, Bi-sexual, Transgender) という言葉がマスメディアや社会運動などで広く使われるようになった。このような時代的文脈を強調する際に、本書では「ＬＧＢＴ」という語を使用することがある。

本書における中国語と韓国語、英語から日本語への翻訳は、とくに記載がない限り、筆者がおこなった。なお、台湾と韓国の行政機関の名称に用いられる「部」という表現は日本では中央省庁を指す「省」にあたるが、本書では原語にしたがって「部」の表記で統一した。

第一部
〈包摂〉をめぐる闘争

第一部　はじめに

アジアにおけるゲイの権利について語るなら、台湾は別格である。ゲイやレズビアンも軍務に服することができ、教育部は教科書をとおしてゲイやレズビアンに対する寛容さを促すよう求めている。立法府は近年、職場における差別禁止を含む同性愛者保護法案を可決した。〔……〕国際ゲイ・レズビアン人権委員会のアジア太平洋諸島地区プログラムでディレクターを務めるグレース・プアによれば、「台湾はアジアの多くの国々を鼓舞する存在だ。台湾はアジアの隣国の遥か先をゆく」。

（The New York Times, October 29, 2014）

人権フレンドリーに変貌している軍隊で、私を含むすべての性的マイノリティの軍人が差別を受けない環境で各人の任務と使命を遂行できるようになることを望みます。その立派な先例として〔私は軍に〕残りたいです。私は微力な個人にすぎませんが、力を尽くしてそのような変化に貢献したいと思います。ジェンダー・アイデンティティとは関係なく、私はこの国を守る立派な軍人のひとりになれるということをみなさんにおみせしたいです。機会をください。私は

大韓民国の軍人です。（비디오머그 2020）[20]

異性愛中心社会において同性愛者はかつて一度も人権を手にしたことがなかった。同性愛者はみずからに忠実であろうとして好みを表明すれば、仕事や教育、尊厳、そして愛情さえも失ってしまう。〔……〕現実的に同性愛者は国民としての権利を享受していない以上、〔兵役という〕国民の義務を果たす必要などあるはずがない。

（『中國時報』「同性戀拒服役 人權問題」一九九四年六月一五日）

一九九四年、台湾国防部は同性愛を「個人の性的指向にもとづく行為であり、疾病ではない」と立法院で公言し（立法院 1994: 37-38）、男性同性愛者の兵役への包摂を宣言した。二〇一〇年代以降、台湾はアジアで例外的な「ＬＧＢＴフレンドリーな社会」として欧米のメディアから称賛を集めており、カミングアウトした同性愛者の「従軍する権利」がその根拠としてしばしば持ち出される（たとえば前頁のひとつ目の引用）。軍隊は保守的な環境で知られ、多くの国で性的マイノリティに対する差別的な規定を早くから導入してきた公的組織のひとつである。近代国家は軍隊の設置とあわせて男子徴兵制を整備し、兵役の義務と市民権を紐づけてきた歴史を持つ。それゆえ軍隊における包摂／排除をめぐる問題は、フェミニズムやクィア・スタディーズにとって重要なテーマでもある。

台湾と韓国の別を問わず、軍隊は同性愛者とトランスジェンダーを早くから精神病と定義し、組織から排除してきた。本書のプロローグで論じたように、ピョン・ヒス（一九九八～二〇二一年）を軍隊から排除する方針を打ち出すときに国防部が提示した根拠は、睾丸を欠損したトランスジェンダーの身体を「身体障害」とする医学的言説であった。こうした主張を不当とみなしたピョンは、みずからを「性的マイノリティの軍人」の「先例」と位置づけ、国家へ貢献する「モデル・マイノリティ」のアプローチを模索した。ピョンの闘いは、近代国家が公には否定しえない「人権」の論理を持ち出して法的地位の平等を主張するもので、シスジェンダーに与えられてきた軍人という特権的地位をトランスジェンダーにも拡張することを要求するアプローチであった。

他方、一九九四年の、つまり民主化へ向けて邁進していた台湾では、軍隊への包摂を求めるリベラルな要求とは一線を画す主張がみられた。フェミニストで、クィア研究者のジョセフィン・ホー（何春蕤）が、同性愛者に兵役という「国民の義務を果たす必要などあるはずがない」として軍隊からの撤退を主張したのである（56頁の『中國時報』の引用）。台湾も韓国も男子徴兵制を敷く国家であるという点では共通しているが、一見すると特異にみえる彼女の主張はいかなる社会的文脈に位置づけて読み解くことができるのだろうか。軍隊と性的マイノリティの関係を、あるいは従軍する「権利」と「義務」をめぐる問題を、どのように考えればよいのか。

20　二〇二〇年一月二二日に開催された記者会見におけるピョン・ヒスの発言。

問い

フェミニズムやジェンダー研究は、近代社会のあらゆる組織がジェンダー化されていることを暴露したが、軍事組織も例外ではなかった（上野千鶴子 1998 (2012); Cynthia Enloe 2000=2006; 佐藤文香 2004）。軍隊は国家が独占的に所有する正当な暴力手段だが、「近代市民革命によって誕生した国民国家の軍事組織とは、みずからを主権者とする国家を守る『国民軍』であり、この『国民軍』に参与できる者、すなわち男性こそが『国民』であるという歴史を有してきた」（佐藤 2004: 24-25）。冷戦体制下で安全保障の強化を口実に開発独裁体制を正当化してきた台湾と韓国において、徴兵制とは、一方で男子を「国民」と同定して「権利」と「義務」を紐づけた市民権の対象としつつ、他方で女性には「義務」を免除することで「権利」関係から排除された「二級市民」へと周縁化すること、すなわち女性差別《セクシズム》を正当化する政治制度であった。

ただし、法的性別が「男性」であるというだけで「国民」として承認されるとは限らない。徴兵制は入隊前のすべての（法的性別上の）「男性」に徴兵検査を課したが、これによって国防に適切な（男性）身体とそうでない身体とを弁別し、後者を国家にトラブルをもたらしうる不適切な身体とみなして制度から排除してきた。では、「男性身体」を弁別する際にどのような基準が動員されてきたのだろうか。これらの基準は国家のいかなる企図や欲望によって設定されたのか。グローバル冷戦の終焉や民主化は、国家が定める「男性身体」をふるい分ける基準に果たして変化をもたらしたのか。性的マイノリティと軍隊との関係をめぐる政治をどのように考えればよいのだろうか。

これらの問いを検討するにあたって、軍事主義と男性性（masculinity）に関する先行研究をみておきたい。冷戦期の台湾と韓国では、安全保障やそれを担保する軍事力の強化を最重要視する軍事主義（militarism）が国家のありかたを規定した。そのため、兵役に服して国防に従事することは男性にとって崇高な任務とみなされた。高穎超（Kao Ying-Chao 2017）によれば、台湾の少年たちは兵士を遂行すること（doing soldier）をとおして男性性を学習する。重要なのは、男性性が軍事主義と結びついていること、つまり兵役や軍隊といった政治制度によって男性性が再生産されてきたという歴史的事実である（Kao 2017: 181）。

一九八〇年代以降、フェミニズムや男性性研究（Studies of Men and Masculinities）のアプローチから戦争や軍隊、軍事主義を批判的に問い直す研究が蓄積されてきた。フェミニスト国際関係論という分野を牽引してきたシンシア・エンロー（Enloe 2000=2006）は、軍事化が男性性の特権化を可能にするシステムであると看破するが、本書ではレイウィン・コンネル（Raewyn Connell [1995]2005=2022）による「複数形の男性性（masculinities）」に関する議論を参照して、軍事主義と男性性の関係に対する検討をさらに進めてみたい。

コンネルはフェミニズムやジェンダー研究の問題意識を継承しつつ、「覇権的男性性（hegemonic masculinity）」という概念を提起して、男性による女性支配と男性間の支配関係が正当化される過程を説明している（同上 100）。その要点は、男性性を単数形ではなく複数形（masculinities）として認識するところにあるが、そこには重要な含意がふたつある。第一に、同じ時代や同じ社会の内部で複数の異なる男性性が存在していること、ただしそれらは単に併存しているのでなく、支配／従属関係を形成して階層化しているという点である。コンネルは従属的な男性性の例として男性同性愛者に言及する。いわく、「同性愛的な男性性は、抑圧を通じて、男性間のジェンダーのヒエラルキーの最下部におかれ」る。「家父長制的イデオロギーの下でゲイであるということは、〔……〕覇権的な男性性から象徴的に排除される」ことを意味するのだ（同上102）。第二に、文化や歴史を超越して普遍的な男性性なるものは存在しないとする指摘である（同上106-112）。かつてラディカル・フェミニズムが「発見」した家父長制（patriarchy）は社会や歴史を超越した普遍的なシステムとして想定されたことが批判を喚起したが（Joan Wallach Scott [1988]2018=2004）、男性性も同様に普遍的ではなく、特定の社会のジェンダー秩序のなかで他の権力とともに関係的に構築されたり変容したりするものとして検討すべきである。

台湾の兵役について論じた先行研究もコンネルの議論を参照しながら、台湾社会における覇権的な男性性の形成について次のように整理している（Kao Ying-Chao & Herng-Dar Bih 2014; Kao 2017）。まず、少年たちは軍隊内の生活や調練をとおして命令に対する服従や自己犠牲の道徳を習得する。そして、男同士の絆《ホモソーシャル》・連帯をつうじて女性嫌悪《ミソジニー》を内面化することで、中華民国の成人男性すなわち「国民」へ同一化《アイデンティフィケーション》する。こうした男性性の習得過程を象徴する事例として、休暇を利用して仲間と連れ立って性風俗店を訪れる軍人文化が言及されている（Kao & Bih 2014）。集団での買春行為は男性であることの証明、すなわち女性を相手に性的能力を持つ成熟した男性であることの象徴とみなされるため、こうした共同行為をつうじてホモソーシャルとミソジニーによって特徴づけられる男性性が身体化されるという。

こうして形成される男性性は徴兵制という政治制度と結託している。覇権的な男性性は、少年たちを成人男性へ移行させる通過儀礼として兵役を位置づける国家の神話を根拠とする。少年たちは兵士として調練をこなし、同性に限定された人為的な空間で集団生活を送る。かれらは青春期を犠牲にして兵役を完遂することで国家が期待する男性性を学習していく。そして軍隊を卒業した男たちは、労働倫理や社交能力や一般常識を備えた成人男性として承認され、男同士の絆や連帯をとおして男たちの社会（公的領域）へ参入することが期待・奨励されるのだ（同上 181）。

台湾で二〇〇〇年代なかごろに軍隊生活を送った経験を持つゲイ、バイセクシュアル男性、トランス女性（法的身分上の性別は男性）を対象に聞き取り調査をした研究（Kao 2017）によると、ジェンダー平等や「LGBTフレンドリー」といった新しい社会規範がトップダウンで軍隊にまで浸透したのちも、依然として軍内部のホモフォビアやミソジニーは払拭されず、性的マイノリティに対する敵意や差別、言語的・身体的暴力がみられるという。この研究はコンネルの「従属的男性性（subordinated masculinity）」という枠組みを用いて、「男」として兵役に就いた者のなかでも性的指向やジェンダー・アイデンティティやジェンダー表現が逸脱的とみなされた者が周縁化されていることを説明し、軍内部の「男性」たちが必ずしも一枚岩ではないという視点を提示することに成功している。

これらの研究では、軍事主義によって男性性が特権化されるだけでなく、特定の男性性が覇権的なものとして構築されるメカニズムを考察するところに力点が置かれた。わたしもこれらの問題意識を共有するが、本書がむしろ焦点を当てたいのは軍事主義の身体に、対する介入である。

徴兵検査をはじめとする軍隊の制度が国防に適切な男性身体とそうでない身体とを弁別して、

前者を覇権的で真正な男性性として構築するとき、いかなる特質や特徴を持った身体を「男性」カテゴリーから排除するのか。コンネルの議論を踏まえるならば、覇権的な男性性を構成する（とみなされる）身体の特質や特徴は必ずしも一貫していない可能性がある。つまり、時代や社会の要請が男性性の定義に変容をもたらしうることも想定する必要がある。

第二次大戦後の東アジアの性の政治を検討するうえで、軍事主義という視点は欠くべからざるものである。第一部では冷戦期の台湾と韓国で定着した軍隊と男子徴兵制に着目して、セクシュアリティの政治を考察していきたい。

対象と方法

第一部では、台湾と韓国の徴兵検査の基準とその変化に関する資料をとくに重視する。本書では徴兵検査について、「男性身体」をさまざまな基準でことこまかに分類し、適切な身体とそうでない身体とを弁別し、後者をスティグマ化するシステムと位置づける。韓国については一九六五年に公布された「兵役判定身体検査等検査規則」（병역판정 신체검사 등 검사규치）を、台湾については七四年に制定された「体位区分基準表（體位區分標準表）」を扱う。これらの基準は不定期に改訂されているため、その変化も検討した。

このほか、軍刑法、政府や自治体の公的文書、裁判所の判決文、新聞報道やウェブニュース、兵役について綴った個人の手記（書籍、雑誌記事、ブログ、SNS）などの資料も参照した。また、国防部や軍医、性的マイノリティの団体を対象に聞き取り調査も実施した。

第1章　台湾I——「ゲイフレンドリーな軍隊」の誕生

1　冷戦と徴兵制

はじめに、台湾における徴兵制の歴史を概観しておきたい。

一九四五年九月二日のポツダム宣言調印を受けて、蔣介石率いる国民党政権は首都南京を取り戻した。一〇月一五日には連合国軍最高司令官総司令部（GHQ）の命を受けて台湾に進駐し、これを中華民国に編入した。一九四六年六月に始まった（第二次）国共内戦は当初、米国の援助を受けた国民党が優勢だったが、[21] 戦局の変化を受けて共産党に軍事的敗北を喫し、五〇年には中国本土の拠点を失うこととなる。

解放後の台湾で国民党は人心を掌握することに苦慮し、その統治は困難を極めた。一九四七年

21　一九四六年六月から一九四九年一二月まで、中国では共産党（人民解放軍）と国民党（国民革命軍）の間で内戦が繰り広げられた（第二次国共内戦）。一九二七年の国共分裂からつづいた第一次国共内戦は、日中戦争のために一九三七年に停止したが、その後も両者では軍事衝突が発生していた。

二月に、のちに「二・二八事件」と称される大規模な抗議運動が台湾全土で勃発すると、国民党は人民を徹底的に弾圧し、「白色テロ」と呼ばれる言論統制を敷いた。[22] 一九四八年には動員戡乱時期臨時条款を制定し、[23] 四九年五月二〇日に戒厳令を施行する。その結果、「対中国」を前提とする総動員体制が形成され、四七年に公布した中華民国憲法は宙吊り状態となる。動員戡乱時期臨時条款は一九九一年まで修正を重ねながら存続した。こうした戒厳体制が、国民党の政治体制に異議を申し立てる社会運動の発展を困難なものとした。

一九四九年一〇月一日に中華人民共和国が成立すると、国民党は一二月七日に台北への遷都を決定してこれを「臨時首都」と定め、台湾島地域および金馬地区を実効支配する国家として中華民国の存続と再編を図った。蔣介石は中国大陸奪還の意志を込めた「大陸反攻（反攻大陸）」「反共復国」をスローガンに掲げ、一二月二八日に台湾全域で徴兵制を施行した。[24]

蔣介石を総統とする国民党政府はその後も中国攻勢の機会をうかがいつづけた。朝鮮戦争勃発（一九五〇年）を契機に台湾も冷戦体制に組み込まれると、国民党は米国を強力な後ろ盾として軍事力のさらなる増強を図ったが、中国攻勢に関してはついに米国を説得することができなかった。とはいえ、徴兵制は国民党による軍事主義の中核的施策に位置づけられ、その後の国家形成を強く規定することになる。

だが、一九九〇年代に進展した民主化は、徴兵制のありかたに大きな変化をもたらした。戒厳体制下で長らく政党結成の自由が認められなかったが、一九八六年には国民党の独裁体制に批判的な「党外」勢力が結集して民主進歩党（以下「民進党」と略記）が結成された。一九八八年に蔣経国[25]（蔣介石の長男）が死去すると、その後継者に選ばれて総統に就任した李登輝[26]は政治の自由化や民主化を急ピッチで推し進めていく。一九八九年に政党結成が解禁されると、民進党は国民大会や立法院、地方でも勢力を拡大し、民主化を促進する主要なアクターとして飛躍的な成長を遂げることとなる。

これにともない大陸政策も転換を余儀なくされ、李登輝は一九九一年三月に「国家統一綱領」を制定した。中国との相互理解や相互利益による敵対関係の解消を掲げ、台中関係の再定義を試

22　白色テロとは、反政府運動に対する為政者側の暴力をともなう弾圧行為を指す。台湾の場合、白色テロは、二・二八事件を受けて形成された戒厳令体制下で国民党が反体制派を標的に実施した政治的弾圧のことをいう。一九八七年に戒厳令が解除されるまで、反体制派とみなされた多くの人びとが投獄・処刑された。なお、二・二八事件については第3章で詳しく論じる。

23　動員戡乱時期臨時条款とは、国共内戦の勃発を受けて総動員体制の整備を目的に、中華民国憲法に修正条項として追加された規定である。

24　台湾の地域や人びとを対象とする徴兵制は日本統治下の一九四四年九月に施行されており、国民党が導入した徴兵制は台湾において二度目にあたる施策であったことは指摘しておきたい。日本の植民地統治下にあって、朝鮮と台湾の人びとは国籍上は「日本人」とされながらも戸籍では「内地人」と差異化され、「日本人」として享受すべきさまざまな権利から排除されたことは小熊英二（1998）に詳しい。一九四四年に入ってから兵役が施行された要因として、アジア太平洋戦争の形勢悪化にともなう総動員体制の推進、欧米との対抗関係、官庁間の権限争いによる総督府の地位低下が指摘されている（同上、第一七章）。

25　蔣経国（1910-1988）は蔣介石の長男で、第三代中華民国総統（一九七八～八八年）を務めた。一九七九年に民主化を求めるデモ運動を強固な姿勢で弾圧したが（美麗島事件）、晩年には政党結成を容認したり戒厳令を解除したりするなど、民主化へと舵を切った。

26　李登輝（1923-2020）は、蔣経国を補佐し、その死後は後継者として中華民国史上初となる直接選挙を下して本省人として初の総統（一九八四～二〇〇〇年）に就任し、中華民国の「本土化」を推進した。蔣経国の路線を継承して民主化を推し進める一方、中華民国が公式に掲げた「大陸反攻」のスローガンを下ろして中国大陸を有効に支配する国家として中華人民共和国を承認すると同時に、台湾・澎湖・金門・馬祖を統治する国家として中華民国のプレゼンスを国際社会へアピールした。日本統治時代に生まれた李登輝は親日派としても知られ、その言論活動は一九九〇年代以降、日本の右派から熱烈な歓迎を受けることとなる。この点については終論で論じる。

みたのである。一九九一年五月には動員戡乱時期臨時条款が廃止され、国民党による「大陸反攻」構想はついに終焉を迎えた（五十嵐隆幸 2016: 35）。

こうして民主化を背景に台中関係は新たな局面を迎えた。軍事的な「敵対関係」から、経済協力を軸とする「パートナーシップ関係」へと移行したのである。「大陸反攻」や「反共復国」といった軍事主義に彩られたスローガンのもとで象徴的な意味を付与された徴兵制は、中国という他者が「敵」から「貿易取引の最重要パートナー」へ変化したことで制度としての重要性を次第に失っていった（Kao & Bih 2014: 176）。

そうした変化のなかで徴兵制は抜本的な変革を迫られた。民進党が二〇〇〇年に政権交代を実現すると民主化は既定路線となり、その潮流は徴兵制をも呑み込んでいった。陳水扁率いる民進党政権は良心的兵役拒否者に対する代替役（社会役）を導入し、兵役期間の短縮を打ち出した。二〇〇一年には二四ヶ月から二二ヶ月となり、二〇〇四年に二〇ヶ月、二〇〇五年に一八ヶ月、二〇〇六年に一六ヶ月、二〇〇七年に一四ヶ月、二〇〇八年に一二ヶ月、二〇一三には四ヶ月まで縮減された。そして二〇一八年には四ヶ月間の軍事訓練を義務として残しつつも、徴兵制は志願兵制へと移行を遂げた。[27]

2　軍事主義とジェンダー政治

国民党が導入した徴兵制は、「反共復国」のためには命をも惜しまない男性を「国民」としてつくりあげる政治制度であった。これは、儒教道徳を奨励した文化・教育政策と連動し、女性を私的領域に留め置いて、再生産を奨励する政策とセットで進められた。

国民党は、中華民国が「中国」を代表する正当かつ唯一の合法政府であるとする主張を国内外で喧伝した。共産党への敵対意識からみずからを「中国文化の正当な継承者」と標榜し、儒教道徳や反共イデオロギーを奨励する文化政策や中国語教育などをとおして国民の「中国化」(すなわち脱日本化)を推し進めたのである。

中国大陸で成立した中華民国は、日本の降伏を受けて一九四五年に進駐するまで台湾を統治した歴史を持たなかった。「大陸反攻」をスローガンに掲げた国民党政府にとって「公教育を通して『中国』の歴史を国民に『追体験』させることは、日本の影響を排除し、自らの統治を正統化するうえで死活的に重要な意味」を持ったのである (山崎直也 2002: 26)。さらに毛沢東が中国で主導した文化大革命 (一九六六~七七年) が、国民党政府による儒教道徳の推進を加速した。文化大革命は儒教倫理の徹底的な批判を重視したことから、中華民国こそ儒教に依拠した「中華民族固有の伝統文化」の正統な主体であると位置づけたのである (西村一之 2009: 711)。

国民党政府は国民党直属・外郭の女性団体を活用して、儒教道徳にもとづいた「幸福家庭運動」や「斎家報國」(家庭に尽くし国に報いる) を掲げた文化政策を展開した。「家族のあり方や女性の役

27 ただし近年の台中関係の悪化を受けて、軍事制度の見直しが進み、二〇二四年には四ヶ月の訓練を一年間に延長することが決まっている。

割に対する政策的な介入」を推進し（金戸幸子 2005: 32）、私的領域で男性を支える「妻」や「母」や「娘」の役割を女性に課したのである。このような文化政策は、国家に奉仕する正当な国民として男性を同定する徴兵制と親和的であった。

3　メンバーシップ

中華民国兵役法は国籍を持つ兵役適齢（満一八歳を迎えた翌年の一月一日から満四〇歳の一二月三一日まで）の男性に兵役義務を課す。ただし法的身分上のすべての男性が兵役に就くとは限らない。徴兵前に義務づけられた身体心理検査をとおして国防にふさわしいか否かが判断されるのだ。不適切とみなされた者はその逸脱度に応じて代替役が命ぜられるか、兵役が免除される。兵役が義務である以上、兵役からの排除は男性として得られるべき利益（特権）を喪失するだけでなく、スティグマ化されることを意味する。

ここで問いたいのは、兵役に値する男性とそうでない者とを弁別するために国家が動員した基準である。これを検討するうえで参照すべき資料が、一九七四年に国防部が制定した「体位区分基準表（體位區分標準表）」である。この基準表は二〇一八年までに一六回改正されているが、本書執筆時（二〇二四年三月）にアクセス可能な資料は二〇一八年修正版のみであったため、これ以前の情報については政府関係者や性的マイノリティ団体に対するインタビュー調査や新聞記事などで補足しながら議論を進めたい。

表 1-1　台湾徴兵検査の「体位区分基準表」（2018 年公開）

番号	部位	区分	常備役	代替役	免除
99	泌尿生殖器	男性性腺または性機能不全	ひとつの睾丸が停留または欠損している者		1. 睾丸がふたつとも停留または欠損している者 2. 第二次性徴異常により男性ホルモンが不足している者
103	泌尿生殖器	尿道下裂または尿道狭窄症	尿道下裂または尿道狭窄症で6ヶ月以上前に治療をし、排尿機能に障害を持たない者		尿道下裂または尿道狭窄症で6ヶ月以上前に治療をし、排尿機能に障害を持つ者
108	泌尿生殖器	陰茎切除		陰茎を部分的に切除または再建手術後に排尿または勃起機能に障害が見られない者	1. 陰茎を全体的に切除した者 2 陰茎の再建手術後に排尿または勃起機能に障害を持つ者
109	泌尿生殖器	外性徴異常			1. 男女両性の性徴を持つ者 2. 性染色体異常者
189	精神系統	性心理異常			1. 性心理異常として診断が確定された者 2. 性転換手術を受けた者

出所：国防部「體位區分標準表」（2018. 8. 16）をもとに筆者作成

体位区分基準表は、疾病・障害について「身体」と「精神」のふたつに区分したうえで計一九三個の項目に分類し、その症状や程度に応じて「常備役／代替役／免除」のいずれかの処分を定めている。「常備役」がいわゆる合格に該当する「現役」判定、「代替役」は社会役、[28]「免除」は兵役免除を指す。表1－1は本書の議論に関連する項目だけを抜粋して整理し直したも

28　社会役とは、ヨーロッパの良心的兵役拒否者に対する社会役をモデルに策定された制度で、二〇〇〇年に導入された。代替役を申請した徴兵適齢者は警察や消防、医療などの政府機関に従事する。

のである。[29]

表1－1について、最初に検討したいのが「泌尿生殖器」に関するふたつの項目、具体的には陰茎・睾丸と勃起機能に関する基準である。興味深いのは、「停留精巣」（陰嚢の中に精巣が入ってない状態で、手術による治療が推奨される）と「睾丸欠損」（番号99）と「陰茎切除」（１０８）の項目のいずれも、その程度に応じて異なる判定が与えられている点である。「停留」や「欠損」がひとつの睾丸にとどまる場合は問題なしと判断されるが、ふたつの睾丸に及ぶ場合は兵役免除となる。同じように、「陰茎切除」が「部分的」の場合は「代替役」だが、「全体」に及ぶか「陰茎再建手術後」も「勃起機能に障害が確認される場合」は兵役が免除となる。

いったいなぜ、睾丸や陰茎の完全な「欠如」が問題とされるのか。「勃起機能」はもちろん、「停留精巣」も「陰茎切除」も軍隊での生活や調練に支障をもたらすとは考えられない。にもかかわらず、兵役に適切な身体であるか否かを弁別する基準としてこれらの項目が導入され、一九七四年から一貫して体位区分基準表に含まれているのだ。その根拠は明らかにされていないが、男性身体にとって「完全な状態の睾丸と陰茎」が男性性に真正性を付与するものとみなされていることとは確かである。

次に、「泌尿生殖器」に関する「外性徴異常」（番号１０９）である。この項目は「男女両性の性徴を持つ者」と「性染色体異常者」を含み、性分化疾患（disorders of sex development）を指すとみられる。性分化疾患とは、染色体や解剖学的な性器の発達が「非定型的」と診断される状態だが、身体状況の個別的な差異や当事者のジェンダー・アイデンティティにかかわらず「外性徴異常」と診断された者は兵役が一律に免除されている。

4　「合理的配慮」としてのトランスジェンダーの排除？

軍隊のメンバーシップをめぐっては、とりわけ同性愛者やトランスジェンダーが争点とされてきた。一般に軍隊はホモソーシャルな[30]組織として知られるため、軍隊における性的マイノリティの処遇が国家の性的自由の解放度を示す基準のひとつとして注目されてきたのである。米国では近年、カミングアウトしたトランスジェンダーの軍隊への包摂が政治的争点となり、オバマやバ

29　表1－1には掲載しなかったが、身長や体重も重要な基準である。二〇一八年版の体位区分基準表は、BMI計算で17 ≦ BMI ≦ 31を「常備役」とし、16.5 ≦ BMI<17 または31<BMI ≦ 31.5を「代替役」、BMI < 16.5または31.5 < BMIを兵役「免除」としている。仮に一九～二〇歳の台湾人男性の平均身長（二〇一八年の一七二・四cm）を基準値とすると、体重五〇・二～九一・八kgまでが「現役」、四八・七～五〇・一kgまたは九一・一九～九三・三kgが「代替役」、四八・六kg以下または九三・四kg以上が「兵役免除」となる。大日本帝国が施行した徴兵制は、男性の身体能力の基準としてとりわけ身長を重視したとされるが（喜多村理子 2008）、台湾や韓国の徴兵検査基準でも身長や体重は基準表の冒頭に位置し、いわば「足切り」の役割を与えられている。このように、ある基準に照らし合わせて逸脱的とみなされた身体は、その逸脱の程度に応じて異なる判定を受けることになる。

30　セジウィック（Sedgwick 1985=2001）は、「ホモセクシュアル」から区別される「ホモソーシャル」という概念を用いて論じている。セジウィックによれば、家父長制下での異性愛は、男女間の関係というより、欲望の対象としての女性をめぐる男性間の関係性を強化するものである。男性同士のホモソーシャルな関係は欲望を基盤とするが、そこにあるホモセクシュアリティとの潜在的な連続性を打ち消すために、ホモフォビアとミソジニーが援用されるのだ。これらの議論は、家父長制が男性による女性支配だけでなく、男同士の連帯を樹立するためにホモフォビアをともなうことを明らかにしており、フェミニズムとゲイ・ムーブメントの連帯を志向するものとして（も）読まれてきた。

イデン大統領率いるリベラルな政府はその包摂を掲げたが、右派のトランプ政権は「とてつもない医療コストや混乱という負担」を根拠にその排除を打ち出している（BBC NEWS JAPAN 2017）。台湾や韓国でも、トランスジェンダーや同性愛者に対する処遇が一九九〇年代以降、性的マイノリティの問題を人権の枠組みで把握する認識が広がる過程で政治的争点として浮上した。

トランスジェンダーと同性愛に関連する項目が表1－1の「性心理異常」（番号189）である。この項目はさらに「性心理異常として診断が確定された者」と「性転換手術を受けた者」のふたつに分類される。[31]

体位区分基準表に「性心理異常」という項目が導入されたのは一九九〇年だが、「性転換手術を受けた者」という説明が追加されたのは九六年である。[32] ただし一九七四年にはすでに「性格異常」という項目が導入され、これによって（同性愛やトランスジェンダーとみられる者を含む）「性的逸脱者」が兵役免除と判定されていたことが明らかになっている（『聯合報』二〇一四年五月一三日）。[33]「性転換手術を受けた者」という説明が追記された一九九六年以降は、精神科の医師により「性同一性障害」と診断され、「性転換手術」を受けて法的身分が「男性」から「女性」へ移行した者は兵役免除とされたが、実際は手術や性別変更の有無を問わず、弾力的に運用されてきたことがわかっている。たとえば『聯合報』（二〇一四年五月一三日）の記事では、軍医が「女性の傾向を持つ」とみなした者は「性心理異常」とみなされて一律に兵役免除や除隊処分を受けたことが指摘されている。さらに古い二〇〇〇年八月二二日付の『中國時報』の記事でも同様の記述がみられる。記事の一部を引用してみよう。

台中市の〔……〕女性の傾向を持つ兵役適齢の男性が兵役身体検査を受けた。頭から足の先まで女性らしい装いで、女性ホルモンを注射し、胸が膨らんでいたことから、検査に当たった医師は国防部台中総合病院精神科の医師に追加の鑑定を依頼した。医師はこの男性を「性同一性障害」と判断して兵役を免除した。〔……〕

兵役局長の林芳銘氏によれば、この男性がもし兵役に就いたら軍隊の団体生活にトラブルが起きかねない。兵役局のなかには代替役をもって兵役の代わりとすれば良いとする意見もあったが、いずれにしても団体生活であることに変わりはなく、不都合と判断した。

記事によると、医師から「性同一性障害」という診断を受けた「男性」は「性転換手術」を受けていないが、「頭から足の先まで女性らしい装い」で「団体生活」に「トラブル」をもたらしかねないことを根拠に、兵役免除と判定されている。性的に逸脱した者を軍から排除する根拠として、ホモソーシャルな「団体生活」を攪乱する脅威としてその責を当人に帰す言説は、前述のト

31 本書では、外科的手法により内外性器の形態を変更する手術療法として「性別適合手術」という表現を用いるが（Sex Reassignment Surgery）、ここでは体位区分基準表の「変性手術」という原語のニュアンスをより忠実に訳出するため、「性転換手術」という日本語訳を使用した。

32 二〇一五年九月二一日に筆者が内政部役政署にメールで質問をして得た回答による。

33 残念ながら、それ以前の状況については資料を見つけることができておらず、明らかでない。

ランプ政権の方針でも、あるいは後述するように韓国でも共通してみられるものである。

他方、みずからの意思で兵役からの排除を勝ち取った事例もある。高穎超（Kao 2017）の研究では、ホモソーシャルな軍隊組織に適合できないとみずから判断し、代替役を「勝ち取った」ノンバイナリーの事例が紹介されている。その人物は、もともと患っていた喘息の症状を誇張するなどして医師に伝えることで代替役を「勝ち取る」ことに成功したという（Kao 2017: 205-6）。この事例は、「性心理異常」でなく別の事由を持ち出すことで常備役を免れたケースだが、みずからが「性心理異常」であるとアピールして兵役免除を申請する事例も報告されている。

実際、当事者団体によると、トランスジェンダー女性からもっとも多く寄せられる相談が兵役の義務を免れるための助言であるという。[34] 男性性を体現することが求められる軍隊生活において、トランス女性やノンバイナリーや同性愛者（あるいはそうみなされた者）はセクシュアル・ハラスメントや性暴力に対して脆弱な状況に置かれてしまう。そのため、「性心理異常」というスティグマ化された規定を逆手にとって兵役免除資格を獲得しようと試みるというのである。

「兵役逃れ」というアプローチは、それなりに一般的なようである。トランス当事者のために情報を提供している台北市民政局の公式サイトでは、「兵役のQ&A」というコーナーで「兵役免除資格」を合理的配慮の文脈で次のように説明している。[35]

> 台湾では、満一八歳の男性には、各々の状況に合わせて徴兵検査が通知されますが、トランスジェンダーの多くは、まだ身分の移行や模索の段階にあって、兵役免除の資格を得るための要件

を満たすことが間に合うとは限りません。現状、性同一性障害者は精神科医の診断書によって免除を申請することができます。また、初回兵役試験の際に、みずから率先して検診部門に状況を説明し、再検査を手配することも可能です。また、本籍地の村（町、市、区）事務所で精神科医の証明書を提示し、再検査を手配することもできます。[36]

この引用につづいて、台北市は次のようなモデルケースを紹介している。[37]女性を自認するルイは、大学四年のとき、一八歳のときからずっと恐れていた兵役検診の通知書を受け取った。ルイは検診を受けに行くが、

---

34 二〇一五年八月一四日、台灣性別不明関懐協會で代表を務める伊婷に台北市内の事務所でインタビュー調査をおこなった。伊婷によれば、トランスジェンダー当事者からの相談では兵役免除資格を得るための方法に関する問い合わせがもっとも多く、そのため同団体のウェブサイトでは「兵役と兵役逃れ（兵役與逃兵）」と題した記事をトップページに掲載しているという。ウェブサイトは以下より参照可（二〇二四年三月一日取得 http://www.istscare.org/qna/）。なお、トランスジェンダー男性については、仮に法的身分を「男性」へ移行したとしても性別変更要件のひとつとされる「性転換手術」を受けなければならないため、兵役を認められていない。

35 台北市政府民政局「跨性別 transgender」の「日常生活」には、以下の五つの項目が掲載されている。「家族関係――親と子」「教育機構――教師と同級生」「医療資源――身体と心理」「兵役Q＆A：服役と身体検査の現場」「職場――就職と仕事」「台北市政府のトランスジェンダー・フレンドリーな施策」である。サイトは以下（二〇二四年三月一日取得 https://transgender.taipei/）。なお、台北市が「LGBTフレンドリー」な施策を推進するようになった背景については、第3章で詳述する。

36 このあとに次のような引用がつづく。「台北市兵務庁は、着替えのスペースを別に確保する、上級看護師が付き添う、他の男性と健康診断の時間をずらしておこなう、オールジェンダー・トイレで採尿するなど、健康診断に配慮した措置を提案しています」

37 以下の引用はすべて「兵役Q＆A――服役と検診の現場」より（二〇二四年三月一日取得 https://transgender.taipei/life/%e5%85%b5%e5%bd%b9-%e8%bb%8d%e9%86%ab%e9%99%a2/）。

胸を絞られるほど苦しかった。男子の集団で生きる術を学んでこなかったからだ。担当者に「なぜ男子の前で服を脱ぐのを嫌がるのか」と聞かれると、弁解することもできず、目を閉じて、みんなの前でパンツ一枚になって体重計に乗った〔……〕。このときに受けた傷は、根本的な尊厳が損なわれたと感じさせるものだった。入隊前にこれほど耐えられない経験をするとしたら、入隊後はどうすればいいのか？

こうして兵役の問題と向き合うことを決意したルイは、精神科医の診断書などを持参して再検査を申請する。その結果、「ルイはついに再検査を終えて兵役免除の資格を取得」した。そして「将来的にトランスの仲間がますますフレンドリーな環境のなかでこれらの手続きを済ませられればよいと思う」というルイの感想をもって、物語は締め括られる。

トランス女性の「生活」を描いたこの物語が興味深いのは、台北市が兵役免除を奨励し、一連の手続きの過程でトランス当事者が「尊厳」を損なわずに済むようにフレンドリーな環境を整備することに苦慮している点である。台北市兵役局も二〇一七年には兵役検査を「ジェンダーフレンドリー（性別友善）」なものにつくり変えるための施策を検討し、「トランスジェンダーの人権」を尊重することの重要性をくり迫し強調している。[38] だが、なぜ兵役というシステムが性別二元論によって貫かれているかを問う視点はそこにはない。あくまでもトランスジェンダーを「逸脱」とみなす兵役システムのなかで、当事者の尊厳が損なわれないよう「合理的配慮」の範囲内でサポートを提供するにとどまるという限界を持つことは指摘しておきたい。[39]

5　「ゲイフレンドリーな軍隊」の誕生

体位区分基準表に同性愛や性的指向に関する直接的な言及はみられないが、同性愛者は長らく「性心理異常」（一九七四年から九〇年までは「性格異常」）として兵役免除の対象とされてきたことが明らかになっている。ところが一九九四年五月、国防部は突如として男性同性愛者の兵役を承認する方針を公表したのである。国防部は次のように述べる（立法院 1994: 37-38）。

38　行政院性別平等会の公式ウェブサイトに掲載された臺北市政府兵役局（2017）より。なお、台北市はこの資料で、二〇一四年から一六年にかけて「性心理異常」を理由とする兵役免除の対象となった人数を公開している。これによると、同期間中、兵役検査を受けた四万四三二七人中三三人で、割合にして〇・〇〇二五であった。

39　合理的配慮（reasonable accommodation）とは、障害者の権利に関わる文脈で導入された考え方である。これは、社会のありかたが障害問題を生み出しているという「障害の社会モデル」の視点を前提とし、障害者の機会平等や社会参加を確保することを目的に、過剰な負担をともなわない範囲で、現状を変更するために講じる措置を社会に課すものである。日本では、障害者差別解消法の改正を受けて二〇二四年四月から義務化された。台北市が提供するトランス当事者に対するサポートは合理的配慮の措置として読み解くことができる。ただし、本来は性別二元論が構造化された社会のありかたやトランスジェンダーを兵役に不適切とみなす医療や徴兵制というシステムにあるはずの問題が、台北市や兵役局の「トランスフレンドリー」な姿勢によって不可視化されてしまう点を看過することもできない。こうした論点は、「障害の社会モデル」を前提とする合理的配慮が、そのじつ「個人モデル（障害者には非障害者とは異なる心身の異常がある）的」にも解釈される余地があるとする星加良司（2022）の指摘にも通ずるところがある。

現行の兵役適齢男性の身体検査基準は、身体の部位や疾病の区分、器官体肢欠陥や運動能力の障害の程度、体位判定などの分類に区分され、その規定は明確である。同性愛は個人の性的指向にもとづく行為であり、疾病ではなく、体位区分基準におけるいかなる病状にも当てはまらない。本部軍医局は同性愛者を変態心理とみなさず、兵役を免除すべき身体状態であると判断しない。

これは、政府による同性愛の脱病理化を宣言したものである。奇しくも、同じ年に日本でも文部省が同性愛を「健全な社会道徳に反し、性の秩序を乱す行為（倒錯型性非行）となり得るもので、現代社会にあっても是認されるものではない」としてきた過去の記述を「不適切」と認めている（動くゲイとレズビアンの会 2001）。日本では教育行政が、台湾では軍事行政が同性愛の脱病理化を公言したことになる。では、いったいなぜ台湾で国防部が脱病理化を宣言するアクターとなったのだろうか。

じつはこれにさかのぼること三ヶ月前の一九九四年二月一日、人権派の政治家として知られた洪昭男（国民党）が立法院で、同性愛を「性心理異常」と定めて兵役から排除してきた国防部の方針を批判して物議を醸している。重要な論点を含むため、洪昭男《ホン・ジャオナン》の発言の全文を引用したい（立法院 1994: 37-38）。

兵役制度の公平性から見ても、あるいは公民権の平等という観点から見ても、すべての男性同性愛者に対して一律に兵役免除の権利を与えるべきではない。

同性愛者は外見からそれとわかるいかなる特徴も持たない。同性愛者であるか否かを判断する方法は心理測定と面談によるほかはなく、同性愛と詐称すれば診断の正確さに容易に影響をもたらしうる。ＨＩＶ感染者を兵役免除とするのは当然としても、同性愛者や、ひいては両性愛者の兵役を免除とすれば、同性愛と偽って兵役を逃れる可能性が生じ、結果として兵役制度の公平性に影響をもたらす恐れがある。

同性愛は疾病ではなく、ひとつの性的指向にすぎず、仕事の能力とは関係がない。国家の兵役制度は同性愛者に対する差別的待遇をとってはならない。同性愛者を兵役免除とする国防部の態度は過度に保守的である。表面上は同性愛者を尊重するようにみえるが、事実上の差別および排斥になっている。〔国防部に対して検査規定の〕若干の修正を要求する。

立法院で提起されたこの質疑を手がかりに、以下ではふたつの論点を検討したい。まず、洪昭男の発言は同性愛が「疾病」ではないとするメッセージを含み、その承認を政府に対して迫っただけでなく「公民権」という言葉を用いて同性愛者の人権を主張するものであった。とするなら、これは一九九四年当時の台湾で可視化されつつあった同性愛者の人権を求める社会運動の成果として解釈できるのだろうか。そうでないとすれば、どのように理解すればよいのか。

次に、洪昭男が「兵役制度の公平性」を執拗に強調している点に注目したい。とくに興味深いのは、国防部の規定が兵役制度の「公平性」を損なっているとする根拠を「同性愛者は外見からそれとわかるいかなる特徴も持たない」ことに求めた点である。この主張は事実、としては正しいと言えるが、それを言明することでなにが示唆されているのか。洪昭男が「同性愛者であるかどうかを判断する方法は心理測定と面談によるほかはなく」、それゆえ「同性愛と偽って兵役を逃れ」ることに懸念を示すとき、かれの念頭にあるのは異性愛男性（の兵役逃れ）ではないか。そもそも「兵役制度の公平性」や「兵役逃れ」というレトリックはいかなる社会的文脈において読み解くべきだろうか。

以下では、これらの論点を手がかりに、国防部が同性愛者の包摂を宣言した背景を考察していく。まず、次項で精神医療における同性愛の脱病理化を確認し、そのうえで（やや寄り道をして）台湾の軍事的パートナーである米国の政治動向に目を向け、最後に上記の論点に立ち戻りたい。

同性愛の脱病理化

一九九四年五月七日付の『聯合報』の記事によると、米国精神医学会が発行するDSM（*Diagnostic and Statistical Manual of Mental Disorders*; 精神障害の診断と統計マニュアル）を根拠として、一九八〇年代には台湾の医師も同性愛を精神病とみなさなくなっていた。この記事によれば、一九八〇年の改訂版DSM-Ⅲでは同性愛が「疾病病名から削除され、国内の医学界も同性愛を異常とみなさなくなった」という。「医学界は同性愛の子どもを持つ親にも教育を推進し、同性愛の子どもには利き手が異なるだけのふつうの子どものように接し、悪魔や妖怪のようにみなしてはならないと伝えている」と締め括っている。

精神医療における同性愛の扱いは本書全体の議論に関わるため、ここで簡単にその歴史を整理しておきたい。多くの国で参照されているガイドラインが上述のDSMと世界保健機関（WHO）

が発行するＩＣＤ（*International Statistical Classification of Diseases and Related Health Problems;* 疾病および関連保健問題の国際統計分類）である。ＩＣＤは一九四八年刊行の第六版で精神障害（mental disorders）という分類を導入し、同性愛（homosexuality）を病理的人格（pathological personality）の項目で性的逸脱（sexual deviation）と定義した。一方、ＤＳＭ－Ⅰ（一九五二年）も同性愛を精神障害に分類し、社会病質人格障害（sociopathic personality disturbance）の項目で性的逸脱と定義した。ＩＣＤとＤＳＭは一九五〇年前後に同性愛を精神障害（性的逸脱）と定義し、これらのガイドラインが国際的なスタンダードとして普及したことから、東アジアでも同性愛を精神障害とする認識が広がったのである。

一九七〇年代初頭に米国で盛りあがりをみせたレズビアン／ゲイ解放運動は、同性愛を精神障害とする精神医療に対して異議を申し立てた。その成果として、一九七三年にはアメリカ精神医学会理事会がＤＳＭから同性愛を削除することを決議し、同性愛者の差別解消と権利保障を掲げた声明文を公表している（椎野信雄 2017: 42）。これを受けて一九七四年に刊行されたＤＳＭ－Ⅱ第七版では、疾患名から「同性愛」が削除されて同性愛は精神障害（病気）ではないとされたが、代わりに「性的指向障害（sexual orientation disturbance）」という診断名が登場した。その後、一九八〇年のＤＳＭ－Ⅲでは、「自我異和的同性愛（ego-dystonic homosexual）」という分類が導入され、「みずからの性的指向で悩み、それを変えたいという持続的願望を持つ」状態を病理とする言説が用いられた。ＤＳＭから同性愛が完全に削除されたのは一九九〇年のＤＳＭ－Ⅳ以降ということになる。他方、一九九〇年に採択されたＩＣＤ－Ⅹでも「同性愛」という分類が削除され、「性的指向それ自体は障害と考えられるべきではない」とする注釈がつけられた。ＷＨＯは一九九三年に「同性愛はいかなる意味でも治療の対象にならない」と宣言し、これをもって脱病理化が達成されたことになる。台湾や韓国や日本でもこれらのガイドラインが参照されたため、一九九〇年代に入って同性愛を精神障害とみなさないとする新たな認識が広がった。[40] 上述の記事によれば、台湾の医師は一九八〇年代初頭には同性愛を精神疾病とみなさなくなったとあるが、同性愛の脱病理化が新聞紙上で広く確認されるのは一九九四年の軍隊における同性愛者の処遇に関する議論がきっかけであった。

米国のリベラル政治と「従軍する権利」言説

軍隊における同性愛をめぐる議論は、一九九四年の立法院での質疑をきっかけに活発になったが、じつはそれ以前にも同性愛が軍隊との関連で注目を集めたことがあった。台湾にとって軍事的「パートナー」であり、大日本帝国に代わる「宗主国」（鄭鴻生 2014: 234）として強い影響力を持った米国の動向である。

一九九一年二月一日、『聯合報』が「同性愛者も兵士になりたい」とする記事を掲載し、「従軍する権利」を要求する米国のゲイ・ムーブメントを紹介した（一九九一年二月一日）。民主党から出馬したビル・クリントンが選挙中に「同性愛者の従軍する権利」を保障する方針を表明し、一九九三年一月に大統領に就任したのである。これを受けて、翌月の『中國時報』は「クリントンが同性愛者の兵役禁止令の撤廃を要求」と題して、大きな特集を組んだ（図1－1）。記事は次のように始まる（一九九三年二月九日）。

クリントンは大統領就任後、選挙時の公約を果たすべく行政命令をもって同性愛者の従軍を禁止した規定を取り消すための行動を始めたが、軍隊や両党の国会議員から猛烈な反対に遭っている。〔……〕この件が同性愛者の当事者団体の力の成長に寄与したことはまちがいない。クリントンは同性愛者の票を勝ち取って、その支援を約束した米国初の大統領になった。

この特集では「従軍する権利」を主張する米国のゲイ男性の声も紹介されている。それによると、この男性は「同性愛を理由とする海軍の解雇処分が憲法違反であると主張して初審に勝訴した」人物で、軍隊では「同性愛者がアイデンティティを隠さなければならない」ため、カミングアウトして従軍する権利を保障することは重要な人権課題であると主張している。

図 1-1 「クリントンが同性愛者の兵役禁止令の撤廃を要求」

中國時報

將軍!

「將軍」!!

誰說同「性」不行!?

向法院搶灘

難「戀」的經

愛人也可以當同志

出所：『中國時報』（1993. 2. 9）

40 参考までに、中国は一九八一年からCCMD（*Chinese Classification of Mental Disorders*; 中国精神疾病分類方案与診断標準）という独自のガイドラインを作成・公開しているが、これもDSMやICDを参照して二〇〇一年刊行の第三版（CCMD-Ⅲ）では同性愛を精神疾病分類から外している（郭立夫・福永玄弥 2020）。日本では精神神経学会が一九九五年に「同性愛はいかなる意味でも治療の対象とはならない」と宣言している。

最終的にクリントン政権は保守派との折衷案の採択を余儀なくされた。軍が兵士に性的指向を尋ねることを禁止する（Don't Ask）代わりに、同性愛者の兵士がカミングアウトすることも禁止する（Don't Tell）という、いわゆるＤＡＤＴ（Don't Ask, Don't Tell）である。すなわち、同性愛者はカミングアウトしないことを条件に軍への入隊が認められたのである。こうした妥協的なＤＡＤＴに対しては撤廃を求める声が上がり、二〇一一年にバラク・オバマ民主党政権のもとで撤廃が実現している（高内悠貴 2015）。[41]

一九九一年から九三年までに台湾社会でみられた一連の報道は米国の動向を追いかけることに終始した。同性愛者の「従軍する権利」はあくまでも対岸の問題であって、国内の問題としては論じられなかったのである。ただし、一連の報道で参照されたフレーム、すなわちカミングアウトして従軍することが「同性愛者の権利」であるとする言説は、立法院での質疑を契機に国内の論壇へ持ち込まれることになる。

「権利」と「義務」の狭間で

第3章でも論じるように、一九九〇年代の台湾ではレズビアンやゲイの運動が盛りあがりをみせたが、そこでは「従軍する権利」を求める声は聞かれなかった。実際、一九九三年に立法院で開かれた人権公聴会において、同性愛者ら七つの当事者団体がエイズ予防や同性パートナーシップの保障、教育・就労における差別の解消を主張したが、「従軍する権利」に関する言及はなかった（官暁薇 2019: 563）。[42] むしろ台湾のゲイ男性たちは、米国のゲイ・ムーブメントでみられた主張とは対照的に、「兵役逃れ」を模索する運動を展開したのである。

一九九四年当時、ゲイ男性としてカミングアウトして、軍の問題について議論を喚起した稀有な活動家がいた。祁家威《チー・ジアウェイ》である。かれは、のちに婚姻平等につながる司法院大法官解釈を引き出すことに貢献するのだが（第5章参照）、一九九〇年代には同性愛を「性心理異常」とする国防部の方針を逆手にとって兵役免除の資格を所望する若年層の同性愛者たちをサポートする活動に取り組んでいた。『聯合晩報』はその動向を次のように報じている。

クリントン大統領が二年前の選挙期間中に「同性愛者を兵隊に就かせる」と言及したことが

41　高内（2015）によれば、二〇一〇年にみられたＤＡＤＴ撤廃運動では、ＤＡＤＴの差別的な側面にのみ焦点を当てることにより、対テロ戦争の是非や米軍のマン・パワー政策といった問題が棚上げにされたという。ＤＡＤＴ撤廃運動に身を投じたゲイ男性の兵士たちは「高い能力を備えているにもかかわらず、愛国的な市民としての献身が評価されていない（といった……）イメージの求心力に訴え、カミングアウトして誠実に、正直に従軍できないことは同性愛者の『従軍する権利』を侵害すると主張」したのである（同上5）。こうした主張がＤＡＤＴ撤廃への広範囲な支持の獲得に寄与することとなった。

42　公聴会にはフェミニストのジョセフィン・ホーも登壇して発言している。米国のＤＡＤＴに関する言及もあったが、国内の問題に関しては論じられなかった。部分的に引用したい（何春蕤 1993）。

私たちは同性愛の文化を尊重しなければならないが、それは「Don't Ask, Don't Tell」というクリントンが導入した方法によるものであってはならない（聴衆の笑い声）。同性愛者が求めているのは自由であり、つまり、教育、メディアの面で同性愛者やバイセクシュアルの生き方、かれらのセックスのやり方、かれらの個人としての人格、かれらの生活の選択を、正当なものとして、自然な選択とみなすことだ。かれらはメディアに対しても教育に対しても平等なアクセスの権利を持つべきだ！

話題を集めた。台北市兵役所の官員によれば、昨年頃から〔台湾〕国内の同性愛者が行動を開始し、兵役適齢の男性が公立病院の発行する「同性愛」証明書を持ち込むようになった。その目的は〔従軍する権利を要求した〕米国と異なり、兵役免除資格を取得することだった。この官員は「〔……〕兵役適齢の男性による同性愛者を偽った兵役逃れもみられるから、予防措置を取らなければならない」と述べている。〔……〕

エイズ予防のボランティア活動に取り組む祁家威は次のように指摘する。一昨年の末から現在まで、約六〇名の同性愛者の兵役免除の申請に協力した。同性愛者は〔……〕軍隊で性暴力に遭う可能性があり、軍にも悪影響を及ぼしうることから兵役には適さない、という。

（『聯合晩報』「非關特權？同性戀者可不當兵」一九九四年二月一日）

注目に値するのは、台湾のゲイ男性たちが兵役免除資格を得るために行動を起こしていたとする記述である。かれらの活動が決して例外的ではなかったことを裏づけるように、軍隊に入ることを恐れて徴兵検査であえてカミングアウトすることで兵役免除資格を得たとするゲイ男性の回顧録も残されている（林賢修 2002）。

ゲイ男性たちが「兵役逃れ」を模索した背景として、次のような事情が考えられる。まず、一九九〇年代当時、民主化や政治の自由化といった進歩的な風潮が強まるなか、兵役や軍隊組織は人権の論理が適用されない権威主義時代の象徴とされた（Cindy Patton 2002）。良心的兵役拒否の導入は民進党政権の誕生（二〇〇〇年）以降であり、九〇年代の若者に兵役から逃れる道はなかった。

軍への入隊はなによりも兵役の「義務」であり、米国とちがって「権利」であるという発想はみられなかった。

そして軍隊は、暴力やハラスメントが横行する組織として認識されていた。たとえば、一九九四年のある報道は、「軍の文化がなぜ多くの男性に兵役をこれほど耐えがたいものと思わせ、兵役逃れの方法を模索させているかを考える必要がある」として、旧態依然の「マッチョな組織」に対する批判的な見解を紹介している（『聯合報』一九九四年五月七日）。性的マイノリティであればなおのこと、性暴力やハラスメントの被害に対するリスクも大きい。事実、上述の記事でも「性的指向を理由に軍隊でいじめに遭う」ことに対するゲイ男性の不安や懸念が言及されている。兵役の重要性を強調する政治家のなかには「厳しい軍隊で共同生活を送れば男らしさが芽生え、同性愛の傾向が矯正されることもよくある」といったあからさまに同性愛嫌悪的な見解（同性愛の抹消！）を公言する者もいた（『聯合晩報』「同性戀者免役不公平」一九九四年二月一日）。

当事者たちが軍の同性愛嫌悪的な文化に対して批判の声を上げるなか、保守派が利用したのが軍への入隊をマイノリティにとっての「権利」ととらえるフレームである。上述のように、国防部が同性愛者にも兵役の義務があると主張したとき、「公民権」という魅惑的な言説が動員されたのだ。こうした状況を象徴するように、ある政治家は同性愛が「兵役を逃れるための方便」になるという懸念を表明したうえで、同性愛を理由とする兵役免除をゲイ男性の「特権」として痛烈に批判した（図1－2参照）。別の政治家も、「同性愛者は平等の権利を主張するが、『一般人』としての待遇を期待するなら『一般人』が果たすべき義務の履行を忘れてはならない」と発言している（『聯合報』「同性戀者免役 不能一體適用」一九九四年二月二日）。同性愛者が「平等」や「権利」を獲得するためには国民（男性）の義務である兵役を完遂せねばならないとする政府や保守派の政治家らの見解は、性的マイノリティの社会運動が勃興期にあって社会に対して影響力を持ちえなかった状況を背景に、マスメディアをとおして流通したのである。

図1-2　「同性愛者が兵役に就かないのをよしとするのは特権か？」

非關特權？同性戀者可不當兵

軍方立場：只要體檢出具公立醫院精神科醫師證明，並經覆檢證實即可免役。

祁家威：前年底至今已協助約60名圈內人免役……

同性戀者免役 不公平

當兵去可免掉享受特權爭議 不當兵 卻得曝露自己的隱私

玻璃心 既期待又怕受傷害

警方研判兇手殺人後 定會有'回報'動作…

出所：『聯合晩報』（1994. 2. 1）

米国のゲイ男性たちが「従軍する権利」というフレームを導入して差別の解消を主張したのと異なり、台湾のゲイ男性たちは「兵役からの逃走」を模索した。ただし、それは徴兵制の廃止や軍の解体、軍事主義への批判といったラディカルな批判には発展しなかった。当事者運動が勃興したばかりの当時にあって、運動は個々の「兵役逃れ」を模索するものにとどまった。こうした状況で、政府や保守派は「権利」をちらつかせながら兵役の義務の遂行を命じたのである。

対中危機と安全保障意識の高まり

本章の最後に、国防部や保守派の論客が「兵役逃れ」に対する懸念を表明せずにいられなかった当時の時代状況として、対中危機と、それによる安全保障意識の高まりがあったことを指摘しておきたい。

一九八八年に蔣経国の後を継いで総統に就任した李登輝は、漸進的に民主化を進めつつ、「大陸反攻」の旗印を下ろして、中華人民共和国が中国大陸を実効支配する国家であることを総統として初めて承認した。国際社会に対しては「中華民国台湾」をアピールし、台湾・澎湖・金門・馬祖を実効支配する国家としてのプレゼンスを強調した。ナショナル・アイデンティティの再編が進行する過程で「台湾独立」を主張する政治勢力も台頭し、こうした状況を受けて「ひとつの中国」を掲げる中国政府が、李登輝や台湾独立派に対して強固な反発姿勢を提示したのである。

一九九〇年代なかばには台中関係が緊迫し、九五年七月には第三次台湾海峡危機が勃発した[43]。一九九六年三月に台湾史上初となる総統・副総統の直接選挙が実施されると、中国は台湾海域にミサイルを発し、これを受けてクリントン大統領が空母を派遣するなど、台中関係は一触即発の危機に晒された。対中危機意識の高揚と政治的に緊迫した状況下で、一九九〇年代をとおして台湾の軍事費は膨張をつづけ、九六年の通常兵器購入額は三二億三四〇〇万ドルにのぼり、第二位の中国（一九億五七〇〇万ドル）を引き離して世界第一位を記録するほどであった（中川昌郎 1998: 28）。

同性愛者の兵役逃れが「特権」として糾弾された当時は、台湾国内で安全保障意識が高揚し、軍事力の拡張が喫緊の政治的課題と位置づけられた時期でもあった。こうした政治状況を考慮する

43　第三次台湾海峡危機は、一九九五年七月二一日から一九九六年三月二三日の間、中国が台湾の周辺海域で実施した一連のミサイル実験により発生した軍事衝突の危機を指す。この発端は、一九九五年に李登輝が出身校である米コーネル大学より「台湾の民主化」を題目とした講演の招待を受け、これに対して中国が反発したことにある。

ならば、国防部による同性愛の脱病理化宣言は、単に同性愛者を兵士として承認するにとどまらず、同性愛を偽装した異性愛男性の「兵役逃れ」を禁止するという二重のメッセージが込められたものであったと読み解くことが可能であろう。実際、すでに指摘したように、洪昭男議員の立法院における質疑では「同性愛者であるかどうかを判断する方法は心理測定と面談によるほかはなく」、それゆえ「同性愛と偽って兵役を逃れ」ることに対する懸念が執拗に強調されていた。むろん、ここで懸念されているのは「同性愛と偽って兵役を逃れ」る異性愛男性の存在である。同性愛という性的指向は外見では判別がつかないものと認識されたがゆえに、異性愛男性がみずからを「同性愛」と偽って「兵役逃れ」をする恐れがあることが警戒されたのである。国防部は同性愛者の包摂を宣言することで、異性愛者による同性愛を偽装した「兵役逃れ」を禁止するメッセージを伝達することにも成功したのである。

一九九四年五月には国防部が答弁を発表し、ゲイ男性は徴兵制に包摂された。ただし、立法院や新聞紙面の一連の議論において「義務」の対価として強調された同性愛者の「公民権」の内実——たとえば同性婚や差別解消法など——を問う議論は、ついにみられなかった。同性愛を病理としてスティグマ化した国防部の旧来の方針に対する反省の意が表明されることもなかった。「公民権」に関する議論も深まらないまま、ゲイ男性はなし崩し的に制度に包摂されてしまったと言ってよい。

このことを象徴する事件が一九九四年六月に起きた。「兵役逃れ」を模索していた活動家の祁家威が同性パートナーとの婚姻届を提出したが、戸政事務所（戸籍を管理する部署で、自治体に設置される）

によって不受理とされたのである。この事件を報じたマスメディアでも、同性愛者の婚姻へのアクセスを擁護する議論は最後までみられなかった。『中國時報』はこれを次のように報じている。

> 昨日、同性愛活動家の祁家威が内政部に抗議をした。同性愛者は納税および兵役の義務が課されるにもかかわらず、婚姻の権利を享受することができないのは、きわめて不公平であるというものである。しかし内政部の戸政司長によると、同性間の婚姻は常識はずれで、民法の規定にもそぐわない。戸政としては同性婚姻の登記を受理するわけにはいかないという。
>
> （強調筆者、『中國時報』「同性戀者要求准予辦理結婚登記」一九九四年七月一五日）

一九九四年に起きた論争のなかで、「公民権」というマジックワードを動員した保守派の論客たちに対し、これを否定する論陣を張った稀有な論客がいた。フェミニストのジョセフィン・ホーである。彼女は一九九四年六月一五日付の『中國時報』に「同性愛の兵役拒否は人権問題である」と題した記事を投稿し、「義務」と「権利」の狭間で切り裂かれたゲイ男性たちの境遇を次のように指摘した。

> 兵役制度の公平性を重視するひとにとっては、性的指向を理由とした兵役免除は同性愛者の特権であると考えられるかもしれない。しかし〔……〕異性愛中心社会において同性愛者はかつて一度も人権を手にしたことがなかった。同性愛者は、みずからに忠実であろうとして好みを

表明すれば、仕事や教育、尊厳、そして愛情さえも失ってしまう。〔……〕現実的に同性愛者は国民としての権利を享受していない以上、〔兵役という〕国民の義務を果たす必要などあるはずがない。

（『中國時報』「同性戀拒服役 人權問題」一九九四年六月一五日）

彼女は新聞への投稿をとおしてゲイ男性の置かれていた困難な状況を表現し、兵役免除を「同性愛者の特権」とする言説を痛烈に批判した。しかし彼女の主張に対する応答は、ついにみられなかった。

6 小括

本章では、解放後の台湾で制度化された男子徴兵制と軍隊について、おもにメンバーシップという観点から検討してきた。国籍を持ち、法的身分が「男性」であるひとは兵役の義務を課されたが、徴兵検査は国防に適切な身体とそうでない身体とを分別する装置として機能した。徴兵検査を通過した青年たちは軍隊というジェンダー化された組織で集団生活や調練などをとおして男性性を学習し、兵役を終えた者は男性社会すなわち公的領域への参入が歓迎された。

徴兵検査規則は、陰茎や睾丸、勃起機能、「性心理」についての規定を含んだ。性交の能力や機能に障害があるとみなされた者、同性愛者やトランスジェンダーなどを兵役免除とすることによって、軍隊はホモソーシャルな組織の再生産を図った。生殖が不可能と判断した身体を規範的外部へ排除することをつうじて、シスジェンダーで、ヘテロセクシュアルで、生殖に寄与する性交が可能な身体を「正常」で「自然」で「真性の男性性」として規範化したのである。覇権的な男性性の軍事化は、生殖すなわち「国民」の再生産に寄与しない（あるいはそうみなされた）男性性の周縁化をともなった。

ただし、覇権的なポジションを占めた男性性のありかたには変化もみられた。本章では、それを象徴する事例として同性愛の取り扱いについて詳しく検討した。[44] 国防部は一九九四年にゲイ男性の徴兵制への包摂を宣告したが、それをもたらした要因として以下の三つを指摘した。

第一に、同性愛の脱病理化である。ＤＳＭやＩＣＤといった精神疾病の国際基準における同性愛の脱病理化が国防部によるゲイ男性の包摂を促進する背景となった。

第二に、米国の軍隊と同性愛をめぐる動向の影響である。米国は冷戦体制下の台湾にとって軍事「パートナー」であるとともに「宗主国」でもあり、とりわけ軍事や外交の領域で台湾の政治に大きな影響を与えた。米国の活動家が掲げた「従軍する権利」というフレームは、一九九四年の台湾でも受容された。ただし台湾の場合、同性愛者の「公民権」を強調する文脈ではなく、むしろ兵役の「義務」を果たすべきとする保守派の議論のなかで流用された。実際、国防部は同性愛の脱病理化を宣言したが、同性愛者の「権利」や「公民権」の保障に関する議論は展開しなかっ

44　本論では同性愛が兵役に包摂されたことを指摘したが、軍隊の作戦形態の変更や人的資源の拡充といった外的要因から、体位区分基準表における視力や身長や体重などの基準が修正されたとする指摘もある（李秉芳 2020）。

た。このような事実は、同性愛者の徴兵制への包摂が「人権」の保障というよりも国家による要請にもとづくという次の論点へとつながっていく。

最後に、ゲイ男性の包摂は、台中関係の変化とそれによる安全保障意識の高揚という時代状況が促したものでもあった。二年間もの長期にわたって身体の自由を拘束する兵役は、民主化の風潮のなかで若者たちに忌避される傾向にあった。暴力やハラスメントが横行する軍隊という権威主義的な組織文化のありかたもその傾向を助長し、ゲイ男性たちは「従軍する権利」を求めるよりも「兵役逃れ」を模索する運動に取り組んだ。国防部による「ゲイフレンドリー」な施策は、ゲイ男性の包摂にとどまらず、同性愛を偽った異性愛男性の「兵役逃れ」をも禁止する、軍紀の引き締めを目的とした方針であったと読み解くことができる。

国家の要請に強く規定されたメンバーシップをめぐる包摂／排除の境界変動に対して、ゲイ男性たちは影響力を行使するアクターとなりえなかった。当事者たちは国防部の方針を受容して兵役に就かざるをえず、かくしてゲイ男性たちはなし崩し的に徴兵制に包摂された。一九九四年の一連の議論のなかで置き去りにされた同性愛者の「公民権」は、社会運動が社会的承認を獲得する二〇〇〇年代に入ってから問われることになる。

第2章　韓国Ⅰ——「従軍する権利」を求めて

1　国家の軍事化と徴兵制の定着

朝鮮半島で初めて徴兵制が施行されたのは、台湾と同じく日本による植民地統治下の一九四四年である。朝鮮総督府は日本軍への参与を「内鮮一体」の証と位置づけ、さらには臣民に対する特権付与であると喧伝した（尹載善 2004）。日本の敗戦と解放によって徴兵制は廃止されたが、米軍政期（一九四五～四八年）を経て一九四八年八月一五日に成立した大韓民国は、徴兵制を規定した兵役法を四九年に公布した。ただし、このときは韓国軍の兵力増強が北朝鮮への侵攻を誘発することを恐れた米国側の判断によって施行されず、実際に徴兵制が運用を開始するのは朝鮮戦争の最中の一九五一年五月二五日であった。

解放後まもなく朝鮮戦争を経験して国力が疲弊した韓国は、約六五万人もの大軍を維持するために米国への全面的な依存を余儀なくされた。他方、米国にとっても「熱戦」の舞台となった朝鮮半島は地政学的にきわめて重要な地域として把握され、韓国に対する経済的・軍事的支援を厭わなかった。緊迫した国際政治の帰結として、韓国の国家建設は軍事主義と親米反共イデオロギーに強く規定されることとなる。

一九四八年から大統領を務めた李承晩《イ・スンマン》独裁政権は六〇年の四月革命[45]によって終焉を迎えるが、六一年五月には朴正熙《パク・チョンヒ》が軍事クーデターを起こして政権を奪取した。朴正熙政権（一九六三～七九年）は日韓基本条約（一九六五年）による借款とベトナム戦争（一九六五～七五年）特需を背景に「漢江の奇跡」と呼ばれる経済成長を実現しつつ、安全保障に対する危機意識や反共イデオロギーを動員して開発独裁体制の正当化を図った。ベトナム戦争には計三七万人もの兵士を参戦させ、韓国は西側諸国のなかでも米軍に次ぐ規模の派遣国となった。これは在韓米軍の削減阻止を目的としたもので、韓国が二個師団以上を派兵するうちは駐韓米軍を削減しないとする米国との約束が背景にあった。朴正熙のこのような外交は、「アメリカが要求する以上に積極的に冷戦に関与し対米交渉力を増大させることで国益の実現を図ろうとしたという意味で、『冷戦過剰対応型』外交」であったと指摘される（木宮 2006: 18）。

朴正熙政権は北朝鮮による武装ゲリラ事件といった安全保障に関わる問題を巧みに利用して軍縮の主張を抑制することに成功し、軍隊と徴兵制は社会に定着した（尹載善 2004; 이용석 2021=2023）。一見すると軍事主義とは関連を持たないようにみえる住民登録制度（一九六二年制定）も、表向きには行政の効率化や住民の利便性の向上を目的としたが、事実上は軍隊へ送り出す人口の管理やスパイの特定に活用されたことが指摘されている（루인 2017: 139-140）。

トランスジェンダー研究を専門とするルイン（루인 2017）は、朴正熙政権下で推進された軍事主

義について次のように論じている。

朝鮮戦争の経験者が多かった〔一九六〇年代〕当時、安保政局の効果はとても大きかった。南北交戦、「スパイ」事件、青瓦台〔大統領府〕をねらった「北派工作員」事件などは、いまなお北朝鮮が韓国を侵略する恐れがあるという〔国民の〕不安を倍増させた。[46] さらに外貨の獲得を目的としてベトナム戦争に韓国軍を派遣し、国内の駐留軍が減少した状況で進められた在韓米軍の削減に関する議論は、軍事政権にとって有利な軍事緊張関係を造成した。〔……〕北朝鮮による統一は決して起きてはならないことだった。国民一人ひとりが緊張感を保持しなければ、いつ「アカ〔共産主義〕化」されるかわからないという脅威が横行した。安全保障に対する不安の形成は、個

45　四月革命とは、一九六〇年四月に李承晩（1875-1965）政権を退陣に追い込んだ一連の民衆蜂起を指し、「四・一九学生革命」ともいう。朝鮮戦争の結果、米国の軍事・経済援助に支えられて李承晩政権による独裁体制が形成され、反共体制が確立された。しかし李承晩による政権の永続化を目的とした強硬な政策が、市民の不満を喚起した。さらに一九五〇年代末には、米国が対韓政策を無償贈与から有償援助へ変更したことに起因して経済危機が生じた。こうした状況のなか、一九六〇年には学生を中心とする四月革命が起きて、李承晩政権は崩壊した。その後、李承晩政権時代の野党（民主党）を基盤とする張勉政権が発足するが、一九六一年に朴正熙らの軍事クーデターが起きて軍人政治が進められていった。

46　二〇一〇年代なかごろまでに韓国が摘発したスパイは四五〇〇人を超える。一九五〇年代や六〇年代にかけて、とりわけベトナム戦争の時期には北朝鮮からのスパイの送り込みが相次いだが、韓国の政府当局によって捏造されたスパイ事件も少なくないとされ（『한겨레』「대공수사 요원 '밥줄' 위해 시작된 '짝퉁' 수준 간첩 조작」2014. 3. 21）、ルインはここではこれらを含めて指摘している。なお、引用文中の「北派工作員」とは、韓国政府が北朝鮮に派遣した工作員を指す。新聞報道によれば、朝鮮戦争の休戦協定に署名した後の一九五三年から七二年までの間にも一万人を超える北派工作員が韓国国内に送り込まれ、そのうち七七二六名は失踪者として処理されたという（『한겨레』「천안함、북파공작원 그리고・국가의 거짓말」二〇一〇年六月一九日）。

人の幸せや人生に価値を置くのではなく、安全保障を中心とした国家、その国家と同一化して国家のためにその身を捧げる国民がつくられる過程でもあった。（루인 2017: 139）

朴正熙は経済発展と軍事主義に彩られた「国家再建」を打ち出して、冷戦体制への積極的な国家的参与を果たし、財閥の産業化、反共主義、民族アイデンティティの確立を推し進めた。ルインによれば、これら三つの目標はいずれも「訓練された近代的な身体」の構築を目標とするという。すなわち、「身体が健康であって初めて生産労働へ参与することができ、敵とたたかうことが可能となり、そして〔……〕理想とされた朝鮮時代の李舜臣〔李氏朝鮮時代、豊臣秀吉の朝鮮出兵の際に活躍した武将〕のように民族を代表することができる」ようになるのだ（루인 2017: 139）。身体の近代化を可能にするための装置が軍隊であり、徴兵制であった。言うまでもなく、こうした近代化プロジェクトで想定された「国家再建」は男性によって担われ、女性によって支えられるものであった。

台湾同様、韓国で導入された徴兵制も国防に従事する男性を国家の正当な構成員とした。他方、女性に対しては私的領域で男性をケアし生殖に貢献する「妻」や「母」という役割へ向かわせるためのジェンダー政治が進められた。たとえば、人口増加の圧力を背景に一九六一年から九五年まで進められた家族計画は、女性を生殖に貢献する主体として位置づけ、その積極的な参与を促した。「少なく産んで、健康に育てよう（적게 낳아 잘 키우자）」をスローガンとする家族計画は、優生思想に依拠した健全な身体の再生産と人口調整を目的とし、少子家庭への所得税減免や不妊手術を含んだ。李知淵（2011）によれば、女性たちは単に生殖を管理される客体であっただけでなく、むしろ家族計画

事業へみずから進んで身を投じることで生殖を管理するプロジェクトに対する計画性や主体性を獲得し、「近代的母親」規範を内面化していった。経済成長や国家の繁栄を目的とする全体主義的な国家政策にふさわしい家族像や女性の生き方が家族計画をとおして強く推奨されたのだ（同上 176）。こうした再生産プロジェクトへの女性の動員は、男性性の軍事化と並行して進められた。

民主化とナショナル・アイデンティティ再編の過程で徴兵制が存在意義を失った台湾とちがって、冷戦期に形成された軍事主義の残滓が色濃く残る韓国では、いまなお安全保障が政治やナショナリズムを左右する重要なイシューとなり、兵役は保持されている。二〇〇〇年代以降、富裕層をはじめとする特権層の兵役不正や兵役逃れに対する糾弾は頻繁にみられるようになったが、徴兵制のありかたや制度としての意義を根底から問う声は民主化運動をとおしても可視化されなかった。このことが韓国社会における軍事主義の根深さを象徴している（권인숙 2005=2006）。

2 軍事化された男性性とホモソーシャルな社会

大韓民国憲法はすべての国民に国防の義務を課すが、兵役法（一九四九年〜）は「大韓民国の国民であるすべての男子」を対象に兵役の義務を与えている。台湾と同じく、女性は志願兵に限って軍隊への参加が認められている。

法的身分上の「男性」は一九歳の誕生日を迎える年に徴兵検査を受け、現役と認められた者は陸軍・海軍・空軍・海兵隊のいずれかに所属して二年間の兵営生活を送る。兵役期間は、二〇一八年から文在寅政権下で二～三ヶ月短縮する施策が段階的に進められたものの、これ以前に大きな変化はない。

　重要なのは、韓国の男性にとって「兵士」という身分が兵役期間に限定されないということである。男性たちは兵役を終えた後も「予備役」に編入され、満四五歳になるまでは軍事訓練が義務づけられる。非常時にも兵士として召集されることになっており、これに従わなければ刑事罰の対象となる。こうして兵士としての身分やアイデンティティは生涯をつうじて確認される。佐々木正徳（2014: 143）は、韓国人男性の軍隊との生涯にわたる関わりを次のように説明する。「ひとりの男性のライフサイクルで考えた場合、物心ついた頃には父親や叔父は予備役で、年上の親戚は少しずつ現役を経験し、やがて自身が〔現役を〕経験、除隊後は予備役に編入され就職、結婚、父となり、子どもは予備役である自分をみながら成長、予備役満了の頃には子どもが兵役検査を受ける年齢まで成長…と、人生のなかでさまざまな形で軍隊に関わる」。

「軍隊に行かなければ人間として認められない」と言われるように、韓国の青年たちにとって兵役は「社会人として出発するための通過儀礼」の役割を果たしてきた（尹載善 2004: 9-10）。ルイン（루인 2017）によると、少年たちは兵役を通して、国家や民族の中興のために個人が犠牲になることを美徳とする規範を内面化し、誇りある大韓民国の男性として同一化《アイデンティフィケーション》する。国家や民族に個人の生を捧げることを正当化する思想は、植民地統治期にみられた独立運動から朝鮮戦争を経て現在まで継承されてきた「男性的民族性の核心」とされるが（루인 2017: 137）、兵役はまさにこのような男性性を再生産する政治装置なのだ。

韓国の青年たちは「兵士になる」ことをつうじて男性性を身体化していくが、軍事化された男性性に覇権的なポジションを与えるのが軍畢者《グンピル》（兵役を終えた者）を優遇する男性社会《ホモソーシャル》である。事実、一九六一年に導入された軍加算点制度によって、兵役の義務を果たした男性は公職や公企業、さらには一定規模以上の民間企業の採用試験（筆記試験）の成績に三~五%が加点されるといった特権を享受してきた。軍事政権がこれを制度化した目的は、「神聖な国防の義務を負った者」に対する「積極的な支援施策」と「国軍の士気」高揚にあるとされた。[47] この制度は一九九九年に違憲判決を受けて効力を停止するが、それまでは兵役を終えた男性たちが下級職公務員試験を独占していたことが指摘されている（권인숙 2005=2006: 232）。

韓国の徴兵制は、軍畢男性の公的領域での優遇を正当化する役割を担った。このため、一九九〇年代に盛りあがりをみせた女性運動やフェミニズムは、徴兵制と軍隊、ひいてはこれらを支える軍事主義こそが人間をジェンダー化して女性を劣位に配置する家父長制の象徴であり、ジェンダー平等の推進を阻む最大の障壁とみなしたのである。たとえば、韓国女性団体連合（一九八七年～）や、女性学の重要な拠点となった梨花女子大学の構成員が一九九四年に軍加算点制度の廃止を求める署名運動を展開している。一九九八年には、公務員試験を受験したある女性が筆記試験で満点を取得したにもかかわらず不合格になった事件が明るみに出たことから、この制度が女性

47　国家再建最高会議（一九六一年六月二四日）における議案番号「AA0033」より（二〇一四年三月一日取得 https://likms.assembly.go.kr/bill/billDetail.do?billId=003439）。

から事実上「受験機会を剥奪」しているとする批判も起きた（이대학보 1994）。

ただし、この制度が女性だけでなく、一部の男性たちをも周縁化しているとする批判は当時のフェミニストたちにも共有されていた。実際、上述の署名運動（一九九四年）では、これが障害を持った男性に対する社会的排除としても機能していることを問題視する主張が可視化された。

この署名運動は一九九八年に次のステージへと突入した。梨花女子大学の五名の女性たち（卒業生含む）と延世大学四年生（当時）の障害を持った男性が、憲法裁判所に対して違憲審査を請求したのである。その根拠は、軍加算点制度が「憲法によって保障された平等権、公務担任権[48]、職業選択の自由を侵害している」点にあるとされた。一九九九年、憲法裁は南北が休戦状態にあることを前提としたうえで、この制度が女性および兵役を満了していない男性に対して差別的であるとしてついに違憲判断を下し、制度の廃止が確定した（권인숙 2005=2006: 228）。

違憲審査の請求者に障害者男性が含まれたという事実が示唆するように、軍畢者を優遇してきた男性社会《ホモソーシャル》は、女性や軍畢者でない男性を周縁化してきたことがわかる。では、韓国の徴兵制はどのような男性をスティグマ化し、制度から排除してきたのだろうか。

3 メンバーシップ

韓国において国籍を持つ法的身分上の男性は、一九歳の誕生日を迎える年に徴兵検査を受け、結果に応じて一級から七級までの等級が割り当てられる。一級から三級までが現役判定で、該当者は陸軍・海軍・空軍・海兵隊のどれかに所属して二年間の兵営生活を送る。四級から六級までは現役の服務が不可能と判断される。四級は代替服務となり、軍に所属する代わりに官公庁などに勤務する。代替服務も困難とみなされた者は五級の判定を受けて第二国民役に編入される。第二国民役に定められた期間の服務はないが、戦時に勤労徴収が課される。六級は第二国民役（戦時徴収）さえ不可能と判断された者で、兵役の義務が完全に免除される。すなわち五級と六級が兵役からの排除である。七級は徴兵検査の結果が処分保留扱いとなり、翌年の再検査を待つことになる（佐々木 2014）。

徴兵検査に関する規定が、国防部の制定する「兵役判定身体検査等検査規則」（以下では「検査規則」と略記）である。検査規則は一九六五年から二〇一八年までの間に計三一回修正されているが、すべての資料がオンラインでアクセス可能である。表2－1では一九六五年版を起点とし、内容に顕著な変化がみられた一九八一、一九九〇、二〇〇四、二〇一〇、二〇一八年版をとりあげて整理した。

表2－1では、年度の下に記載した数字が等級（一級から七級まで）を指す。一級から三級までの区分は入隊後に実質的な意味を持たない。本書にとって重要なのは四級から六級までで、等級が高くなるにしたがって「規範的な身体」からの逸脱度が高いとみなされる。

まず注目したいのが、陰茎・睾丸の形状と状態（番号381、384、394）と勃起機能（376、377）が重視さ

48　公務担任権とは、国民が国家や地方自治体の機関の構成員として公的な業務を担当する権利を指す。

表 2-1 「兵役判定身体検査等検査規則」年別比較表

番号	項目名	1965	1981	1990	2004	2010	2018
102-2	性同一性障害および性選好障害（旧「性倒錯症」）						
	イ．今後一定期間、観察が必要					7	7
	ロ．軽度（最小限の症状は見られるが、社会的・職業的機能に障害は少ない）	3	4	4	3	3	3
	ハ．中度（6ヶ月以上の精神科での治療歴があるか、1ヶ月以上の入院歴が確認された者のうち、軽度と高度の中間または機能障害が見られる）	7	5	5	4	4	4
	ホ．高度（中等度の基準を満たす者のうち、いくつかの深刻な症状があり、軍服務に相当な支障をきたすと判断される場合）	3	5	6	5	5	5
375	無精子・逆行性射精・精子死滅症、または3回以上の精液検査の結果、精液1mℓ当たり精子数が500万個未満の精子無力症（家族計画手術を受けた場合は除く）	5	5	5	4	4	3
376	ペロニー病または持続勃起症の治療により発生した勃起不全	5	5	5	4	3	3
377	勃起不全（器質的な原因に限る）				4	3	3
381	停留精巣（注：手術により精巣除去術を行った場合は、第384号（睾丸欠損）により判定する）						
	イ．現在症状が見られる					7	7
	ロ．片方の睾丸で、手術後に合併症がない	4	4	4	3	3	3
	ハ．両方の睾丸で、手術後に合併症がない	7	5	5	4	3	3
383	生殖器異常（性器発育不全は低性腺症による場合に限る）						
	イ．性腺機能低下症						4
	ロ．半陰陽、性器発育不全、クラインフェルター症候群	5	5	5	5	5	5
384	睾丸欠損または精巣萎縮（睾丸が正常容積の1/2以下に縮小したことを萎縮とみなす）						
	イ．片方の睾丸			4	4	4	5
	ロ．両方の睾丸			5	5	5	6
394	陰茎切断						
	イ．亀頭部を部分的に喪失						4
	ロ．亀頭部を完全に喪失（陰茎の2分の1未満の場合および「ハ」に該当しない場合）	5	5	5	5	5	5
	ハ．陰茎を2分の1以上喪失（性交が不可能な者および性転換者（性器部位に人工構造物を施術した者を含む）の場合もこれに該当する）	6	6	6	6	6	5

出所：국방부（1965; 1981; 1990; 2004; 2010; 2018）を参照して筆者作成

註：表2-1の注意事項を以下に記す。第一に、1965年版と81年版以降の等級の基準は他年度と異なるが、読者の便宜を考慮して1990年版以降の数値基準に合致するように修正した。第二に、疾病・障害分類の項目は近年細分化の傾向がみられるが、表2-1は2018年版の分類名を基準に作成した。等級が未記入の欄はその年に該当の項目が存在しないことを意味する。第三に、項目名は年度によって一部に変化がみられるが、重要と判断したものについては本文で言及することとし、誤差の範囲内と判断したものは特記しなかった。第四に、左に記載した番号は2018年版のそれを採用した。第五に、「性選好障害」という分類は、1965年版は「性格および行動障害」、1980年版は「性格障害・性倒錯症および特殊症状等」とされていた。

れている点である。停留精巣や陰茎切断が程度に応じて処分が異なる点は台湾と同じである。つまり性器については逸脱的な状態が一部（ひとつの睾丸、陰茎の一部）にとどまるのか、あるいは器官の全体（ふたつの睾丸、陰茎全体）に及ぶのかによって処遇が異なり、基準からの逸脱度の大きさにしたがって処分は重くなる。

興味深いのは精子に関する詳細な規定（375）である。検査規則には無精子症（精液中に精子を観察できない状態）、逆行性射精（精液が尿道に送られず、膀胱に逆行してしまう状態）、精子死滅症（採精時に精子が死滅している状態）、精液一mlあたりの精子数が五〇〇〇万個未満の精子無力症といった四つの症状が挙げられており、これらはいずれも男性不妊の原因とされる項目である。精子数について言えば、検査規則の「五〇〇〇万個」とは人工授精が可能な最低値であることから、ここでは（人工的アプローチを含む）授精能力が基準とされているとみられる。これらの項目に該当する男性たちは一九六五年から二〇〇三年までは第二国民役（五級）とされたが、二〇〇四年に代替服務（四級）、そして二〇一八年には現役としての服務が認められるようになった。授精能力の項目については、時代の経過とともに基準が緩くなる傾向にあるようだ。

次に、陰茎切断（394）である。「陰茎を二分の一以上喪失」（394-ハ）とする規定には「性交が不可能な者」という説明が加えられている。他の項目も合わせて総合的に検討するなら、ここでいう「性交」とは陰茎を正常に勃起させて膣に挿入し、妊娠可能な精子量を含む精液を膣内に放出する行為として把握されていると考えられる。そして、このように限定された意味での性交が不可能と判定された身体（394-ハ）は兵役に不適切と判断されることになる。

また、性分化疾患（383ーロ）が兵役から排除される点は、台湾と同様である。

4 「真のトランスジェンダー」とはだれか？

本書のプロローグで記したが、二〇二〇年一月二二日、韓国陸軍が性別適合手術を受けたトランスジェンダー女性下士官の除隊を決定した。その身体にあるべき「男性器が無くなっていたため、精神的または身体的なハンディキャップがある」とする軍医の診断がその根拠とされた。彼女――ピョン・ヒスは陸軍の決定を不服として訴訟を起こしたが、裁判が終わりを迎える前に亡くなった。このニュースは性的マイノリティのコミュニティに大きな衝撃を与え、その直後にはソウル市の新村駅前でトランスジェンダーの死を追悼するイベントが開催された（図2ー1）。

ピョン・ヒスは志願兵だったが、兵役の場合もトランスジェンダーの処遇については同様の方針がとられる。検査規則はトランスジェンダーと同性愛を「性同一性障害および性選好障害」という項目（102ー2）でとりあげ、症状の程度に応じて合否や等級を判断している。この項目名は一九六五年から七四年までは「性格および行動障害」、七五年から九九年まで「性倒錯症」とされたが、二〇〇〇年以降は現在の分類名が用いられている。

法的身分上の性別が「男性」で、性同一性障害の診断を受けた者はその「症状」の程度（「軽度／中度／高度」）に応じて等級の判定が下される。国防部は「症状」の程度を図るための基準を明らかにしていないが、ルイン（루인 2017）によれば陰茎と睾丸の有無が重視されてきたようである。以

下ではルインの研究で検討された事例をみてみたい（同上106）。

二〇一四年、あるトランスジェンダー女性（以下「K」とする）に対して、兵務庁（国防部傘下の国家行政機関）が九年前に出した兵役免除処分を撤回するという事件が起きた。Kは二〇〇二年に性同一性障害と診断されてホルモン治療を受け、これらを根拠に兵役を免除されたが、その後も陰茎・睾丸の切除手術を受けなかった。Kはその理由を母親からの激しい反対によると説明したが、兵務庁はこの主張を認めず、Kが「兵役を逃れる目的で（性同一性障害を偽装して）ホルモン投与を受けた」と判断した。「外性器の再建手術を受けていないことから、Kの『外形的女性化』を証明することはできず、Kは実際には非トランスジェンダーであり、兵役を逃れる目的でトランスジェンダー女性を装った」とみなされたのである。

図2-1　トランスジェンダー追悼イベント

出所：2021年3月7日ソウル市新村駅前（Minsoo Kim 氏提供）

Kの事例が示しているのは、兵務庁が「外性器再建手術」の有無、つまり陰茎と睾丸の切除をもって「外形的女性化」を判断しているという事実であり、これが「性同一性障害」の「真偽」を判断する根拠とされるのだ。ピョン・ヒスの事例でも、陸軍による除隊処分の根拠は「男性器が無くなっていた」からであって、そこでも「男性器」の有無が決定的要素とみなされた。付言すると、検査規則の「陰茎切断」(394)の項目にも「性器部位に人工構造物を施術した性転換者」とする説明があることから、「男性器」(陰茎と睾丸)が重視されていることは明白である。

以上の議論をまとめると、トランスジェンダーの「症状」の程度やその「真偽」を判断する根拠は「男性器」の有無に置かれていると考えられる。[49] 言い換えれば、「男性器」のない身体こそ真の「性同一性障害者」であり、男性社会《ホモソーシャル》である軍隊に不適切とする判定を受けることになる。

ここで、韓国における性別変更についての法的な取り扱いを参照しておきたい。日本には戸籍上の性別変更の要件を厳格に定めた「性同一性障害者の性別の取扱いの特例に関する法律」(通称「性同一性障害者特例法」、二〇〇三年施行)があるが、韓国は同様の法律を持たない。その代わり、大法院(司法権の最高機関で日本の最高裁判所に相当)が二〇〇六年に「性転換者の性別訂正許可申請事件等事務処理指針」を公開して、裁判所が性別変更の申請を扱う際の指針としている。

この指針は性別変更の要件を七つ挙げている。第一に大韓民国の国籍を有すること、第二に一九歳以上であること、第三に現に婚姻していないこと、第四に現に未成年の子がいないこと、第五に医師から「性転換症」の診断を受けていること、第六に精神科での治療やホルモン治療ののちに性別適合手術を受けて外性器を含む身体の外観がすでに変更されていること、第七に生殖能力がなく元の性に戻る蓋然性を持たないこと、である。これが日本の性同一性障害者特例法の性別変更要件と酷似しているのは、韓国の方針が先行する日本の事例を参照したからとされる。[50]

本論にとって重要なのは第六と第七の要件である。これらは不妊化と引き換えに法的な性別変更を認めるもので、リプロダクティブ・ライツ（性と生殖に関する権利）に対する侵害である。法的性別を「男性」から「女性」へ移行するためには性別適合手術を受けて陰茎と睾丸を切除し、生殖能力を喪失しなければならないのだ。[51] 国防部が「性同一性障害」の「症状」を判断する際に陰茎の有無を重視する背景として、大法院の性別変更の指針を参照している可能性は大いにある。

とはいえ、陰茎に対する固執と執着は国防部や大法院の「専売特許」ではなく、近代医学によって支えられてきたものである（루인 2017）。医師が新生児の性別を判別する根拠としてホルモンや

---

49 この点は、トランスジェンダー女性の兵役検査をテーマにしたビョン・スンビン監督（2020）の映画『신의 딸은 춤을 춘다』（『神の娘のダンス』）でも象徴的に描かれている。主人公のトランス女性は「性同一性障害」の診断書を兵務庁に提出するが、職員はこれを信じようとせず、彼女の外性器の有無について執拗に問いただすのだ。ここでも、医師の診断書ではなく外性器の有無こそがジェンダーを根拠づける「証拠」として扱われている。

50 日本の性同一性障害者特例法は以下の五つの要件を備える。第一に一八歳以上であること、第二に現に婚姻をしていないこと、第三に現に未成年の子がいないこと、第四に生殖腺がないこと又は生殖腺の機能を永続的に欠く状態にあること、第五にその身体について他の性別に係る身体の性器に係る部分に近似する外観を備えていることである。韓国の指針と比較すると、成人年齢のちがいにより日本が一八歳以上（二〇二二年四月以降）、韓国は一九歳以上となっている点が異なっている。なお、韓国の大法院が「性転換者の性別訂正許可申請事件等事務処理指針」を制定するにあたって日本の性同一性障害者特例法を参照したとする事実は、トランスジェンダー研究を専門とする李承炫（法学博士）に教示を得た。

51 これらの要件についてはリプロダクティブ・ライツに対する侵害であるとする批判が、日本でも韓国でもみられる。ただし韓国のそれはあくまで「指針」にすぎず、法的強制力を持たないという点で日本と異なる。事実、七つすべての要件を満たさない事例で地方裁判所が性別変更を認めたケースが複数報告されている（루인 2017）。なお、日本では二〇二三年に最高裁が精巣や卵巣を切除する手術を求める特例法の要件が「意に反して身体への侵襲を受けない自由を侵害し、憲法一三条に違反して無効」とする判断が下された。ただし性器の外観を似せる要件については高裁で検討されていないとして、審理は差し戻しとなった。

染色体でなく外性器の形状を重視してきたことは周知の事実だが、近代医学は外性器や生殖能力に依拠する「性別」という制度の構築に寄与した歴史を持つ。前節でも、徴兵検査規則が性交の機能や生殖の可能性を重視していることを指摘したが、性同一性障害の判定をめぐっても陰茎と睾丸が決定的な要素と位置づけられているのだ。こうした文脈において、ピョン・ヒスは「男性器」の喪失を根拠に兵士の身分を剝奪されたのである。

5 「従軍する権利」を求めて

次に、同性愛者の処遇を検討していくが、議論が複雑に込み入っているため結論を先に述べておきたい。国防部は同性愛を精神障害とみなしてきたが、二〇〇〇年代後半に入ると軍隊における同性愛者の存在を承認してその人権を保障する動きをみせる。しかし、兵士の身分を持つ男性同士の性行為をスティグマ化するソドミー法は保持したままである。民主時代の台湾と共通する点はゲイ男性の存在を承認してその人権保障を公的に宣言したところだが、韓国では男性間性行為を犯罪化する軍刑法を持ちつづけている点が特筆すべきちがいである。

以下では、まず同性愛者の兵士を承認する近年の動向について検討し、次にソドミー法に焦点を当てて考察し、複雑な状況を解きほぐしていきたい。

同性愛者のスティグマ化

徴兵検査規則は同性愛について「性格または行動障害（一九六五〜七四年）／性倒錯症（一九七五〜九九年）／性選好障害（二〇〇〇年〜）」といったカテゴリーで分類してきた。時期によって名称は異なるものの、同性愛を精神障害とみなす方針は一貫し、この枠組みはいまも保持されている。一九六二年に施行された軍人司法（군인사법）も施行細則のなかで「変態的性癖者（변태적 성벽자）」を強制除隊に処す規定（施行令第五六条）を設けており、同性愛者もこれに含んだ。[52]

とはいえ、軍隊は同性愛者とみなした兵士を一律に排除してきたわけではない。ここではその実態を理解するために、当事者の語りを参照していくつかの事例をみてみたい。まず、一九九八年に兵役で入隊した男性の事例である（정욜 2006: 6）。かれが同性愛者であることが発覚したきっかけは、同じ部隊の先輩に手紙を読まれたことにあった。

〔私が同性愛者であるという事実は〕部隊員のほとんど全員に知られることとなった。それ以来、生活がさらに厳しくなり、なかばみずから、なかば強制的に倉洞病院精神科病棟で一ヶ月半程度の入院生活を送ることになった。初めて護送された日、私は眼鏡を奪われ、服を脱いでうつ

52　軍人司法とは、「軍人の責任および職務の重要性と身分および勤務条件の特殊性を考慮し」て、その任用や解任、懲戒、退職などを規定した法律である。この施行細則五六条には「変態的性癖者」とならんで「私生活が放縦で勤務に支障を与えたり、軍の威信を傷つける者」「排他的で協調性に欠き、軍の団結を破壊する者」「勤務時または他人に危険を及ぼす性格的欠陥がある者」「過度に多額の個人負債を保持する者」も強制除隊とする規定がある。

伏せになった状態で、足蹴にされ、「ホモがやって来た」と暴言を吐かれた。三日間独房であぐらの姿勢のまま隔離された。〔……〕なんの薬とも知れない薬を毎日飲み、ＨＩＶ検査も強要された。カウンセリングもなく、ただ軍医がおこなった治療は、すべての患者が一斉に午前の点呼をしているときに「気に入った看護将校はいないか、もし除隊してほしければだれかひとりに手を触れてみろ」という言葉をかけられただけだった。こんな扱いを受けるなんて我慢ならなかった。なによりもつらいのは両親に〔性的指向を〕知られたことだった。〔両親に知らせないでほしいという〕私の願いは完全に黙殺され、面会に来るたびに泣き出す両親との関係は大変なものとなった。

入院したにもかかわらず、私は除隊処分とならなかった。同性愛についての考えを軍医に話したが、その後、自隊への復帰処分がくだされた。とはいえ復帰後の生活も円満にはいかなかった。〔……〕両親との関係も容易には回復しなかった。

この事例では、軍も精神科医も同性愛を精神病とみなしていたが、にもかかわらず「治療」の対象とするどころか不当な暴力を加えて部隊に復帰させていた。

二〇〇〇年代に入ると、同性愛者を「変態的性癖者」とする軍と、これを精神病とみなさなくなった医師との間で混乱やジレンマが生じ、当事者はこれに巻き込まれたようである。二〇〇四年のケースをみてみよう（최강욱・청맥 2006: 10）。陸軍師団に勤めていた現役兵が、他の男性兵士との共同生活を苦痛に感じて同性愛者であることを小隊長にカミングアウトした。数日後、か

れは中隊長に呼び出され、「同性愛者は軍に入隊しないものと理解している」と告げられ、みずから現役服務不適合審査手続きを済ませて除隊するよう命じられた。その際、同性愛者であることを証明する資料として、男性との性行為の場面を撮影して写真を提出するよう要求された。しかし軍医からは「同性愛は精神病ではない」と告げられ、最終的に部隊への復帰を言い渡された。

このケースは、一九九八年のそれとちがって軍医が同性愛を精神病とみなしていない。しかし、軍は徴兵検査規則にもとづいて同性愛者が軍にいてはならないもの（「軍に入隊しないもの」）と主張し、除隊するよう命じている。ここには、軍隊と医師の異なる方針の狭間で引き裂かれる当事者の姿がみられる。

興味深いのは、同性愛者か否かの「真偽」をめぐる判定が当事者のカミングアウトではなく、同性との性行為（を撮影した写真）に求められた点である。同性愛をアイデンティティではなく（性）行為の水準で把握する想像力は、男性同性間の性行為を犯罪化する軍刑法にも共通するものだが、同性愛にせよトランスにせよ、その真偽を判定する権限は国家（軍）もしくは医療が掌握するという点で当事者は自己決定権を奪われてきたと言ってよい。

もはや精神病ではない同性愛者を、しかし軍は放置しなかった。同性愛者であることが明らかになった（あるいはそうとみなされた）兵士は「性犯罪事件を引き起こす不道徳者」としてスティグマ化され、その一挙手一投足を厳格に監視する体制が整備されたのだ（정욜 2006: 5）。こうして人権を不当に侵害されてきたマイノリティが、こんどはあたかも潜在的な犯罪加害者であるかのよ

うに把握され、監視の対象となったのである。[53]

同性愛者の承認と管理

二〇〇六年四月、国防部は「兵営内同性愛者管理指針（병영내 동성애자 관리지침）」を公表し、同性愛者の兵士が軍に存在している事実を公的に承認した。同性愛者の包摂を認めたという点では画期的だったが、かれらを潜在的な犯罪加害者とみなしたうえで軍の秩序保護を標榜した指針であったため、当事者団体から批判が殺到することとなる。

この指針は、同性愛をウイルスのように感染力を持つものと想像して、その拡散を予防するための措置を定めたものである。一方で同性愛者を異性愛者へ「転向」する支援を提唱し、他方で同性愛者の「性的欲求を解消できるようにスポーツやサークル活動を推奨」したり、同性愛に対する管理を目的にＨＩＶ検査の強要や部屋の隔離、共用トイレの使用禁止などを含んだりした（천주교인권위 2006; 장병권 2007）。

国防部がこの指針を公表した当時、性的マイノリティの社会運動はすでに組織化を進めており（第4章参照）、翌月には七つの当事者団体が集まって「軍隊内同性愛者人権侵害事件真相調査団」を結成している。さらに全国三五の人権団体が協力して「軍隊における同性愛者差別撤廃討論会」を開催し、国防部の指針を痛烈に批判した（군대내동성애자인권침해사건상소사단 2006）。これらの議論では多岐にわたる論点が提起された。たとえば、同性愛者を犯罪加害者とする想定は、男性間で発生する性暴力加害者の多数がじつは異性愛男性であるという事実を隠蔽しているとする批

判があった（한국성폭력상담소 2006）。また、同性愛者も「大韓民国の国民」として「国防の義務を遂行し、社会の構成員として堂々と自分の職務をまっとうする」ために、軍隊内の差別解消が急務であるという主張もみられた（최강욱・정매 2006: 21）。冷戦期に軍隊は神聖化され、軍内部で起きた人権侵害が公になることはほとんどなかったが、ポスト冷戦期に台頭した性的マイノリティ運動は軍のありかたを社会の問題として公論化することに成功したのである（권인숙 2005=2006）。

これらの運動の成果として、国防部は二〇〇九年に同性愛者の「人権保護」を標榜する「部隊管理訓令（부대관리훈령）」を公表した。部隊管理訓令は「軍紀の厳格化」を目的に軍隊内の事件や事故の予防と対応に関する規律や方針を示したものだが、「事故防止」を規定した第四篇に「同性愛者兵士の服務」という章が設けられた。そこでは「兵営内の同性愛者の兵士の人権を保護し、同性愛者の兵士が他の兵士と同様に軍服務ができるように諸条件を保障すること」が定められた（第二五二条）。具体的な措置として、同性愛者に対する殴打やいじめ、侮辱、虐待、セクシュアル・ハラスメント、性暴力の禁止（第二五六条）、カミングアウトした同性愛者の兵士の人権保障（プライバシーの厳守、アウティングの禁止、同性愛者に対する差別の禁止、性的指向に関する調査の禁止、カウンセリン

53　藤高和輝（2021）は「想像的逆転（imaginary inversion）」という概念を参照して、社会において周縁化されているマイノリティが「暴力的主体」として転倒的に表象されるメカニズムについて、トランスジェンダー嫌悪を考察する文脈で説明している。そこでは、トランスジェンダーが性暴力被害のリスクに晒されるという事実があるにもかかわらず、むしろ「性暴力を行う可能性のある主体」として表象されてしまうことが問題として論じられている。韓国の軍隊でも、現実的に同性愛者は性暴力の被害に遭うリスクが大きいことが明らかになっているが（국가인권위원회 2004）、にもかかわらず「性犯罪事件を引き起こす不道徳者」として転倒的に想像されてしまったと言える。

グの提供、職務内容や勤務地の調整や設備の利用を含む特別措置、同性愛に対する理解の向上を目的とした人権教育の実施など）を含んだ。なかでもアウティングを禁止した規定は、二〇〇九年という時期を考慮すると先進的な内容であったと言える。[54]

本章にとって重要なのは、「同性愛という理由だけで現役服務に不適合とみなしてはならない」と定めた第二五三条である。これにより、軍内で性的指向を問うことや同性愛であることを根拠とした不当な取り扱いの禁止が明文化されたのだ。この訓令は国防部が初めて同性愛者の「人権」を掲げたという点で画期的であった。では、このような方針転換はいかにして実現したのだろうか。

第一に、同性愛を「人権」と紐づける認識を打ち出した性的マイノリティの社会運動の台頭が挙げられる。詳しくは第4章で論じるが、一九九〇年代なかばには都市部の高学歴若年層を中心にレズビアンやゲイを主体とする社会運動が組織化され、「人権」の観点から異性愛を基盤とする社会や政治のありかたを問題化した。韓国社会において男性として生きる人びとにとって兵役が不可避の問題であること、さらに台湾とちがって民主化が徴兵制の形骸化や終焉を導かなかったことから、二〇〇〇年代に入る頃には軍隊が性的マイノリティ男性の社会運動にとって焦点となった。とくに同性愛をスティグマ化した徴兵検査規則や軍刑法、同性愛者に対する軍の差別的な取り扱い、性暴力やセクシュアル・ハラスメント事件が問題化された。二〇〇九年には軍隊の問題を専門に扱う「軍人権センター（군인권센터）」というNGOが立ちあがり、その働きかけによって軍内部の性的マイノリティや女性の兵士に対する人権侵害や性暴力などが「解決すべき人

権問題」として社会で認知されるようになった。[55]

第二に、性的マイノリティによる異議申し立てを正当化する多様なアクターが台頭し、二〇〇〇年代にプレゼンスを発揮するようになったことが挙げられる。まず、金大中政権下で二〇〇一年に発足した国家人権委員会が[56]、性的マイノリティの人権擁護という観点から軍隊内の人権侵害に関する調査や監視を始めた。国家人権委員会が二〇〇四年に軍隊内で発生した男性間の性暴力の実態を調査したところ、被害経験があると答えた者が全体の一五・四%、加害経験があると回答した者は七・二%にのぼることが明らかになった。公的機関による実態調査は、同性間での性暴力が頻発している事実を国防部に認識させる契機になった（국가인권위원회 2004; 권인숙 2005=2006: 257-294)。

54　もちろん、アウティング（性的指向や性自認について本人の同意なしに第三者へ暴露すること）の禁止に関する規定は突如として作られたものではなく、軍内部でアウティングによる深刻な人権侵害が明るみに出たことや、これを問題化する活動家たちの告発があったことは強調しておきたい。なお、日本では二〇一八年に東京都国立市が「女性と男性及び多様な性の平等参画を推進する条例」を制定し、「性的指向・性自認の公表」を個人の権利と位置づけたうえで「アウティング」の禁止を定めている。なお、これに先立って、国立市にある一橋大学において「同性愛者」とアウティングされた法科大学院生の男性が校舎で死亡する事件が二〇一五年に起きている。この事件については松岡宗嗣（2021）に詳しい。

55　軍人権センターでは女性やゲイ・バイセクシュアル男性がスタッフとして働き、当事者に対するカウンセリングや聞き取り調査など、さまざまな問題に取り組んでいる。この点は、筆者が二〇一九年八月一九日に軍人権センターを訪問した際に教示を得た。

56　国家人権委員会は、一九九三年一二月二〇日に国連総会で決議された「国内人権機関の地位に関する原則」（パリ原則）を受けて、二〇〇一年に金大中政権下で設置された国家機関である。詳しくは第6章で論じるが、性的マイノリティの人権課題の推進という点で二〇〇〇年代以降に重要な役割を担うアクターとなる。

第三に、軍隊で起きたさまざまな（性）暴力事件などの人権侵害が、二〇〇〇年代には進歩派メディアによって報じられたことである。たとえば、二〇〇三年には当時二〇歳だった陸軍一等兵の男性が同性の上等兵から性暴力を受けたことを告白して自殺するという事件が起きた。『ハンギョレ』がこの事件を報じると、多くのメディアもこれに追随してセンセーショナルに報道した。その結果、男性間でも性暴力が起きうること、そして軍隊内の性暴力が解決すべき人権問題であることが軍の上層部によって認識されるに至った（권인숙 2005=2006; 김동규 2011）。[57]

さらに民主化運動や性暴力の問題に取り組んできた社会運動も性的マイノリティの異議申し立てに合流した。二〇〇六年に結成された前述の「軍隊内同性愛者人権侵害事件真相調査団」は性的マイノリティ団体が中核を担ったが、これには韓国性暴力相談所、光州人権運動センター、外国人移住労働者対策協議会、全国非正規労働撤廃連帯、カトリック人権委員会、韓国ＤＰＩ（障害者連盟）といった多様な人権団体も加わった。この頃には、性的マイノリティの問題を「人権」問題とする認識が左派やリベラルの社会運動圏内でも広く共有されていたことがわかる。

こうして二〇〇〇年代なかばには、軍隊や徴兵制ももはや聖域ではなく、さまざまな社会運動による挑戦を受けるようになった。軍加算点制度が一九九八年に廃止されたことはすでに述べたが、二〇〇〇年代には良心的兵役拒否を求める運動も可視化されている。[58] 二〇〇九年に公布された部隊管理訓令はこのような文脈に位置づけて理解することができる。

ソドミー法と同性間性行為の犯罪化

一方、男性同性間の性行為を禁止する軍刑法はいまも保持されている。以下ではまず、ソドミー条項の概要とそれが導入された経緯を確認し、次に性的マイノリティ団体による抵抗運動について論じたい。

部隊管理訓令は第二五六条第一項において「同性愛者に対する殴打やいじめ、侮辱、虐待、セク

57　二〇〇三年の事件が起きた直後、国防部は同性愛者を潜在的な加害者とみなして「性的異常者と異常性格者」を見つけ出すために兵士の人格検査を強化したことが指摘されている（김동규 2011）。二〇〇六年の「兵営内同性愛者管理指針」はこうした認識のもとで定められたものと考えられる。

58　韓国社会において兵役拒否は犯罪とみなされ、違反者には三年以下の懲役が科せられるが、信仰や思想にもとづいて兵役を拒否する男性たちも少数ながら存在した。その多くはエホバの証人の信徒であり、少数ではあるがセブンスデー・アドベンチスト教会の信徒もこれに含まれる。これらの信者は宗教的信念から毎年七〇〇余人ずつ兵役を拒否し、二〇〇五年までに約一万人が兵役拒否を理由に処罰を受けてきた。権仁淑によれば、一九九〇年代まで兵役拒否が公的に論じられることはなかったという。その理由は以下のふたつである。第一に、兵役拒否者の多くがエホバの証人という「異端」とされた宗教団体の信者であったことから「同じ国民の問題として受けとめられてこなかった」こと。第二に、「『正常』な人にとって良心的兵役拒否が選択可能なことであるという意識がなかった」ことである（권인숙 2005=2006: 218）。歴史学者の韓洪九（2003=2005）も指摘するように、反軍事独裁運動としての性格を持つ民主化運動が活発だった一九八〇年代でさえ良心的兵役拒否を提唱するものは現れなかった。このことは冷戦期の韓国社会における軍事主義の根深さを象徴している（한홍구 2003=2005: 215-217）。

他方、二〇〇〇年に政権交代を果たした台湾では、民進党政権によって良心的兵役拒否が認められている。そして台湾の動向に触発されて、韓国でも良心的兵役拒否について、特定の宗教の問題ではなく人権の枠組みで考察する議論が可視化されたという（申鉉旿 2012: 294）。二〇〇四年には、地方裁判決が宗教的信念にもとづく兵役拒否者に無罪判決を下した画期的な判断もみられた。このように、軍事政権下で議論することさえタブーとされた軍隊や徴兵制を「人権」という観点から問い直す動きは二〇〇〇年頃から可視化されたのであり、同性愛者をめぐる方針の転換もこうした文脈で理解することができる。

シュアル・ハラスメント、性暴力等を禁止」したが、つづく第二項で「第一項にかかわらず、同性愛者の兵士の兵営内でのすべての性的行為は禁止される。これに違反した場合、刑事処罰または第四編第六章による手続きにしたがって懲戒処分とする」という規定を置いている（強調は引用者）。この第二項は、軍刑法の存在を念頭に定められたものとみられる。というのも、一九六二年に制定された軍刑法は「わいせつな行為の禁止」を定めた第九二条六において「肛門性交やその他のわいせつな行為をした場合、二年以下の懲役に処する」として「肛門性交」を犯罪化したのである。[59]

　軍刑法第九二条六は性別に関する規定を持たないが、これが男性間の性交を指すものであることは大法院の議論を検討するまでもなく（국제앰네스티 2019: 19-22）、軍刑法に「肛門性交」の用語が導入された歴史的経緯からも明らかである。というのも、第九二条六は二〇一二年に改正される以前は「肛門性交（항문성교）」ではなく「鶏姦（계간）」という表現を用いていた。「鶏姦」とは、一七四〇年に清朝で定められた大清律に起源を持つ言葉で、おもに男性間の肛門性交を犯罪化する法言説として東アジアで使われてきた歴史がある。[60] 実際、軍刑法は（後述するように）男性同性愛者を犯罪者とみなして取り締まりの対象としてきた。それゆえ性的マイノリティの社会運動はこれを「ソドミー法」と呼んで異議を申し立てたのである。

　では、ソドミー条項が軍刑法に導入された経緯はどのようなものだったのか。そもそも軍刑法は一九六二年に朴正熙政権下で制定されたが、ソドミー条項は米軍政期の四八年に公布された国防警備法（第五〇条）に由来する。国防警備法は軍事裁判をおこなう際の法的根拠として制定され

たものだが、その第五〇条は軍法適用者に「各種犯罪」、すなわち「自害、放火、野盗、家宅侵入、強盗、横領、偽証、文書偽造、鶏姦重罪を犯す目的で行った暴行」を禁止した（強調は引用者）。しかし歴史をさらにさかのぼると、国防警備法第五〇条が一九二〇年に米国で公布された修正軍法（Article of War）第九三条に起源を持つことが明らかになっている（윤상민 2012）。実際、「各種犯罪」の禁止を定めた米軍法第九三条は国防警備法第五〇条とまったく同じ内容であり、後者の韓国語は前者の英語を直訳した表現になっている。以上の経緯をまとめると、韓国軍刑法のソドミー条項は一九二〇年の米軍法を起源とし、それが米軍政期の国防警備法を経て、朴正熙政権下で制定された軍刑法へ移植されたということになる。そして英語の'sodomy'の訳語として、中国語由来の「鶏姦」という漢字語が採用されたのである。

59 この法の適用対象者は次のように記されている。「現役に服務する将校、準士官、副士官および兵。ただし転換服務中の兵を除外する。次の各号のいずれかひとつに該当する者について軍人に準じてこの法を適用する。（一）軍務員、（二）軍籍を持つ軍の学校の学生・生徒と士官候補生・副士官候補生および「兵役法」第五七条による軍籍を持っている在営中の学生、（三）召集されて実役に服務している予備役・補充役および戦時勤労役の軍人」である（第一条）。

60 中国清朝で一七四〇年に定められた大清律は、男児を対象とする鶏姦や同意にもとづく鶏姦（和同鶏姦）を処罰の対象とした。大清律は近代化を背景に一九〇三年に改正され、このときに「同意にもとづく鶏姦」は削除されている。ただし大清律における「鶏姦」項目は、一九七九年に制定された中華人民共和国刑法に「流氓罪」（不良行為の罪）として復活し、これは男児に対する鶏姦行為を処罰の対象とした。一九九七年には刑法改正を受けて「鶏姦」という言葉が中国法から完全に削除され、これをもって中国におけるソドミー法の解消が達成されたと理解されている（郭立夫・福永玄弥 2020）。なお、日本でも一八七二年に大清律を参照して男性間の肛門性交を禁止する「鶏姦条例」が発令された。ただし一八八〇年に制定された旧刑法にこの規定は盛り込まれず、わずか七年で消滅している。この点については古川誠（1994）が詳しい。

ここで、米軍におけるソドミー条項や同性愛者の取り扱いの歴史を簡単にみておきたい。やや寄り道をするようだが、同性間性行為や同性愛者に関する（近代的）想像力を検討するためには必要な作業である。

高内悠貴（2019）によると、米国で「性的倒錯」や「性的逸脱」の排除を企図した政治的な取り組みは二〇世紀初頭の移民局に起源を持つという。南欧出身の新移民の増加に直面した移民局は、ソドミーを含む不道徳行為の前科のチェックや身体検査の実施によって「望ましくない」移民の入国を制限したのだ。身体検査が導入された背景には、道徳性の欠如が身体に兆候として現れるという優生思想があった。それゆえ「全身、とりわけ生殖器の検査を通じ、第二次性徴の欠如などが入国拒否の根拠とされた」のである（同上 198）。そして「望ましくない移民」の排除を目的に導入された身体検査というテクノロジーは、第一次世界大戦への参戦が現実的になった二〇世紀初頭の米軍に持ち込まれた。高内によれば、

米軍は性的倒錯や逸脱の原因や症状を専門的に研究していた精神医学者やセクソロジストたちの知見を利用し、さまざまな手法を編み出し、試した。〔……その結果〕第二次大戦の頃になって、同性愛的な欲望を認めた兵士や、精神科医がそう判断した兵士を、軍隊内での同性愛行為の証拠の有無にかかわらず、同性愛の『傾向』を理由に除隊するという手続きが確立した。（同上）

ソドミー行為を含む不道徳行為の前科チェックや生殖器を重視した身体検査というテクノロ

ジーが優生思想を根拠としていたとする高内の指摘は、多様な身体を「障害」の有無という基準で管理してきた韓国や台湾の徴兵検査規定にも通ずるものである。ソドミー条項が米国による直接統治をつうじて韓国社会に移植されたという歴史は、軍隊の同性愛者に対する処遇が単に一国内で偶発的に発生した事件《イベント》ではなく、近代優生思想やソドミー法のトランスナショナルな流通という観点からも検討すべき現象であることを示唆している。

ソドミー条項の撤廃へ向けて

二〇〇〇年代以降、性的マイノリティの社会運動は軍刑法のソドミー条項が「同性愛者に対する人権侵害である」とする立場から、その撤廃を目指して異議を申し立ててきた。実際、これまで三度にわたって違憲訴訟が提起されている（二〇〇二年、二〇一一年、二〇一六年）。また、国家人権委員会や国連人権理事会の国別普遍的・定期的審査、国連自由権規約委員会も韓国政府に対してソドミー条項を廃止するよう勧告している。ところが憲法裁判所はソドミー条項を合憲とする判断を下し、政府もこれらの判断を支持してきた。

ここでは違憲訴訟に焦点を当て、そこで提起された争点と判決文を読み解くとともに政府の主張もあわせて検討する。それによって、ソドミー条項をめぐって活動家たちはなにを問題としているのか、そしていかなる論理がソドミー条項を正当化してきたのかを明らかにしたい。

まず、違憲訴訟で性的マイノリティ団体が提起した論点は、おもに次の三つである（전원재판부 2011）。第一に第九二条六が罪刑法定主義の明確性原則に反していること、第二に軍人の私生活の

秘密と自由を侵害していること、第三に同性愛者の平等権を侵害していること、である。以下ではそれぞれの争点について説明をしたうえで、二〇一一年の判決文に注目し、これを合憲とした憲法裁判所の主張を検討したい。

　第一の論点は、罪刑法定主義の明確性原則、すなわち立法は犯罪の内容を具体的かつ明確に規定しなければならないとする原則である。軍刑法第九二条六の条文（「肛門性交やその他のわいせつな行為」）における「その他のわいせつな行為」という箇所を、明確性の原則に反するとしたのだ。第九二条六は「肛門性交」だけでなく男性間の広義の性行為を禁止するものとして解釈、適用されてきた経緯があることから、軍による恣意的な解釈や適用に対する批判が性的マイノリティ団体によって提起されたのである（한채윤 2017）。

　だが、憲法裁判所は性的マイノリティ団体の主張を退け、現行法が明確性の原則に反しないとした。判決文によれば、その根拠は以下のとおりである。

> 「その他のわいせつな行為」とは、鶏姦に至っていない同性愛性行為（계간에 이르지 않은 동성애 성행위）等、客観的に一般人に嫌悪感を生じさせ、善良な性的道徳観念に反する性的満足行為であって、軍という共同社会の健全な生活と軍紀を侵害するものを指す。これに該当するか否かは、行為者の意思、具体的な行為の様態、行為者間の関係、その行為が共同生活や軍紀に及ぼす影響とその時代の性的観念等、諸般の事情を総合的に考慮し、慎重に決定されるべきである。然らば、健全な常識と通常の法感情を有する軍刑法被適用者は、いかなる行為がこの事件の法律条

項の構成要件に該当するか否かを十分に把握することが可能であり、その典型的な事例である「鶏姦」は「わいせつ〔추행〕」がなにであるかを解釈できる判断指針となり、大法院の判決等によって具体的かつ総合的な解釈基準が示されている以上、この事件の法律条項は罪刑法定主義の明確性の原則に反しない。

（強調は引用者、전원재판부 2011）

判決文は「健全な常識と通常の法感情を有する軍刑法被適用者は、いかなる行為がこの事件の法律条項の構成要件に該当するか否かを十分に把握することが可能」であることを前提とし、そのうえで「その他のわいせつな行為」については「鶏姦に至っていない同性愛性行為」と説明するのだが、その前提も説明も明瞭性に欠けている。実際、九名の裁判員のうち三名が連名で次のような反対意見を提出している。

この事件の法律条項は例示的規定の形式を備えているので、この事件の法律条項において「その他のわいせつな行為」は少なくとも「鶏姦に準ずる行為」とみなすのが妥当である。しかし前述した大法院の判決は、このような通常の解釈とは異なり、「その他のわいせつな行為」を「鶏姦に至っていない同性愛性行為」とみなし、わいせつの程度が鶏姦より弱くてもかまわないとしているため、「その他のわいせつな行為」に該当する行為であるか否かを判断するにあたっては「鶏姦」がその基準になりえないだけでなく、わいせつの程度がどの程度に達した場合、「その他のわいせつな行為」に該当するかについてはなんの基準も提示されていない。

（同上）

憲法裁判決は「鶏姦」すなわちペニスを肛門に挿入する形式の性交を「一般人に嫌悪感」をもたらすものとして犯罪化するにとどまらず、男性間の「同性愛性行為」を広く「わいせつ」と定義づけたものとして読むことができる。結局のところ「鶏姦に至っていない同性愛性行為」がなにを指すかは明示されていないのだから（いったいどうやって明示できるというのだろう？）、「同性愛性行為」を想起させるような、あらゆる身体接触が「善良な性的道徳観念に反する」「わいせつ行為」として恣意的に解釈される恐れがある。

セジウィック（Sedgwick 1985=2001）が「ホモソーシャルな欲望」を論じたとき、その要点は「ホモセクシュアル」とは断絶した、非性愛的な体制であるはずの「ホモソーシャル」な関係とみられるもののなかに「友情」と「性愛」が区別できない可能性（両者の連続性）を論じるところにあった。憲法裁判決は、同性間で交換されるコミュニケーション行為が、いつ、いかなるときに「性愛」として抽出されるかは「健全な常識と通常の法感情を有する軍刑法被適用者」には自明であると述べた。しかしそれは原理的に定義不可能な問いであり、そもそも基準をあらかじめ提示することはできない。そこで持ち出されるのが、「行為」を厳密に定義して禁止するのでなく、「同性愛者の兵士の兵営内でのすべての性的行為は禁止される」（部隊管理訓令、ただし強調引用者）として「アイデンティティ」の問題へすり替えるというアプローチである。こうして問題は、禁止すべき行為を説明しない軍隊や明確性の原則に反した軍刑法ではなく、「軍という共同社会の健全な生活と軍紀を侵害する」「同性愛者」がおこなう（あらゆる）「同性愛性行為」にある、ということにされてしまう。

第二の論点は、第九二条六が私生活の秘密と自由を侵害しているとした点である。「同性愛者の兵士の兵営内でのすべての性的行為」を禁止した部隊管理訓令と異なり、第九二条六は性行為がおこなわれる場所と時間に関する規定を持たない。だが、現実に軍は兵営内のみならず私的《プライベート》な空間や時間でおこなわれる（軍人の身分を有する）男性同士の、当事者間の自発的合意にもとづく性行為も「わいせつ行為」として取り締まりの対象としてきた。性的マイノリティ団体はこうした法の運用が軍人のプライバシーを侵害しているとして批判したのである。ところが憲法裁はこれらの批判も否定して、次のように主張した。

> 〔第九二条六の〕法律条項は、軍という共同社会の健全な生活と軍紀の確立を目的に同性軍人間の性的満足行為を禁止しているが、これを刑事処罰するため、立法目的の正当性および手段の適正性が認められている。また、わいせつ行為の類型やその相手方の被害状況等を具体的に区分せず、「軍という共同社会の健全な生活と軍紀」という社会的法益を侵害したすべてのわいせつ行為に対して同様に一年以下の懲役刑[61]に処罰するように規定したという事由だけでは、立法裁量権が恣意的に行使されたとは考えにくい。〔……〕また、性的自己決定権や私生活の秘密と自由の制限の程度が「軍という共同社会の健全な生活と軍紀の保護」、さらには「国家安保〔국가안

61　引用した判決文では「一年以下の懲役刑」とあるが、同法は二〇〇九年の改正で「二年以下の懲役刑」に修正されている。

보고」という公益より大きいとみることはできず、法益の均衡性を逸脱したとも考えられないので、この事件の法律条項は過剰禁止原則に違反して軍人の性的自己決定権や私生活の秘密と自由を侵害したものとみることはできない。

（전원재판부 2011）

ここでは、「同性愛性行為」の禁止によって第九二条六が保護、実現しようとする利益が「軍という共同社会の健全な生活と軍紀の保護」、ひいては「国家安保」にあるとされている。そして「同性愛性行為」が一律に「わいせつ行為」であり、「軍という共同社会の健全な生活と軍紀の保護」を犯し、「国家安保」をも脅威に晒すものであるから、たとえ軍人の性的自己決定権や私生活の秘密と自由に制限が生じるとしても、それが「公益より大きいとみることはでき」ないということになる。マイノリティの権利や自由の制限は軍事主義によって正当化されるのだ。

第三の論点、第九二条六が同性愛者の平等権を侵害しているとする異議申し立てに対しても、憲法裁はこれには当たらないとした。いわく、

軍隊は、同性間の非正常な性的交渉行為（비정상적인 성적 교섭 행위）が発生する可能性が著しく高く、上級者が下級者を相手に同性愛性行為を敢行する可能性が高い。これを放置すると軍の戦闘力保存に直接的な危害が発生する恐れが大きい。この事件の法律条項は同性間の性的行為だけを禁止するものであって、これに違反して刑事処罰するとした場合も、そのような差別には合理的な理由が認められるため、同性愛者の平等権を侵害するとみることはできない。

（同上、強調引用者）

ここでも、問題なのは男性同性間の「非正常的な性的交渉行為」にあるのであって、「軍紀」や「国家安保」という公益の保護と秤にかけたときに「同性愛性行為」を禁止する取り扱いには「合理的な理由」があるとされる。

結局のところ、軍刑法第九二条六は「犯罪」を構成する要件を明確に提示することなく「肛門性交やその他のわいせつな行為」という曖昧な表現を用いて、強制性の有無、行為の種類や程度、行為がおこなわれる時間や場所を問わない規定となり、恣意的な運用可能性にひらかれている。行為者の予見可能性はあらかじめ排除され、軍隊や捜査機関や司法機関による恣意的な運用を招いてしまう。その結果、第九二条六は男性間の肛門性交という特定の行為を禁止するにとどまらない。セジウィックがホモフォビアについて「特定の弾圧を少数派に加えることによって、多数派の行動を統制するメカニズムである」と論じたように（1985=2001: 134）、ソドミー条項は軍人という身分を持つ男性間の「性行為」にとどまらない親密なコミュニケーションを統制し、「一般人」に性愛を喚起しうるあらゆる行為を抑制する効果を持ち、男性間の親密な行為や関係性を禁止する法として機能するのだ。

二〇一七年には、陸軍中央捜査団が出会い系アプリを使ってゲイ・バイセクシュアル男性の兵士を探し出し、第九二条六に違反したかどで二三人を起訴するという事件が起きた（김미향 2019）。この事件で起訴された二三人はみな、兵営外で、プライベートな時間に同性間で性行為を持った

と証言している。この事件では、陸軍中央捜査団がおとり捜査を採用したことも明らかになった。このように、プライベートで男性同性間の性行為に従事したかどで男性兵士を逮捕・起訴したり、起訴に至らずとも軍上層部によって脅迫やハラスメントが発生したりする事件は枚挙にいとまがない（국제앰네스티 2019）。こうして、同性間で性行為をする（意思を持つ）男性兵士はいつ起訴されるかわからないといった不安を抱えたまま軍隊生活を送ることを余儀なくされている。『ハンギョレ』の報道によると、二〇一四年一月から二〇一八年六月までの約四年間に計四七人が同性間性行為による「わいせつ行為」を理由に処罰を受けたという（김미향 2019）。実刑が確定したのはひとりだったが、そうでなくとも「性犯罪者」のスティグマを付与されて減給や除隊処分を受けたりすることで当事者が被る心理的・物質的被害はきわめて深刻である。

韓国政府は憲法裁が提示した論理を事後的に承認するようなメッセージを発しつづけ、国連からの廃止勧告や国家人権委員会からの批判にも向き合ってこなかった。たとえば国連勧告に対しては、二〇一七年に「軍刑法第九二条六は性的指向を刑事処罰するための条項ではなく、兵舎で団体生活をする軍の特性を勘案し、軍令と軍紀を維持するためのもの」であると主張し、これを正当化している（국제앰네스티 2019: 20）。

第三部で詳述するように、韓国では二〇一〇年前後より同性愛を標的に宗教保守を中心とする組織的なバックラッシュが盛りあがりをみせるが、右派や保守派も軍刑法の廃止が「軍を内側から崩壊させ、北（朝鮮）に利する亡国行為」につながるため、第九二条六は国家安保と秩序を維持するために必要不可欠であると主張する。上述の『ハンギョレ』の記事によれば、軍刑法九二条

六の保持を望む保守団体は、二〇一六年に憲法裁の正門前で「全国の保護者と安保団体は軍刑法九二条六の肛門性交禁止規定の合憲を強く求める」と主張し、「仮に軍内の肛門性交が合法化されたら、軍隊が同性愛と肛門性交の学びの場になる」と憂慮を表明している。リベラルの期待を集めた文在寅大統領も、二〇一七年には「同性愛が国防戦力を弱体化させる」と言って、同性愛を承認すれば軍隊が内側から崩壊するという右派や保守派の主張を肯定し、軍刑法九二条六の存在を容認している（강민수 2017）。

それでも、軍刑法第九二条六に対する異議申し立ては現在も継続しておこなわれている。二〇一八年には憲法裁と大法院が「宗教的信念などの良心的兵役拒否」を制限付きではあるものの承認したこともあって（影本剛 2021）、性的マイノリティ団体は第九二条六に違憲判決が下される日もそう遠くないだろうと希望を込めて語り、抵抗をつづけている（김미향 2019）。

6 小括

本章では、冷戦期の韓国で定着した徴兵制や軍隊について、とりわけメンバーシップの包摂／排除という観点から考察した。はじめに一九六五年に制定された身体検査関連検査規則を検討し、陰茎や睾丸、生殖機能・能力（勃起機能や精子数）が兵役判定の重要な判断基準として動員されてきたことを指摘した。兵役の任務や軍人という職務の遂行に支障をもたらしえないこれらの基準が導入された背景には、優生学的に劣位で国防の従事に不適切とみなした男性身体を軍から排除する企図があったとみられる。検査規則の詳細な検討が明らかにしたのは、陰茎を正常に勃起させて膣に挿入し、妊娠可能な精子量を含む精液を膣内に放出する行為が規範的な「性行為」とみなされたという事実である。トランスジェンダーの排除や、さまざまな規範を動員した男性同性愛者および同性愛性行為に対する執拗なスティグマ化も、こうした再生産的性行為の規範化の裏返しとして読むことができる。

男性たちは軍隊からの承認を得て国防に従事する過程で、男性性を身体化して男性社会（公的領域）への参入を歓迎されるが、公的領域から女性を排除する政治装置として軍加算点制度があった。男性の階層化と女性の差別化に依拠して覇権的な地位に就いた男性性は、女性からの支持も獲得して、男性による女性支配《セクシズム》が正当化された。実際、一九九八年に軍加算点制度を違憲とする判決が下されたとき、男性だけでなく多くの女性たちもこれに反対したことが指摘されている（권인숙 2005＝2006: 228）。

とはいえ、覇権的な男性性の形態が通時的に不変であるとは限らない。国防部の同性愛に対する処遇の変化は象徴的である。グローバル冷戦の終焉や民主化を背景に国内外の政治環境が激変し、人権を重視する政治潮流は軍隊をも呑み込んだ。そして性的マイノリティの社会運動の台頭や、これを支持する進歩派メディアや国家人権委員会や国連といったさまざまなアクターからの批判は、軍隊内の暴力やハラスメントを「解決すべき人権課題」とする新たな認識をもたらした。「同性愛者の兵士の人権保障」を掲げて公布された二〇〇九年の部隊管理訓令も、このような軍隊の組織改革の潮流に位置づけることができる。

だが、一九六二年に制定された軍刑法は軍の秩序維持を目的としたソドミー条項を定め、現在も保持されている。二〇〇〇年代に入ってからはソドミー条項に対する違憲訴訟が試みられたものの、憲法裁判所は保護法益が「軍という共同社会の健全な生活と軍紀の保護」と「国家安保」にあると主張して合憲判断を下している。ソドミー条項は男性間の肛門性交を禁止するにとどまらず、軍人という身分を持った男性間の親密なコミュニケーションの統制を可能にし、ホモソーシャルな軍隊生活からホモセクシュアルの可能性の芽をあらかじめ摘み取り、禁止する効果を持った。ソドミー条項がいまなお保持されていることは、個人の権利や自由を安全保障の劣位に置く軍事主義がポスト冷戦期の韓国社会にみられることの象徴であると言えるだろう。

第一部　まとめ

日本による植民地支配からの解放後、朝鮮戦争を契機に冷戦体制に組み込まれた台湾と韓国では軍事主義が独裁体制を正当化した。中国・北朝鮮というカウンターパートに対する安全保障の要請から台韓で導入された徴兵制は、国籍を持つ男子を国家のために命をも犠牲にする国民として構築する政治制度であった。兵役を完遂した男性たちは、労働倫理や社交能力や一般常識を備えた「国民」として承認され、ホモソーシャルな公的領域への参入を果たした。

だが、男子徴兵制は国籍を持つすべての法的身分上の「男性」を包摂したわけではなかった。台湾の体位区分基準表も韓国の兵役判定身体検査等検査規則も、身体や精神の疾病を詳細に分類して兵役に不適切な男性を抽出し、これらの男性にはその逸脱度に応じて異なる劣位カテゴリーを付与した。一部には「代替役」として銃後の任務を課し、残りの男性は軍隊から完全に排除した。台湾と韓国ですべての男性は国防の義務を課され、社会生活を営むにあたっては兵役の義務を完遂していることが期待されるため、「軍畢」カテゴリーからの排除は男性として得られるはずの特権から疎外されるだけでなく、スティグマを背負って生きていくことを意味した。

第一部では、徴兵検査の疾病分類のなかでも陰茎と睾丸の状態、勃起や生殖に関する機能と能力、トランスジェンダーや同性愛に関する規定を詳しく検討した。これらの作業から、冷戦体制下で台湾と韓国社会に定着した徴兵制は、生殖＝国民の再生産に貢献し（え）ない男性を国防に不適切な身体と判定していることが明らかになった。男性身体は兵役に耐えうる健康な身体であると同時に生殖可能な身体であることも要請されたのであって、優生思想が異性愛規範と交差しながら男性性規範を構築したのである。徴兵制やそれを基盤に兵力を拡充した軍隊は、生殖不可能とみなした男性を病理化して規範的外部へ放擲し、それによってシスジェンダーで、ヘテロセクシュアルで、生殖可能で健常な男性身体を〈正常〉とする男性性規範を再生産したということになる。こうして軍事主義に規定された男性性が冷戦期の台湾および韓国社会において覇権的な地位を占めたのである。

とはいえ、コンネルの男性性をめぐる議論（Connell［1995］2005=2022）が示唆するように、男性性の構成要素も不変ではなかった。同性愛に対する処遇がとりわけ象徴的で、いずれの社会でもポスト冷戦期に入ると「ゲイフレンドリー」な方針が国防部によって提唱されている。同性愛を精神病とみなした冷戦期の軍隊の方針の背景には、精神疾病に関する国際基準があった。国際基準が一九九〇年代初頭に同性愛を脱病理化したことをひとつの契機として、台湾でも韓国でも（両者の間に時差はあるものの）カミングアウトした同性愛者を軍隊に包摂する方針が打ち出されたのである。

ただし、台湾国防部が同性愛者の包摂を宣言した一九九四年当時、一部の同性愛者たちは兵役からの逃亡を企てる運動に取り組んでいた。かれらはホモフォビックな環境で知られる軍隊という組織に変化を要求したり期待したりするのではなく、同性愛を精神病とした徴兵検査の規則を逆手にとって軍隊から逃れるアプローチを模索したのである。他方、国防部は、中国との軍事衝突の危機や安全保障意識の高まりを背景に同性愛者を軍に包摂する方針を強調することで軍紀の引き締めを図った。

韓国では二〇〇九年に国防部が同性愛者の兵士の人権保護を掲げた。その背景として、軍隊における人権侵害が性的マイノリティの社会運動や進歩派メディアによる告発によって可視化されたこと、そしてこれらの異議申し立てが国家人権委員会や国連といった国内外の政治組織によって支持されたことを指摘した。しかし一九六二年に制定された軍刑法第九二条六は、男性兵士間の肛門性交や「同性愛性行為」を「わいせつ行為」と定義して犯罪とみなした。憲法裁判所や政府も「同性愛性行為」が「軍という共同社会の健全な生活と軍紀」を脅かし、ひいては「国家安保」をも攪乱する脅威であるとしてソドミー条項を正当化してきたのである。

韓国のソドミー条項は、米軍政期の一九四八年に制定された国防警備法に由来するが、その起源は一九二〇年の修正米軍法にさかのぼる。二〇世紀初頭の米軍は、近代精神医学や性科学の知見を活用して軍隊から同性愛者を排除するテクノロジーを導入した。このような背景のもとで導入された米軍法のソドミー条項が米軍政期に国防警備法へ翻訳され、一九六二年に独立した条文として韓国軍刑法に導入されたのだ。このような歴史的経緯を考慮するなら、韓国のソドミー条項はアジアにおける米国のヘゲモニーや不平等な米韓関係の象徴とみるべきである。

韓国軍刑法のソドミー条項が、英語の‘sodomy’の韓国語訳に中国語由来の「鶏姦」という漢字語を流用した事実が示唆するように、韓国の軍隊では同性愛をめぐって二種類の異なる想像力が併存していた。同性愛というセクシュアリティを精神疾病とみなす医療言説と、同性間の性行為を異常とする道徳言説である。同性愛の脱病理化の影響や当事者運動の台頭を受けて前者の影響は薄れたが（ただし有名無実化した規定としては残っている）、後者は軍刑法として保持されている。同性愛に関する二種類の異なる想像力が、韓国軍の同性愛者の処遇をめぐる「矛盾」として現在の私たちにはみえているのだ。このような観点から本論をふり返るなら、台湾の軍規定には道徳言説の影響がみられなかったため、同性愛の脱病理化をもって「ゲイフレンドリーな軍隊」が誕生したと言うこともできる。

グローバル冷戦の終焉を背景に、台湾では仮想敵とされた中国が経済的利益を共有するパートナーへと変化したことを受け、徴兵制は制度としての存在意義を失い、二〇一八年に志願兵制へ移行した。冷戦体制下で形成された軍事化された男性性はその足場を失い、ポスト冷戦期の台湾は第二・三部で検討するように「アジアでもっともＬＧＢＴフレンドリーな社会」へと変容を遂げていくことになる。

他方、韓国でもグローバル冷戦終焉後に北朝鮮との関係修復への試みが断続的にみられるが、依然として安全保障の論理が人権を優先する、冷戦期に定着した軍事主義が払拭されていない。軍刑法を違憲とする訴訟が二〇〇〇年代以降に相次いでいるが、「いまは韓国社会全体の人権認識が不十分であるため〔……〕軍内の同性愛の容認はまだ早い」という文在寅の発言が示唆するよ

うに（최하안・곽재훈 2017）、行為としての同性愛を取り締まりの対象とする軍刑法第九二条六は保持され、軍人男性の同性間の親密な関係やコミュニケーションの統制に寄与している。

以上の議論を整理すると、次のようになる。グローバル冷戦が終わりを迎えた現在も朝鮮戦争の終結が宣言されず、北朝鮮との緊張状態にある韓国社会において、保守派は同性愛者を国家や軍事力を内側から蝕むナショナルな敵として他者化する言説をつうじて、大韓民国ナショナリズムの増強を試みてきた。台湾では安全保障の要請によって同性愛者が徴兵制に包摂された一方、韓国では同じ安全保障の論理によって同性愛に対するスティグマが依然として保持されていると結論づけることができる。そして二〇〇〇年代以降に組織化を遂げる性的マイノリティの社会運動は、軍隊における差別規定の撤廃を目指し、同性愛者も大韓民国の国民として国防の義務を履行すべきであるといった主張を展開していくことになる。

コンネルの男性性論がアントニオ・グラムシのヘゲモニー概念を下敷きとしていることが示唆するように（Connell [1995]2005=2022）、覇権的な男性性は女性からの支持を得て正当化される。韓国の軍加算点制度をめぐる議論がこのことを象徴している。韓国では軍畢者を優遇する軍加算点制度を違憲とする判決が一九九八年に下されたが、その直後に実施された調査では違憲判決に反対する傾向が女性の間で高かったことが明らかになった。とはいえ、一九九〇年代に女性運動やフェミニズムが盛りあがりをみせたとき、セクシズムの象徴である軍加算点制度に異議を申し立てたのも女性たちであった。さらにこの運動に障害を持つ男性が加わったという事実は、軍事主義が家父長制だけでなく健常主義にも根拠づけられていることを示している。

また、台湾と韓国のちがいについても言及しておきたい。性器や生殖機能、性交能力に関する検査分類に関して言えば、台湾よりも韓国の方が項目は多岐にわたり、基準はより厳格であった。とくに象徴的なのが精子に関する規定である。無精子症や逆行性射精、精子死滅症、精子無力症など、男性不妊の原因とされる症状に関する詳細な分類とスティグマ化は、韓国軍の生殖＝再生産規範が台湾よりも強いことを示唆している。もうひとつの差異は、韓国社会における軍事主義の根深さである。韓国は冷戦体制下で国家として生存する道を模索する過程で軍事主義を徹底し、これに対する批判を寄せつけない政治体制を構築してきた。韓国は朝鮮戦争やベトナム戦争を経験しただけでなく、朝鮮戦争がいまだ終結していないことがその軍事主義をより強固とする要因であったとみられる。こうした安全保障をめぐる歴史と現状が、ポスト冷戦期の韓国と台湾のセクシュアリティの政治に差異をもたらす重要な背景になっていると考えられる。

最後に、冷戦期の台湾や韓国では徴兵制をつうじて男性同性愛が強烈にスティグマ化される一方、女性の同性愛《レズビアン》が公に議論される機会はほとんどなく、不可視化されていた。レズビアンが公的言論の対象になるのは、民主化以降のフェミニズムや当事者運動の台頭を待たなければならなかった。

第二部
〈解放〉をめぐる闘争

図III　ソウルクィアパレード 2019（ソウル市）

出所：2019 年 6 月 9 日筆者撮影

図IV　台湾同志パレード 2019（台北市）

出所：2019 年 10 月 26 日筆者撮影

第二部　はじめに

　二〇一九年六月九日、韓国ソウル市でプライドパレード（서울퀴어퍼레이드 Seoul Queer Pride）が開催された（図Ⅲ）。パレードの拠点となったソウル市庁前広場は、性的マイノリティの象徴として知られるレインボーのグッズを身につけた参加者でごった返した。会場に設置されたブースの多くは、性的マイノリティの団体をはじめ、女性団体や労働団体といった社会運動の団体が占めたが、グーグルをはじめとするグローバル企業や左派政党の出展もみられた。

　パレードの開始時刻が近づくと、会場の端に設けられた待機場所は身動きが取れないほど多くの人でひしめき合った。三〇度を超える暑さと人混みのせいで出発を待つ時間が異様に長く感じられた。一六時三〇分にカウントダウンが始まり、ゲートが開いて行進が開始すると、突如として視界も開けて熱気が吹き飛んだ。アップテンポの洋楽をBGMに参加者らが一斉に公道へ飛び出した。解放感が身体の奥底から込みあげるようだった。

　三時間近い行進では多様なフロートや参加者の姿がみられた。レディー・ガガやビヨンセ、「ろうそく革命」でリベラルな若者のアイコンとなった少女時代の「Into The New World」[62]といった音楽を大音量で流すフロートの周りには、踊りながらパブリック・ストリートを一時的に占拠する若者の姿が目立った。ほかにも、差別禁止法の導入を訴える左派政党、障害者の権利を主張するグループ、QUEER UPを合言葉にフロートを牽引する企業のグループ、「日本から韓国の性的マイノリティを応援する」とハングルで記したプラカードを掲げた参加者の姿もあった。

一方、性的マイノリティの権利やソウルクィアパレードの開催に異議を申し立てたり、パレードを妨害したりする人びとも少なくなかった。パレード開始直後は沿道を取り囲む男性たちの罵声が飛び交い、「同性愛絶対反対」とハングルで書かれたA4サイズの紙が大量にばら撒かれた。パレードを歩く参加者たちは沿道を何重にも取り囲む警官によって保護されたが、その隙を突いて路上に飛び出した抗議者のダイ・イン[63]によって行進が中断されて混乱も生じた。

ソウル市庁前広場の周辺では、キリスト教のグループが同性婚に反対するキャンペーンに勤しんでいた。チマチョゴリを着た女性たちが、英語で「NO!! SAME-SEX MARRIAGE」、ハングルで「同性愛 撲滅!」「同性愛 罪悪」と印字したプラカードを手に持って音楽にあわせて踊っていた。クィアパレードの開催に反対する抗議デモもおこなわれ、その隊列が広場の横を通り過ぎた。抗議デモ参加者のひとりは「多数派の人権はどうなるのか」と印字されたプラカードを手に掲げていた。マイノリティの権利を承認することでマジョリティに対する「逆差別」が生じて人権が損なわれるといったバックラッシュの古典的な主張である。また、抗議デモではそこかしこに大韓民国の国旗が掲揚され、「富強な大韓民国」を誇るメッセージが目立った。こうした光景からは、大韓民国ナショナリズムや「伝統文化」が性的マイノリティの権利に反対する保守的な政治的立場を取り込んでいることが読みとれる。

ナショナリズムと性的に保守的な立場は、たしかに親和性があるようにみえる。日本でも、保守政党を代表する自民党が、日本社会の伝統的な価値観や家族を崩壊へ導くとして同性婚や夫婦別姓を敵視する姿勢を貫いてきた。だが、ナショナリズムは右派や保守の専有物とは限らず、左派やリベラルと結びついてきたこともよく知られる（小熊 2002）。事実、近年の台湾では性的マイノリティの権利を推進する政治家が「ＬＧＢＴの権利」を「台湾ナショナリズム」の象徴として称揚する動きがみられるようになった。こうした社会運動のシーンでは、国家がもはや抵抗すべき対象ではなく、むしろ性的マイノリティの権利を担保して社会運動を推進するアクターであるかのように表象されることもある。

民主化と「新しい社会運動」

冷戦体制下で台湾と韓国は共産主義を封じ込める東アジアの重要拠点、すなわち「反共の砦」

62　二〇一六年一〇月から二〇一七年三月にかけて、朴槿恵《パク・クネ》大統領の退陣を求める大規模な「ろうそく集会」が開催された。朴槿恵のスキャンダルに端を発した抗議集会だったが、朴槿恵の父である朴正熙《パク・チョンヒ》時代を彷彿とさせる右派政治に対する抗議でもあった。少女時代の Into the New World は、その歌詞の内容もあいまって、リベラルな若者のアイコンとして集会で流れた。

63　ダイ・イン（die-in）とは、参加者らが地面に伏して死者になりきるという直接抗議の手法のひとつである。一九六〇年代以降、反核や反戦などの左派の社会運動の現場で広く用いられてきたが、韓国のクィアパレードでは右派の抗議者によって使われている。

と位置づけられた。米国を強力な後ろ盾としてこれらの社会で成立した開発独裁体制は冷戦体制に規定され、軍事主義と経済成長を掲げて国民国家の構築を推進した。その過程で儒教イデオロギーが（再）利用され、再生産する《リプロダクティヴな》家族を社会の基層単位とし、男女を公的《パブリック》／私的《プライベート》領域に割り当てるジェンダー役割分業の推進やセクシュアリティの統制によって再生産する異性愛を核とする《ヘテロノーマティヴな》社会が形成された。異性愛規範（heteronormativity）から逸脱的なジェンダーやセクシュアリティは精神病あるいは／および犯罪行為と結びつけられてスティグマ化され、警察や軍隊といった国家機構や医療によって管理や排除の対象とされた。

　台湾と韓国では一九八〇年代から九〇年代にかけて民主化が進むなかで、女性運動や障害者運動やエスニック・マイノリティといったマイノリティの社会運動が爆発的な盛りあがりをみせた。いわゆる「新しい社会運動（New Social Movement）」である。そもそも社会運動とは、社会の構造に変化をもたらすことを目的とした集合行為を指すが、一九五〇年代後半から六〇年代にかけて先進諸国で発生した有色人種や女性や障害者といったマイノリティの社会運動を理解するために、マルクス主義の影響下で階級を焦点化した伝統的な社会運動と区別して、「新しい社会運動」という概念が提起された[64]（安立清史 2012）。その「新しさ」の要点はふたつある。（階級にもとづく）労働者ではない運動主体としての集合的アイデンティティの形成と、社会から排除されたマイノリティを包摂する社会制度の創設や社会正義の追求である。

　一九九〇年代の台湾や韓国では、こうした社会運動が雨後の筍のように勃興し、女性運動や性的マイノリティ運動は性をめぐる規範や制度に対して多様な異議申し立てを試みた。そして社会の変革を求める声が集積すると、その一部はマスメディアや政党政治をつうじて正当性を獲得し、社会規範や政治制度に変容をもたらした。

問い

プライドパレードは、性的マイノリティに象徴的な社会運動であると言ってよい。[65] 東アジアの各地では一九九〇年代から二〇〇〇年代にかけて相次いで開催され、二〇一〇年代にはとりわけ首都圏で開催されるパレードが大規模な資源や参加者の動員を達成している。二〇一九年に二〇周年を迎えたソウルクィアパレードや、同年に一七年目の開催となった台湾同志パレード（台灣同志遊行：Taiwan LGBT Pride）には、それぞれ約八万人・二〇万人が参加したとされる。[66] 台湾と韓国で

64 こう主張するからといって、女性運動や性的マイノリティ運動といった「新しい社会運動」が階級を軽視したり、ヘテロセクシズムと階級がまったく無関係の権力であるとみなしたりするわけではない。この点に関して、セクシュアリティの規制が生産様式なのか、それとも承認の問題なのかを問うたナンシー・フレイザー（Nancy Fraser & Axel Honneth 2003）との論争のなかで、ジュディス・バトラー（Butler 1998=1999）は文化的承認と物質的抑圧を区別することは不可能であり、ゲイ男性やレズビアンに対する抑圧が「単に文化的な」ものではなく、生産様式に関わる経済的・物質的なものであると主張している。なお、これらの論争を検討した日本語の論考として竹村和子（2013）が参考になる。

65 性的マイノリティのプライドパレードはさまざまな国や地域でみられるが、その起源は一九七〇年六月に「ストーンウォール暴動」の一周年を祝して米国の複数の都市で開催されたデモにあると言われている。ストーンウォールの暴動とは、一九六九年六月二八日未明に、ニューヨーク市内のゲイバー（「ストーンウォール・イン」）に警察が弾圧的な捜査をおこなったことに端を発した、数千人規模の抗議運動を指す。

66 二〇一九年四月に渋谷区で開催された東京レインボープライドでは、パレード参加者数が初めて一万人を超え、二日間の動員は二〇万人を記録したとされる。

はいまでは複数の地域でプライドパレードが開催されているが、[67] ソウル市と台北市のパレードは性的マイノリティの社会運動として国内で最大規模の動員を更新しつづけており、近年はその可視性の高さから観光資源としても国内外から関心を集めている。

性的マイノリティを人権の枠組みで把握する認識が主流化した今日ではもはや見慣れた風景だが、一九九〇年代までの東アジアにおいて性的マイノリティが集団で公共空間を占拠する光景は想像することさえ困難だった。[68] 実際、一九八〇年代まで同性愛は精神病とされ、同性間性行為は公序良俗に反する不道徳な行為とみなされ、あるいは女性間のそれは想像すらできないものとされた。台湾では人目を忍んで夜の公園に集まってくる性的マイノリティ男性たちが警察によって逮捕される事件が頻発した。韓国では男性兵士の同性間性行為は「わいせつ行為」という罪状で取り締まりの対象とされた。同性愛やトランスジェンダーに対する嫌悪が構造化された社会において性的マイノリティとして、パブリックなスペースに身体を晒す社会運動へ参与することは、みずからを危険に晒す行為でもあった。右派や保守がプライドパレードを標的として攻撃してきたのは、パレードという集合行為が異性愛規範を攪乱する脅威とみなしたからにほかならない。

第二部では、公共空間における可視性の獲得を戦略に据えた首都圏のプライドパレードをおもな事例として、ポスト冷戦期に発展を遂げた性的マイノリティの社会運動を検討する。[69] これらがいかなる社会のなかで出現したか、そしてどのような戦略を用いて展開したかを考察したい。

対象と方法

第二部の目的は、ポスト冷戦期の台湾と韓国における性的マイノリティの社会運動の発生や発展を検討することである。まず、台北市の新公園（現「二二八和平紀念公園」）をめぐる抗議運動と、ソウル市で制定された児童生徒人権条例の推進運動を検討する。これらは首都圏の自治体と交渉するアクターとして一定の政治成果を獲得したという点で、それぞれの社会における運動の成功事例として位置づけられる。次に、台北市とソウル市のプライドパレードをとりあげ、その戦略や課題を考察する。ただし、これらの運動を検討する前に、社会運動の発生や形態を規定した社会規範についてみておきたい。本書では新聞メディアを社会における支配的な言説装置と措定して、性的マイノリティに関する報道を分析する。

第二部の主な調査対象は性的マイノリティの社会運動である。なかでも台湾同志パレードは二〇一三年から、ソウルクィアパレードは二〇一六年から現在まで観察をつづけ、主催団体のス

67　二〇二四年一月時点で、韓国ではソウルのほか、大邱、釜山、済州、全州、仁川、光州、慶南で、台湾では台北以外に高雄、台中、台南でプライドパレードが開催されている。

68　東京の新宿二丁目やソウルの梨泰院や台北の西門町のような大都市では、バーやクラブやハッテン場が集中するエリアが例外的に存在したが、これらは性的マイノリティが夜間にのみ姿を現すことの許される空間であり、異性愛的なものとして産出された空間と棲み分けるかのように隔絶された空間でもあった。

69　第二部では、性的マイノリティの社会運動を（公共）空間との関連から検討するが、性的マイノリティと空間の問題は英語圏では地理学やレズビアン／ゲイ・スタディーズ、クィア・スタディーズを横断して議論が積み重ねられてきた。英語圏の重要な先行研究について日本語で整理して論じた研究に清水晶子（2015）があり、本書の研究を進める際にここから多くを学んだ。

タッフにインタビュー調査も実施した。プライドパレード以外の性的マイノリティ団体や運動に対しても調査を実施したが、団体が多岐にわたるため言及する際は脚注に情報を記した。また、運動を扱った新聞やオンラインのニュース、映像、出版物、ブログ、SNSも分析した。

次に、新聞記事について、台湾は『中國時報』と『聯合報』の大手新聞二紙を対象に、台湾国家図書館のデータベースでアクセス可能な一九五一年から二〇二〇年八月三一日の期間中、「同性愛」と「トランスジェンダー」を中心に性的マイノリティに関する記事を分析した。[70] いずれも国民党寄りの保守的なメディアだが、解放後から現在までの長期に及ぶ変化を検討すべく、長い歴史を持つこれらを選んだ。韓国の新聞は『朝鮮日報』と『国民日報』と『ハンギョレ新聞』を扱った。『朝鮮日報』は一九五〇年から一九九九年まで、『国民日報』と『ハンギョレ新聞』は一九九〇年から二〇二〇年まで、前者がNAVER NEWS LIBRARY、後者がBIG Kindsデータベースでアクセス可能な、性的マイノリティに関する記事を分析した。[71]『朝鮮日報』は保守的な論調で知られるが、大手新聞紙のなかでも歴史が長いことから変化を検討するのに適している。また『国民日報』と『ハンギョレ新聞』は創刊が一九八八年と歴史は浅いが、前者が反同性愛を代表する右派メディアであるのに対し、後者は進歩派メディアの象徴であるため、比較対象としてこれらを扱った。

---

70 中国語では「同性恋（同性愛）」、「跨性別（トランスジェンダー）」、「変性（性転換）」、「同志（性的マイノリティ）」をタイトルまたは本文に含む記事を抽出して分析した。

71 韓国語のキーワードは、「성도착（性倒錯）」、「동성애（同性愛）」、「트랜스젠더（トランスジェンダー）」、「성전환（性転換）」、「퀴어（クィア）」、「성소수（性的マイノリティ）」である

第3章　台湾II――「革命いまだ成らず、同志たちよ努力せよ!」

1　はじめに

我々の王国には闇夜があるだけで、白昼はない。夜が明けるや、我々の王国はたちまち姿を隠す。極めて非合法な国だからである。我々には政府もなければ憲法もない。承認も受けていなければ、尊重されることもない。我々が持っているのは、単に烏合の衆の国民だけである。

（白先勇 1983=2006: 13）

その昔〔日本占領時代〕、上海の虹口公園の入口に「華人と犬は進入禁止」と書かれた告知が〔日本人によって〕張り出された。これは華人のアイデンティティを喚起し、中国全土の民衆を憤慨させた。いま「同性愛者の独立した領土」である新公園をめぐる空間攻防戦の反対派は「同性愛者（と犬）は進入禁止」と書かれた看板を掲げようとしている。これは同性愛者のアイデンティティを喚起し、さまざまな差別に抵抗するひとたちも激怒させた。〔……〕

「はっきり言えよ。おまえら同性愛者はどんな空間を求めているんだ？」

私たちの答えはこうだ。

「私たちはどこにでもいる。だから、あらゆる空間を要求する！」

（何春蕤《ジョセフィン・ホー》 1996）


台北市政府は毎年「同志公民運動」を開催し、地方政府として長年にわたって性的マイノリティ〔同志〕に関心を示してきました。台北市と民間団体の互いの努力の結果、台北市はＬＧＢＴフレンドリーなレインボー都市として広く知られるようになりました。〔……〕今後、台北市が、国内だけでなく全アジア地域においてもっともＬＧＢＴフレンドリーなレインボー都市となることを期待しています。

（郝龍斌 2010: 4-5）


三つの引用は、上から一九八三年、一九九六年、二〇一〇年に発表された文章からの抜粋である。これらのすべてに共通するのは、いずれも台北市に位置する新公園（現在の名称は「二二八和平紀念公園」）を念頭に執筆されたものであるという点だ。

作家の白先勇《バイ・シェンヨン》は、複数の国でベストセラーとなった小説『孽子《げっし》』の冒頭で、一九八〇年代初頭の新公園をゲイ男性にとって「闇夜があるだけ」の「非合法な国」と表現した。クィア・スタディーズの発展に尽力したジョセフィン・ホー（何春蕤）は、一九九六年に台北市が公表した新公園の改修計画に抗議するレズビアンやゲイらの社会運動（後述）を支持して、同性愛者は「どこにでもいる。だから、あらゆる空間を要求する」と書いた。二〇一〇年には、改修された二二八和平紀念公園を起点とするプライドパレードに台北市長が祝辞を寄せて、台北市が「ＬＧＢＴフレンドリーなレインボー都市として広く知られるように」なったことを誇り高く宣言している。一九八〇年代には「非合法な国」とされた空間が、二〇一〇年代には称揚すべき「レインボー都市」の象徴として公的に語られるに至ったのである。

新公園は一九九六年に改修されて「二二八和平紀念公園」へと名称を変更したが、その歴史は二〇世紀台湾の激動の歴史の象徴でもある。日本統治時代に建設された新公園は、一九四七年には国民党に対する全国的な抗議運動（後述する「二・二八事件」）の主要な拠点となり、「日本時代」から中華民国体制への移行を象徴する公共空間になった。一九九〇年代に入ると、二・二八事件は民進党の施政下で追悼すべき政治事件として位置づけられ、敷地内には犠牲者を追悼する施設が建設されて名称を二二八和平紀念公園へ変えた。これは民主化と移行期正義（Transitional Justice）[72]を象徴する改修プロジェクトであった。このような意味において、新公園／二二八和平紀念公園

72　移行期正義（Transitional Justice）は、国家による組織的暴力や人権侵害や人道犯罪といった過去と向き合い、社会のトラウマを克服して和解を追求する法的、政治的メカニズムを指す概念として、二一世紀に入ってから注目を集めている（平井新 2016: 3）。国連によると、移行期正義は「国家が専制統治から民主主義に、あるいは武力衝突から平和状態へ移行する際、国民が持続的な平和と和解に向かって進むため、過去の人権侵害を処理する方法」と定義され、真相究明を目的とした真実委員会の設置や制度改革、賠償、個人の訴追などが具体的施策として言及されている（OHCHR 2007）。一方、平井（2016: 4）は、体制移行や平和移行といった従来型の「移行期」類型だけでなく、確立した民主体制における植民地主義といったポストコロニアルな歴史的不正義を見直す実践としてこれを整理している。日本の場合、日本軍性奴隷制は移行期正義がいまだ実現していないことの象徴的事例であると言えよう。

とは「日本統治時代、戦後の戒厳令、それが解除されてからと〔……〕さまざまな時代の記憶と物語を抱え、台湾の百年以上の歴史の縮図」と言うべき、公的歴史《パブリック・ヒストリー》にその名を刻む公共空間となった。[73]

だが、新公園／二二八和平紀念公園にはパブリック・ヒストリーから抹消されつつも、公然の秘密として人びとの間で知られたもうひとつの「特別な文化的意義」があった（何春蕤 1996）。それは男性たちが同性間の性交渉や交流を求めて夜間に集う「ハッテン場（発展場）」としての歴史である。新公園は台湾でもっとも長い歴史を持つ有数のハッテン場であった。それゆえ台北市が民主化を標榜して改修計画を公表したとき、ハッテン場としてのスペースを抹消するねらいがあると考えたゲイやレズビアンらが立ちあがり、台北市に対する抗議活動を展開したのである。これが台湾社会で最初に公的関心を集めた性的マイノリティの社会運動となった。

さて、一九九〇年代以降の性的マイノリティの社会運動を検討する前に、次節では台湾社会において性的マイノリティがどのように認識されていたかを新聞記事の分析をつうじて考察したい。

2　他者の言語、当事者の言語

この節では、性的マイノリティに関する言説をとりあげ、その歴史的変化に注目して検討する。具体的には、一九五〇年代以降の『中國時報』と『聯合報』の新聞紙面において同性愛とトランスジェンダーがどのように報じられてきたかを分析していく。

図 3-1　「同性愛」に関する新聞記事数の推移（1970-2009）

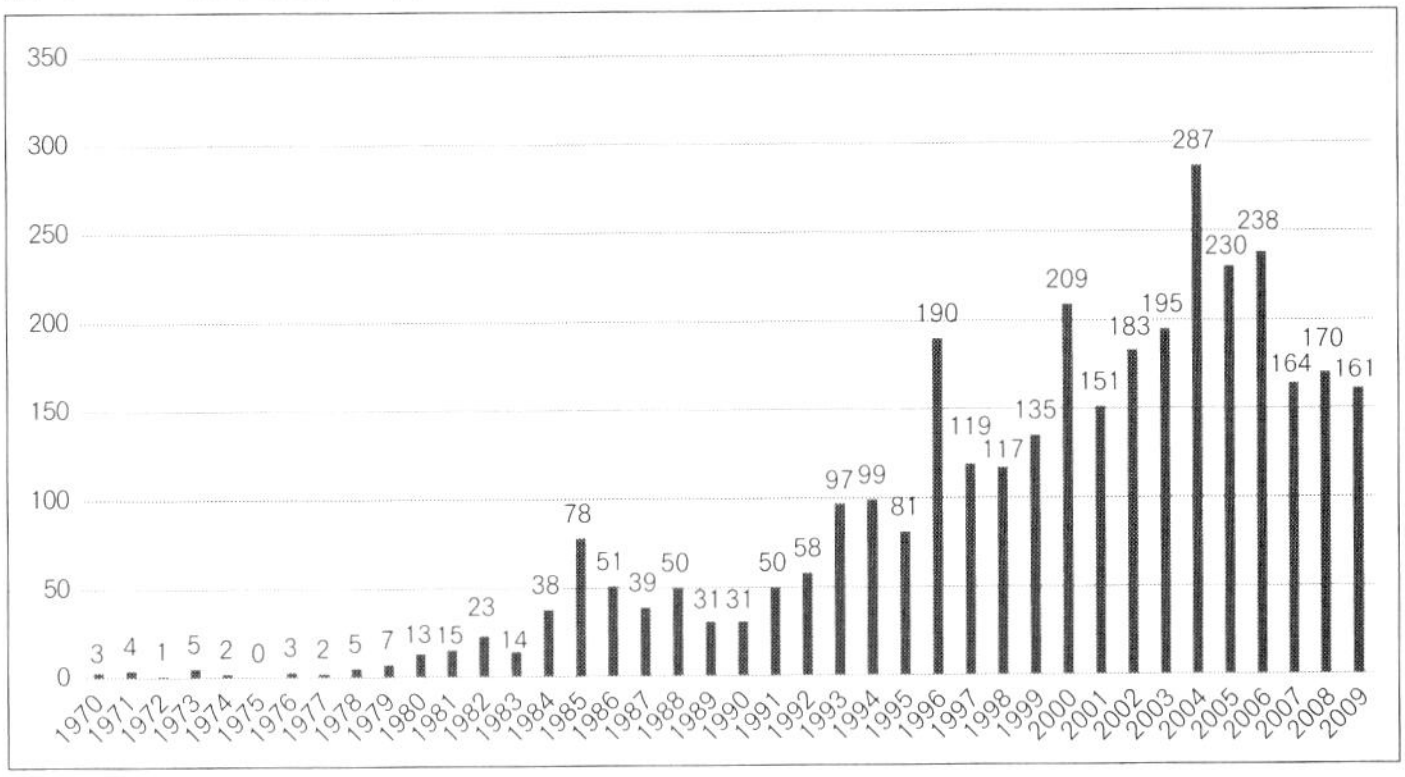

出所：『聯合報』と『中國時報』のデータベースより筆者作成

図3－1は、一九七〇年一月一日から二〇〇九年一二月三一日までの期間中、上記二社の新聞紙面においてタイトルまたは本文に「同性恋」または「同志」を含む記事を検索し、その件数の推移を年度別に表した。[74]「同志」という用語は「性的マイノリティ」の総称として用いられることもあるが、「同性愛」と同義に使われることが多い。この用語については次節で詳しく説明する。

「同性愛」に関する記事は長期的に増加傾向にあり、

73　台湾政府文化部「日本統治時代建設の都市公園――二二八和平紀念公園」（執筆年不明、二〇二四年三月一日取得 https://www.moc.gov.tw/jp/information_145_78698.html）より。

74　図3－1の注意点は以下のとおり。まず、同一記事内で「同性恋」と「同志」の両方のキーワードがみられるものは一件として数えた。次に、「同性愛」に関する記事は一九五〇・六〇年代には数が少ないため（毎年一〇件を超えない程度）、グラフの起点は一九七〇年とした。最後に、トランスジェンダーについては一九五〇年代から用いられた「性転換（症）」と二〇〇〇年代から用いられるようになった「跨性別」というキーワードで検索したが、数が少ないため図には掲載しなかった。

新聞メディアの関心の高まりを示している。そのなかでも記事件数が顕著に増加している年がいくつかある。一九八五年（七八件）、九三年（九七件）、九六年（一九〇件）、二〇〇〇年（二〇九件）、二〇〇四年（二八七件）で、これらの増加は具体的な事件の報道と結びついている。あらかじめ述べておくと、一九八五年はエイズ・パニックのなかでウイルスと同性愛を関連づけたもの、九三年と九四年は米クリントン政権の動向を契機に注目を集めた軍隊による同性愛者の措置（第1章参照）、九六年は新公園をめぐる抵抗運動、そして二〇〇〇年と二〇〇四年は同性愛者の権利保障を打ち出した民進党政権の動向を報じた記事が多くを占めた。以下では、時代順に新聞記事の内容の変化を検証していきたい。

医療と道徳の言説

韓国とちがって台湾にソドミー法はなかったが、同性愛やトランスジェンダーに対するスティグマはみられた。一九八〇年代までの同性愛とトランスジェンダーをめぐる報道の共通点は、いずれもこれらを「変態性欲」として病理化したところにある。ただしトランスが外科的介入によって「治療」が可能であるとされたのに対し、同性愛は「治療」や「予防」が必要であるとしつつも具体的な方策は語られず、道徳的糾弾の対象にもされた。

たとえば一九八〇年四月二三日付の『聯合報』は、同性愛を精神病とする社会心理学者の見解を紹介している。これによれば「同性愛の原因」のひとつは異常な家族関係にあるとされ、「私たちは誠意をもってかれら〔同性愛者〕を理解し、同情し、心理的な治療を与え、正常な男女の幸福な生活へ導いてやらなければならない」として、正常な家族による道徳的指導の重要性を強調するのだが、それではいかなる「心理的な治療」が可能かというとそれについてはまったく語られない。一九七〇年代から八〇年代の新聞記事に登場する精神科医や心理学者といった「専門家」はおしなべて同性愛を精神病とみなし、子どもが同性愛者にならないよう「教育」や「治療」によって導くことが肝心であると説くのだが、その「矯正」はことごとく具体性に欠けるのだ。正常な家族関係が異性愛という正常なセクシュアリティを導くものであるとする主張は、一九八〇年代まで広くみられたが、興味深いことにこれらの言説は同性愛が後天的に形成されるものであるという立場を前提とするものだった。

一九八〇年四月二三日の別の記事には、台北市の新公園に関する言及もあった（図3-2）。「警察が断袖癖[75]を掃討。月間に六〇数名を捕獲。同性愛者の変態的生理や心理を調査。外道邪道に陥り、悪病にかかって売春も」と題した記事で、その冒頭は次のように始まる。

図3-2 「警察が断袖癖を掃討。月間60数名を捕獲」

警方掃蕩斷袖癖
月來查獲六十幾
調查同性戀者生理心理變態
沉淪外道邪門罹染惡疾拉客

出所：『聯合報』（1980. 4. 23）

75 「断袖」という言葉は、中国漢王朝の哀帝が寵愛する男（董賢）と昼寝をしたとき、袖の下で眠る董賢を起こさないように帝が気遣い、袖を断ち切って起きたという中国の故事に由来する。転じて、「男色」を指す言葉として中国語圏で用いられてきた。

台北市警察局は〔……〕四月一日から本日〔四月二三日〕までに所轄内の新公園で六〇数名の同性愛者を拘束したと公表した。警察は同性愛行為が公序良俗を妨害したとしてかれらを三日間から七日間の拘留処分とした。ただし付近で「相手」を探していただけの同性愛者については〔性〕行為がおこなわれていないものとして、補導と登記を済ませたのちに釈放した。〔……〕ある警察官僚によれば、一部の同性愛の患者はつねに児童や青少年を誘惑して異常な心理に導く恐れがあるという〔……〕。

（『聯合報』一九八〇年四月二三日）

この記事も同性愛を「変態的な生理や心理」として、医療の枠組みで描出している。ただし、「同性愛患者」の「同性愛行為」や「売春」といった行為を道徳的観点から非難してもいる。これらの行為は「公序良俗」に反するだけでなく、「児童や青少年を誘惑して異常な心理に導く」ものと認識され、それゆえ警察による「捕獲」が正当化されるのだ。一方で、公園の付近で性交渉の「相手」を探しているだけの同性愛者については「捕獲」せずに見過ごしたとする記述もあることから、警察による「捕獲」の標的は人種としての「同性愛者」というよりは社会の治安を乱す犯罪行為としての「同性愛行為」とされていることがわかる。上述のように台湾にソドミー法はなかったが、治安維持を目的に一九四三年に修正公布された違警罰法は[76]、同性間性行為を「行跡不検」（挙動不良）や「妨害風俗」（風紀を乱す行為）のひとつとみなして取り締まりの対象とする慣行があったことが明らかになっている（黄道明 2012b）。

このように一九八〇年代前半まで、同性愛は医療と道徳の言説によって二重にスティグマ化されていた。前者は精神科医や心理学者らがアイデンティティを強調し、後者は警察や教育学者らによって行為に焦点が当てられたというちがいはあるものの、いずれにしても同性愛者は社会から語られる「他者」にすぎなかった。

ところで、上述の記事のなかで警察が同性愛者を「捕獲」したとされる公園が、台北市の新公園である。そこが「ハッテン場」であることは一九八〇年当時にはすでに公然の秘密として広く知られていた。実際、新公園は「同性愛をはじめとする変態性欲者や犯罪者、男娼らが無垢の市民を攻撃する危険な空間」として新聞やテレビなどで糾弾されていた（謝佩娟 1999: 77）。一九七〇年代末には新公園の「浄化」を警察に要求する市民の声が聞かれたという経緯もあり（同上58）、一九八〇年四月二三日の「捕獲」も市民からの要求に警察が応じたものとみることができる。

他方、二〇〇〇年代以降に「跨性別」として報じられるトランスジェンダーは、一九九〇年代までは「性転換症者」「陰陽人」「第三の性」といった言葉で表現された。だが、どのように語られるにせよ、トランスジェンダーは医療の言説の枠組みに閉じ込められ、外科的手術による「治療」という文脈でのみ語られる対象だった。この点で、医療と道徳という異なる言説をつうじて二重にスティグマ化された同性愛とはちがっていた。ただし、トランスジェンダーに対する「治療」の是非が医療の専門家によって議論の対象とされたり（たとえば『聯合報』一九六六年一一月三一

76　違警罰法は、検察官や裁判官の関与を必要とせず、警察が告発、偵察、裁決、執行、救済などを一手に引き受けることを可能にした。異性装者やハッテン場に集まる同性愛者たちがこれを根拠に取り締まりの対象とされた。なお、この法律は一九九一年に廃止されたが、社会秩序維護法へ名称を変えて存続している。

日）、手術の「失敗」をめぐる野次馬的関心が大々的に報じられたりするなど（たとえば『聯合報』一九六八年四月二二日、一九八二年三月二九日）、徹底して他者化されていたという点では同性愛をめぐる言説と同様の構造がみられた。

図3-3　国内初のエイズ患者が同性愛者であることを報じた記事

國內發現愛死病疑似患者
自稱同性伴侶逾千人中外各半
衛生署呼籲同性戀者提高警覺
將取得男娼資料展開追踪檢查

出所：『聯合報』（1985. 8. 30）

エイズ・パニックと新しい言説の可視化

同性愛に関する新聞記事は一九八〇年代前半までは件数も少なく、報道は断続的だったが、エイズをめぐる一連のパニック報道[77]がそうした状況に変化をもたらした。一九八四年に三八件だった同性愛に関する記事は翌年には七八件に増加した。これらの報道の特徴は、未知のウイルスの原因を同性愛者の乱交的なセックスやアナルセックスに求め、逸脱的な性行為をする同性愛者の「生態」や「実態」を正確に把握して管理する重要性を論じたところにあった。男性間の乱交的なセックスやアナルセックスを不道徳としてスティグマ化する言説は二〇一〇年代の台湾や韓国で広がるバックラッシュ言説の典型となるのだが、これらの起源は一九八〇年代のエイズ・パニック期の報道にさかのぼることができる。

一九八五年八月三〇日、台湾でエイズの第一号患者が確認され、その男性が同性愛者であることが報じられた（図3－3）。これは男性が同性愛者であるという事実を報じるにとどまらず、「千人を超える」男性たちの間で性交渉を持った「男娼」であると主張して、大衆のスキャンダラスな関心を喚起した。そして男性同性愛者の不道徳的な性行為にエイズの原因があるとするイメージが、その後の報道の枠組みを形成した。

この時期、エイズを男性同性愛者に特有の「死に至る病」とする報道が継続的におこなわれたが、こうした想像力は「AIDS」の中国語の訳語にみることもできる。現在の台湾では「AIDS」の中国語として音訳の「愛滋（Ai Zi）」が用いられるが、一九九〇年代初頭まで「愛死（Ai Si）」という表現が使われていた。「愛死（Ai Si）」という訳語は、音訳（Ai Si）でありながら意訳（「愛の死」）にもなっており、同性愛を死の原因とみなすような恐怖のイメージを決定づけた。

しかし、エイズ・パニック期の報道のなかで新しいタイプの言説も登場した。一九八五年八月三〇日付の『聯合報』は「同性愛」特集を組み、「神秘的なホモの世界はエイズに苦悩。警察の手が届かず、社会にも理解されず、当事者も口に出しにくいその世界とは、どのようなものか」と題した記事を掲載し、「ホモ」を理解することの重要性を主張した。[78] 社会の防衛という要請から、同性愛者を理解しなければならないとする新しい種類の言説が産出されたのだ。同年九月四日には

77 一九八〇年代にHIVの感染流行が報告されると、多くの国や地域でHIV感染者やエイズ患者に対する激しいバッシングやスティグマ化した過熱報道がみられ、感染者や患者に対するプライバシーを侵害するパニック報道が起きた。

78 ここで「ホモ」と訳出した言葉の原語は「玻璃圏」である。二〇世紀の台湾では同性愛を意味する「同性恋」が広く使われたが、「ガラス」を意味する「玻璃」という名詞は同性愛に対する差別的なニュアンスを含んだ日常語として用いられた。この記事でも、同性愛者のコミュニティを警察の管理も行き届かない「怪しい世界」として嫌悪的に描出していることから、侮蔑的なニュアンスを含む「ホモ」という日本語で訳出した。

「同性愛はもうひとつの性行為の形式」と題した記事において、「私たちはどのようにすれば同性愛者からの信頼を得られるか、信頼を寄せてもらえるか、依然として手探りの状態である。私たちは心から（同性愛者に救いの）手を差し伸べたい」とする衛生署（公衆衛生や社会福祉に関する業務を担当する省庁で、現在の衛生福利部）の公的なメッセージが掲載された。[79] ここに至って、「変態性欲」として他者化されてきた同性愛者の「リアルな生態」が初めて社会の関心を集めるとともに、「もうひとつの性行為の形式」といった脱病理化、さらには脱道徳化された表現が採用されたのである。

このように、一九八五年以降のエイズ報道は「同性愛」に関する嫌悪を撒き散らしただけでなく、新しい種類の言説を産出した。とはいえ、このときも同性愛や同性愛者はあくまで「他者」として政府機関や医療の専門家によって語られる「客体」にとどまった。こうした状況に決定的な変化をもたらしたのは、民主化を背景に勃興した社会運動や国際社会の新たな動向である。

「同志」の誕生

一九九〇年代の同性愛に関する新聞報道の特徴のひとつは、米国や国連の動向を報じた記事において「人権」という新しいフレームが登場したことである。同性愛に関する報道が一九九三年から九四年にかけて激増した背景には、前述のとおり米クリントン政権の動向に対する関心の高まりがあった。第1章で論じたように、米軍の新たな取り組みに注目した報道はまもなく国内に飛び火し、「従軍する権利」という新たなフレームから徴兵制を論じる重要な背景をなした。結果として、一連の報道によって、同性愛が病気でないこと（脱病理化）が焦点化され、さらには「公民権」というフレームでこれを論じる議論も可視化された。

もうひとつの特徴は、性的マイノリティの当事者の声や主張が紙面に登場した点である。社会運動に対するマスメディアの関心の高まりを背景に、性的マイノリティの社会運動も注目を集めた。たとえば一九九五年三月二六日には「台湾で初めて同性愛者が街頭へ」と題した記事が掲載されている。全文を引用したい。

昨日、台湾で初めて同性愛をテーマにしたデモが開催された。参加者は約五〇名で、台湾の同性愛者が自己の権利と尊厳を奪還しようと試みた初めての行動である。〔……〕同性愛者のほか、台湾大学や政治大学、東呉および新竹地域の各大学の同性愛研究サークル、さらには同性愛の問題に関心のある社会人および女性団体なども抗議活動に参加した。かれらは、台湾大学公衆衛生研究所で副教授を務める涂醒哲が発表した論文「同性愛者の流行の病」が同性愛者に対する差別的内容を含み、大衆の誤解を招くとして抗議をおこなった。抗議活動は昨日午前一〇時頃に台湾大学医学院で開催された。参加者いわく、涂醒哲の研究

79 衛生署がこのようなメッセージを新聞紙面に掲載した背景には、おそらく次のような事情があった。第一号のエイズ患者が、八月三〇日に新聞社やテレビ局によってスキャンダラスに報道された直後に行方をくらませたのである。逃亡の理由は定かではないが、同性愛であることを暴露（アウティング）し、プライバシーを侵害することさえはばからない報道を恐れて姿を隠したのではないかと推察される。いずれにせよ、政府は同性愛者を管理するという衛生上の要請から、その「信頼」を得るべく当事者に語りかける表現を採用したと考えられる。

論文で使用された質問票調査の有効回答件数は一〇七件だったが、回収率が二・六一%と低すぎることから、同性愛者の行動を推論するには不十分であった。さらに涂醒哲が質問票調査で用意した質問の多くが、男性同性愛者の性行動は乱交的であるというステレオタイプに満ちた設定になっており、同性愛を一種の流行現象とみているとして抗議活動を実施したのである。

この記事が象徴するように、一九九〇年代後半以降の報道は同性愛の「原因」や「性質」を問わず、ましてや「治療法」や「予防法」を論じることもなくなった。医師や心理学者といった「専門家」の代わりに当事者や運動団体の主張が引用されるようになった。こうして同性愛をめぐる議論の舞台は、医療から政治へと移行を遂げることとなる。このような変化と軌を一にするように、「同性恋」の代わりに「同志」という新たな言葉が用いられ、やがてこれが主流化していった。

中国語の「同志」の起源は、民主共和国の樹立を掲げた孫文（一八六六〜一九二五年）が近代化運動の革命を担う「同胞」の意味で用いたことにある。その後、中国や台湾では政治志向を共有する「同胞」といった意味合いで長らく使われてきたが、中国では一九八〇年代頃まで敬称としても用いられた。このような用法を持つ「同志」に新たな意味を付与したのが香港の性的マイノリティである。「同性愛者」を包括的かつポジティブな文脈で指示する用語として「同志」という支配的な言説を流用したのである。[80] これをきっかけに「同志」の新たな用法、つまり異性愛社会に抵抗する「性的マイノリティの同胞」といった語法が次第に広がっていく（図3-4）。実際、この文脈での「同志」は香港を起点に台湾や中国へと拡大し、いまでは「性的マイノリティ」を広

図 3-4　「同性愛（同性恋）／同志」の用語別にみた新聞記事数の推移
（1980-2009）

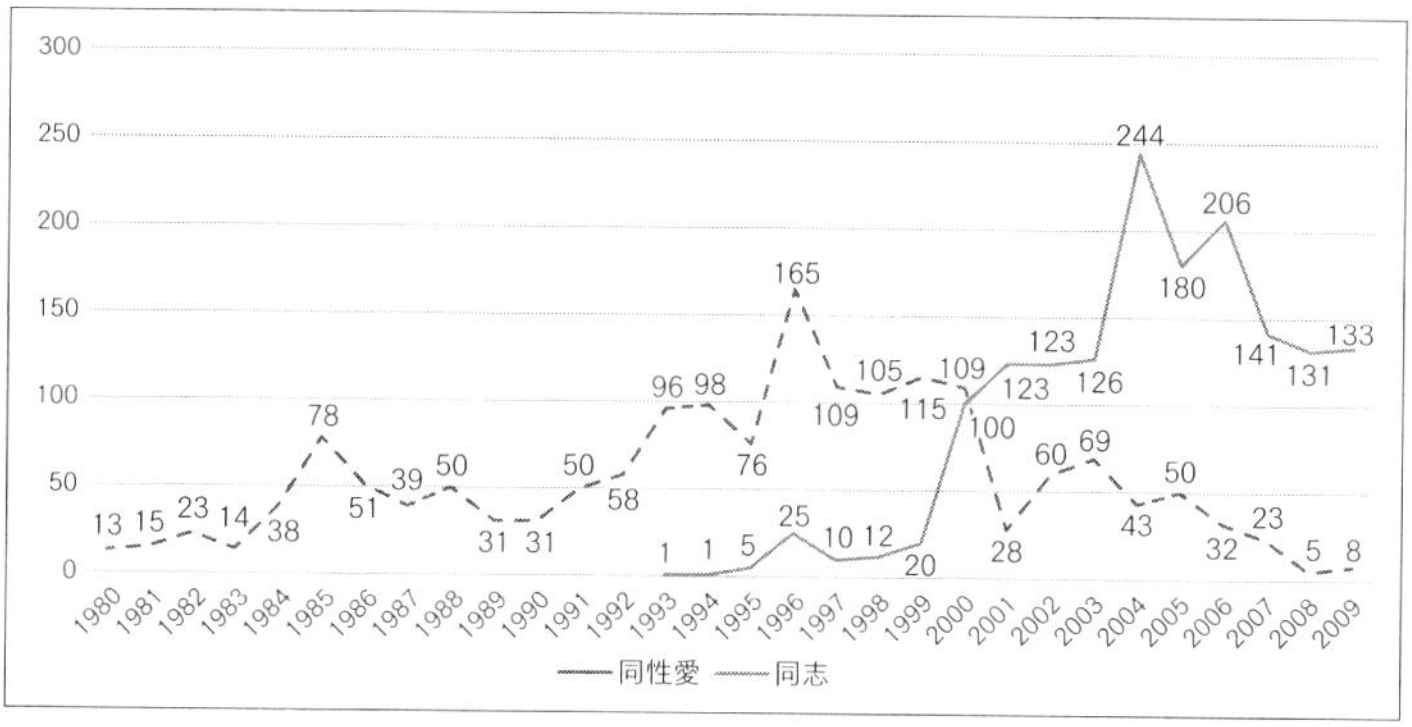

出所：『聯合報』と『中國時報』のデータベースより筆者作成

く包含するアンブレラ・タームとして中国語圏のマスメディアや社会運動の文脈でも用いられるようになった。[81]

「同性恋」は二〇世紀初頭に‘homosexuality’の訳語として中国で定着したが、解放後の台湾でも同性間の親密な関係性を病理とするニュアンスをともなって用いられてきた。「同性恋」が汚辱にまみれた「他者の言語」であったのに対し、当事者がみずからを表現するための言語として流用したのが「革命」や「抵抗」の

80　一九八九年に活動を開始した「香港レズビアン＆ゲイ映画祭」（Hong Kong Lesbian & Gay Film Festival）がその名称を「香港同志影展」としたのが、性的マイノリティ指す用語としての「同志」の最初の用例であったとされる。

81　一九八〇年代当時の香港は、中国にとっては国際社会との中継地であると同時に台湾にとっては中国との中継地であったことから、異性愛社会に抵抗する「同胞」としての「同志」という用法が香港を介して中国や台湾で広がったと考えられる。なお、台湾で「同志」が性的マイノリティを指す言葉として用いられたのは、管見の限りでは一九九二年の台北金馬映画祭における「同志映画特集」（同志影展單元）が最初である。

シンボルとして中国語圏で用いられてきた「同志」であった。そして台湾で（性的マイノリティの文脈での）「同志」を社会に広める契機となったのが社会運動である。実際、性的マイノリティを指す「同志」をキーワードに含む新聞記事は一九九六年に二五件を記録したが（前年は五件）、そのうちの一八件が次節で論じる新公園での抵抗運動に関する報道だった。

二〇〇〇年代に入ると、「同志」は「レズビアンとゲイ」だけでなく、性的マイノリティのコミュニティや運動内部で多様化するさまざまなアイデンティティを包括するアンブレラ・タームとして用いられるようになる。そして「同志」をキーワードに含む記事が急増するのと対照的に「同性恋」という用語は次第に使用頻度が下がっていった（図3－4）。

他方、トランスジェンダーについては、二〇〇〇年代前半に当事者コミュニティや社会運動の文脈で「性別／ジェンダーを越境する」という意味を持つ「跨性別」という表現が用いられるようになった。たとえば二〇〇二年八月二七日のジョセフィン・ホーの投稿記事で「トランスジェンダーの基本的人権」が提唱されたが、これが『中國時報』で「跨性別」が使われた最初のケースである。この記事は、トランス女性が警察による不当な取り調べの対象とされた事件をとりあげて、警察による人権侵害を批判している。また、二〇〇三年四月二〇日付の『聯合報』では、「トランスジェンダーの原住民」が複合的な差別に晒されていることを告発する性的マイノリティ団体の活動家の声が紹介された。トランスジェンダーを人権の枠組みで論じる記事と「跨性別」という当事者言語の広まりも軌を一にしたのである。

3　同志運動の興隆と公共空間をめぐる闘争

さて、一九九〇年代の性的マイノリティの社会運動勃興期の注目すべき事例として、台北市の新公園をめぐる闘争を検討しよう。その前に、台北市と新公園の歴史を概説しておきたい。

台北市は日本統治時代の一九二〇年に行政区域改革によって設置された歴史を持つ。一九四五年に国民党が台湾を接収すると、中華民国の実質的な首都として再建が進められた。一九七〇年代から八〇年代にかけて台北市は高度経済成長を経験し、八〇年代なかごろには大量の外国資本が投入されてサービス業を主体とした都市へと変貌を遂げていく。現在、台北市の人口はおよそ二六〇万人だが、近郊の新北市と基隆市を合わせた首都圏人口は七〇〇万を超えて香港と同規模の都市圏を形成し、アジア有数のグローバル・シティとして知られる。

現在、台湾には六つの直轄市（中央政府の行政院が直轄する都市を指し、市長は行政院会議に出席する資格を与えられる）が設置されている。一九六七年に台北市が直轄市に昇格し、七九年に高雄市、二〇一〇年に新北市と台中市と台南市、二〇一四年には桃園市もつづいた。直轄市のなかでも台北市は政治的にきわめて重要な地位を占め、過去に台北市長を務めた李登輝（国民党）や陳水扁（民進党）、馬英九（国民党）はのちに総統へ選出されている。

グローバルな民主化の波は、一九八〇年代後半には東アジアに及んだ。台湾では蔣経国の死去を受けて総統に就任した李登輝のもとで、民主化の一環として直接選挙が導入されている。一九九四年には直轄市（当時は台北市と高雄市のみ）で市長選挙が、九六年には総統・副総統の直接選挙が実現した。

一九九四年の台北市長選挙では、「民主」や「自由」を旗印に躍進した民進党の陳水扁が「市民主義」（市民の市政への参加）を掲げ、国民党候補を破って当選した。このとき、戒厳令の解除を受けて勃興した多様な社会運動はこぞって民進党を支持したとされる。民進党も党内に「社会運動部」を設置して、社会運動を支持する姿勢を強調し、第5章で論じるようにフェミニストとの間でも同盟関係を形成した（何春蕤 2013, 2017）。そして陳水扁が民主化に向けた改革の一環として公表したのが、新公園の改修計画を含む公共空間の再編であった。

公共空間の民主化

一九九五年八月、台北市が新公園の改修計画を発表した。その目的は二・二八事件の犠牲者の追悼にあるとされ、公園に二二八和平紀念碑・紀念館を設置することを公表した。ここで、二・二八事件についてみておきたい。

一九〇八年に建設された新公園は、植民地支配からの解放直後に発生した本省人（アジア太平洋戦争以前より台湾に居住する台湾人）による国民党に対する抗議運動の中心地となった。一九四七年二月二七日、国民党の役人が台北市内で煙草を販売していた本省人の女性を暴行する事件が起きた。国民党は日本統治時代の専売制度を保持して煙草や酒、砂糖や塩を政府による専売制とした。役人からの暴行をきっかけに、国民党の汚職や稚拙な政治に不満を抱いていた本省人たちが翌二八日に市庁舎に集まり、抗議デモを展開した。憲兵隊はデモ隊に向けて発砲し、これをきっかけに国民党と本省人による抗争が台湾全土に広がった。

本省人による抗議行動は、多くの地域で一時的に実権を掌握するに至った。しかし国民党が救援を打診した結果、蔣介石は大陸から援軍を派遣し、武力によってこれを徹底的に弾圧した。抗議運動は約二週間で鎮圧され、その後も逃亡した関係者の摘発や武器の徴収が台湾全土でおこなわれ、さらなる逮捕・監獄・処刑が相次いだ。これらを総称して「二・二八事件」と呼ぶ。事件の犠牲者は、一九九二年の政府発表で約一万八千人から二万八千人の間とされるが、正確な人数はいまも明らかになっていない。

二・二八事件は国民党の台湾統治に大きな禍根を残した。事件の最中に発布された戒厳令は一九八七年まで解除されず、戒厳令下では「白色テロ」と呼ばれる政治的反対者に対する弾圧が正当化された。二・二八事件は国民党による権威主義体制のもとでは語ることさえタブーとされたため、その追悼を目的にした新公園の改修計画は民主時代の到来を象徴する施策として市民から好意的に受けとめられた。

台北市長に就任した陳水扁は、選挙戦で掲げた「市民主義」を行動に移すべく台北市の都市計画プロジェクトを策定した。一九九五年一〇月、空間デザイナーに台北市博愛警備管制区（以下「博愛特区」と略記）一帯の再設計を依頼した。博愛特区とは、戒厳令下で策定された軍事管制区域を指し、総統府をはじめ国防部や司法院、監察院、行政院、立法院などの政府機関や国家図書館、新公園を含む首都中枢である。陳水扁は台湾の政治的中枢である博愛特区を「戒厳令時代の政治的権威の亡霊が住みついた空間」とみなし、空間の再編によって公共空間の民主化を図ったのである（謝佩娟 1999: 2-3）。

新公園の改修計画および名称変更は、民主化プロジェクトの中核に位置づけられた。改修された結果、新公園は「二二八和平紀念公園」へ、新公園から総統府へ通じる「介寿路」（「蔣介石の長寿祈願」の意）は「凱達格蘭大道《ケタガランたいどう》」（「凱達格蘭《ケタガラン》」は原住民族の名前）へ改名された。台湾の民主化は、中国大陸からの脱却、すなわち政治の「本土化＝台湾化」として推進されたが（若林 2008）、博愛特区の再編もこのような意味において公共空間の本土化＝台湾化だったのである。[82]

台北市の「脱性化」と性解放運動

ここで、台北市の都市再編を性政治の観点から検討してみたい。陳水扁施政下では本省人の統治による新しい政治が進められた。美麗島事件（一九八〇年）で拘束された人権活動家の陳菊が台北市の重職に任命され、フェミニストや民主活動家らが登用されている。[83] これに応えるように、フェミニストをはじめとする多くの社会運動団体も陳水扁を支持した。

陳水扁は市長就任後まもなく台北市婦女権益促進会を設置してジェンダー平等を推し進めた。台北市による民間のフェミニストを起用した「上からのジェンダー平等」というアプローチは、のちに他の自治体や中央政府によって採用されるモデルとなった（顧燕林 2010）。

フェミニストが行政に参画した台北市は、「公共の安全」という名目でカラオケやゲームセンターなど若年層の性行為が発生しやすい公共空間の管理と取り締まりを進めた。謝佩娟（1999）はこうした都市空間の再編を「脱性化」と呼んだが、その象徴的な施策として公娼制の廃止がある。

議論が少し脇道に逸れるようだが、公娼制の廃止は当時の台湾のフェミニズムの射程を考察するうえで重要な論点でもあるため、ここで確認しておきたい。[84]

大日本帝国が性売買を制度化し、植民地開拓や軍備拡張にあわせて性売買システムの量的・質的拡張を進めてきたことは、近年の歴史学の研究成果によって明らかになっている。一八七〇年には北海道で、八一年に沖縄で、つづく八四年に朝鮮で、そして九六年には台湾で公娼制が整備され、「買春する帝国」が構築された（吉見義明 2019）。[85]

解放後の台湾で公娼制は廃止されたが、一九五六年には国民党政府のもとでふたたび整備され、六〇年代以降は都市圏への大規模な労働人口の流入やベトナム戦争時に滞留した米軍の需要を受けて活性化した（黄道明 2012b）。しかしベトナム戦争が終結すると、公娼館は次第に没落の一途をたどっていった。そして一九九七年九月四日、陳水扁市長が台北市娼妓管理法の廃止、すなわち

82　若林（2008: 13）は、中華民国の「台湾化」について次のように定義している。すなわちそれは、戦後の中華民国が「アメリカの周縁に組み込まれた正統中国国家の建前を堅持する遷占者国家として確立された」事実を前提として、「それまで堅持されてきた政党中国国家の政治構造（国家体制・政治体制・国民統合イデオロギー）が台湾のみを統治しているという一九四九年以後の現実にそったものに変化していくこと」である。

83　一九七九年一二月一〇日の世界人権デーに合わせて、高雄市で雑誌『美麗島』主催によるデモ活動がおこなわれたが、主催者らは警察によって逮捕された（美麗島事件）。陳水扁は弁護士として逮捕者の弁護団に参加したが、そこで知り合ったフェミニストで、美麗島事件の被害者でもあった呂秀蓮《リュウ・シウリェン》とは二〇〇〇年に総統・副総統としてパートナーを組むことになる。

84　公娼制の廃止をめぐるフェミニスト陣営の分裂と葛藤については、福永（2017d）で詳しく論じた。

85　公権力による性売買の制度化が、アジア太平洋戦争期に形成された日本軍性奴隷制度（いわゆる「慰安婦」問題）と連続性を持つことは先行研究（吉見 2019）が明らかにしたとおりである。

公娼制の廃止を宣言したのである。婦女新知基金会[86]に代表される多くのフェミニスト団体は、公娼制が男性による性的搾取を正当化して家父長制を再生産するだけでなく、人身売買や麻薬取引、さらには暴力団の介入といった不法行為の温床でもあるとして、台北市の方針を擁護した。

これにより、一二八名の公娼たちが就労ライセンスを取り消され、路頭に迷うこととなった。このとき、「性解放」を提唱するごく少数のフェミニストや、レズビアンやゲイなどの性的マイノリティたちは、公娼たちの労働権を主張して台北市を痛烈に批判した。かれらの主張は、公娼制の廃止やセックスワークの犯罪化が「セックスワーカーを救うどころか、より劣悪な環境を押しつけ、セックスワーカーを見殺しにする行為」であるとするものだった（黄齢萱 2007a: 15）。実際、労働権を剝奪された女性たちの多くは標準中国語を話すことができず、識字能力を欠き、平均年齢は五〇歳を超えており、再就職が困難なことは明白であった（丁乃菲 2008; 何春蕤 2013）。公娼の当事者たちに加え、性解放派フェミニストや女性労働団体や性的マイノリティも参与した抵抗運動は、その成果として娼妓管理法の廃止まで二年間の猶予期間を勝ち取った。しかしながら、最終的に二〇〇一年には馬英九台北市長のもとで公娼制は廃止され、歴史的遺産となった。[87]

当時、性解放を提唱したジョセフィン・ホーは、台北市による公娼制の廃止が陳水扁と主流派フェミニストの共謀によるものであると批判して、両者の共闘が次の点によって成立していると指摘した（何春蕤 2013: 63）。第一に、国家機構をとおして「男女平等」を実現しようとするリベラルなアプローチであること。第二に、婚姻を保護しようとする中産階級女性の利害にもとづくことである。事実、公娼制の廃止に与した主流派のフェミニストたちは、一九九〇年代初頭から「反ポルノ」キャンペーンを展開し（黄道明 2012b）、ヘテロセクシュアルな家族の地位を脅かしかねない猥褻物や買売春やハッテン場などの取り締まりを推進してきた。陳水扁による「市民主義的ガバナンス」と、中産階級的価値観に依拠する主流派フェミニストの利害が一致して、「婚外セックスの禁止」を意味する公娼制の廃止が実現したとまとめることができる。

台北市の一連の取り組みを「脱性化」という観点から批判した謝佩娟（1999: 128）も、この点について次のように述べている。台北市が試みた「脱性化された空間とは、資本主義的商業文化の原則を逸脱しない空間であり、それは浄化・高級化・無菌化された中産階級のイメージと親和的である。〔台北〕市は情欲化された空間を台北市から除去」することを企図したのである。

他方、性解放派フェミニストや性的マイノリティは「セクシュアリティの権利」を主張して、

86　婦女新知基金会は、女性の権利や自由を掲げた出版社（「婦女新知会」）として一九八二年に活動を開始した。一九八七年に婦女新知基金会（Awakening Foundation）に改名し、現在に至るまで台湾を代表するフェミニスト団体として多方面で活動をつづけている。二〇一〇年代には婚姻平等を支持するなど、性的マイノリティに関する運動にも積極的に参与している。

87　公娼として働いていた女性たちをサポートした「台北市公娼自救会」は、公娼制が廃止されたのちも運動を継続した。名称を「日日春関懐協會（Collective of Sex Workers and Supporters）」とし、セックスワークの非犯罪化（セックスワークを取り締まる特定の法を作らず、他の労働と同様に扱うこと）を求めて運動を展開してきた。その後、二〇〇九年に行政院人権保障推進委員会は「セックスワーク特区（性交易専区）」の設置を決定し、特区内においてはセックスワークを合法とすることを公表したが、現在に至るまで台北市を含むすべての自治体で特区は設置されていない。台北市長は特区の設置を求める日日春関懐協會のたび重なる要求を無視しつづけ、セックスワーカーはいまも警察の捜査対象とされている（李書璇 2016）。こうしてセックスワークは「もはや過去のように定められた売春宿で行われるものでは」なくなり、ワーカーたちは「より流動的で、不安定で、リスクの高い方法において生存するよう迫られ」ている（何春蕤 2013: 245）。

セックスワーカーや性的マイノリティをスティグマ化する社会規範やこれらを取り締まる政治制度への批判的介入を進めていった。[88] 公序良俗の保護を目的とする社会秩序維護法（前身は前述の「違警罰法」）は、同性間の性行為やセックスワークを取り締まってきた歴史を持ち、こうした背景が公娼当事者と性的マイノリティの間の連帯を導いたとも言える。

陳水扁は、台北市から国民党の「亡霊」を駆逐し、民主時代にふさわしい「市民のための都市」を建設しようと試みたが、それは異性愛規範や中産階級的価値観や資本主義とも親和的なプロジェクトであった。新公園の改修計画もこのような文脈で考察すべき施策である。くり返しになるが、「同性愛をはじめとする変態性欲者や犯罪者、男娼らが無垢の市民を攻撃する危険な空間」（謝佩娟 1999: 77）として知られた新公園では、警察による違法な取り締まりが奨励されていた。陳水扁が公娼制廃止を宣言する二ヶ月前の一九九七年七月三〇日にも、新公園に隣接する常徳街では警察による大規模な取り締まりがおこなわれ、五〇名を超えるゲイ・バイセクシュアル男性らが逮捕される事件が起きている。[89] このように、同性愛者や公娼といった公序良俗に反する逸脱者たちを「掃討」しようとする当時の文脈のなかで、性的マイノリティたちは台北市による新公園の改修計画に対して異議を申し立てたのである。

新公園を奪還せよ！

台北市が改修計画を公表したことを受けて、レズビアンやゲイ男性たちが新公園を台北市から奪還するための抗議運動を展開した。新公園の改修は、公共空間の浄化、すなわち同性愛者の排除を意図するものと受けとめられたのである。

新公園がハッテン場であることは公然の秘密であった。「変態性欲者」の巣窟といったイメージは、新公園の「ホモ」を掃討すべしとする善良で良識的な（ということはすなわち、異性愛の）市民の欲望を喚起するにとどまらず、警察も「民意」に応えるように違法な取り締まりを進めてきた。「ホモ」を標的とした警察による不当な取り締まり（臨検）が二〇〇〇年代初頭までおこなわれたことから、台湾の性的マイノリティにとって「警察は人民の擁護者であるどころか、むしろその人権を圧迫し、蹂躙」する存在だった（賴鈺麟 2003: 15-16）。

しかしクィア・スタディーズが明らかにしてきたように、新公園は決して「無法地帯」というわけではなかった。ゲイ・バイセクシュアル男性にとっては性行為のパートナーとの出会いだけでなく、仲間や同胞、人生のロールモデルとの邂逅が束の間可能となる空間であり、そこにはかれらの「王国」独自の秩序やルールがあった（賴正哲 1998; 謝佩娟 1999）。

88　性解放派フェミニストは、セックスワーカーの「労働者」としての権利を保障する文脈で英語圏で蓄積されてきた言説を翻訳して（たとえば「性工作是工作（セックスワークは労働である）」）、公娼たちの労働運動を支援した（何春蕤 2013）。性解放派フェミニストによる介入の重要性は強調されてしかるべきだが、そこでは公娼制が日本と国民党の重層的な植民地主義の遺産であるとする視点が欠けており、その点で限界を含むものであったと言えるだろう（とはいえ、この点は公娼制の廃止を主張した主流派フェミニストも同様であった）。なお、こうした問題意識を手がかりに東アジアの植民地主義を検討したエッセイとして福永（2023）がある。

89　一九九七年七月三〇日、常徳街の路上で、警官がおしゃべりに興じるゲイ男性らのグループをねらい撃ちにして、五〇名を超える人びとを強制的に警察署へ連行した。男性たちは身分証を奪われ、写真撮影を強要され、取り調べでは性的指向を家族に暴露すると脅された（「常徳街事件」）。これもまた公共空間の民主化の過程で発生した事件と言えるだろう。

多くの国や地域で、公園や公衆トイレがゲイ・バイセクシュアル男性の交流の場として密かに使われてきた歴史がある。異性愛であることが前提とされる家庭というプライベートな空間で同性間セックスが困難なゲイ・バイセクシュアル男性にとって、「プライバシーはパブリックでしか手に入らないもの」であった（George Chauncey 1995）。新公園とは、かれらにとってパブリックとプライベートが交差する空間だったのである。

改修計画が公表された直後、台湾大学の学生だった謝佩娟《シエ・ペイチュアン》はゲイサークルの仲間たちと抗議団体を結成し、「同志は新公園の原住民である」というスローガンを掲げた。これは市民の直接参加を重視した陳水扁の「市民主義」を逆手に取った戦略だった。新公園を改修するというのなら、「原住民」である「同志」を無視してはならないというメッセージである。[90]

「同志」も台北市の市民であるとして公共空間への包摂を主張した抗議運動は、「同志」というカテゴリー内部の差異を問う試みでもあった。すなわち、新公園は日中の間は異性愛者によって、夜間になるとゲイやバイセクシュアル男性によって使用されてきたが、抗議運動はこうした二項対立を問題化する視点を含んだ。抗議運動で中核を担った謝佩娟は、レズビアンの女性たちが日中だけでなく夜もセックスする自由を奪われてきたことを問うたのだ。「同志」というカテゴリーが一枚岩でなく、ジェンダーにもとづく差別があることも問題化したのである（謝佩娟 1999: 153）。

彼女たちは「同志」というカテゴリー内部の差異を強調しつつ、ゲイ・バイセクシュアル男性だけでなく女性も含む「情欲主体」として「同志」をとらえなおし、台北市に対する抗議運動を進めたのである。[91] そして一九九五年一二月二八日には、四つのレズビアン団体や労働団体などを含む一一の団体から構成される「同志公民空間行動戦線」が結成された。

台北市との交渉

同志公民空間行動戦線（以下「同志戦線」と略記）は一九九五年の暮れから翌春にかけて、おもに白昼の新公園を舞台にフリーマーケットやパーティー、芸能人や歌手のアイドル投票、講演、メディアに対する広報など、じつに多彩な活動を実施した。[92] 同志戦線は公共空間における可視性を重視して、さまざまな新聞社に取材協力を呼びかけた。新聞社側もこうした動きに積極的に応じ、抗議運動に従事する当事者への取材にもとづく記事を掲載した。たとえば一九九五年一二月三〇日付の『聯合報』は「同性愛者〔同性恋〕が陳水扁から新公園を争奪」と題した記事を公開し、同性愛者たちが新公園を譲らないのはかれらの「記憶がそこにある」からとしてその歴史を尊重す

90　ここで「原住民」という言葉が用いられるのは、当時の台湾社会で多文化主義が導入されつつあったこと、すなわちエスニック・マイノリティである原住民の人権や権利が関心を集めたことと共鳴するものでもあった。なお、日本における台湾研究では「先住民」ではなく「原住民」という原語をそのまま用いる慣習があることから、本書でも「原住民」とした。

91　「情欲」を前面に出した運動のフレームがアセクシュアルやアロマンティックを想定していないとする批判も可能だが、同志運動における恋愛感情や性的欲望の規範化に対する批判が可視化されるのは二〇一〇年代に入ってからである。

92　たとえば、一九九六年二月八日には「十大・夢・アイドル」投票イベントが開催された。これはレズビアンやゲイたちがアイドルに投票するという企画だが、同性愛的な欲望を肯定するとともに、異性愛文化のアイドル投票を模倣することによって「主流文化の転覆」を試みるものであった（謝佩娟 1999: 176）。なお、選出されたアイドルの多くは芸能人や歌手だったが、男性ランキングのなかで政治家としては唯一、馬英九が一〇位に選ばれている（その理由は「才能にあふれ、イメージもよく、学歴も抜群に高い」こととされた）（謝佩娟 1999: 付録 26）。

図3-5　同志公民空間行動戦線の活動を報じた記事

同性戀 向阿扁
搶奪新公園

社會生活

白天 媽媽 娃娃 會否禁足

記憶在這裡
孽子一族 不願換地方

出所：『聯合報』（1995. 12. 30）

る姿勢を表明した（図3－5）。ここに至り、同性愛者たちは「専門家」や政治家によって語られる「客体」としての位置をついに脱したのである。

一九九六年二月七日、同志戦線は、台北市が直接民主制の促進を目的に導入した施策を利用して、陳水扁市長への直訴を試みた。陳水扁は多忙を理由に出席を断ったが、代わりに副市長の白秀雄との会談が実現した。メンバーは報道陣を引き連れて会合へ臨んだ。かれらはレズビアンやゲイたちが日常的にクローゼットの中に閉じ込められているという状況を訴えるため、全員が仮面を被って出席するというパフォーマンスを採った。

クローゼットとは、一般的に同性愛者が自分の性的指向を隠している状態を指すと理解されるが、同性愛者はみずからの意思でクローゼットに入っているのではない。そうではなくて、異性愛を正常とする社会が逸脱的なセクシュアリティを「異常」なものとして隔絶し、隠蔽する装置――異性愛社会を安定させるための装置――がクローゼットなのだ。それゆえ、クローゼットから抜け出ることを意味するカミングアウトは、単に性的指向を他者に打ち明ける行為というよりも、クローゼットという装置を拒絶して異性愛規範を脱自然化する戦略や行為として、一九六〇年代以降のゲイ解放運動で希望を託されてきた。[93] 同志戦線たちの仮面を被るパフォーマンスも、アウティングのリスクを回避しつつ、台北市が標榜した「市民主義」が異性愛者の市民を前提とすることを暴露しようと試みたものであった。

同志戦線のメンバーたちは、欠席した陳水扁に宛てて執筆した手紙を読みあげて三つの要求を伝えた（謝佩娟 1999: 202-3）。第一に同志を市民とみなして公民権を保障すること、第二に新公園の改修計画が同志の存在を無視することなく差別の解消に向けて尽力すること、第三に台北市として同性愛を重視すること、である。

これらの要求には新公園改修計画の中止は含まれなかった。また「公民権」が具体的にいかなる権利を指し、それを台北市がどのように保障するかについては明記されなかった。「差別の解消」についても同様で、全体的に抽象度の高いメッセージにとどまった。同志戦線は、台北市に対して具体的な施策や対策を要求するというよりも、台北市を構成する「市民」というカテゴリーから同志たちが排除されていることを台北市が認識することを求めたのだ。あるいは性的マイノリティの運動が立ちあがったばかりの当時にあって、「公民権」の内実をめぐる議論がほとんど蓄積されていなかったことの限界であると言えるかもしれない。

93　セジウィック（Sedgwick 1990=99）は、セクシュアリティを知の産出という観点から検討したフーコーを参照しつつ、無知の権力性を強調してカミングアウト／クローゼットを論じている。ストーンウォール暴動以降のゲイ・ムーブメントがカミングアウトを権力からの「解放」とみなしてきたことを問題化し、カミングアウト／クローゼットが「無知」や「知ったかぶり」によって作用するホモフォビックな権力の磁場の内部に置かれていることを指摘している。

このような要求に対して、陳水扁からの直接的な応答はなかった。しかし一九九六年二月一一日には、同志戦線が新公園で開催したイベントに台北市新聞局長の羅文嘉が「陳水扁に代わって」参加した（『自立早報』一九九六年二月一二日）。羅文嘉は記者のインタビューに対して「同性間でも互いを愛する権利があり、台北市として異性愛を中心とする社会の古い価値観を変えていきたい」と述べ、さらに「台北市は春節が終わったら新公園で同性愛者のためのパーティーを開催したい」と発言した。これも「パーティー」以外には具体的な施策が含まれず、抽象度の高い応答にとどまった。しかし同志戦線の呼びかけに対して台北市が肯定的な応答をみせたことは好意的に受けとめられた。

このときの羅文嘉による「ゲイフレンドリー」な発言は、台北市が同性愛者の「権利」について言及する公的メッセージの先駆けとなった。まもなく新公園は改修されたが、同志もまた新公園の「(原)住民」であり台北市の「市民」であるという事実を台北市に認識させたことをもって、同志戦線の運動は幕を閉じた。

同志公民空間行動戦線の評価

本節の最後に、同志戦線が台北市の「ゲイフレンドリー」な応答を引き出すことに成功した要因を三つ指摘したい。

まず、同志戦線は新聞社などのメディアを利用して世論に訴える戦略を採ったが、これは「民意」を重視した紙面づくりを意識する民主時代のマスメディアに対して効果的に作用した。マイノリティの権利や人権が社会の関心を集めるなかで、同志戦線の運動は多くの新聞社によって民主化を象徴するマイノリティの社会運動として好意的に報道された。[94] 当事者へのインタビューを中心とする報道は、陳水扁の新公園改修計画を戒厳令下の権威主義政治になぞらえて批判する世論を形成した。そして新聞社が抗議運動をポジティブにとりあげた背景には、異性愛社会の同性愛者に対する「好奇心」というよりは、新時代の到来を予期させる社会運動への関心があった（朱偉誠 2005）。また同志戦線のメディア戦略、すなわち副市長との面会時に報道陣を招待したり仮面を付けたりするパフォーマンスや、陳水扁の「市民主義」を逆手にとったスローガンの活用も巧みであった。

第二に、同志戦線が打ち出した「同志も市民」「同志は新公園の原住民」といったフレームは、陳水扁にとって看過できないメッセージを含んだ。民進党は権威主義体制からの脱却を唱え、多様な社会運動の勢力を党内に取り込みながら支持を拡大していた。マスメディアだけでなく政党政治もまた、民主化という潮流のなかでマイノリティの権利を重視することがすなわち民意を獲得するアプローチであると認識したのである。

もちろんこれらふたつの指摘が要因として作用する前提には同性愛の脱病理化をめぐる認識があった。すでに指摘したように、台湾政府は一九九四年に同性愛が精神病ではないことを公言していたし、新聞報道でも同性愛を精神疾病と関連づける記事はすでにみられなかった。こうして

94　同志戦線については、一九九五年一二月三〇日より九六年二月一二日までの三ヶ月間で全七社の新聞社が計二六の記事を掲載したが、そのすべての記事が同志戦線を直接取材してその主張を肯定的に紹介している。

「同性愛者の人権」は、民主社会の到来を告げる新しい政治課題として社会の関心を集めることに成功したのである。

同志戦線の運動は、新公園の改修計画に対して中止を迫ることはなかった。新公園は「二二八和平紀念公園」に改名して改修工事もおこなわれたが、名前を変えたいまも公園にはハッテン場の文化がひっそりと残されている（図3－6）。情報テクノロジーの発展や性的マイノリティをとりまく社会的文脈の変化を背景に、公共空間におけるハッテン場の存在意義は小さくなり、遠くない将来その歴史的役割を終えることになるかもしれない。だが、ハッテン場の歴史が強制的に幕を下ろされることはなかったのであり、この点は同志戦線が勝ち取った成果として強調されてしかるべきである。

そして同志戦線の運動をとおして台北市との間に形成されたネットワークが、二〇〇〇年以降の「台北同志フェスティバル」、さらには台湾同志パレードへつながっていくことになる。

図3-6　夜の二二八和平紀念公園

出所：2014年10月17日に筆者撮影

4 「LGBTフレンドリーな台北」の形成

台北市はアジアのなかで急速な変化の途上にあり、さまざまなサブカルチャーが集積して共存するグローバルな大都市になりました。重要な歴史的変化の途上にあって、台北市は市民に「マイノリティの尊重と差異の理解」という民主主義の真理を理解してもらうため、多様な文化教育を推進してきました。こうした理念のもと、台北市は昨年から同志公民運動を開催しています。〔……〕これはジェンダーの人権教育にとって最初の一歩にすぎませんが、台湾地区およびすべての華人社会にとって非常に重要な意味を持つ大きな一歩でもあります。（馬英九 2001: 1）

民進党が初の政権交代を果たした二〇〇〇年、台北市は馬英九（国民党）市長のもとで約三〇の性的マイノリティ団体と協力し、第一回台北同志公民権運動祭（台北同玩節、Taipei LGBT Civil Right Movement Festival）を開催した。これは台湾の自治体として初めて性的マイノリティのイベントに公的資金を拠出した施策となり、台湾同志パレード（Taiwan LGBT Pride）もこのフェスティバルの一環として始まっている。

第5章で論じるように、台北市は二〇一五年には東京都渋谷区に先駆けて同性パートナーの登録制度を開始し、同年八月には同性間の婚姻を認めない民法に対する違憲訴訟に原告として加わっている。トランス当事者への情報資源の提供や合理的配慮も実施するなど、名実ともに「アジアでもっともLGBTフレンドリーなレインボー都市」（郝龍斌 2010）となっていくのだが、この節では台北市の先駆的な取り組みと同志パレードに注目したい。

選挙の大衆化と社会運動の介入

民主化を背景にした直接選挙の導入は、多様な社会運動団体の選挙への介入を促進した。性的マイノリティ団体もこれに加わり、一九九五年の立法委員選挙を皮切りに、九六年以降の総統・副総統直接選挙、九八年以降は市長選挙にも介入し、「同志も選挙権を持つ市民」といったスローガンを掲げて候補者に圧力をかける戦術を採用した。

一九九八年の台北市長選挙では一九九八年同志人権聯盟が結成された。この団体は、出馬した馬英九（国民党）と陳水扁（民進党）と王建煊（新党）の三名に公開質問状を送付し、記者会見を開催して「同志人権宣言」を受け入れるよう働きかけた。馬英九と陳水扁はこれに応じて署名をしたが、クリスチャンの王建煊は「宗教上の理由」からこれを拒絶した（許雯娟 2007: 6）。

この市長選挙では、馬英九が[95]現職（当時）の陳水扁を下して勝利を収めた。陳水扁と同様、馬英九も民主化運動で名を馳せたエリートを台北市にリクルートしている。新時代の国民党を担う政治エリートとして嘱望された馬英九は、民意を重視した民進党の手法を導入することで国民党のイメージ刷新を図ったのである。そして選挙戦ではだれよりも積極的に「ゲイフレンドリー」なイメージを打ち出して、新しい国民党のイメージを強調した（図3-7）。そして選挙戦を下して新市長に就任した馬英九は、「同志人権宣言」の公約を果たすべく行動を開始する。

台北同志公民権運動祭

二〇〇〇年九月、第一回台北同志公民権運動祭（以下「同志運動祭」と略記）が台北市の支援を受けて開催された。台北市長就任後、馬英九は民政局に指示を出し、台湾同志ホットライン協会（台灣同志諮詢熱線協會）[96]や台湾ジェンダー人権協会（台灣性別人權協會）のメンバーらを招待して意見交換会を開いた。会合の結果、台北市が資金を拠出して主催を務め、性的マイノリティ団体が事務局として実際の運営を担当するという形式で同志運動祭を開催することが決まった（許雯娟 2007）。

第一回同志運動祭は、台北市から百万台湾ドル（二〇二四年二月時点で約四七六万円）の支援を受け、二〇〇〇年九月二日と三日に「レインボーピクニック」と「台北同志国

図 3-7　馬英九が「同性愛者を尊重する」と語ったことを報じた記事

馬英九談文化　尊重同性戀者

【記者牛慶福／台北報導】國民黨台北市長候選人馬英九昨天在圓山大飯店邀請文化界人士舉行文化午餐會，他在致詞時表示，市政中的治安、交通等應都可以看到文化的影子，對於同性戀者也應尊重他們的人權，可以為他們成立不受干擾的同志社區。

馬英九說，文化不是菁英分子的專利，應表現民主化的特色，讓更多的民眾參與，讓北市各地充滿文化的氣息，文化也不純是民粹的路線，否則可能成為一發難以收拾的局面，形成另一種威權，他對同性戀者也給予應有的尊重，認為他們只是性傾向的不同，不是不好與變態，應受到應有的尊重，只是在結婚上，因為有法令上的問題，他一時無法表示支持或不支持的意見。

作家許祐生是名同性戀者，他在會中表示，近日要結合同志發表同志白皮書，要求對同性戀者的人權保障，請三黨台北市長候選人背書，他說，同志也應成為族群融合中的一族。其他的發言人有國際新象文教機構的許博允、舞蹈家林秀偉等人，都提出文化台北市的建議。

出所：『聯合報』（1998. 11. 20）

95　馬英九（1950-）は外省人で、出生後まもなく両親とともに台湾に移住して台北市で育った。台湾大学卒業後、中山奨学金（国民党の奨学金制度）を得てニューヨーク大学とハーバード大学でロースクール（修士・博士課程）を修了している。一九八一年に帰国してからは国民党の重職を歴任し、九八年の台北市長選で陳水扁を下して市長に就任。二〇〇八年の総統選挙に勝利して総統に就任し、二〇一六年まで同職を務めた。民進党政権時代に冷え込んだ対中関係の改善を図ろうと試みたが、その一環として推進した海峡両岸サービス貿易協定に反対する大学生が立法院を占拠する事件（「ひまわり学生運動」）が発生し、二〇一四年一一月の統一地方選で国民党は惨敗を経験した。

96　台湾同志ホットライン協会は、同志公民空間戦線をはじめとする四つの民間団体が連合して、一九九八年に結成された性的マイノリティの団体である。二〇〇〇年六月には財団法人として内政部の認可を取得し、初めて公的に登録された民間団体となった。現在に至るまで台湾の性的マイノリティの社会運動を牽引してきた。

際フォーラム」を開催した。事務局を務めた台湾同志ホットトライン協会をはじめとする民間団体は『同志を知るためのハンドブック（認識同志手冊）』と題した冊子を刊行して台北市内の学校や図書館に配布した。

同志運動祭の運営を担った団体のリストからは、同志公民空間行動戦線とのつながりを読みとることができる（許雯娟 2007）。運動祭では三〇の民間団体が事務局を務めたが、その中心を担った台湾大学建築設計研究所には同志戦線の謝佩娟が所属し、他にも団体やメンバーの重複がみられた。[97] 新公園の抗議運動をとおして形成された台北市とのつながりが同志運動祭に活かされたのである。また、台北同志公民権運動祭という名称には、同志戦線が掲げた「同志も公民」というスローガンが用いられた。

同志運動祭には陳水扁も参列した。九月三日に開かれた国際フォーラムには、米国のクィア史を専門とするマイケル・ブロンスキー（Michel Bronski）[98]が招待を受けて参加した。同年五月に総統に就任したばかりの陳水扁もフォーラムに参加し、「同志の安全と人権、教育を受ける権利、異性愛者と平等に働く権利、総統として同性愛の人権尊重を身をもって示してほしい」という主催者の要求に対して「まったくもって同意する」と応じた。第三部で述べるように、陳水扁は総統就任後「人権立国」を掲げてマイノリティの人権を重視する姿勢を強く打ち出したが、このフォーラムが性的マイノリティの人権に台湾総統として初めて言及した公的イベントとなった。

バックラッシュの可視化

同志運動祭の公的イベントという側面が、台北市による「同性愛の称揚」であるとして宗教保守や一部の市議からの同性愛嫌悪的な批判を喚起した。中華基督教福音協進會が発起人となり、馬英九市長に抗議する署名運動が起こった。それによると「同性愛は罪であり、その性的指向は矯正されるべきであり」、「政府が公費を使用して同性愛を奨励する」のは言語道断であるという（喀飛 2011）。この運動はプロテスタント系を中心に二五の団体から支持され、集まった署名は馬英九市長に提出された。台湾では二〇一〇年前後からプロテスタント右派を中心とするバックラッシュが本格的に組織化されるのだが（第5章参照）、二〇〇〇年当時はごく一部の「狂信的な宗教団体からの批判にすぎない」として性的マイノリティ団体は深刻に受けとめなかった。台湾におけるキリスト教の信者はプロテスタントとカトリックを合わせても人口の四%に満たないこともあって、同志団体もこれらの動きに応答する姿勢をみせなかった。

より深刻な問題として受けとめられたのが台北市議からの批判である。二〇〇三年に同志運動祭の一環としてプライドパレードが初めて開催されると、市議からのホモフォビックな攻撃が集中し、イベントは中止の危機に晒された。二〇〇四年九月一〇日の新聞記事は「市議が差別、同

97　三〇の民間団体のなかには、一九九〇年代に結成された社会運動団体や大学のサークル、さらには公娼やセックスワーカーの労働権を主張して台北市と衝突した日日春関懐互助協會も含まれる。
98　ブロンスキーの著作として日本語でアクセス可能なものに『クィアなアメリカ史』（兼子歩・坂下史子・高内悠貴・土屋和代訳、二〇二三年、勁草書房）がある。

志パレードが中止」と題して次のように報じている。

台北市民政局と同志団体によれば、予算審議委員会の際に一部の台北市議から猛烈な反対を受けてパレードの開催が危ぶまれている。同志団体は〔台北市から独立して〕自分たちの力だけで一一月にパレードを開催する方法を模索している。〔……〕

民政局によると、特定の市議がパレードに対して批判的な意見を提起しており、「〔前年度の〕パレードでは参加者のなかに胸を晒したり背中を露出したり、奇妙でいやらしい服装をしている人たちがいた」ことを理由に〔今年度の〕パレードの中止を要求しているという。〔……〕

二〇〇四年当時もっとも強烈に反対の立場を示したのは民主進歩党に籍を置く市議の王世堅氏だった。氏は公費を投じてイベントを開催することに現在も反対の立場を貫いている。「〔台北市の〕予算が同性愛を支援するイベントに費やされることと、衛生局が毎年膨大な予算をエイズ予防の対策に投じることは矛盾する」というのだ〔……。さらに〕「馬英九がこのイベントを熱心に開催してきたのはショーのためであり、票を目的とした行為にすぎない。こんな状態では、同性愛がまちがったおこないであると子どもたちに教育することができない」と氏は述べる。

第三部で論じるように、二〇一〇年代には民進党が同性婚の法制化に大きな貢献を果たすのだが、二〇〇〇年代初頭には同性愛嫌悪的な立場を露骨に示す議員も党内には目立った。王世堅は台北市民政局に対して、市民の「九九・九％の絶対多数は異性愛者」であり、「ごく少数のなかの少数が多数の空間を汚している」としてパレードの中止を訴えた（許雯娟 2007: 45）。また、少数政党の新党の市議も台北市の予算審議委員会で「同性愛の大部分は『獣姦癖』と同じように治療すべき行為」と主張して、同志運動祭を支援する台北市の方針を批判した。

しかし馬英九をはじめとする歴代の台北市長は同志運動祭を支持する立場を貫いた。このような台北市の「ゲイフレンドリー」な姿勢について、許雯娟（2007）は台北市民政局の貢献を強調している。実際、民政局のトップを務めた林正修は自身も民主化運動に関わった経験を持ち、同性愛者も台北市を構成する市民であるとする立場を崩さなかった。同志運動祭を継続するうえで林正修の果たした属人的な貢献は大きかったと許雯娟は評価する。とはいえその前提には、社会運動が民主化を前進させる重要なアクターとして肯定的にとらえられていた当時の台湾社会の風潮があった。

歴代台北市長はおしなべて性的マイノリティに対してフレンドリーな立場を表明し、同志運動祭の継続を支持してきた。そこには、民主化の指標や観光資源として性的マイノリティを「活用」しようとするしたたかな政治的意図もみてとれる。たとえば馬英九は同志運動祭に祝辞を寄せて、これをもって台北市が「ダイバーシティ（多様性）」溢れる「ニューヨークやパリ、東京、ロンドン」にならぶ「グローバルな大都市」であることが証明されたと強調している。そのうえで、これが「台湾地区」だけでなく「すべての華人社会にとって非常に重要な意味を持っている」とアピールすることも忘れていない（馬英九 2001: 1）。郝龍斌（2010: 4-5）も第十一回同志運動祭（二〇一

図3-8　第一回台湾同志パレードの成功を報じた記事

出所：『聯合報』（2003. 11. 2）

〇年）に向けた祝辞で、台北市が「国内だけでなく全アジア地域においてLGBTフレンドリーなレインボー都市」であることを強調している。[99]

このように同志戦線や台北市長選への介入運動を直接的な契機として同志運動祭は開催された。そしてこれらをとおして、馬英九や陳水扁といった民主時代の新しい政治エリートは「LGBTフレンドリー」な立場を公的に表明してきた。そして同志運動祭の一環として始まったプライドパレードは、やがて性的マイノリティの社会運動としてアジア最大級の動員を誇る規模に成長を遂げていく。

台湾同志パレードの挑戦

二〇〇三年一一月一日、第一回台湾同志パレードが二二八和平紀念公園を起点に開催された。参加者は約五百名と、一〇万人を超える現在からするとその規模はあまりに小さいが、主催者のひとりは「こんなに多くの仲間が集まるとは、運営に携わった人はだれも考えなかった」と当時をふり返る。[100] 一九九〇年代の運動の現場では「身バレ」やアウティングのリスクの回避から仮面を被る手法が採られたが（翁喆裕 2010）、二〇〇三年の新聞記事に掲載された写真でも顔を隠した参加者の姿を確認することができる（図3－8）。

前述のとおり、パレードは同志運動祭の一環として始まったが、台北市議からの猛烈な批判を受けて二〇〇四年以降は市から独立した運営体制へ移行した。公的資金に依存しないことは、一方でみずからの手で資源調達の回路を確保しなければならないことを意味するが、他方で市や政府に対する批判の余地を担保することも意味している。実際、台湾同志パレードは保守的な政党や政治家を公共空間で批判する舞台としての役割も果たしてきた。

パレードを歩いていると、レズビアン／ゲイ／バイセクシュアル／トランスジェンダー／……といった個別的なアイデンティティを超えて、「同志」という集合的アイデンティティが立ち現れる瞬間に遭遇することがある。二〇一四年のパレードで、台湾同志ホットライン協会のフロートが台湾大学のキャンパスを通り過ぎようとしたとき、長い活動歴を持つゲイ男性が急遽車に駆けのぼってマイクを手に取り、アジテーションを始めた。

> いま私たちが通り過ぎようとしているのは台湾大学公共衛生学部だ。私たち同志の仲間〔我們同志朋友〕にはＨＩＶ感染者もいる。ここを歩くいまこそ、アイツに最大級の文句をぶつけてやろう。ＨＩＶ感染者や同性愛者に対する差別に満ちた論文を最初に公表したのが、当時台湾大学で教鞭をとっていた涂醒哲だ。みんなで特大の罵声を浴びせてやろう！　ほら、一、二、三……

---

99 「アジア」や「華人社会」を意識した歴代台北市長のアピールについては、あらためて第5章と終論で、ナショナリズムとの関連で検討する。

100 台湾同志パレードのスタッフに対する聞き取り調査より。インタビューは二〇一四年九月三日に台北市内のカフェで実施した。

――〔参加者たちが大声で〕くそったれ！

もっとひどいことに、ＨＩＶ感染者や同性愛者の人権を侵害したこの教授は今年の嘉義市の市長選に出馬している。だれがそんなヤツに投票を？

――〔参加者たちが大声で〕しない！

マイノリティの研究を利用して出世を遂げた教授が、潤沢な社会資本を手にし、社会事業家や救世主のふりをして、いままさに市長に選ばれようとしている。[101] これを「屈辱」と呼ばずになんと呼ぶ？

――〔参加者たちが叫んで〕屈辱だ！

引用文に登場する涂醒哲は、一九九五年に公表した論文で男性同性愛者をＨＩＶ感染のハイリスク・グループと位置づけたが、その研究に用いられた質問票が同性愛者に対する偏見に満ちた内容であることが議論を巻き起こし、複数の同志団体が学術の名を借りた「暴力」であるとこれを批判をした（倪家珍 1997）。マイクを手にした活動家は、一九年前に起きた事件に言及し、差別の記憶とそれに対する怒りの情動を参加者たちと共有することで歴史を超えた「〈私たち〉同志〔我們同志〕」という集合的アイデンティティを打ち立て、異性愛規範に彩られた公共空間のただなかに異性愛規範に抗する拠点をつくりあげたのだ。それは、公的な歴史には記録されず、個人的な記憶や回想、語りなどに断片化されて散逸する同志の歴史――クィア史――を構築する試みでもあった。

プライドパレードとは、公共空間にいないことにされてきた性的マイノリティたちが、レズビアン／ゲイ／バイセクシュアル／トランスジェンダー／……として異性愛的な都市空間に個々の身体を晒す《カムアウトする》行為であると同時に、不特定多数の身体が集まって「同志」という集合的アイデンティティを形成する集合行為でもある。第一回台湾同志パレードの成功を報じた記事（前掲の図3－8）がこれを「集合的カミングアウト」と報じたのは、その意味で適切な表現であったと言える。

しかし「同志」という集合的アイデンティティは、明確で固定的な境界線を持つ安定的なカテゴリーではない。むしろカテゴリーの自明性や境界線をめぐって、これまでにさまざまな異議が申し立てられてきた。実際、二〇一四年のパレードでは、障害者団体、ＨＩＶ感染者、アセクシュアルといった「周縁化されたマイノリティ」が舞台に登壇して[102]、「私たちにも目を向けろ」と「同志」に向かって主張する場面がみられた。その異議申し立ては「同志」というカテゴリーが「一部の健常な同性愛者」によって代表されてきたことに対する批判でもあった（図3－9）。

このような問題意識は、じつはパレードの主催団体にも共有されていた。事実、二〇一四年のパレードは「差異を認め合う」をテーマに掲げ、その趣旨を次のように説明している。

101 涂醒哲は二〇一四年一二月二五日の嘉義市市長選挙で当選を果たし、二〇一八年まで同職を務めた。

102 台湾同志パレードの主なイベントはパレードの行進だが、主催団体は行進後の舞台パフォーマンスにも力を入れている。パフォーマンスで登壇する人はあらかじめ主催団体によって選出され、活動家や研究者はスピーチを、歌手やダンスグループはパフォーマンスをおこなう。

図 3-9　パレードの舞台で演説するアセクシュアルの活動家

出所：2014 年 10 月 25 日に台北市内で筆者撮影

この一、二年、同性婚を求める運動が進展するにつれて、明るく、プライドに満ちて、ポジティブなモノガミー関係が同志のコミュニティ内で強調され、社会的承認を高めています。しかし同志の主流イメージに合致しない「同志」（たとえばＨＩＶ感染者やセックスワーカー、セックスにドラッグを使う人たち）は、さらに暗いクローゼットの中に押しやられていないでしょうか。私たちが強調したいのは、社会的承認の外で、「ジェンダー／セクシュアリティ」のさまざまな差異に目を向ける〔看見〕努力をしなければならないということ〔……〕です。ジェンダー／セクシュアリティのカテゴリーは階級や国籍、人種といった差異や権力関係とどのように交差し、それが個人にいかなる影響を与えているのでしょうか。さまざまなジェンダー／セクシュアリティの主体ごとに、これまで獲得してきた社会的関心や資源は不均等になっているのではないか、なぜそうなっているのか。このように、同志のなかの差異に目を向けて〔看見〕「ジェンダー／セクシュアリティを抱きしめる」〔というテーマ〕を語ることで、初めて同志はその単一性を避けるかたちで出現し、声を上げ、承認を求めることが可能になるのです。

（台灣同志遊行聯盟 2014、強調引用者）

この趣旨文には「見る」ことを意味する「看見」という中国語の他動詞が使われているが、第一回のパレードではこの動詞が異なる文脈で用いられていた。二〇〇三年の第一回パレードは「同性愛者を見ろ（看見同性恋）」をテーマとし、異性愛社会に対して「私たち（同性愛者）を見ろ」と呼びかけた。しかし二〇一四年に「見る」ことを要請されている主体は、異性愛者でなく「同志」の方である。「同性婚を求める運動が進展」し、「明るく、プライドに満ちて、ポジティブなモノガミー」を体現するレズビアンやゲイに対して、「さらに暗いクローゼットの中に押しやられ」た「同志たち」が呼びかけたのである。第5章で論じるように、この時期はまさに婚姻平等を求める運動が主流化するかたわら、同志運動やコミュニティのなかで社会的承認や資源へのアクセスをめぐる階層化や分断が意識され始めていた。こうした状況のなかで「同志」は決して一枚岩的なカテゴリーではなく、異性愛規範に従順な（ホモノーマティブな）レズビアンやゲイによって代表されるものではないとする批判が起きたのである。

約五〇〇名の参加者から始まった台湾同志パレードは、性的マイノリティの問題が政治的に解決すべき人権課題として社会的承認を獲得するにつれて、可視性と参加者の動員を拡大することに成功した。参加者は二〇〇六年に一万人を超え、二〇一〇年には三万人、二〇一二年に六万五千人、二〇一七年に一二万三千人、二〇一九年には二〇万人を超えたとされる。

パレードの急速な規模拡大を背景に、多様なアクターがこれを観光資源（図3-10）や「ピンク・

図 3-10　台北市がプライドパレードに合わせて刊行した雑誌の「同志特集」

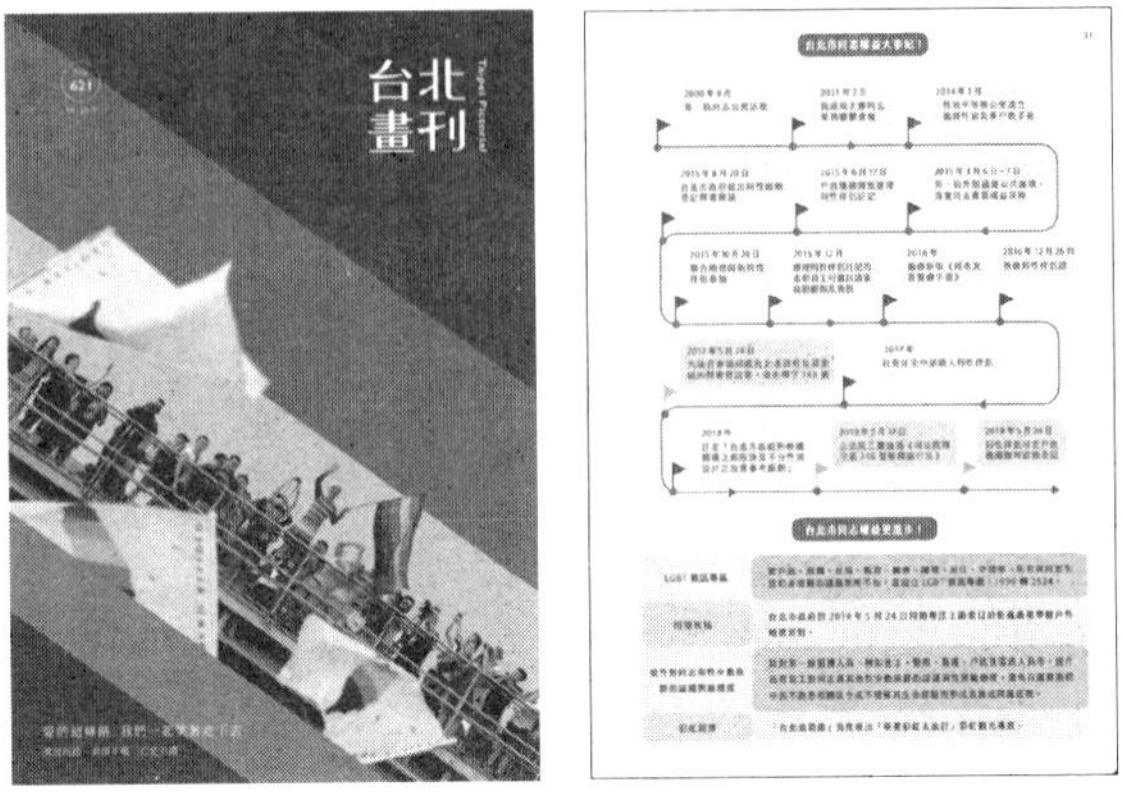

出所：台北市政府観光電波局『台北書刊』（2019 年 10 月号、巻頭と 31 頁）

マネー」をもたらすメガイベントとして認識するようになった。[103] 日本からの関心も高く、複数の旅行会社がパレードに参加する観光ツアーを組んでいる。二〇一二年には日本から千人を超える旅行者がパレード目的で台北を訪問したとされ（後藤純一 2012）、一〇月末の週末はホテルの価格も高騰している。こうして台湾同志パレードは「香港や中国本土やタイ、マレーシア、シンガポールなどの人も集まるようになり、アジアのＬＧＢＴムーブメントの中心的なイベントとして認知されるように」なった（同上）。

加えて、パレードは外交資源としても注目を集めている。第5章で詳述するように、中国との対立から国際社会で周縁化された台湾は、二〇〇〇年代以降「ジェンダー平等」や「ＬＧＢＴフレンドリー」といった言説をとおして英語圏での関心を集めることに成功を収めた。ＣＮＮやＮＢＣ、ニューヨーク・タイムズといった英語圏のメディアからの取材も殺到し、「民主化に成功した台湾」というナショナル・イメージを台湾政府も市民たちも熱烈に歓迎したのである。

かつて白先勇（1983=2006: 13）は夜の新公園を「我々の王国」と称して、そこには「闇夜があるだけで、白昼はない。夜が明けるや、我々の王国はたちまち姿を隠す。極めて非合法な国だからである。我々には政府もなければ憲法もない。承認も受けていなければ、尊重されることもない」と書いた。約四〇年後の現在、パレード当日の日中の新公園（二二八和平紀念公園）は、日の光のもと、レインボーフラッグを手にする同志たちやアライの姿で溢れ返っている。性的マイノリティの存在は台北市からも「承認」され、「尊重」を受け、「台北市は同性愛者によって占領された」といわれるほど（郭玉潔 2012）、同志運動は動員と可視性を達成した。そして新公園をめぐる公的な歴史から抹消されてきたハッテン場の存在は、いまや政府も認めるところとなった。実際、文化部（文化政策を担う省庁）は二二八和平紀念公園の歴史を次のように記述している。

二二八和平紀念公園は、日本統治時代の一八九九年に建設が始まり、一九〇八年に基本が完成。当初は「新公園」と命名されました。〔……〕

第二次大戦後の一九四五年、国民政府が台湾を接収。一九四七年に起こった二・二八事件では、群衆が、当時公園内にあったラジオ局の建物（現在の台北二二八紀念館）を占拠して、蜂起を

103　近年、性的マイノリティが市場の購買層として注目を集めるようになり、グローバル企業を中心に性的マイノリティを顧客に想定した「ピンク・マーケット」への投資が拡大している。二〇一〇年代の日本でみられたいわゆる「ＬＧＢＴブーム」もこうしたネオリベラルな要請によるところが大きい。日本の状況については、新ヶ江章友（2021）が「市場化される社会運動」という観点から批判的に考察している。

呼び掛ける放送をおこない、台湾全土に抗議活動が広がるきっかけとなりました。その二・二八事件との関係が、事件発生から約五〇年後に公園が改名された理由です。
一九九六年二月二八日、公園内に建てられた二二八和平紀念碑が除幕され、公園の名称も「二二八和平紀念公園」に改められました。また、翌年には公園内に台北二二八紀念館が設置され、歴史を思い、その痛みを慰めるための紀念公園となりました。〔……〕
このほか、まだ性的マイノリティーに関する意識が低かった頃、この公園は男性同性愛者たちが集まる場になっていました。作家の白先勇が、小説《孽子》でこの公園を舞台にした同性愛者の物語を描いています。
（文化部 掲載年不明、強調引用者）

5 小括

本章では、台湾で一九九〇年代に発生した性的マイノリティの社会運動について、首都圏の事例をとりあげて考察した。また、運動の発生を条件づける背景として、性的マイノリティをめぐる言説と、その歴史的変化も検討した。

まず、一九五〇年代から八〇年代までは、同性愛を精神病とみなして治療や予防を強調する医療の言説と、これを性行為の次元でとらえてスティグマ化する道徳の言説が混在した。前者は同性愛を精神病とし、「治療」をつうじて「正常な異性愛」に矯正されるべきものとみなし、アイデンティティや人格の問題として把握した。後者は同性愛を不道徳な性行為として糾弾した。両者はときに因果関係を形成するものとして、相互に関連づけられて新聞紙面に登場した。

一九八〇年代から九〇年代にかけて大きな変化がみられた。一九八〇年代には、エイズ・パニックとも言える過剰な報道のなかで、「死」を媒介させてエイズと同性愛を結びつける言説がみられたが、これは衛生上の要請から同性愛者の「リアルな生態」に焦点を当てるという新たな関心も喚起した。一九九〇年代に入ると、民主化や社会運動に対する関心の高まりを背景に、当事者の取材にもとづいて性的マイノリティを人権の枠組みで語る言説が急増した。二〇〇〇年代には同性愛をスティグマ化する言説はみられなくなり、その「原因」や「治療」「予防」が語られることもなくなった。代わって、「同志」という運動の言説が主流化し、これを人権問題とする認識が定着した。同じ時期に、一九九〇年代までは医療の枠組みのなかでのみ語られたトランスジェンダーを人権の文脈で論じる新たな言説も台頭した。そして「同志」というカテゴリーがトランスジェンダーやバイセクシュアルを包摂し、性的マイノリティのアンブレラ・タームとして用いられるようになった。

次に、勃興期の社会運動として、新公園の改修計画をめぐって台北市との間で繰り広げられたレズビアンやゲイによる抗議運動をとりあげた。台湾同志パレードは台北市の新公園を行進の起点とするが、そこはかつてゲイ・バイセクシュアル男性たちが性行為や仲間を求めて集うハッテン場であり、その交流が夜間にのみ可能となる「非合法な国」(白先勇 1983= 2006: 13)であった。一九九四年に台北市長に就任した陳水扁は、公共空間の民主化を推進する過程で、中産階層の女性たちにとって有害なセクシュアルな要素の排除を試みた主流派フェミニストと結託して「安全でクリーンな台北市」を打ち出し、新公園の改修計画を公表した。

これを受けて大学生のレズビアンやゲイを中心に同志公民空間行動戦線が結成され、台北市に対する抗議運動を展開した。同志戦線は「民主」や「人権」を掲げて台北市長に就任した陳水扁の選挙戦略を逆手に取って、レズビアンやゲイも台北市の市民であるとするスローガンを提唱した。マスメディアへの戦略的な広報活動も功を奏し、同志戦線は台北市の「ゲイフレンドリー」な方針を勝ち取ることに成功した。このときに形成された性的マイノリティの団体と台北市とのネットワークが、二〇〇〇年以降の台北市の「LGBTフレンドリー」な施策を引き出す重要な背景となった。歴代の台北市長は台北同志公民権運動祭をサポートしつつ、「LGBTフレンドリーなグローバル都市」へと変化を遂げた台北市を称揚してきた。

本章の最後に、運動祭の一環として二〇〇三年に始まった台湾同志パレードをとりあげた。プライドパレードとは、参加者がレズビアン／ゲイ／バイセクシュアル／トランスジェンダー／アセクシュアル／……として公共空間に出現する行為であると同時に、不特定多数の身体が集まって「同志」という集合的アイデンティティを形成する社会運動である。「同志」とは、「同性愛（恋）」や「性転換（変性）」といったスティグマ化された「他者の言語」の代わりに、性的マイノリティがみずからを表現するための言語として「革命」や「抵抗」のニュアンスを伴って流用した言説である。それゆえ「同志」という集合的アイデンティティはその境界が固定化されておらず、つねに新たな性的アイデンティティやその名乗りを内部に取り込む不安定なカテゴリーでもあった。

台北市のプライドパレードは、二〇一〇年代にはアジア最大級の動員を実現するほど発展を遂げた。海外からも観光客が訪れるメガイベントとなり、政府や台北市、さまざまな企業もこれを外交資源あるいは観光資源として注目している。一九八〇年代に「闇夜があるだけで、白昼はない」とされた都市空間が、いまや世界に誇るべき「LGBTフレンドリーなグローバル・シティ」へと変化を遂げたのである。ただし、可視性を重視したプライドパレードに対しては、当初から宗教右派を背景とする団体や市議からの猛烈な攻撃がみられた。そしてこのような批判の声が、二〇一〇年代には「反同性愛運動」として結集し政治的成果を実現することになるのだが、これについては第5章で論じたい。

第4章　韓国II——「いつか訪れる解放」のために

1　はじめに

タブー視されてきた同性愛の問題が、韓国でも見慣れないものでなくなった。あちこちで同性愛者の集まりがつくられ、その声が大きくなっているのも事実である。〔……〕一九九四年に結成された国内初の女性同性愛者の会「仲間同士《キリキリ》〔끼리끼리〕」を立ちあげたチョン・ヘソンさん（仮名・二九歳）〔……〕は「絶望と苦痛の時間を過ごしている同性愛者たちに、それが決して性倒錯症や精神病ではない、選びようのないものであることを伝えたかった」と〔主張する〕。私たちの社会は、果たして同性愛者に対してどのような態度を取るべきだろうか。

（『朝鮮日報』一九九六年八月一〇日）

性的指向やジェンダー・アイデンティティが原因で、暴力や差別に遭って苦しんでいる人はいたるところにいます。絶対に安全であるべき学校や教育機関でも、児童や生徒は教師の同性愛嫌悪による暴力やいじめを受けています。これは、世界人権宣言が掲げる「教育を受ける権利」を侵害するものです。（潘基文《パン・ギムン》国連事務総長の発言）[104]

〔プライドパレードを含む〕クィア文化祭は、基本的に国民の情緒に反するイベントである。〔……〕もちろん性的マイノリティの人権は配慮されるべきだが、どのような理由があろうと同性愛を助長してはならない。いまだに悲しみが残るセウォル号の惨事から[105]一周年を迎えるにあたって、このようなイベントがソウルの中心で堂々と開かれるのは言語道断である。多くの国民が望まないクィア文化祭のソウル広場の〔使用〕許可は取り消されるべきだ。性的マイノリティの人権に劣らず、韓国社会の道徳的価値と規範も重要である。（『国民日報』二〇一五年四月六日）

二〇一二年一月二六日、ソウル特別市児童生徒人権条例（서울특별시 학생인권 조례）が公布された。[106]この条例は幼稚園児から高校生までの未成年者の人権を定めたものだが、性別のみならず性的指

104 出典はソウル特別市教育庁（2018: 47）。日本語訳は引用者が一部修正した。

105 「セウォル号の惨事」とは、二〇一四年四月一六日に全羅南道珍島郡の観梅島沖海上で大型旅客船「セウォル」が転覆、沈没した事故を指す。この事故は乗員・乗客の死者二九九名、行方不明者五名、捜索作業員の死者八名を出す大惨事となったが、発生直後から政府の不適切な事故対応への批判が噴出し、最終的に朴槿恵政権を揺るがす問題にまで発展した。

106 ソウル特別市教育庁は「학생」という韓国語に「学生」という日本語をあてて「ソウル特別市学生人権条例」と訳しているが（ソウル特別市教育庁 2018）、条例の対象が幼稚園から高校までの児童および生徒であることから本書では「児童生徒」と訳出した。

向やジェンダー・アイデンティティにもとづく差別の禁止を導入したという点で画期的な施策であった。二〇一五年には台北市や日本の渋谷区といった自治体で同性パートナーシップを承認する条例が制定されたが、性的マイノリティの人権保障という点でソウル市の条例はこれらに先駆けるものとなった。[107]

韓国でも一九八〇年代以降の民主化を背景に新しい社会運動が勃興した。一九九〇年代なかばには性的マイノリティの運動団体が結成され、差別の解消や人権の保障を求めて多様な運動を展開した。かつて同性愛を「性倒錯症」とみなした新聞メディアも、一九九六年にはレズビアン団体の代表の声をとりあげて「同性愛者に対してどのような態度を取るべきだろうか」といった逡巡（あるいはナイーブな独白）をみせるようになった（冒頭ひとつ目の引用）。

台湾と同じく、韓国でも二〇〇〇年代から一〇年代にかけて性的マイノリティの問題を人権と紐づける言説が主流化した（ふたつ目の引用）。第2章で論じた国防部の部隊管理訓令（二〇〇九年）や上述のソウル市の条例（二〇一二年）が、そうした変化の象徴的事例と言える。しかし性的マイノリティの権利が政治的関心事となると、これに対する反動もみられるようになった。保守メディアの『国民日報』は、「性的マイノリティの人権は配慮されるべき」と譲歩しながらもプライドパレードが「国民の情緒に反するイベント」であると主張して、ソウル市に対して公共空間の使用許可を認めないよう訴えかけている（三つ目の引用文）。

本章では、一九九〇年代の韓国で発生した性的マイノリティの社会運動を考察する。次節では、韓国社会において性的マイノリティがどのように認識されてきたかを新聞記事をつうじて分析する。次に、ソウル市の条例を性的マイノリティ運動の成功事例と位置づけて、その制定過程を検討する。最後に、ソウルクィアパレードをとりあげて、性的マイノリティ運動の特徴や課題を論じる。これらをとおして、韓国の首都圏で社会運動がどのように性的マイノリティの生存空間を切りひらいてきたかを明らかにしたい。

2 「変態性欲」から「人権」へ

この節では、一九五〇年代から二〇一〇年代までの期間中、『朝鮮日報』『ハンギョレ』『国民日報』という新聞三社が「同性愛」と「トランスジェンダー」をどのように報じてきたかを検討する。まず、これら新聞社の性質や検索に用いたキーワードについて簡単に説明しておきたい。

一九二〇年に発行が開始された『朝鮮日報』は長い歴史と国内首位の発行部数を誇るため、長期的な言説の変容を検討するうえで参照に値する。他方、『ハンギョレ』（創刊当初は『ハンギョレ新聞』）と『国民日報』はいずれも一九八八年に刊行された新興メディアだが、前者が「言論の民主化」を牽引してきたことで知られる進歩派メディアであるのに対し、後者は汝矣島《ヨイド》純福音教会が刊行する保守系メディアである。性的マイノリティに対する対照的な論調がみられると仮定してこれら

107 性的指向にもとづく差別の禁止を規定した条例としては、二〇一〇年に京畿道児童生徒人権条例が制定されている。ただしジェンダー・アイデンティティも含んだ条例は、ソウル市のこれが東アジアで最初の事例となった。

図4-1 「同性愛」または「性転換」を含む『朝鮮日報』の記事数の推移（1970-1999）

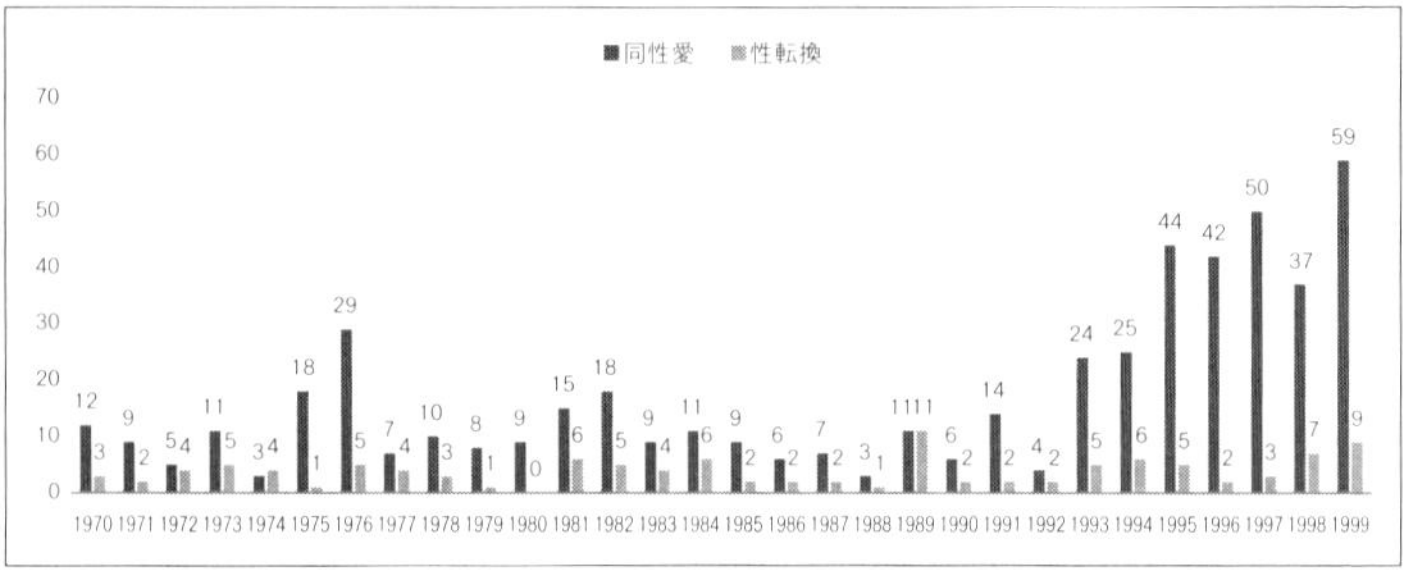

出所：『朝鮮日報』のデータベースから筆者が作成

を選定した。

検索のキーワードについては、日本語からの訳語の「동성애（同性愛）」と、「성전환（性転換）」および英語由来の「트랜스젠더（トランスジェンダー）」を用いた。「トランスジェンダー」の初出は朝鮮日報が一九九八年、『ハンギョレ』と『国民日報』が二〇〇一年であり、二〇一〇年代に入る頃には三つのメディアすべてでこの表記が主流となっていくが、それ以前には「性転換」という表現が用いられた。

図4-1のグラフは「同性愛」または「性転換」をタイトルあるいは本文に含む朝鮮日報の記事件数の年度別推移（一九七〇～九九年）を表したものである。記事件数は年によってばらつきがみられるが、一九九〇年代にかけて「同性愛」をとりあげた記事が増加していることがわかる。一方、「性転換」を含む記事件数には大きな変化はみられず、一桁で推移している。

医療言説と道徳言説の混在

トランスジェンダーについては、台湾と同じく、一九九九

○年代まで一貫して医療の枠組みで語られていた。「性転換（症）」という用語が用いられ、そのほとんどが国外で「性転換手術」が「成功」した（ときに「失敗」した）ことを報じる記事だった。二○○○年代に人権と紐づけられるようになるまでは記事の件数も少なく、単発的な報道で本文も短く、記者の道徳的判断を介入させず「客観的」な立場を装う記事が多くを占めた。

同性愛も一九五〇年代から八〇年代までは「性倒錯症（성도착증）」という医療の用語で表現された。ただし、そこにはつねに道徳的判断が介在し、露悪的なケースでは「異常犯罪」の原因として同性愛を同定した記事もあった。たとえば、一九六三年六月一八日付の朝鮮日報は同性愛を「変態性欲者（변태성욕자）」とし、「人を殺したり子どもたちを誘拐していたずらをしたりして快感を感じる」傾向から、同性愛者が「いつ犯罪を犯すかわからない危険な状態」にあるとして「治療」の必要性を訴える医師の発言を紹介している（図4-2）。ではどのような「治療」が可能かというと、具体的な説明はない。また、若者の非行や性病の蔓延といった「社会病理」を報じた記事でも同性愛がその「元凶」であると報じられた（『朝鮮日報』一九七六年九月二六日）。

図 4-2　「隠れた恐怖 精神異常 近親殺人に誘拐まで」

숨은恐怖 精神異狀
犯罪와 안팎사이
近親殺人에 誘拐까지

出所：『朝鮮日報』（1963. 6. 18）

同性愛を「性倒錯症」という医療言説で把握する近

代的想像力は、前近代の歴史上の人物にも遡及的に投影されている。高麗第三一代の恭愍王《コンミン》（一三三〇〜一三七四年）をとりあげた特集記事がある。恭愍王は中国元朝に対する抵抗運動や政治改革を進めた著名な人物だが、記事によると、かれは晩年に「精神病」を発症して「性対象倒錯症患者」となり、「同性愛行為」に耽ったせいで宦官に殺されてしまった（『朝鮮日報』一九七三年六月一五日）。国防部は一九七五年に改訂した「兵役判定身体検査等検査規則」で同性愛を「性倒錯症」と定義したが、これに先立って同性愛を「性倒錯症」とする言説がみられたことがわかる。

人権と嫌悪のダブルスタンダード

一九九〇年代に入ると、米国や国連の動向を報じる記事で同性愛を人権と紐づけた論調が目立ち、このようなフレームが次第に国内の状況をとりあげた記事にも適用されていく。台湾と同様、クリントン大統領のリベラルな方針（軍隊における同性愛者の処遇）が関心を集めた（『朝鮮日報』一九九二年七月一三日、一九九三年一月三一日、同年三月一七日、同年七月二一日、一九九四年七月二〇日）。国連の動向も注目を集め、とりわけ北京女性会議で同性愛者の人権問題が焦点化されたことがクローズアップされた（『朝鮮日報』一九九五年九月一日、同年九月四日、同年九月五日、同年九月一三日、同年九月一六日）。図4－3は、「レズビアン（同性愛女性）の人権問題が国連レベルで初めて議論された」ものの「最終的な草案からは抜け落ちた」ことを報じた記事である。

一方、一九八〇年代末から九〇年代にかけて、エイズに関する過熱報道もみられた。国内にエイズをもたらす「公敵」とする嫌悪記事も増殖したが、同じ記事のなかで同性愛を「人権問題」

として留保をつけるなど、錯綜した状況もみられた。たとえば、「同性愛による感染急増」（『朝鮮日報』一九八九年一〇月六日）と題した記事では、ゲイ男性らが集まるソウル市の繁華街として鍾路《チョンノ》や梨泰院《イテウォン》に言及しつつ、「異常性欲、すなわち一種の病気」である「同性愛者に対して関心を持って探し出し、正常人に戻す義務が家族を含むすべての人々にある」と警鐘を鳴らしているが、同記事は米国の同性愛解放運動を肯定的に紹介している。明らかなダブルスタンダードだが、国内と国外で論調を切り分けたものと考えてよさそうだ。

図 4-3　北京女性会議を報じた記事

폐막식 늦추며「선언합의」안간힘

막내린 세계여성회의

행동강령 놓고 선진-개도국 "설전"

同性愛 인정은 "시기상조다" 결론

出所：『朝鮮日報』（1995. 9. 16）

一九九〇年代なかごろには、国内の報道にも「人権」というフレームが登場する。こうした潮流を後押ししたのが、性的マイノリティの社会運動を報じた記事だった。一九九五年六月二二日付の小さな記事は、『朝鮮日報』で初めて国内の性的マイノリティ運動に言及したものである。

国内の同性愛者団体のメンバーが〔一九九五年六月〕二六日午前、ソウル麻浦区延南洞のビルで「韓国同性愛者人権運動協議会〔한국동성애자인권운동협의회〕」を結成して、記者会見を開催した。

参加団体は「友だち同士《チングサイ》〔친구 사이〕」「仲間同士《キリキリ》〔끼리끼리〕」「カム・トゥギャザー〔컴투게더〕」「心001

〔마음001〕」の四団体である。四つの団体を合わせると、メンバーは一〇〇人あまりに達する。「友だち同士《チングサイ》」は一九九三年一二月、国内で初めてつくられた男性同性愛者（ゲイ）の会。「仲間同士《キリキリ》」は去年の一月に結成された女性同性愛者（レズビアン）の会で、メンバーは約三〇人。年初に学報などをつうじてオープンにメンバーを募集した「カム・トゥギャザー」と「心101」はそれぞれ延世大学とソウル大学の同性愛者の集まりである。メンバーらは「これまで『同性愛に対するあらゆる偏見と侮蔑』を正すために会報の発行やセミナーの開催など多様な活動に取り組んできたが、限界を感じ、四つの団体が連帯することを決めた」と話した。

これらの団体は発足宣言文で「同性愛は異常な現象ではなく、異性愛と同じように独自の愛と性の制度である」と主張し、同性愛者に対して社会が侮辱や非難をやめること、同性愛者の人権運動に対する社会的な支援の制度を形成すること、同性愛に対する民主的な教育機会を提供することなどを要求した。

この記事を皮切りに、『朝鮮日報』では同性愛を周縁化してきた社会や政治のありかたを批判する社会運動団体や当事者の声が頻繁にとりあげられるようになる。たとえば一九九六年五月二九日の記事では、セクシュアリティの管理を担った近代医学の「偏り」を批判的に論じ、同性愛を「非正常」とした社会を問い直している。

社会運動とバックラッシュ

一九八八年創刊の『ハンギョレ』は、言論の領域で民主化を牽引した新興メディアとして高く評価されてきた[108]（한겨레신문사 2008）。『ハンギョレ』は一九九〇年代後半から性的マイノリティに焦点を当てた記事を多く掲載し、現在まで一貫してこれを人権の観点から肯定的に報じている。長らく「聖域」とされた軍隊内部の女性や性的マイノリティに対する人権侵害を告発してきたのも同紙であった（第2章参照）。

『ハンギョレ』は「イーバン（이반）」という言葉をいち早くとりあげている（一九九六年七月二〇日）。「イーバン」とは、異性愛者を「一般《イルバン》（일반）」とする社会において同性愛者は周縁化された「二般《イーバン》（이반）」――「二級市民」――であるといった皮肉を込めた造語である。汚辱にまみれた歴史を挑発的に引き受けることで、同性愛者を劣位に置く異性愛社会を批判的にとらえ返すことを企図した用法である[109]。

「イーバン」という表現は一九九五年頃から性的マイノリティのオンライン・コミュニティで使われ始めたという（John Cho 2020）。ただし台湾を含む中国語圏で「同志」という言葉が主流化した

108　冷戦期には朴正煕政権（一九六三～七九年）や全斗煥政権下（一九八〇～八八年）で言論統制や苛烈な弾圧がおこなわれた。一九八〇年には政権に批判的な姿勢をとがめられて多くの新聞記者が解職されたが、これらの記者が中心になって言論の自由を求める運動を展開した。この運動を推進した記者たちが「国民株方式」という独自のシステムを導入して『ハンギョレ新聞』を一九八八年に創刊した（森類臣 2012, 2013）。

109　用法としては英語の‘queer’と似ているが、‘queer’が性的な侮蔑表現として用いられてきたのに対し、「イーバン」という表現自体は性的なニュアンスを含まない。

図 4-4　「同性愛」に関する『国民日報』と『ハンギョレ』の記事数の推移（2000-2019）

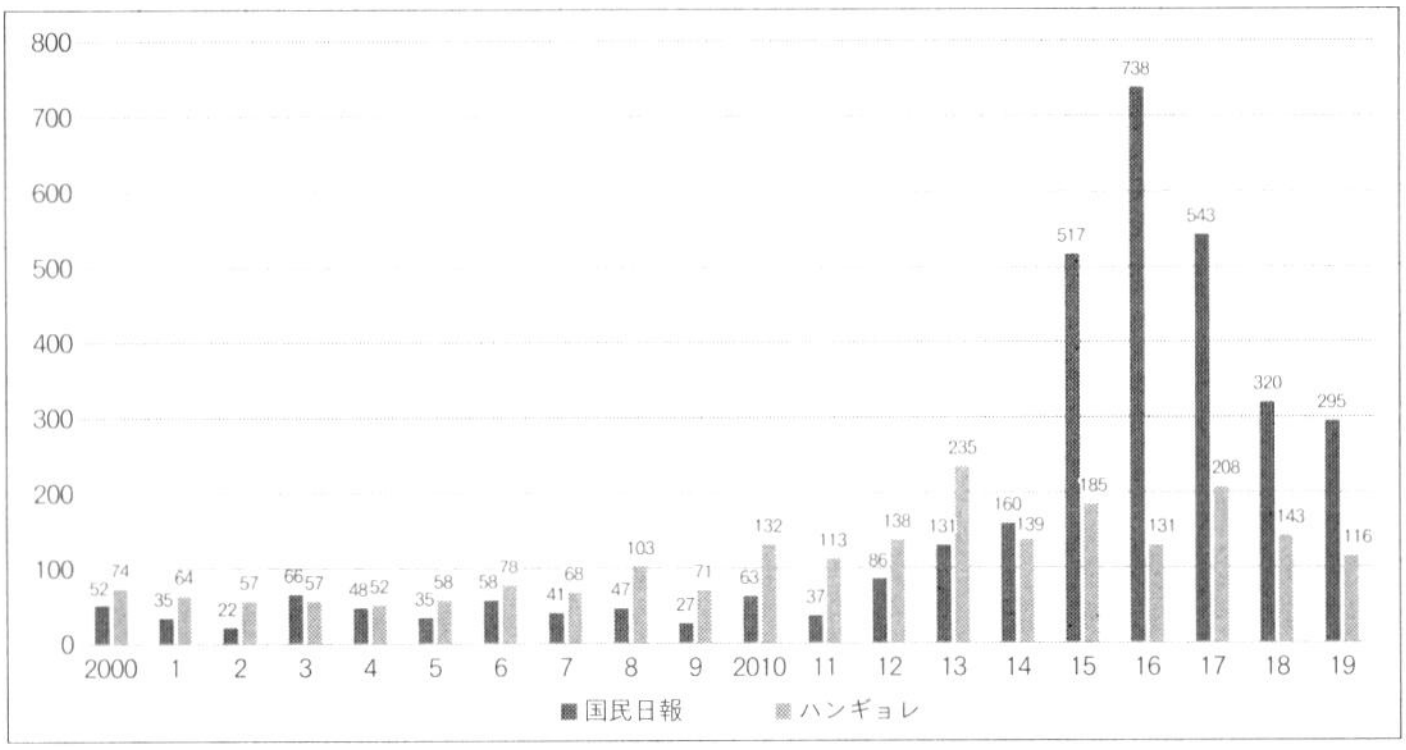

出所：『国民日報』と『ハンギョレ』のデータベースから筆者作成

のに対し、「イーバン」は二〇〇〇年代には徐々に用いられなくなり、いまでは英語由来の「ゲイ（게이）」や「レズビアン（레즈비언）」、「バイセクシュアル（바이섹슈얼）」、「トランスジェンダー（트랜스젠더）」といった表現が一般化し、アンブレラ・タームとしては漢字語由来の「性的少数者（성소수자）」や英語由来の「クィア（퀴어）」が広く使われている。

二〇〇〇年代と一〇年代をとおして性的マイノリティの権利が政治的に解決すべき課題として語られるようになると、これに抗議する記事も含めてこれらの単語を含む記事が爆発的に増加していった。一方で『ハンギョレ』が国連や米国の動向をフォローしつつ国内の社会運動を肯定的に報じる記事を増やすと、他方で『国民日報』が性的マイノリティの権利や運動を否定する記事を量産させた（図4－4）。そしてソウル市児童生徒人権条例や差別禁止法をめぐって『国民日報』は過熱報道を展開している。

トランスジェンダーに関する記事も二〇一〇年代

に増加し、『ハンギョレ』も『国民日報』もともに年間三〇件前後で推移している。一九九〇年代までは医療の枠組みで語られたが、二〇〇〇年代に入る頃には医療に加えて社会や政治の問題とする論調が目立ちはじめる。

二〇〇六年の『ハンギョレ』の記事は、「性転換症」が「生まれついた性別に対して、思春期以降も持続的にアイデンティティの障害を感じ、……もうひとつの性別に帰属しようとする状態」を指す精神疾病であると説明しつつ、最高裁が「性転換者の戸籍訂正を認める決定を下した」ことを報じて、「人間の尊厳と価値を尊重する」という観点から「性別の訂正と改名が法的に可能でなければならない」とする論説を掲載している（二〇〇六年六月二七日）。

二〇一〇年代に入ると、「性転換」の代わりに「トランスジェンダー」が用いられるようになる。二〇一二年には人間を「女性と男性のふたつ」に差異化する「堅固な二分法的な枠組み」である「性別」がトランスに「不都合」をもたらしていると主張する当事者のインタビュー記事が掲載されている（『ハンギョレ』二〇一二年一二月六日）。トランスジェンダーを医療の枠組みで捕捉する記事はなくならないものの、「障害」を生み出しているのはバイナリーな政治や社会の側にあるとする主張が主流化していった。

性的マイノリティを個人の病理モデルでとらえるのでなく「社会問題」として報じる『ハンギョレ』に対し、『国民日報』はこれが「人権問題」であると前置きしながらも権利の保障や社会運動を否定する嫌悪記事を大量に流通させている。なかでも、同性愛の「助長」が信教の自由に対する侵害であるとか（『国民日報』二〇一一年一一月三〇日）、道徳的に不健全であるといった論調（『国民日報』二〇一五年六月一日）が多くを占めるが、バックラッシュ言説の分析は第6章で詳述したい。いずれにせよ、二〇〇〇年代から一〇年代にかけて性的マイノリティの権利をめぐる対立が可視化したのである。

3　ソウル市児童生徒人権条例――性的マイノリティ運動と生徒人権運動の共闘

二〇一二年一月二六日、ソウル特別市児童生徒人権条例（「人権条例」と略記）が公布された。人権条例の特徴は、これまで「未熟」で「訓育・統制」の対象とされた青少年（児童・生徒）を人権主体として承認したところにある。「人権フレンドリー（human rights friendly）な学校」づくりが条例制定の目的とされた（ソウル特別市教育庁 2018: 6, 18）。

民主化運動を背景に韓国社会の人権に関する意識は向上したが、学校や軍隊はその「死角」とされた。頭髪や服装に関する厳格な規定、補習という名の強制的な長時間学習、宗教学校における礼拝の強要、体罰、携帯電話の没収、「イーバン検閲」と呼ばれる女子学生間の「過度な親密関係」に対する教師の検閲（Layoung Shin 2020）など、問題含みの青少年に対する懲罰行為は「訓育」や「統制」の名目で正当化され、規律化された身体の構築が目指されてきた（同上7）。

一九九一年に韓国政府が国連「子どもの権利条約」[110]を批准したことを契機に、青少年の人権が政治の関心事となった。進歩派の金大中《キム・デジュン》政権は一九九八年に「児童生徒人権宣言」の制定を試みたり、盧武鉉《ノ・ムヒョン》政権も二〇〇六年に「児童生徒人権法案」を発議したりしている。ただし、いずれも保守派の反発を受けて挫折を余儀なくされた。

　このように教育行政をめぐって進歩派と保守派の政治的対立がつづくなか、ソウル市で人権条例が実現したのである。この条例は「差別を受けない権利」を規定した第五条で「性的指向」と「ジェンダー・アイデンティティ」を導入したが、これがソウル市議会の内外で物議を醸して激しいバックラッシュを喚起することになった。人権条例は住民発議による草の根運動の成功例とされるが（ソウル特別市教育庁 2018: 42）、性的マイノリティ運動はこれにどのように関与したのだろうか。また、人権条例をめぐって市議会の内外ではいかなる議論がなされ、どのようにバックラッシュが展開したのだろうか。

生徒人権運動の盛りあがり

ソウル市児童生徒人権条例は、トップダウンではなく「下からの運動」の成果だった。朝鮮・韓国の近現代史において、学生は抗日独立運動から民主化運動までつねに社会運動の中核に位置したが、学校に所属する青少年の人権が焦点化されたのは一九九〇年代に入ってからであった（김

110　子どもの権利条約（Convention of the Rights of the Child）は一九八九年に国連総会で採択された。その特徴は、子ども（一八歳未満の人）が保護される対象であると同時に権利を持つ主体であることを定めた点にある。締約国は一九〇を超え、世界でももっとも広く受け入れられている人権条約である。なお、日本政府がこれを批准したのは一九九四年だが、教育の無償化をはじめ課題はいまも山積している。

図 4-5 「ソウル市児童生徒徒人権条例が制定されるまで」

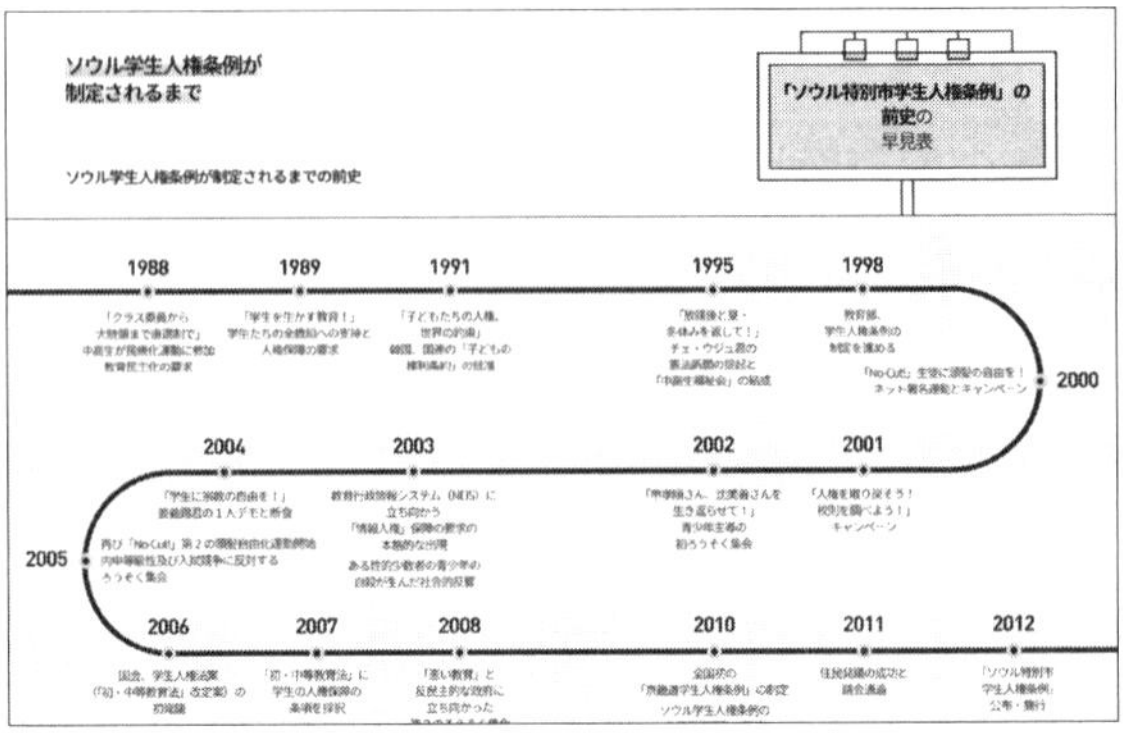

出所：ソウル特別市教育庁（2018: 30-31）

연주・나영정 2013: 322)。以下では、このような観点から展開した「生徒人権運動（학생인권운동）」[111]について論じていきたい。

一九九〇年代におけるインターネットの普及と大衆化は[112]、青少年や性的マイノリティの社会運動への参与を促進した（同上 322-330）。一九九五年、原州《ウォンジュ》高校の生徒が学校の強制的な「夜間自律学習」の慣行に対して抗議する意思をオンラインで表明した。これをきっかけに「自律学習」の強要が生徒の自由や人権を侵害しているとする認識が広がった[113]。「中高生福祉会」という団体が組織化されて「中高生人権宣言」を公表するなど[114]、生徒（青少年）を権利や人権の主体として位置づける運動がおこなわれた。インターネットの普及とオンライン空間へのアクセスは、公共空間に身体を晒すことが困難な青少年の社会運動への参入を促したのである。

二〇〇〇年代に入ると、「生徒の人権」はより具体的な制度や施策と結びついて議論が展開される（図4-5、ソウル特別市教育庁 2018: 30-37）。一例をあげると、二〇〇〇年には学校の厳格な頭髪規

制に反対する「ノーカット運動（노컷운동）」が興り、二〇万人を超える署名を集めた。その結果、頭髪規定の改正を学校に求める約束を教育部からとりつけることに成功している。

社会運動の組織化も進んだ。二〇〇一年には「全国中高生連合」が発足し、集会やデモへの自由を求める声が広がった。二〇〇二年六月に京畿道《キョンギド》でふたりの女子中学生が米軍の装甲車に轢かれて死亡する事件が起きると、米軍に対する抗議集会（ろうそく集会）が一年以上にわたって開かれ、多くの青少年や市民団体が参加した。[115] ろうそく集会の広がりと青少年の「政治化」を恐れた

111　直訳すると「学生人権運動」となるが、これらの運動主体がおもに中学生と高校生であったことから（ソウル特別市教育庁 2018）、本書では「生徒人権運動」と訳出した。

112　一九九七年のアジア金融危機を受けて、財閥解体や規制緩和といった構造改革とともに情報化やＩＴの推進が経済回復の原動力として位置づけられた。二〇〇二年にはインターネット利用時間の長さやブロードバンド普及率で韓国は世界第一位を記録し（前者は一ヶ月あたり一七時間二分、後者は世帯普及率で五五・二％）、「世界最高水準のインターネット環境」が実現したとされる（遊間和子 2001; 文京洙 2015）。

113　韓国の高校では、夕方に授業が終了後も夜一〇時頃まで学校で勉強することをなかば強制される慣習があり、これが人権の観点から批判されたのである。

114　一九九八年一一月三日、「中高生人権宣言」が公表された。宣言の一部を以下に引用する（安ウンギョン 2013: 29）。「教育現場である学校において、人生の現場である社会において、教育の主体である生徒の人権は公然と侵害されています。偏見や因習を通じてこのような侵害は暗黙的に正当化されています。それだけでなく、生徒の問題に対する社会的議論も、当事者である生徒を除いて大人が中心となって進められ、それによって一方的な保護・訓育の限界を超えることができない現実に置かれています。〔……〕これに対して、私たちは生徒も自分の意見や考えを持っている、独立したひとりの人格体であること、したがってそれにともなう当然な権利を持っていることを宣言します。そして私たちの権利や義務を自ら保障しようと思います」。

115　この事件を受けて米軍を糾弾する世論が高まり、抗議デモや集会が活発にひらかれた。全国的な広がりをみせた抗議の声は、六月に京畿道で起きた事件だけでなく、これまで真相が明かされなかった在韓米軍の犯罪の解明を求める声や、在韓米軍地位協定の見直しを求める主張につながった。

教育当局や学校は生徒の集会を禁止しようと試みたが、皮肉にもこうした権威主義的な動きが集会・結社の自由を求める生徒の運動をさらに喚起し、結果的に多様な社会運動を巻き込んで盛りあがっていった。人権を求める青少年の運動は、その組織化だけでなく既存の（大人たちの）社会運動と連携することに成功したのである。

信教の自由を求める主張も可視化された。二〇〇四年にプロテスタント系の私立高校に通う生徒が礼拝の強要に抗議して、ソウル市教育庁前で「ひとりデモ」を敢行した。学校はこれを問題として当該生徒を退学処分としたが、生徒はこれを不当として国家人権委員会に陳情をおこない、さらに裁判所にも退学処分の無効を申請した。最終的に学校は退学処分を取り消し、生徒は礼拝参加の自由を勝ち取ることに成功した。この運動の成功と信教の自由を求める声の広がりは、プロテスタント右派の危機感を喚起して政治介入と保守運動の組織化を促進する重要な背景となるのだが、この点については第6章で論じたい。

二〇〇〇年代後半になると、政治制度へのアプローチも試みられた。おもに国家レベルで法改正を求める運動と、自治体レベルで条例の制定を要求する運動が展開した。前者の成果としては「初等・中等教育法」が改正され、「学校は憲法と国際人権条約に明示された児童生徒の人権を保障しなければならない」とする条文が新設された。後者としては、二〇〇五年に光州で児童生徒人権条例を求める運動が起きた。その後、同条例の制定を要求する運動が全国各地に広がり、人権条例の制定が進歩派の教育監および地方教育行政の重要な政治課題となった。[116] ソウルでも二〇一〇年七月に生徒人権団体や教育団体などが連合を組んで「児童生徒人権条例制定運動ソウル本部」を結成し、ボトムアップでの条例制定を目指して運動を進めることとなる。

性的マイノリティの社会運動の勃興と連帯

人権条例を求める青少年の運動に、性的マイノリティはどのように関与したのだろうか。この点を検討する前に、韓国における性的マイノリティの社会運動の発生についてみておきたい。最初に設立された同性愛者の社会運動団体は「草同会《チョドンフェ》（초동회）」である。[117] 一九九三年一一月にレズビアン三名とゲイ男性三名から構成される団体として結成された。これ以前にも繁華街などでバーやクラブが形成されたことが知られるが（柳姃希 2023）、性的マイノリティのアイデンティティにもとづいて集合的な異議申し立てに取り組んだという点で、この団体が社会運動の皮切り

116 二〇一〇年には京畿道で選出された進歩派の金相坤《キムサンゴン》教育監（二〇〇九～一四年）主導で児童生徒人権条例が初めて制定され、つづく二〇一一年には光州でも制定された。韓国では教育分野でも長らく中央集権的な体制が敷かれたが、二〇〇六年の教育自治法の改正を受けて、地方の教育を管轄する独任制執行機関の長である教育監が直接選挙で選出されるようになった。教育監は地方の教育を管轄する役割が与えられ、教育監のもとに教育庁が設置される。教育監には、人事権や予算編成・執行権、条例作成の権限などが固有の権限として認められている（植田啓嗣 2016: 162）。

117 一九七〇年代には「女運会（여운회）」と呼ばれる（現在の語彙で言うところの）レズビアンを中心とする性的マイノリティの集まりがあったことが知られている。メンバーの九割がタクシー運転手であり、年齢構成は一〇代から五〇代までと多様で、そのイベントには全国から千人を超える参加者が集うほど知名度もあった。ただし「権利」を求める社会運動というよりは、メンバーの誕生日や結婚、還暦、葬式などを助け合う相互扶助の集まりであったとされる。女運会は一〇年ほど活動をつづけたのち、構成員の高齢化や意見の対立などを経て解散したという（柳姃希 2023: 61）。韓国における一九八〇年代以前の性的マイノリティのコミュニティについて、日本語で読める文献としては柳姃希（2023）が参考になる。

とされている。

台湾と同じように、韓国でも「同性愛者」という集合的アイデンティティを形成する過程でジェンダー間の差異と権力勾配が緊張関係を形成した（이해솔 1999=2004; 김연주・나영정 2013; 柳姃希 2023)。エイズ・パニックを背景に、ゲイ男性が過剰な性愛のイメージを付与されてウイルスを撒き散らす「公敵」として強烈にスティグマ化されたのに対し、レズビアンはそもそも議論の対象とならなかった。軍刑法が問題化したのも「一級市民」としての男性間の性行為であり、女性は兵役からも、そして兵役に紐づけられた市民権のカテゴリーからも排除されていた。女性同士のロマンスや性愛がときに語られたとしても「まだ然るべき男性にめぐり会っていない思春期の一時的な問題」として矮小化・否認された（김연주・나영정 2013: 325)。

ジェンダー間の権力の非対称性とそれに対する男性たちの鈍感さは、草同会の運動に破綻をもたらした。ゲイ男性が「同性愛者」のスティグマ解消を重視してエイズ予防やセーファーセックスの啓発活動を優先課題と位置づけたのに対し、レズビアンたちはみずからの欲望と権利をゲイ男性とは異なるしかたで模索しなければならないと考えた。草同会は結成からわずか二ヶ月で解散し、その直後の一九九四年一月にはゲイ男性を中心とする「友だち同士《チングサイ》」が、そして同年一一月にはレズビアンを中心とする「仲間同士《キリキリ》」が結成され、それぞれのアプローチを探求することとなる。

こうしてアイデンティティに依拠した団体が結成されたのだが、とはいえジェンダーを超えた「同性愛者」や包摂的な「性的マイノリティ」として連帯するアプローチはその後も重視された。「連帯（연대)」は民主化運動以来、強権的な政府と対峙してきた韓国社会運動の特徴のひとつだが、

それは特定のイシューをめぐって団体の垣根を越えた協働を重んじる形式であり、民主化運動に成功をもたらす重要な背景にもなった（文京洙 2015; 申琪榮 2020）。「友だち同士《チングサイ》」と「仲間同士《キリキリ》」もマスメディアの偏向報道への抗議や学校の教科書の改善申し立てなどで互いに協力し、こうした取り組みでは「同性愛者」「性的マイノリティ」という包摂的《インクルーシブ》なフレームを採用している。

また、ネットワーク型の団体形成も韓国社会運動の特色である。一九九五年には複数の団体がネットワークを構築して「韓国同性愛者人権運動協議会」（二〇〇〇年に解散）が、九七年には大学を超えたサークル連合の「大学同性愛者人権連合」（二〇一五年に「行動する性的マイノリティ人権連帯」へ改称）が結成され、包摂的《インクルーシブ》な団体としてプレゼンスを発揮している。

こうした社会運動の「連帯」の重要性について、「行動する性的マイノリティ人権連帯」は次のように強調している。

> 私たちはこの社会の権力構造から疎外され差別を受ける性的マイノリティの権利を代弁する人権団体として、レズビアン、ゲイ、トランスジェンダー／性転換《ママ》者、バイセクシュアル、そしてすべての性的マイノリティの人権を取り戻すために努力する。〔……〕私たちは労働者、女性、移住労働者、障害者、ＨＩＶ／エイズ感染者、難民、児童、青少年、貧困層など、抑圧や差別から自由でない社会的マイノリティと積極的に連帯して人権と多様性が尊重される平等な社会を作るために努力する。
>
> （행동하는성소수자인권연대 n.d.）

ここでは「性的マイノリティの人権」が他のマイノリティ集団のように「社会の権力構造」によって奪われているとする認識を示したうえで、「すべての性的マイノリティ」や多様な「社会的マイノリティ」との「連帯」が強調されている。連帯を重視した性的マイノリティ運動は民主化や人権と関わりを持つ多様な社会問題への関与を推し進め、その過程で生徒人権運動と出会うのだが、両者の運動の繋ぎ目となったのが「青少年の同性愛者」をめぐる問題であった。

「青少年の同性愛者である」ということ

青少年の同性愛者であることは、これまでの議論を踏まえるなら、韓国社会において二重に周縁化されていることを意味する。「青少年であること」と「同性愛者であること」、いずれの場合も人権や権利の主体として想定されてこなかったからだ。

性的マイノリティの運動が青少年の問題に介入を進めた直接的な契機として、国家の検閲制度があった。一九九七年に青少年保護法が制定され、青少年を「有害な環境」から保護し、「正しく、健全な成長」へ導くことを目的にインターネットの規制が始まった。コンテンツに応じて「等級」を設けるレーティングと、利用者の年齢によってアクセスに制限を加えるゾーニング制度が導入され、その結果、「エックスゾーン」（ゲイ男性向けのウェブサイト）や「仲間同士《キリキリ》」などの同性愛に関するサイトが「青少年有害メディア」に指定されたのである。未成年者はこれらのサイトにアクセスすることができなくなり、検索サイトで「同性愛」というキーワードを指定する際にも成人認証が必須とされた。

青少年保護法は、施行令（第七条）で「同性愛」を「獣姦」や「乱交」、「売春行為」、「近親相姦」、「加虐・被虐性淫乱症」と列挙して「変態性行為」と定義し、「社会通念上、許容されない性交」と位置づけた。そして関連サイトやページへの未成年者のアクセスを禁止したのである。

このような検閲制度に対して性的マイノリティ運動は抗議を始めた。同性愛者連合は、「セクシュアル・アイデンティティを自由にオープンにして生きていくことのできない韓国社会の現実」を指摘したうえで、「それなりに自由に自分を出して同性愛者としての生活と悩みを共有することができるインターネット空間は同性愛者にとってきわめて重要」であると異議を申し立てた（한국동성애자연합 2003）。また、エックスゾーンを運営するゲイ男性が「青少年有害メディア」の指定を無効と主張して二〇〇二年に裁判を起こした。

しかしながらこの裁判で青少年の同性愛者（青少年であると同時に同性愛者でもある人）の権利は適切な理解を得ることができなかった。事実、ソウル高裁は次のような根拠を提示して原告の主張を退けている。

> 同性愛を有害として情報の生産と拡散を規制する場合、性的マイノリティである同性愛者の人格権・幸福追求権に属する性的自己決定権や知る権利といった憲法上の基本権を制限する恐れがあるという見方もある。しかし（同性愛に関するウェブサイトが）青少年に性的自己アイデンティティの真剣な省察のきっかけを提供するのでなく、性的想像や好奇心を助長する副作用をもたらすなどして人格形成に支障をきたす恐れがあることも否定することはできない。（정성운 2007）

この判決文において、同性愛者が権利の法的主体であるという事実はいちおうは承認を受けているようにみえる。事実、「性的自己決定権」や「知る権利」といった「憲法上の基本権」が同性愛者にもあるとする見解が明言されている。にもかかわらず、青少年の同性愛者には「憲法上の基本権」が認められなかったのだ。なぜなら、判決文は青少年が異性愛であるべきとする想定を前提としたからである。「人格形成」が発展途上の段階にあるとされる青少年は、一時的には同性愛やトランスジェンダーとしての揺らぎを経験するかもしれない。しかし、ゆくゆくはシスジェンダーの異性愛者「になる」か、そう「であるべき」なのだから、国家は青少年を「有害」な（すなわち同性愛を誘発しかねない誘惑的な！）情報から保護する役割を担うと判決文は主張したのである。

ここにおいて、セクシュアリティと年齢というふたつの権力が交差するところに位置する青少年の同性愛者の存在は、法的な承認を受けなかった。この判決文が奇妙にみえる理由は、成人の同性愛者には「憲法上の基本権」があるとしながらも青少年にはそれを認めないというダブルスタンダードによるものだが、そこには青少年がかくも容易に（関連サイトにアクセスするだけで！）同性愛者になってしまうかもしれないという、司法や国家のパラノイア的不安を読みとることができる。いずれにせよ、この裁判は五年間の闘争を経て、二〇〇七年に原告の敗訴で確定してしまった。

しかし、訴訟とは異なるアプローチが政治を動かした。二〇〇二年に「仲間同士《キリキリ》」と「同性愛者

人権連帯」が国家人権委員会に対して陳情を試みたのである。国家人権委員会はこれを受理して調査した結果、同性愛が「正常な性的指向のひとつ」であることを根拠として、同性愛者に「幸福追求権と平等権、表現の自由」が認められるべきであると主張した（국가인권위원회 2003）。そのうえで、青少年有害メディアの審議基準から「同性愛」の項目を削除するよう政府に対して勧告した。これを受けて「同性愛」項目は削除された。裁判では敗訴したものの、国家人権委員会へのアプローチが功を奏したのである。

ところがこの騒動がもうひとつの悲劇をもたらした。国家人権委員会が政府勧告を公表した五日後の四月七日、韓国基督教総連合会がこれを批判する声明を公開し、その直後に青少年のゲイ男性が自死する事件が起きたのである。プロテスタント系として最大規模の連合団体である韓国基督教総連合会（以下「韓基総」と略記）[118]は、同性愛者について「ソドムとゴモラの硫黄の火で審判しなければならない」と述べて国家人権委員会の勧告を痛烈に批判した。一九歳だったユン・ヒョンソク（윤현석）は韓基総を批判する遺書を遺して、同性愛者人権連帯のオフィスで亡くなっているところを発見された（図4－6）。

「六友堂《육우당》」というペンネームで多くの詩作を遺したユン（一九八四～二〇〇三年）は、高校三年のときに同性愛者であることを同級生にカミングアウトした。これをきっかけに同級生からいじめ

118　韓国基督教総連合会は一九八九年に発足した最大規模のプロテスタント連合会だが、二〇〇〇年代に不祥事が相次ぎ、二〇一九年にはプロテスタント全教団のうち加盟団体が一一%にとどまっている。二〇〇〇年代以降の反同性愛運動を牽引してきた団体としても知られる。

図4-6　同性愛者人権連帯が編集して出版したユン・ヒョンソクの追悼集『故・六友堂 追悼集――僕の魂は花吹雪になって』

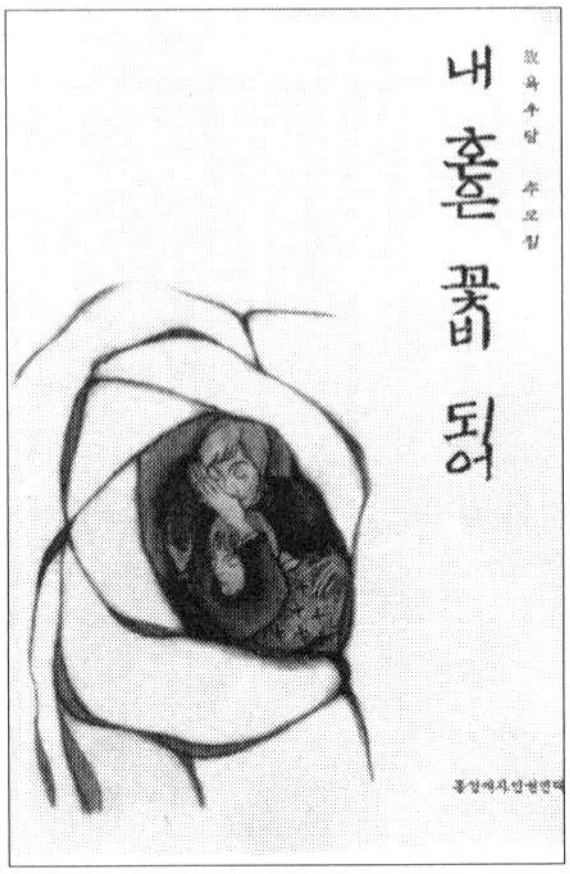

出所：육우당（2006）表紙

の暴力を受け、うつ病を発症して学校を退学したのち、同性愛者人権連帯の事務所に出入りするようになった。イラク戦争への抗議や兵役拒否デモなど左派運動への参与を始めたユンは、自身のセクシュアリティについて「正常じゃないとは思わない。右利きがいるように左利きもいるし、こんな道があればあんな道もある。普通の人が『もっとも多く行き来する道』をゆくとすれば、僕はただ『人通りの少ない道』を歩いているだけ」と述べている（육우당 2006: 115）。とはいえ「イーバン」であることによって生じた周囲との葛藤、そして学校生活や家族関係で生じた苦悩についても多くの詩作や日記に書き遺している。

クリスチャンだったユンにとって韓基総の声明文が与えた衝撃は大きかった。その翌日の日記には次のように綴られている。

> とにかく大変。韓基総が同性愛のサイトを有害メディア〔のリスト〕から削除することに強く反対したから。もちろん予想はしていたが、韓基総の勢力が強大すぎて、もしかすると同性愛サイトが有害メディア〔のリスト〕から削除されない可能性が出てきた。やはり許せないのは、保守的なキ

リスト教団体が、同性愛者のことをまるで死んで地獄に行かなければならない邪悪な集団であるかのように声明文で書いたこと。本当にひどいと思う。キリストの教えは敵も愛しなさいということだったのに。〔……〕どうして同性愛者をいまだに「悪魔」などというのだろう。（同上 114）

この翌日以降の日記には死を連想させる記述がみられる。

イア、[119] 僕が死ぬ前に「同性愛者の解放」を目にすることができるかな？ たぶん無理だよね？ でも僕は失望なんかしない。たとえ生きているうちに同性愛者の解放をみることができなかったとしても、後からくる人たちが苦しまなければそれでいい。次の世代のイーバンたちが堂々と暮らすためには同性愛者の人権活動家の苦労が必要なんだ。でも大丈夫。同性愛者の解放はいつか訪れる。（同上 115）

二〇〇三年四月二五日夜半、スタッフや仲間たちが去ったあと、同性愛者人権連帯のオフィスでユンは命を絶った。「韓国の同性愛者たち」に宛てた遺書がオフィスに遺された。

韓国の同性愛者たちへ

119 「イア」とは、日記のなかでユンが対話のパートナーとしてつくり出したみずからの「半身」の名前である。

いつかは……いつかは良い日が来ます。

私はこの世で生きるのが嫌だから旅立ちます。でもみなさんはそれぞれの「大切な人生」を、生きがいを持って生きてください。私はみなさんが硫黄の火の審判を受けるとは思いません。みなさんも「神の子」ですから。

言いたいことがとてもたくさんあります。ああ、これから死のうとしている人はこんなにもたくさん言いたいことがあるのか……。私が死ぬのを恐れる理由は、私を非難する人がきっといると思うからです。

「汚いホモ野郎、そうだ、よく死んだな……」

「母親の胸に釘を刺す親不孝者……」

「落伍者、クズ野郎……命を絶つなんて……」

私はただ安らかに休みたいのです。同人連〔同性愛者人権連帯〕の家族のみんな……みんな、お疲れさまでした。私は先にいきます。先輩たちの苦労が次の世代の同性愛者に大きな影響を及ぼすということを忘れないでください。それではさようなら。いままで楽しかったです。

ああ、すっきりしました。死んだ後は遠慮なく堂々と言えるでしょう。

「***《ママ》は同性愛者だ」と。

もう隠す必要もないし、それによって苦しむこともありません。

私の命が消えて、同性愛サイトが有害メディアから削除され、『ソドムとゴモラ』うんぬんを言う見せかけのキリスト教徒に対してなにか悟りを与えられるなら、それだけでも私の死は惜しくないと思います。分別のない偏見とクソみたいな社会が、ひとり、いや、多くの性的マイノリティを崖っぷちに追い込むということがどれほど残忍で、反人間的で、反人類的か……
私たちに罪人だと言う前に自分たちも悔い改めて隣人愛の実践をしてほしいものです。（私があの世へ行こうとする大きな理由はうつ病と虚しさですが。この社会もいやで……阿鼻叫喚、修羅そのもの）
（同上 132）

ユンの遺書に青年保護法を擁護した韓基総に対する批判が記されたことから、同性愛者人権連帯は韓基総に猛烈な抗議を試みたが、なんの応答も得られなかった。国家人権委員会からの勧告を受けて「青少年有害メディア」指定項目から同性愛に関する条項が削除されたのは、ユンの死から一年後の二〇〇四年四月のことであった。

エックスゾーンの青少年有害メディア指定を発端とする一連の抗議運動やユン・ヒョンソクの自死を受けて、青少年の脆弱性が性的マイノリティ団体の関心を集めた。他方、生徒人権運動も性的マイノリティの問題に興味を示し始めた。「青少年の同性愛者」の存在は、これらの運動の結節点となったのである。

折しも二〇〇〇年代当時は、学校のなかの性的マイノリティの苦境が社会の関心を集めていた。中学や高校では女子生徒間の「過度なスキンシップ」が「同性愛」を想起させるとして、教師がこれらの行為をおこなった生徒に指導や罰を与える事件がいくつかの学校で起きた。これは

「イーバン検閲（이반검열）」と呼ばれ、少女間の親密関係に対する不当な介入として問題化された（Shin 2020）。また、二〇〇六年に韓国青少年開発院が実施した社会調査は、青少年の同性愛者やバイセクシュアルが学校で直面している困難を明らかにして、社会運動団体に衝撃を与えた（김민경 2011）。これによると、当事者の七七・四％が希死念慮を経験し、五一・四％が性的指向を理由とする不当な差別を学校で受けた経験を持つことがわかった。青少年の性的マイノリティに対する関心が性的マイノリティ運動と生徒人権運動の連帯を促進する背景となったのである。

前述のとおり、二〇一〇年に京畿道《キョンギド》で全国初の児童生徒人権条例が公布され、これを皮切りにソウルでも条例を求める運動が始まった。複数の団体が集結して「児童生徒人権条例制定運動ソウル本部」（以下「ソウル本部」と略記）が結成され、二〇一一年一〇月に住民発議の署名運動を開始し、翌年五月までに九万を超える署名を集めることに成功した。[120] ソウル市はこれを受理し、条例制定に向けた作業に着手した。

ソウル本部にはすでにベテランの運動団体となっていた「友だち同士《チングサイ》」や同性愛者人権連帯も加わり、住民発議案をつくる過程で性的マイノリティの人権に関する提言をおこなった。その成果として、住民発議案に性的指向とジェンダー・アイデンティティに関する項目が導入されたのである（김연주・나영정 2013）。

人権条例をめぐる攻防

だが、条例制定は一筋縄ではいかなかった。条例案に対する抗議運動が大きく展開したのである。韓国長老教総連合会や大韓イエス教長老会は、性的指向とジェンダー・アイデンティティにもとづく差別の禁止、妊娠・出産した女子学生に対する合理的配慮、集会の自由、宗教の自由を定めた規定を「毒素条項」と名づけて問題化し、これらの削除を要求したのだ。とくに攻撃を集中させたのが性的指向であった。[121]

一連の抗議運動で、言論機関として中心的役割を担ったのが『国民日報』である。実際、二〇一〇年から一二年までの二年間で同条例に言及した『国民日報』の記事は一四五件にものぼった。これらの記事はおしなべて読者の不安や恐怖を喚起して、条例の制定を中止するよう呼びかけるものであった。このほか、抗議にはさまざまな戦術が用いられたが、とくに「落選運動」が有効とされた。条例案に賛意を示したソウル市議には、ひどいときは日に数百件近くもメールや電話で脅迫が届いたという（서울특별시의회사무처 二〇一一年一一月二四日）。

『国民日報』や保守派の市議は、同性愛を公的に「助長」することがエイズの大流行《パンデミック》、ひいては「亡国」をもたらすと主張した。たとえば二〇一二年一月一三日に開かれたソウル市議会で、ある市議は「なぜこんな廃国的、亡国的な発想を認めてしまうのか」、条例により「〔わが〕国は

120　住民発議とは地域在住の有権者一％以上の署名を提出することで成立する制度であり、ソウル市では当時八万人がボーダーラインとされた（ソウル特別市教育庁 2018: 38）。

121　抗議運動は性的指向だけでなくジェンダー・アイデンティティも「毒素条項」と定めたが、実質的に議論や攻撃の対象とされたのは同性愛だった。実際、ソウル市議会のやりとりでも、『国民日報』などのメディア報道でも、ジェンダー・アイデンティティが性的指向と合わせて言及されることはあっても、単独で論じられることはなかった。保守のバックラッシュでトランスジェンダーが標的となるのは、二〇一〇年代後半以降のことである（第6章参照）。

〔……〕不治の病であるエイズの温床となり、学生たちは恐ろしい学校に通うことになります。白衣民族大韓民国の未来はなくなるのです」と発言している（서울특별시의회사무처二〇一二年一月一三日）。

とはいえ、進歩派政党の民主党が最大与党を構成した当時の市議会で、人権条例の制定は手堅いものとみられた。ソウル市長が、進歩派の人権派弁護士として知られる朴元淳[122]であったこともこれを後押しした（김연주・나영정 2013: 334）。それでも「毒素条項」に対する攻撃のひどさから、その一部が削除される可能性はつねにあった。

実際、保守派による市議会内外の組織化された抗議運動は、条例制定を求める運動にも大きな衝撃と不安を与えた。ソウル本部を主導した生徒人権運動や教育運動の歴戦の活動家たちも、宗教右派による組織的で苛烈な抗議活動には「馴染みがなく、ただただ困惑するばかり」で、一部のメンバーからは「性的マイノリティにばかり焦点が向けられるのは困る」といった否定的な態度もみられた（同上 315, 334）。こうした事態を受けて、ソウル本部に参与していた性的マイノリティの活動家たちは他の団体に呼びかけて「児童生徒人権条例・性的マイノリティ共同行動」を結成した。「学校における性的マイノリティ差別の事例集」と題した冊子を作成し、青少年の性的マイノリティの脆弱性をソウル本部のメンバーや市議に啓発する活動に取り組んだのである。

条例制定の成否を左右する審議を二日後に控え、「性的マイノリティ共同行動」は二〇一一年一二月一四日から議員会館のロビーを占拠して座り込み活動を開始した（同上 335）。夜間にはろうそく集会を開催して市議や他の運動団体の人たちとも交流を持ち、性的マイノリティの人権に対する理解を広めることに尽力した。

条例案は賛成多数で可決され、ソウル特別市児童生徒人権条例は二〇一二年一月二六日に公布された。「毒素条項」と呼ばれて批判された項目もすべて導入された。二〇一〇年の京畿道、二〇一一年の光州市に次ぐ三番目の施行となったが、住民発議の条例制定運動としては全国初の成功事例となった（ソウル特別市教育庁 2018: 42）。

推進派のソウル市議らは、同性愛について「正常な性的指向のひとつ」であること、「人権」の問題であること、そして国際社会で認められた人権規範に先進国としてキャッチアップすべきであることをくり返し主張した。ある市議は議会で「思想、良心、宗教の自由、表現、結社、集会の自由、政治活動の自由などの基本権から、体罰、性的搾取、いじめ、マイノリティ差別などに至る、あらゆる分野で我が国は国連人権委から厳しい指摘を受けてきた」が、いまや韓国は国連加盟国の一員として人権条例を制定すべきであると発言している（서울특별시의회사무처 二〇一一年一二月一六日）。また、韓国人として初めて国連事務総長に就いた潘基文（在任期間二〇〇七〜一六年）が性的指向やジェンダー・アイデンティティにもとづく差別の解消を国連で訴えたことを引き合

122 二〇一一年から二〇二〇年までソウル市長を務めた朴元淳（1956-2020）は、「参与連帯」や「希望製作所」の創設者としても知られる。一九九四年に結成された参与連帯は、進歩派社会運動の象徴として絶大な人気を誇り、「国民の自発的な参与によって国家権力を監視し、具体的な政策とオルタナティブを提示し、実践的な市民行動を通じて自由と正義、人権と福祉が正しく実現する参与民主社会を建設すること」を掲げ、市民参加による下からの民主化を目指した（文京洙 2015: 183）。朴は二〇〇〇年一二月に東京で開かれた女性国際戦犯法廷で韓国代表の検事も務めている。しかし二〇二〇年には朴によってセクシュアル・ハラスメントを受けたことを告発する事件が起き、その直後に朴は自死した。

いに出して、「すべての国は性的指向と性別アイデンティティを理由にしたものを含め、暴力と差別からあらゆる国民を保護するために必要な措置を取らなければなりません」とする意見もみられた（同上）。一九九五年に北京女性会議の動向を報じた新聞報道では、同性愛者の人権が「対岸の出来事」であるかのように言及されたが、二〇一一年のソウル市議会では「国連加盟国の一員」であるという誇りが、これを解決すべき政治課題として正当化する根拠として持ち出されたのである。

ソウル特別市児童生徒人権条例の成立

ソウル特別市児童生徒人権条例は、総則（第一章）、児童・生徒の人権（第二章）、児童・生徒の人権を保障するための体系（第三章）、人権侵害に対する救済手続き（第四章）、補則（第五章）から構成された。その特徴は、「児童・生徒」を権利の主体として位置づけるにとどまらず、国際人権規範の適用をうたったところにある。つまり、大韓民国憲法や国内法だけでなく、韓国政府が過去に批准した国際人権条約や国際慣習法が認めた権利のなかで「児童・生徒に適用可能なあらゆる権利」の保障が提唱されたのである（第二条）。その帰結として、「差別を受けない権利」を規定した第五条で列挙された属性・状況は広範にわたり、「性別、宗教、年齢、社会的身分、出身地域、出身国、出身民族、言語、障害、容貌等の身体的条件、妊娠または出産、家族構成または家族状況、人種、経済的地位、皮膚の色、思想または政治的意見、性的指向、ジェンダー・アイデンティティ、病歴、処分、成績等を理由に差別を受けない権利を有する」と定められた。

条例の制定を受けて、ソウル市教育庁には「児童生徒人権擁護官」と「児童生徒人権教育センター」が設置された。児童・生徒の人権や権利を保護、保障するための活動計画の策定や人権侵害の救済手続きを担う組織がつくられたのである。

また、「マイノリティの児童・生徒」に対する権利保障も重視された。条例は「貧困家庭、障害、ひとり親家庭、多文化家庭、〔スポーツ〕選手、外国人、性的マイノリティ〔성 소수자〕、勤労生徒等のマイノリティの児童・生徒は、その特徴によって必要とされる権利が適切に保障されるようにしなければならない」と定め、教育監や学校の設立者・運営者、学校長および教職員にその義務を課した（第二八条）。そしてマイノリティに対する偏見や差別を解消するための人権教育プログラムの提供、障害のある児童・生徒に対する合理的配慮、貧困家庭の児童・生徒に対する支援、多文化・移民家庭の児童・生徒に対する配慮（固有の文化を学習する機会の提供など）、マイノリティ児童・生徒に対する進路・就業・相談プログラムの提供を規定した。性的マイノリティに特化した項目としては、アウティングの禁止が導入されている。教育監や学校長ならびに教職員は、児童・生徒の性的指向とジェンダー・アイデンティティに関する情報や内容を本人の同意なく他人に漏らしてはならず、児童・生徒の安全が切迫した状況下でも本人の意思を最大限尊重しなければならないとしたのである（第二八条）。二〇一七年の条例改正では「嫌悪表現《ヘイトスピーチ》の禁止」が追加されるなど、社会や認識の変化に合わせてアップデートも重ねている。

さらに人権侵害に対する救済措置も導入された。実際に起きた救済措置の例として次のようなケースが報告されている。ある学校の授業で、「同性愛と同性婚」をテーマにディスカッションがおこなわれた。授業中、教師が同性愛嫌悪的な表現をとって同性愛差別を助長する発言をした。授業に参加した複数の生徒が人権擁護官にこれを訴え、人権擁護官は調査を実施した。結果として、教師は生徒に謝罪し、この学校の全教職員を対象に再発防止を目的とした研修がおこなわれた。ソウル市はこの事例について、同性愛に関する「差別と嫌悪が解決したケース」として紹介している（ソウル特別市教育庁 2018: 66）。

人権条例の制定過程では、性的マイノリティの人権に対するバックラッシュが組織化されたものの、性的マイノリティ運動が生徒人権運動をはじめとする進歩派の社会運動との間で連帯を形成したこと、そして進歩派の市議がソウル市議会で多数派を占めたことが条例の制定を促進した。その意味で、人権条例は社会運動の成果であり、「市民権」のカテゴリーを青少年の性的マイノリティにもひらくことを可能にした運動であったとまとめることができる。

4 ソウルクィアパレードの挑戦――「自由で安全なソウル」を求めて

ソウルクィア文化祭（서울퀴어문화축제 Seoul Queer Cultural Festival）は、二〇〇〇年からソウル市内でプライドパレードと映画祭を開催してきた。第一回のパレード参加者は七〇名程度だったが、二〇〇六年に六〇〇人、二〇〇八年に一三〇〇人、二〇一四年に一万人、そして二〇二三年には三万人を超え、性的マイノリティの社会運動としては国内で最大の動員を誇るまでに発展を遂げた。[123]

第6章で詳述するが、韓国のバックラッシュの特徴はプロテスタント右派が組織化を担ったことと、「同性愛」を主な標的と定めたところにある。とりわけソウルクィアパレードと差別禁止法がその攻撃の対象とされた。本節ではソウルクィアパレードの展開について、保守派との抗争に焦点を当てて考察を進める。保守派がクィアパレードをいかなるものとして認識し、なにを問題とみなしたかを分析しつつ、これと対峙するパレードの戦略や運動の特徴を明らかにしたい。

「クィア《퀴어》」アクティヴィズムの連帯

ソウルクィアパレードは、一九九〇年代から組織化を進めてきた性的マイノリティの社会運動にとって、組織のちがいやアイデンティティの差異を超えた連帯の場を提供しつつ、個々の運動組織の発展を支える役割を果たしてきた。

ソウルクィアパレードが個々の社会運動団体を支援する役割を担ってきたことは、運営の方針からも明らかである。ソウルクィア文化祭はパレードの拠点として、ソウル市庁前広場のスペース（約一万三千平方キロメートル）を借り切って百を超えるブースを設置してきたが、そのうちの半数以上を国内の性的マイノリティ団体が利用できるよう優先的に割り当てている。[124] これらの団体

123 二〇一九年にはパレード前日にピンクドットと呼ばれるイベントがソウル市庁前で開催され、パレードの参加者を合わせた総数は一五万人を超えたとされる。

124 団体の規模や資本の大小を問わずに社会運動を支援するというソウルクィアパレードの方針は、ブースの半数以上を企業が占める東京レインボープライド（渋谷区代々木公園）のそれとは対照的である。柳淳也（2023）は東京レインボープライドについて、組織の存続や拡大を目的として企業からの支援を重視するようになったことで社会運動としての側面が切り崩されていったことを批判的に論じている。

にはレズビアンやゲイやトランスジェンダーといったアイデンティティ・ベースの団体はもちろん、「行動する性的マイノリティ人権連帯《행동하는》」や高校・大学の「クィア《퀴어》」「性的マイノリティ《성소수자》」サークルなどの連合団体も含まれる。こうしたブースの割り当てには、多様な性的マイノリティや草の根社会運動を担う団体の存在を参加者に認知させるとともに団体間の交流を促す役割も与えられている。韓国各地で開催されるクィアパレードを文化人類学のアプローチから検討してきたチョ・スミ（조수미 2019）は、このようなブースの活用について、資金繰りが困難な状況に置かれている団体にとっては広報や後援金を募る絶好の機会であると評価している。また、労働運動や環境保護運動をはじめとするさまざまな社会運動団体と性的マイノリティ運動との間で「相互連帯」を担保する機会にもなっていると強調する（同上 234-238）。

台湾のプライドパレードが「同志」という包摂的《インクルーシブ》な表現を採用したのに対して、韓国のパレードは英語由来の「クィア《퀴어》」を掲げ、性的マイノリティのアイデンティティを超えた連帯と社会に対する抵抗を打ち出した。実際、ソウルクィア文化祭はプライドパレードが次のような意義を持つと説明する。

性的マイノリティに対する嫌悪やスティグマは長年にわたって保持されてきました。私たちはアイデンティティを明らかにした瞬間、あらゆる嫌悪の表現に苦しめられ、周囲からの排斥に耐えることを求められます。国家と社会は〔私たちを〕存在しないものとみなしてきました。日常生活のなかでありのままの存在として生きるには、失うものがあまりに多く、息を殺して生活

することを余儀なくされる社会で安心して過ごすことができません。〔……〕私たちがフェスティバルを開催する理由は、韓国社会に依然として性的マイノリティに対する差別と嫌悪が蔓延しているからです。性的マイノリティは存在しないのではありません。私たちは共に日常を生きているのです。いかなる理由であれ、私たちは差別されてはならない存在です。否定された人びとの抵抗の声をきっかけとし、それらの声が集積することで、より平等な世界へとつくり変えられ、歴史は変化してきました。（서울퀴어문화 축제조직위원회 2020: 4）

この引用文からは「差別」や「嫌悪」が性的マイノリティの存在を「否定」してきた歴史があること、そして「否定された人びと」の「抵抗の声」が「集積」して社会に変化をもたらしてきたという認識がみてとれる。プライドパレードは「抵抗の声」の「集積」を可能にする場であり、そこにパレードの政治性が現れるのだ。韓国各地で開催されるプライドパレードはソウルの先行モデルに倣って英語由来の「クィア」を冠に掲げるが、異性愛規範に対する抵抗の意を込めて再領有された「クィア」を用いることで、「祝祭」というイベント性への回収を拒絶しているようでもある。

差別と抵抗の歴史は、パレードの「追悼ブース」にも象徴的に刻み込まれている。性的マイノリティは暴力に晒されやすく、マジョリティと比べて健康を害し、死に晒されるリスクが高いことが知られている（조수미 2019: 217）。追悼ブースは、社会にそうと知られることなくこの世を去った性的マイノリティの死を悼むために設けられた場である。個々の死への追悼がソウル市庁前

図 4-7　ソウルクィアパレードを歩く参加者たち

出所：2019 年 6 月 1 日にソウル市内で筆者撮影

広場という公共空間で営まれることにより、プライベートな死が公共性を帯び、広場は集合的な哀悼の場となる。「多くの人の間でよく知られた人の、あるいは見知らぬ人」の死が、いまを生きる性的マイノリティにとってはみずからの過去の「経験をとおして類推可能な〔……〕死」となり、ブースはこれらの死を「集合的に哀悼する機会」となるのだ（조수미 2019: 257）。追悼ブースの試みは、異性愛社会がクローゼットの中へ放擲して私事化してきた死を、「悼むに値する死」として再定義することで、性的マイノリティの被ってきた差別と暴力の歴史を白日の下に晒す抵抗的実践なのである。

　また、ソウルクィアパレードでは、参加者たちが自身の所属する団体名を記したフラッグを掲げる光景が名物となっている（図4-7）。フラッグには「トランス解放戦線（트랜스해방전선）」や「韓国レズビアン相談所（한국레즈비언상담소）」などの団体名が記され、トランスジェンダーやレズビアンといったアイデンティティが強調される。これらの多様なアイデンティティを掲げた人びとがソウルの公道を埋め尽くすことによって

「性的マイノリティ《성소수자》」としての集合性が可視化されるとともに、ひとつのアイデンティティには回収しえない奇妙な連合《クィア》が立ち現れるのだ。

けれども「集合性」や「連合」が遂行的に形成されるということは、そこに集う個々の性的マイノリティが同一の経験を共有していることを意味しない。都市地理学のアプローチから二〇一四年のソウルクィアパレードを考察したキム・ヒョンチョルは、パレードが多様な社会運動アクターの連帯を形成する契機となっていることを評価しながらも、まさにその連帯によって障害のある性的マイノリティが不可視化されてきた歴史が暴露されていることを主張する[125]（김현철 2015: 41）。ソウルクィアパレードは集合的アイデンティティを形成しつつ、同時に社会運動のなかで特定のマイノリティを周縁化してきた事実を露わにする場としても機能するのである。

公共空間の攪乱

他方で、ソウルクィアパレードに対して保守派が焦点を当てたのも、まさに公共空間における可視性をめぐる政治であった。

たとえば、ソウルクィアパレードについて、二〇一四年に朴槿恵《パク・クネ》から国務総理に指名された文昌克《ムン・チャングク》

125 こうした問題意識は、ソウル市の女性参画プロジェクトを考察したイ・ヒョンジェ（이현재 2010）の研究にも通底する。彼女によれば、男性中心に構築された都市空間のなかで女性たちは周縁化されてきたが、あらゆる女性が同様に周縁化されるのでなく、セックスワーカーの女性やレズビアン女性、婚外のシングル女性や未婚の女性、また「文化的・経済的権力関係のもとで疎外されている多文化家族の女性たちや貧困女性たち」（同上24）がさらに周縁化されているという。

は「ゲイパレードとかなんとかをやるって新村路[126]を行ったり来たりするんだろ。そんなに同性愛がよかったら家でひとりでやればいいんだよ。なんでパレードなんかするんだ」と発言して物議を醸した（김현철 2015: 23）。パレード開催予定地だった新村の街のさまざまなところには、「街で同性愛者を見たくない」「どんな形でもそんなもの見たくありません」といった抗議文が掲示されたという。『国民日報』も、ソウルクィアパレードが「国民の情緒に反するイベント」であり、「国家の秩序」や「民族の倫理と青少年の意識に脅威を与える淫乱なフェスティバル」であるとしてソウル広場の使用許可を取り消すようソウル市に呼びかけている（二〇一五年四月六日）。二〇一八年にはテレビ番組でイ・オンジュ議員が「他人から見えない家の片隅でなにをしようと気にしないから、室内で集まってやれ。公共の場所で淫らなフェスティバルをするな」と主張した（조수미 2019: 225）。プライドパレードはクローゼットの中に放り込まれたセクシュアリティを公共空間《アウト》で可視化する営みであり、保守派が表明した苛立ちや怒りの強さは、皮肉にも、かれらがクィアパレードの社会運動としての特徴を適切に理解していることの表れであると言ってよい。

二〇一〇年代には同性愛を精神疾病と位置づけた医療言説は影響力を失ったため、道徳言説が保守派にとって引用可能な資源として残された。同性愛をセックスという行為に還元し、これを「反道徳的」とみなして糾弾したのである（図4-8）[127]。こうして保守派によるパレードへの攻撃は、「家でひとりでやってればいい」「室内で集まってやればいい」といったように同性愛者をクローゼットの中へふたたび押し戻そうとする主張として現れることとなる。

保守派の攻撃

保守派の攻撃は言論活動から組織的な妨害工作、当日の直接抗議まで、さまざまな形態をとった。パレードの主催団体や参加者たちはこれらとの交渉を余儀なくされてきた。

二〇一九年のソウルクィアパレードでは、警察での集会（デモ）申請をめぐって組織的な妨害工作が発生した。六月一日の開催を目標としたパレードは、一ヶ月前の五月二日から警察へ集会申請すべく準備を進めたが、パレードの阻止を目的に保守派の活動家たちも同日、同時間帯、同場所で「反同性愛デモ」の申請を予定していることが発覚したのである。そこでパレードの主催団体は、集会申請の受付が始まるさらに一週間前の四月二五日から、行進経

図 4-8　ソウルクィアパレードの進行経路で保守派と睨み合う参加者

出所：2019 年 6 月 1 日にソウル市内で筆者撮影

126　新村は二〇〇〇年に初めてソウルクィアパレードが開催された場所である。性的マイノリティの大学サークルとしてもっとも長い歴史を持つことで知られる延世大学や、ジェンダー研究の拠点として知られる梨花女子大学が近くにある。

127　「同性愛フェスティバル 鳥肌ものだ！」と書いて抗議を表明する人物に対し、パレード参加者たちが「お前がなんで同性愛を反対するのか？」と記したフラッグで対抗している様子が写真に収められている。

路を管轄する三箇所の警察署（ソウル市警察庁、南大門警察署、鍾路《チョンノ》警察署）で泊まり込みをすることとなった。主催団体はFacebookやTwitterやカカオトークといったＳＮＳを駆使してボランティアを募り、二四時間体制で待機をつづけた。

最終的に、主催団体はいずれの警察署でも一位の椅子を確保して、一番乗りで集会を申請することに成功した。しかしボランティアの確保から人員の配置、安全の確保まで、多くの余分な労力を支払わされた。実際、期間中に馳せ参じたボランティアは計三八五人にのぼり、主催団体が把握しない人を含むと四〇〇人を超えたという。わたしも計四回サポートに赴いたが、観察した限りではボランティアの八割近くを大学生が占めた。[128]

保守派の抗議活動はパレード当日にもみられた。二〇一四年に新村で開催された第一四回ソウルクィアパレードでは、プロテスタント右派が中心となって「新村同性愛反対一万人国民大会」と称する運動が組織された。これらの参加者たちはパレードの進行経路でダイ・インをして、四時間にわたってパレードの進行を阻止した。このとき、「新村で同性愛が解放されたらソウルのどこでもそうなる。ソウルで同性愛が解放されたら大韓民国のどこでもそうなる」といった主張が掲げられた（『国民日報』二〇一四年六月六日）。このような直接抗議は二〇一五年以降くり返し観察されることから、パレード当日は大量の警官が動員されて厳戒態勢が敷かれている（図４‐９）。

行政による妨害

警察や自治体もクィアパレードに対してしばしば敵対的な姿勢を表明してきた。キム・ヒョン

チョル（김현철 2015）やチョ・スミ（조수미 2019）が指摘するように、クィアパレードの公共空間の使用申請に対して自治体が「不許可」の決定を下したり、警察がパレードの申請を受け付けた直後に保守団体の抗議を受けてその申請を取り消したり、あるいは事前に集会申告がなされていない「反同性愛デモ」の開催を黙認するなどして、パレードの開催を妨害してきた。二〇一九年には釜山《プサン》の海雲台《ヘウンデ》区庁が海雲台南路広場の使用を不許可とし、釜山クィアパレードがこの決定に応じない場合は行政執行も辞さないと宣告した。海雲台区庁はクィアパレードが「公共性」を持たないと主張し、最終的にパレードは中止を余儀なくされた（조수미 2019: 226）。二〇二三年の大邱《テグ》クィアパレードでは、「道路不法占拠」を理由にパレードを取り締まろうとする保守派の市長と、これを不当な介入とする大邱地方警察庁との間で一触即発の事態もみられた。

図 4-9　パレードの進行を妨害しようとダイ・インを試みて警察に排除される男性

出所：2019 年 4 月 29 日にソウル市で筆者撮影

128　四月二九日の午後一時過ぎに鍾路警察署を訪れると、待機所には一〇代後半から二〇代前半までとみられる若者が一六名集まっていた。ほとんどが互いに見知らぬ者同士だったが、だれかが持ち込んだ大学の英語の授業の課題をいっしょに解いたり、お菓子を食べながら雑談したりする姿がみられた。

ソウルクィアパレードでも、二〇一五年に警察が集会申請を却下するという事件が起きた（한국여성의 전화 2015; 행동하는성소수자인권연대 2015）。同年五月二九日、主催団体はソウル南大門警察署とソウル地方警察庁に集会申告書を提出した。ところが翌日になってこれらの警察から屋外集会禁止通告が届けられた。その根拠として、他団体の集会申告と競合状況にあること、それゆえ「市民の通行と車両の通行に不便を与える恐れ」（南大門警察署）や競合するデモ同士が「互いに反目し合い、妨害が起きる恐れ」（地方警察庁）があると指摘された。しかしこの「競合」相手は、じつはプライドパレードを妨害するために申請された保守派のデモであることが判明した。

警察からの禁止通告に対し、主催団体は憲法が「集会の自由」を保障していること、最高裁の判例でも「集会の禁止と解散は、原則として、公共の安寧秩序の直接的な脅威が明らかに存在する場合に限って許可される」こと、「未申告の集会であっても、平和に進行すれば、これを禁止したり、解散させたりするべきでない」とされていることを根拠に、禁止通告の取り消しを要求した。ソウル行政裁判所にも屋外集会禁止通告の効力停止を求めた。裁判所は六月一六日に警察からの屋外集会禁止通告の効力停止仮処分申請を受け入れ、結果的にクィアパレードの開催が実現した。

「自由で安全なソウル」を求めて

ソウルクィアパレードの二〇年の歩みは、性的マイノリティの公共空間における集合的現れを社会秩序に対する脅威とみなす自治体や警察、宗教団体、保守市民との間の抗争の歴史でもあった。すなわちクィアパレードは、都市という公共空間が決して無色透明でも中立的でもなく、異

性愛化されてきたという事実を暴露し、「支配的な性の規範に亀裂の地点を生起すると同時に、都市をクィア化して占有するプロセス」（김현철 2015: 21）、あるいは「開催場所の歴史性や象徴性との競合」の果てに公共空間を「性的マイノリティのための空間として領土化」（조수미 2019: 225）する試みであったと言える。

組織化された保守派の抗議運動は、およそ考えうる限りの妨害工作を駆使して、主催者や参加者の安全を脅威に晒してきた。近年、パレード当日のソウル市庁前広場は保守市民に取り囲まれ、大型スピーカーを通して聴くに堪えないヘイトスピーチが響きわたっている。広場に紛れ込んで罵声を浴びせたり、参加者の姿を盗撮してオンラインにアップロードするアウティングも起きたりしている。パレード参加者たちは、物理的で露骨な暴力に晒されているのだ（조수미 2019: 230）。

もちろん、主催団体もさまざまな自衛の策を講じている。パレードの写真撮影を希望する者には身分証明書や名刺を提示させるだけでなく、現金でデポジットを要求し、撮影のルールを細かく定めた誓約書に署名させている。また、チョ・スミ（조수미 2019）によると、米国や欧州の大使によるブースの出店や舞台でのスピーチは、クィアパレードの正当性を担保することに貢献しているという。『強国』『先進国』の使節がフェスティバルの広場にいるという事実は、反クィアフェスティバルの集会者やセキュリティのために広場を守る警察官に対する圧力として作用し、クィア文化祭にある種のセーフティネットとして機能する」のである（조수미 2019: 253-254）。

警察はソウル市庁前広場やパレードの行進経路を鉄パイプ製のフェンスで物理的に囲み、妨害者に入り込む余地を与えないよう厳重に保護している（図4-10）。これは参加者の安全を保護す

図4-10　ソウル市庁前広場を覆うフェンスと警察

出所：2019年4月29日にソウル市内で筆者撮影

るための措置であるが、性的マイノリティが性的マイノリティとして存在することを承認される空間とそうでない空間とを分断する仕掛けのようでもある。これらの空間の間には物理的手段によって境界線が画定され、広場の出入口に設けられたゲートは「クィア検問所」(시우 2018: 235)となる。市庁前広場やパレードの行進するストリートを取り囲む警備は、ソウル市という公共空間の中にクローゼットを産出しているのだ。性的マイノリティが身を置く空間を警察が何重にも取り囲む様子は参加者の安全を守るようでいて、そのじつ性的に「正常」《マジョリティ》な市民からパレードを隔絶しているようでもある。

　こうした苦境に立たされながら、ソウルクィアパレードは「安全で自由な領土をつくり出す」(조수미 2019: 271)ための挑戦をつづけてきた。その歴史は、性的マイノリティの差別と暴力の過去を現前化し、中立性を偽装した公共空間の欺瞞を暴き、公的/私的空間という(異性愛的)二分法を打ち破り、そして——ユン・ヒョンソクが夢にみた——「いつか訪れる解放」(육우당 2006: 115)を手に入れるための闘争の軌跡でもある。

5 小括

本章では、ポスト冷戦期の韓国で発生した性的マイノリティの社会運動を論じてきた。これを検討するために、第2節では一九五〇年代以降の新聞メディアが「同性愛」や「トランスジェンダー」をどのように報じてきたかを検討した。

同性愛については、一九八〇年代までは医療と道徳言説が混在してみられた。同性愛は「性倒錯」と定義され、病理的なセクシュアリティを原因として異常犯罪といった逸脱行為が生ずるとする記事もみられた。一九七五年に国防部が制定した兵役判定検査規則において同性愛が「性倒錯症」と位置づけられたことは第2章で論じたが、それ以前にもこのような言説が存在したことが明らかになった。

一九九〇年代に入ると、ゲイ男性をエイズの元凶と位置づけて脅威を煽る言説が増殖した。しかしこれと時期を同じくして、北京女性会議や米国の動向を報じた記事では同性愛を人権の枠組みで論じる言説が登場した。その後、国内の性的マイノリティの社会運動を扱う記事が急増し、二〇〇〇年代に入る頃には同性愛を「人権」の枠組みで報じる記事が主流化した。

トランスジェンダーについては、これを精神疾病とみなす言説が一九九〇年代まで強固に保持された。ところが二〇〇〇年代に入ると、これを「社会の問題」とする枠組みが初めて可視化され、当事者や運動団体に対するインタビューにもとづいてバイナリーな政治制度を批判する言説が広がった。

第3節では、二〇一二年に制定されたソウル特別市児童生徒人権条例の制定過程を検討した。この条例は、未熟で「訓育」や「統制」の対象とされてきた青少年を権利主体として再定位したもので、性的マイノリティの差別禁止規定を導入した。一九九〇年代後半の情報化の進展は、公共空間に現れることが困難な青少年や性的マイノリティの社会運動への参入を促進した。首都圏を中心に結成された性的マイノリティの社会運動は、青少年保護法が同性愛を「有害メディア」に指定したことに対する抗議活動などをとおして、青少年の性的マイノリティの脆弱性を発見した。そしてこれが生徒人権運動と合流して、人権条例案に性的マイノリティの保護規定が含まれることとなる。

他方、条例案が差別事由として「性的指向」と「ジェンダー・アイデンティティ」を導入したことを受けて、これらを「毒素条項」とみなして削除を要求する抗議運動がプロテスタント右派の動員によって展開された。市議会の内外では推進派と反対派の間で激しい攻防が繰り広げられたが、進歩派の民主党が最大与党を構成したソウル市議会の状況が後押しして条例は制定された。

第四節では、二〇〇〇年に開催が始まったソウルクィアパレードを検討した。パレードは、レズビアンやゲイやバイセクシュアルやトランスジェンダーといった個別的なアイデンティティが強調される場でありながら、「性的マイノリティ《クィア》」という連合が束の間、立ち現れる場でもあった。公共空間における可視化の増大を目指すパレードの戦略はバックラッシュを喚起し、プロテスタント右派を中心とした抗議運動との対峙を余儀なくされていく。保守派は同性愛を反道徳的な（性）行為とする言説を活用し、都市空間に同性愛者の身体が出現することを国家や社会の秩序に対する脅威とみなして、同性愛者に対して「家《クローゼット》」のなかにとどまるよう主張した。ときに警察や自治体もクィアパレードに対する妨害に加担して、性的マイノリティを性的に「正常《マジョリティ》」な市民から隔絶する策をさまざまに講じてきた。しかしそうした苦境が、逆説的にもソウルクィアパレードの成功を意味している。こうして、ソウル市や警察、保守市民といった多様なアクターと交渉しながら、クィアパレードは公共空間のただなかで性的マイノリティの「領土」をつくり出すための闘争を展開してきたのである。

植民地解放後、台湾と韓国で成立した権威主義体制は軍事主義と経済成長を掲げて近代国民国家体制を整備した。その過程で、伝統的な儒教イデオロギーが（再）利用されて再生産する《リプロダクティヴな》家族を社会の基層単位と定め、男女を公的《パブリック》／私的《プライベート》領域に割りふるジェンダー役割分業やセクシュアリティの管理・統制をつうじて、再生産する異性愛を核とする《ヘテロノーマティヴな》社会を形成した。異性愛規範《ヘテロノーマティヴィティ》から逸脱的なジェンダーやセクシュアリティは社会的承認を得られず、精神病あるいは／および犯罪行為と結びつけられてスティグマ化され、警察や軍隊といった国家機構から取り締まりや排除の対象とされた。

性的マイノリティをめぐる新聞報道の分析から、次の四点が明らかになった。第一に、一九五〇年代から八〇年代までは同性愛を精神疾病と位置づける医療言説、および不道徳（行為）として糾弾する道徳言説が混在してみられた。台湾と韓国の軍隊はいずれも同性愛を精神病とする規定を持ったが、こうした認識は軍の専売特許ではなかったのである。一方、トランスジェンダーはもっぱら医療の問題（「精神疾病」）としてのみ語られる対象であった。第二に、一九八〇年代後半のエイズ・パニックを背景に、男性同性愛者または男性間性行為をエイズと紐づける同性愛嫌悪言説が急増した。ただし、台湾ではエイズから社会を防衛するという関心にもとづいて同性愛者の「生態」を理解して管理しようとする新たな言説も登場した。第三に、一九九〇年代には首都圏で台頭した同性愛者／レズビアンやゲイの社会運動に焦点を当て、団体や活動家の発言を直接引用する記事がみられた。「同志」や「イーバン」といった当事者の言語の流通もこうした報道に支えられた。第四に、米国や国連の動向を報じた記事をとおして、性的マイノリティを「人権」と紐づける認識が広がった。これらの報道が国内の性的マイノリティ運動への関心の高まりと交差して、性的マイノリティを人権の枠組みで把握する言説が二〇〇〇年代以降に主流化した。

一九八〇年代にはグローバルな民主化の潮流を背景に権威主義体制が正当性を保持することが困難となり、急ピッチで民主化が推進された。民主化の進展は多様な社会運動の発展とそれに対する政治の開放性をもたらした。一九九〇年代中盤には首都圏の高学歴若年層を中心に性的マイノリティの団体が結成された。レズビアンやゲイといった集合的アイデンティティに依拠した社会運動は、さまざまなアプローチで異性愛社会に対する異議申し立てを展開した。

歴史的にみれば、社会運動の台頭以前にも「ハッテン場」と呼ばれるスペースが存在したことが知られている。また、一九八〇年代後半にはバーやクラブといった資本主義的な新たなスペースが西門町（台北）や梨泰院（ソウル）などの都市部に形成された。しかし、これらのスペースに出入りする人びとの多くは「適切な時間に［……］結婚し、やがて子どもを産み育て」、ヘテロセクシュアルのように／として、その生涯を終えた（Cho 2020: 271）。韓国では一九七〇年代に「女運会」という性的マイノリティ女性のためのコミュニティが形成されたが、社会運動というよりは相互扶助のコミュニティとして理解できるものであった（柳姃希 2023: 61）。

性的マイノリティのプライドパレードとしてアジア最大級の動員を誇る台湾同志パレードは、二二八和平紀念公園（旧「新公園」）を含む博愛特区をデモ行進の起点とした。この公園は、台湾有数のハッテン場として知られ、男性たちが夜間にのみ集い、交流を楽しむ「非合法な国」（白先勇 1983=2006: 13）であった。一九九四年に台北市長に就任した陳水扁は、国民党による権威主義体制の歴史が刻まれた公共空間を「民主化」する過程で、公共空間からセクシュアルな要素の排除を試みたフェミニストと結託して「安全でクリーンな台北市」の建設を図り、新公園の改修計画を公表した。これに対して台湾大学のレズビアンやゲイの学生を中心に抵抗運動が組織化された。「同志公民空間行動戦線」を標榜した運動は、「民主」や「人権」を掲げて市長選挙を勝ち抜いた陳水扁の戦略を逆手にとって「同志も公民である」というスローガンを打ち出した。マスメディアへの戦略的な広報の効果もあって、最終的に台北市から「ゲイフレンドリー」な発言を勝ち取ることに成功し、このときに台北市との間で形成されたネットワークが二〇〇〇年代以降の台北市の「ＬＧＢＴフレンドリー」な施策を導く下地となった。私的行為《プライベート》（セックス）と公共空間《パブリック》が交わるハッテン場が、性的マイノリティの抵抗運動の起点となったのである。

韓国では、二〇一二年に性的指向とジェンダー・アイデンティティにもとづく差別の禁止を規定したソウル特別市児童生徒人権条例が施行された。ＩＴ産業の振興を強力に推進した金大中政権によって二〇〇〇年代初頭に実現した「世界最高水準のインターネット環境」は、公共空間に現れることが困難なアクターの社会運動への参入を促進した。そのひとつが生徒人権運動である。青少年を主体とする運動は、子どもの権利条約（国連）を根拠に市民権の拡張を求めた。もうひとつが性的マイノリティ運動である。青少年であり同性愛者でもある当事者（青少年の同性愛者）は、学校における親密性の管理（イーバン検閲）や青少年保護法による「同性愛サイト」の検閲などによって抑圧され、権利を侵害された。二〇一一年にソウル市で住民発議制度を利用して児童生徒人権条例を求める運動が始まると、青少年の同性愛者の脆弱性に対する関心から性的マイノリティ運動もこれに合流した。条例の制定は「下からの運動」の成果であり、権利主体から疎外されてきた青少年たちがその包摂を求めて勝ち取った運動の成功事例となった。進歩派政党が市議会で過半数を占めたソウル市政の状況も条例制定を後押しした。

　ジョン・デミリオ（John D'Emilio 1983=1997）はゲイ・スタディーズの古典となった「資本主義とゲイ・アイデンティティ」において、資本主義の自由労働システムが二〇世紀米国の都市部におけるゲイ・アイデンティティの形成を促進する背景になったと論じた。自給自足的な世帯経済ではなく賃労働にもとづく自由労働システムが異性愛家族からの自立を促し、ゲイとレズビアンに特有のアイデンティティの発生を可能にした物質的基盤になったのだ。本書の議論も踏まえるなら、台湾や韓国における「性的マイノリティ市民」の誕生は、民主化や言論の自由化、資本主義の発展と高学歴中間層の台頭、情報技術の発達などを背景に、アイデンティティにもとづく社会運動が台頭したポスト冷戦期ということになる。

　最後に、性的マイノリティの社会運動として最大規模の動員を実現することに成功したプライドパレードをとりあげて論じた。プライドパレードとは、性的マイノリティたちがレズビアン／ゲイ／バイセクシュアル／トランスジェンダー／……として公共空間に身体を現す《カムアワトする》行為であるが、複数の身体が集合的に現れることによって公共空間が「（異）性化されている」（Jon Binnie 1997: 223）ことを暴露する集合行為でもある。性的マイノリティはいないことにされてきたが、じつはそれは公共空間が異性愛的なものとして産出されていることの効果にすぎないという事実が初めて露わになるのだ。

そしてレズビアンやゲイ、バイセクシュアル、トランスジェンダーたちがデモ行進をとおしてその身体をパブリックに晒すことによって「性的マイノリティ／同志（tongzhi）／クィア（퀴어）」という集合的アイデンティティが遂行的に立ち現れる。パブリック・ストリートは、パレードの参加者たちが手にした個別的な要求（同性婚法制化や性別適合手術の保険適用といった、アイデンティティ・ベースの政治主張）によって埋め尽くされる。しかし、そこにはアイデンティティ・ポリティクスを超越する瞬間もある。パレードに集合した複数の身体は「不公正の明細を複数示し、それらを一連の具体的な要求として提示する」が、「おそらく正義の要求は〔……〕必然的にそれらを超出してもいる。〔……〕すなわち、かれらは承認され、価値を評価されることを要求しており、現れの権利、自由を行使する権利を行使しており、また生存可能な生を要求している」のだ（Butler 2015: 27）。ソウル市庁前広場に現れた「追悼ブース」は、あらゆるレベルの暴力や構造的差別に晒されてきた性的マイノリティの死――にもかかわらず、プライベートな死として社会から隠蔽されてきた死――を「集合的に追悼すべき死」として再定義することによって、性的マイノリティの生の可能性を公共空間のただなかで生起させる契機をつくり出している。

可視化の戦略を採用したプライドパレードの運動は、性的マイノリティと公共空間の関係をめぐって台湾と韓国で対照的な状況を帰結した。二〇一〇年代に「アジアでもっともLGBTフレンドリーな社会」であることが国内外で喧伝されるようになった台湾では、毎年一〇月に台北市で開催されるプライドパレードはスペクタクルな観光資源として位置づけられ、公的アクターからの関心も集めている。台北市のパレードは英語圏のニュースメディアによって民主化の成功例として称賛を集め、海外からも観光客が大挙するようになった。台北市は都市間の競争的優位性の向上のためにこれを活用し、ゲイ・プライドと都市のプライドをマッチさせるかのように性的マイノリティの文化にポジティブに応答する動きをみせている。性的マイノリティの文化は排除や弾圧の対象から歓迎される対象へと移行し、性的マイノリティは「都市再生のモデル市民」としての役割（David Bell & Jon Binnie 2004: 1815）を担うようになった。

他方、韓国ではソウルクィアパレードがバックラッシュの標的となった。二〇〇〇年代以降、同性愛の脱病理化言説が主流化すると、保守派は軍刑法が保持する「鶏姦」言説や道徳言説の有用性を再発見した。同性愛は「家《クローゼット》」のなかでのみ例外的に容認される「反道徳的なふるまい」と位置づけられ、それゆえ「ソウル市の中心で堂々と」身体を晒して社会に異議を申し立てるプライドパレードは保守派にとって許容しえないものとされた。自治体や警察もさまざまな方策を講じてその妨害に加担している。ソウルクィアパレードの二〇年の歩みは、公共空間をめぐる性的マイノリティの闘争の歴史であり、都市をクィア化する闘いが絶え間ない闘争であることを教えてくれる。

第三部

〈権利〉をめぐる闘争

図Ⅴ　高雄市の同志パレードに参加する女性団体

出所：2015 年 5 月 16 日に台湾高雄市で筆者撮影

図Ⅵ　「両性平等 YES、〔性的マイノリティを含む〕性平等 NO」を掲げる保守活動家

出所：2019 年 5 月 19 日に韓国全州市のクィアパレードで筆者撮影

第三部　はじめに

二〇一九年五月二四日、台湾で「司法院釈字第七四八号解釈施行法」が施行され、アジアで初めて同性間の婚姻関係が承認された。台湾においてジェンダー平等の保障と性的指向やジェンダー・アイデンティティにもとづく差別の禁止をうたう複数の立法が、女性運動や性的マイノリティ運動による働きかけを直接的な契機として成立したように（金戸 2005; 福永 2017a; 何春蕤 2017）、同性婚の法制化もレズビアンフェミニストたちによって設立された台灣伴侶權益推動聯盟という民間団体が重要な役割を果たした。同性間のパートナーシップ保障を主張する性的マイノリティ運動を立法院内外のフェミニストや女性運動が支持し（図V）、リベラルな蔡英文政権下で婚姻平等が実現したのである。

二〇〇六年、韓国では国家人権委員会が性的指向とジェンダー・アイデンティティにもとづく差別の禁止を含む差別禁止法の制定を国会に勧告した。これを受けて二〇〇七年には法務部が立法予告をしたものの、プロテスタント右派を中心とする国会内外の組織的な抗議運動によって法制化は頓挫してしまう。差別禁止法はその後も六回にわたって立法が試みられたが、大規模な資源動員を果たした保守運動の妨害を受けて法制化されないまま現在に至る。

台湾と韓国では性的マイノリティの権利をめぐって対照的な状況がみられる。二〇〇〇年代以降の台湾では党派を超えて「LGBTフレンドリー(同志友善)」であることが政治的に正しい立場とみなされるようになったが、韓国では保守だけでなくリベラル政党も性的マイノリティの人権課題に対する消極的な姿勢を崩さない。また、いずれの社会でも一九九〇年代後半から二〇〇〇年代にかけて「ジェンダー主流化(Gender Mainstreaming)」が女性運動の後押しを受けて推進されたが、台湾のそれが性的マイノリティの人権課題を包摂する路線を取ったのに対して韓国はそうならなかった。

ただし両者には共通点もある。二〇〇〇年代後半から一〇年代にかけて、プロテスタント右派を中心に「反同性愛」を標榜するバックラッシュが発展したのである(図VI[129])。同性愛に対するバックラッシュは自然発生的に盛りあがったのではなく、明確な意図のもとで組織化され、保守層の市民を動員することに成功した社会運動とみるべきである。実際、台湾では「同性婚」と「ジェンダー平等教育」を争点とする公民投票(二〇一七年)で性的マイノリティ運動を敗北に追い込んだ。韓国でも差別禁止法の制定を阻止し、二〇一〇年代後半にはトランスジェンダーやムスリム難民を標的としたバックラッシュに一部のフェミニストを動員することに成功している。

グローバル・フェミニズムとジェンダー主流化

一九九五年に北京で開催された第四回世界女性会議（以下「北京女性会議」）の成果のひとつは、行動綱領におけるジェンダー主流化の採択である。ジェンダー主流化とは、ジェンダー平等の達成を目的にあらゆる公共政策にジェンダーの視点を導入することを定めた指針であり、さまざまな国や地域のジェンダー政治に影響を与えてきた。

近代社会において「女性／男性であること」は生物学的特質と結びつけられて本質化され、女性に対する差別や抑圧は長らく自然化されてきた。フェミニズムは人びとの経験がいかにジェンダー化されているかを執拗に問い、ジェンダーという知を産出する権力を明らかにしてきた。一九六〇年代以降の第二波フェミニズムや女性運動はグローバルに展開し、国連やNGOといった超国家機関を中心に「人権としての女性の権利（Women's Rights as Human Rights）」に象徴される国際人権言説の形成に寄与した。

「女性の権利は人権（Women's rights are human rights）」言説は今日の東アジアでは主流化しているが、かつて国連は「女性の問題」を人権問題ではないとする立場から両者を切り離して扱ってきた（阿部浩己 2000: 20; 熊本理抄 2020: 309-310）。しかし一九九四年にカイロで開催された国際人口開発会議で

129 「両性〔男女〕平等YES、〔性的マイノリティを含む〕性平等NO」とするプラカード（図Ⅵ）に象徴されるように、二〇一〇年代の韓国ではプロテスタント右派が女性と性的マイノリティの分断を推し進めて後者を否定する言説を拡散している。このような主張は、性的マイノリティの権利に反対する保守派のデモや抗議運動などでしばしばみられる。

リプロダクティブ・ヘルス／ライツ（性と生殖に関する健康・権利）が提唱され、[130]翌年の北京女性会議でジェンダー主流化が行動綱領に採択されたことを受けて、[131]人権規範における男性中心主義からの脱却が目指され、国連人権機関のすべての活動にジェンダーの視点を導入する流れが決定的となった。ジェンダー主流化の目的は「ジェンダー平等」の達成と位置づけられ、これを実現するための統括組織として「ナショナル・マシーナリー（national machinery）」の設置・充実・強化もあわせて提唱された。

米山リサ（2003: 121）によれば、グローバル・フェミニズムは「女性の人権」を「トランスナショナルで世界共通の強固な概念として築き上げることを目的とし、そのためには『フェミニズム』が文化や国境を越えて多様な女性の関心を包含し、よりひろく受け入れられるものでなければならない」とする信念にもとづく。それは既存の公共政策だけでなく普遍性を基盤とするはずの「人権」という枠組みさえもジェンダー化された概念にすぎなかったという事実を白日の下に晒し、ジェンダーの視点を前景化するという点で画期的なアプローチであった。

しかしグローバル・フェミニズムが文化や国境を越えた普遍的な目的として女性の経験する「暴力、リプロダクティブ・ライツ、賃金格差、女性の政治参加」を問題化するとき、「人種、宗教、ナショナリズム、セクシュアリティ」は「ローカル」な課題として特殊化されてきた（同上122-123）。こうしたグローバル・フェミニズムの普遍的な装いに対して、有色人種や先住民や第三世界のフェミニストたちは批判を投げかけてきた。その成果のひとつとして、北京女性会議では女性のなかの差異や多様性が焦点化され、ジェンダーと人種、障害、年齢といった複数の権力とのインターセクショナリティ（intersectionality、交差性）が強調された。

事実、北京女性会議の行動綱領には「女性が、人種、年齢、言語、民族、文化、宗教、障害のような要因ゆえ、または先住民であるがゆえに、またはその他の事情のために、完全な平等および地位向上を阻む複数の障害に直面していることを認識する」という文言が含まれた。ジェンダーと人種およびその他の権力の関連を重視する視点が導入され、「人権規範および法主体の男性中心性をグローバルな規模で批判を展開する女性解放運動が、人種差別とジェンダーを含む他の形態の差別との『交差性』を国連に採用させるに至った」のである[132]（熊本 2020: 310）。

130　リプロダクティブ・ヘルス／ライツは、北京女性会議においてすべての個人とカップルが有する人権の一部であると定められ、「人びとが安全で満ち足りた性生活を営むことができ、生殖能力をもち、子どもを産むか産まないか、いつ産むか、何人産むかを決める自由を持つことを意味する」ものとされた。近年では、生殖をめぐる不正義をジェンダーという単一の権力だけでなく、セクシュアリティや階級、人種、国籍、年齢、宗教といった多様な権力による抑圧の交差として捉え、その克服を目指す「リプロダクティブ・ジャスティス（性と生殖に関する正義）」という考え方がブラックフェミニストらによって提起されている（Loretta J. Ross & Rickie Solinger eds 2017）。これは避妊テクノロジーや医療へのアクセスの制限、移住労働者の生殖の管理、障害者や同性カップルやトランスジェンダーの生殖や子育てを認めないこと、HIV治療へのアクセスからの排除、トランスジェンダーに対する医療へのアクセスの制限や不妊化を求める法制度といった多岐にわたる問題を交差させて「性と生殖に関する（不）正義」として考察することを可能にするフレームとして重要である。

131　ジェンダー主流化の考え方は一九八五年にナイロビで開催された第三回世界女性会議で初めて提唱されるが、一九九五年の第四回世界女性会議で行動綱領に採択されたことで東アジア各国に広がった。

132　ただし、北京女性会議の行動要領に対しても先住民女性たちから重要な批判が提起されている。国際人権言説を批判的に検討した熊本理抄（2020: 314-5）は、北京女性会議で先住民族女性ネットワークが発表した批判声明に注目し、会議が自明とする「男女平等という前提」が「先進工業国の今の権力構造を長続きさせるのに役立つだけ」であり、「人種主義・経済格差・環境差別」がむしろ後景化されているとするフィリピンの先住民女性の批判をとりあげている。

だが、セクシュアリティの権利は最終的に行動綱領から排除されてしまった。北京女性会議には少なくないレズビアンやトランスジェンダーらが参加し、デモやネットワーキングなどの活動をつうじて「セクシュアリティの権利」を訴えつづけた。しかし性的マイノリティ女性の権利は「女性の権利」として承認されず、性的指向やジェンダー・アイデンティティにもとづく差別の解消は「ジェンダー主流化」および「ジェンダー平等」の目標から排除されたのである（趙静・石頭 2015）。[133]

北京女性会議の成果を持ち帰った東アジアのフェミニストたちはそれぞれの社会でジェンダー主流化を推進したが、そこでも性的マイノリティの人権課題が議題にのぼることは稀であった。第三部の議論を先取りすれば、韓国では二〇〇一年に女性部（Ministry of Gender Equality）が設置され、他国と比べてもジェンダー主流化は強力に推進されたが（申琪榮 2015）、性的マイノリティの権利は関心の枠外に置かれてしまった。日本でも事態は同様で、二〇〇〇年代に「男女共同参画」の枠組みで進められた関連施策は性的マイノリティの人権課題とは無縁なものと位置づけられた。[134]この点において台湾は例外であった。性的マイノリティの人権課題がジェンダー主流化の課題に包摂されて推進されたのである。

問い

第三部では、性的マイノリティの権利をめぐる闘争に焦点を当て、権利の制度化を促進または抑制する要因について検討する。とくにフェミニズムや女性運動、さらにはバックラッシュや保守運動に注目して、これらとの関わりから検討を進めていきたい。おもな事例として、台湾は二〇一九年に成立した司法院釈字第七四八号解釈施行法（同性婚）を、韓国は二〇〇六年より法制化が推進された差別禁止法をとりあげる。これらの事例はともにプロテスタント右派を中核とするバックラッシュの標的とされて抗議運動の組織化をもたらしたことから、保守派の性政治に対する介入を検討するうえで有益な視座が得られると期待できる。

対象と方法

第三部の調査対象と方法については次のとおりである。まず、台湾については司法院釈字第七四八号解釈施行法を推進する主要なアクターとなった「台灣伴侶權益推動聯盟（Taiwan Alliance to Promote Civil Partnership Rights）」を対象に、同団体のサイトや刊行物、講演会、デモ運動などを検討した。

---

133 趙静と石頭は二〇一五年に公開したドキュメンタリー映画『我們在這裡』（『私たちはここにいる！——北京女性会議と中国レズビアン運動の記録』）のなかで、各国のレズビアン女性らが北京女性会議に参与して性的マイノリティ女性の問題を「女性の問題」として扱うよう、そしてこれを普遍的な人権課題として認めさせるためにさまざまなアプローチで試みたものの、それらが挫折に終わったことを記録している。ただしこれらの運動が中国国内の性的マイノリティ女性の運動を鼓舞し、組織化と運動の発展にとって重要な契機になったことも映画では強調されている。なお、同映画は抄訳で、二〇一六年の関西クィア映画祭で上映された。

134 日本でも例外的な事例がある。二〇〇三年に宮崎県都城市で成立した男女共同参画関連条例が「性的指向」という文言を導入して性的マイノリティの人権課題を包摂したのである。とはいえ、この取り組みに携わった人たちはフェミニストやジェンダー研究者とのネットワークを持たず、男女共同参画の「モデル条例」に倣うという発想が稀薄であったことが指摘されている（斉藤正美・山口智美 2012）。皮肉にも、フェミニストのネットワークから外れたために性的マイノリティの人権課題が包摂されたのである。

また、二〇一六年から不定期に開催された婚姻平等を求めるデモ（台北市）でフィールド調査を実施した。このほか、婚姻平等や「多様な家族」に関する立法院の議事録、新聞記事、テレビやオンラインのニュース、出版物、個人ブログ、SNS、動画、広告イメージも分析の対象とした。

韓国については二〇一九年の五月から七月にかけて、差別禁止法の制定を推進してきた「行動する性的マイノリティ人権連帯（행동하는 성소수자 인권연대：Solidarity for LGBT Human Rights of Korea）」や「レインボー財団（비온뒤 무지개재단：Beyond the Rainbow Foundation）」を訪問し、スタッフを対象に聞き取り調査を実施した。また、差別禁止法に関する国会議事録、新聞記事、テレビやオンラインのニュース、出版物、個人ブログ、SNS、動画、広告イメージも分析の対象とした。

これらのほか、台湾と韓国の一九九〇年代以降の女性運動やフェミニズムに関する研究も分析の対象とした。理論研究についてはおもにクィア・スタディーズとの関わりについて、実証研究に関してはとくにジェンダー主流化をとりあげたものに焦点を当てた。なかでも台湾で二〇〇四年に成立したジェンダー平等教育法については、ジェンダー主流化の成功例であるとともに性的マイノリティの人権課題を包摂した初の立法としても知られるため、重点的に検討した。

最後に、性的マイノリティの権利保障を阻害するアクターとして、プロテスタント右派を中心とする保守運動に注目した。ブログやウェブサイト、SNSのテキスト、YouTube動画、広告、新聞記事を調査したが、なかでも『国民日報』は韓国のバックラッシュを考察するうえで重要な資料として検討した。これらのほか、性的マイノリティの権利保障に抗議するデモでフィールド調査も実施した。具体的な日時や場所については適宜、脚注で言及した。

第5章　台湾Ⅲ――「毀家・廃婚」から「婚姻平等」へ

1　はじめに

フェミニストでレズビアンの許秀雯（Victoria Hsu）が提唱した「毀家《きか》・廃婚《はいこん》」〔イエを壊して婚姻廃止〕運動の路線は、家族をつくるアプローチを多様化することによって現行法の異性婚覇権に挑戦し、家族をめぐる特定のイメージを壊して婚姻特権を廃除しようと試みるものだった。しかしいまやその「多様な家族運動」路線は縮小してしまった。〔同性婚を意味する〕婚姻平等が性的マイノリティ運動の主要な目標から唯一の目標に昇格され、「婚姻平等こそ人権だ」というスローガンが高らかに掲げられるようになった。婚姻の覇権的地位に挑戦したかつての運動は、むしろ婚姻の崇高な地位を強化するものとなり、イエを壊して婚姻を廃止するという当初の野心はみる影もなくなった。

（黄亦宏 2019: 285-6、強調は引用者）

二〇一九年五月二四日、台湾で司法院釈字第七四八号解釈施行法が施行され、アジアで初めて同性婚が法制化された。婚姻平等を推し進める運動で主軸を担ったのが、二〇〇九年にレズビアン・フェミニストらによって設立された台灣伴侶權益推動聯盟である。

台灣伴侶權益推動聯盟（以下「伴侶盟」と略記）は二〇一三年に「多様な家族（多元成家）」[135]草案を公表して、法制度における異性愛規範と、婚姻を唯一の合法的な親密関係と規定した国家制度に対する挑戦を試みた。「多様な家族」草案は三つの異なる法案から構成された。婚姻関係を同性間にも拡大する婚姻平等案（いわゆる同性婚）、当事者間の性的関係を規定しないパートナーシップ法案、ふたり以上の共同生活者に家族としての権利を付与する家属制度案である。前頁の引用文で言及された許秀雯は伴侶盟の代表で、彼女たちが提唱した「多様な家族」運動は「家族制度の民主化」という先行する女性運動の宿願を引き継ぎ、類まれなるリーダーシップを発揮して運動を牽引した（台灣伴侶權益推動聯盟 2013a）。

伴侶盟は運動の初期には婚姻制度の特権的地位を批判したが、やがて「婚姻平等（同性婚）こそが真の平等」とする主張を強調するようになる。性的マイノリティ団体は連帯してこの方針を支持し、「婚姻平等」を掲げた運動は台湾史上「性的マイノリティ運動団体がもっとも多くの努力と資源を投じた社会運動となった」（想像不家庭陣線 2019: 221）。

近代国家は婚姻制度をつうじて一対の異性間に道徳的・法的特権を付与したが、それにより親密性やケア関係の自由を制限してきた（Elizabeth Brake 2012=2019）。同性間の親密関係が国家の承認を受けなかった当時の台湾で伴侶盟が提起した「多様な家族」草案は、親密関係の再想像／創造を試みたラディカリズムを特徴とした。しかしその運動も最終的には「婚姻平等こそ真の平等」という主張へと収斂し、彼女たちの挑戦は二〇一九年における同性婚の法制化をもって「成功」を収めることとなる。

アジア初の同性婚法制化を促進した政治的要因とは、いかなるものだったのか。なぜ女性運動やフェミニスト立法委員はこぞって婚姻平等を推進したのか。また、伴侶盟を含む性的マイノリティ運動がそのフレームを[136]「多様な家族」から「婚姻平等」へと収斂させた背景にはなにがあったのか。そしてプロテスタント右派が牽引したバックラッシュは、どのような歴史的背景や戦略をもって性政治に対する介入を進めてきたのだろうか。

---

135 「多様な家族」の中国語原語は「多元成家」である。「多元」という言葉は一九九〇年代に台湾社会で定着した多文化主義（多元文化主義）に由来する。解放後、中国から台湾にやってきた外省人は、日本に代わる新たな統治者集団として政治や経済などあらゆる分野を主導し、みずから持ち込んだ中国大陸の文化が「優れた」もので、台湾土着の文化を「劣った」ものとみなした。一九八〇年代以降の民主化運動のなかで台湾土着の文化を復権する動きが台頭し、それを包摂する多文化主義が政治制度に導入された。このような歴史的・政治的背景を持つ「多元」という言葉は、二〇一〇年代にはエスニシティ、ジェンダー、セクシュアリティ、階級など、さまざまな文脈でマイノリティの包摂を主張する文脈で用いられるようになった（田上智宜 2020）。

136 社会運動研究におけるフレームとは、運動が個人に働きかけて個人が説得される過程を分析するために提起された概念であり（樋口直人 2014: 97）、社会運動への参加について不満や怒りといった情動のみと結びつけて考察する立場から距離をとる。人は不満を持っているからといって必ずしも運動に参与するわけではなく、人びとが運動に参与する際の認知的過程を検討するための枠組みがフレームということになる。この点については、小熊（2012）や樋口（2014）が参考になる。

構成

第2節では、台湾における同性婚法制化の歴史的経緯をみる。次に、これを促進した政治的要因として性的マイノリティ運動と女性運動の同盟関係を検討するが、これを考察するためにジェンダー平等教育法（二〇〇四年）の事例をとりあげる。最後に、民進党が性的マイノリティの人権課題に取り組んだ背景を分析する。

第3節では、性的マイノリティに対するバックラッシュを扱う。まず、プロテスタント右派の性政治への介入に焦点を当てて、その歴史的・政治的背景を検討し、バックラッシュ言説について分析を進める。そして保守運動との交渉という観点から、性的マイノリティ運動の質的変化を批判的に検討する。

2 「ジェンダー平等」と婚姻平等

いまからさかのぼること約四〇年、当時二八歳だった祁家威《チー・ジアウェイ》は、一九八六年に台北地方法院公証処で同性パートナーとの婚姻公証を拒否された。祁家威は直後に立法院に請願をするも、「同性愛者とは少数の変態であり、もっぱら情欲を満たすことを求める者で、公序良俗に反する」として退けられる（『聯合報』「同性結婚 祁家威聲請釈憲」二〇〇〇年一〇月一八日）。その直後、かれは警察に身柄を拘束され、一六二日間もの長期にわたって拘置所で過ごすことを余儀なくされた。戒厳令下で社会運動が弾圧され、同性愛が「変態性欲」としてスティグマ化されていた時代の孤独な闘いだった。

祁家威はあきらめなかった。なおも同性婚を求めて、陳情や請願、不服申し立てや行政訴訟など、一九九〇年代以降も多岐にわたる戦略でアプローチを試みた。そして二〇一五年に司法院に申請した憲法解釈が、婚姻平等の実現へつながる大法官解釈（二〇一七年）を導くことになる。

台湾における同性婚法制化の歴史は、まぎれもなく婚姻平等を求めた社会運動の成功であり、この点は強調してもしすぎるということはない。しかしその運動を支持する政治や社会のありかたを考えることも重要である。結論を先取りすると、本章では運動の成功を促進した要因として、第一に、政党政治に強い影響力を持つ女性運動の支持を獲得したこと、第二に、これらの社会運動と民進党との間で同盟関係が形成されたことを指摘して、議論を進めたい。

2-1 同性婚法制化をめぐる歴史

第3章で論じたように、一九九〇年代に盛りあがりをみせた多様な社会運動は、戒厳令下で権威主義体制を形成した国民党に対して敵対的な立場を取った。これらの運動は「民主」や「自由」を党是に掲げた民進党と同盟関係を形成して、マイノリティの権利保障をもたらす重要なアクターとなる。性的マイノリティ運動の政治的達成も、民進党との同盟関係が重要な背景をなした。

とはいえ、同性婚の法制化を求めた政治的アプローチはいくども試みられては挫折をくり返してきた。二〇〇〇年に政権交代を果たした民進党政権は「人権立国」を掲げ、二〇〇三年に総統府に設置された人権諮問委員会は同性パートナーシップ保障を含む「人権基本法」を起草したが、成立には至らなかった。二〇〇六年には民進党の立法委員が同性婚法案を立法院に提出するが、これに反対する国民党が多数派を占める状況で廃案に終わっている。二〇一二年にも民進党の著名なフェミニストの尤美女《ヨウ・メイニュウ》が同性間の婚姻関係を保障することを目的とした民法親族編の改正案を提出するが、このときも国民党の反対を受けて挫折している（尤美女 2019: 85-86）。

　立法院をつうじた政治的アプローチが膠着するなか、事態を動かしたのが司法へのアプローチである。祁家威は二〇一三年に台北市の戸政事務所で婚姻登録を申請したが、民法が同性間の婚姻関係を規定しないことを理由に不受理とされた。その後、台北市に対する不服審査申し立てや行政訴訟での挫折を経て、ついに司法院大法官会議（司法の最高機関で憲法裁判所の役割を担う）に憲法解釈を申請する資格を得た。そして二〇一五年八月に伴侶盟の支援を受けて憲法解釈を申請した。

　原告には台北市も加わった。台北市は二〇一三年から一五年までの二年間に、三〇〇件以上もの同性カップルの婚姻登録を受けていた（台北市政府 2015）。第3章で論じたように、二〇〇〇年から性的マイノリティの人権を重視する姿勢を強調してきた台北市は、原告側に立って同性婚を支持する立場を取ったのである。

　司法院は二〇一七年二月に憲法解釈請求を受理し、三月に大法官会議での審議を開始した。五月二四日に釈字第七四八号解釈（以下では「大法官解釈」と略記）が出され、これが同性パートナーシップを法的に保障する路線を決定づけた。解釈の要点は次のとおりである（福永 2017d）。

　まず、台湾の民法は、同性カップルが共同生活を営むことを目的に親密性かつ排他性を有する永続的な結合関係を形成することを承認しておらず、これが憲法の保障する婚姻の自由（第二二条）および平等権（第七条）に反するとした。異性間の配偶者に認められる法的諸権利を同性カップルにも保障することを政府の責務とし、大法官解釈の公表から二年以内に必要な措置を取るよう求めた。仮に政府が然るべき措置を取らない場合は、関係機関で婚姻登記を済ませた同性カップルに配偶者としての法律上の効力が発効するとした。

　大法官解釈によれば、性的指向は「変えることの困難な個人の特徴」であり、「性的指向が同性に向かう者」は人口学的に少数であることから、一般の民主的な政治過程をつうじて法的に劣位な地位を覆すことが困難である。それゆえ婚姻の自由と平等権の保障を政府が取り組むべき政治課題としたのだ。ただし、法の形式については言及を避けて判断を立法院へ委ねた（司法院大法官2017）。その結果、この法の形式をめぐって、婚姻平等に反対の立場を取る保守派と性的マイノリティ運動との間で激しい衝突が繰り広げられることになる。

　さて、バックラッシュは「反同性愛」を旗印に保守市民の動員と組織化に成功するのだが、かれらが目をつけたのが「同性婚」と「ＬＧＢＴ教育（同志教育）」であった。大法官解釈の翌年の二〇一八年には「次世代幸福聯盟（下一代幸福聯盟）」が運動を展開して、これらのイシューを公民投票[137]にかけている。そもそも公民投票とは、直接民主制の促進を目的に民進党政権が二〇〇三年に

137　公民投票（referendum）とは、国政上、重要とされる諸問題について、その直接的な決定や議会の決定に資することを目的に実施される投票制度である。公民投票法は二〇一八年一月に民進党政権下で改正され、これにより投票年齢が二〇歳から一八歳に引き下げられるなど、提案・成立・通過の要件が緩和された。保守派の戦略はこうした法改正を効果的に活用したものであった。この点については蔡秀卿（二〇二〇）に詳しい。

表 5-1　2018 年 11 月 24 日に実施された公民投票（性的マイノリティ関連のみ抜粋）

番号	提案主文	提案	有効同意票数対有権者数比率	結果
10	あなたは、民法規定で婚姻を一男一女の結合に限るものとすることに同意しますか	保守派	38.76%	通過
11	あなたは、国民教育段階（小中学校）において教育部および各級学校が学生にジェンダー平等教育法施行細則所定の LGBT 教育（同志教育）を実施しないことに同意しますか	保守派	32.40%	通過
12	あなたは、民法婚姻規定以外の方式で同性愛者の永久共同生活の権利を保障することに同意しますか	保守派	32.40%	通過
14	あなたは、民法婚姻規定で同性愛者の婚姻を保障することに同意しますか	性的マイノリティ	17.12%	未通過
15	あなたは、ジェンダー平等教育法で義務教育段階においてジェンダー平等教育を実施することを定め、その内容に感情教育、性教育、LGBT 教育等を含むことに同意しますか。	性的マイノリティ	17.75%	未通過

出所：蔡秀卿（2020: 277-8）表 3 を参考に筆者作成

導入した施策だったが、保守派はマイノリティの権利を否定するためにこの制度を活用したのである（尤美女 2019; 蔡秀卿 2020）。

次世代幸福聯盟は「愛家公投（家を愛して公民投票へ）」をスローガンに掲げ、三つの公民投票案を提起した（表5-1）。そのうちふたつが同性パートナーシップに、もうひとつがLGBT教育に[138]関する提案である。まず第10案で婚姻を一男一女に限定した現行民法に対する賛否を問い、第12案では同性パートナーシップ保障を「民法婚姻規定以外の方式」に委ねることの是非を問うた。保守派は同性パートナーシップを保障する法の形式が立法院に委ねられたことに照準を合わせ、民法の保障する婚姻制度（異性婚）こそが死守すべき「一男一女の自然な伝統」であると位置づけたのだ。言い換えれば、民法の改正をともなわない特別立法による同性パートナーシップの保障を妥協点とみなしたということになる。

他方、保守派の公民投票運動や「反同性愛」プロパガンダに危機感を覚えた性的マイノリティ運動も「婚姻平等公民投票推進チーム（婚姻平權公投推動小組）」を結成し、ふたつの公民投票案を発議することに成功する（表5－1における第14・15案）。性的マイノリティ運動は「婚姻平等は人権である（婚姻平權是人權）」とするスローガンを掲げ、民法改正による「婚姻平等」（同性婚）の実現を目指した。

だが、公民投票の結果は保守派の勝利に終わった（表5－1）。二〇一八年一一月二四日、保守派が発議した第10・11・12案の三案はいずれも台湾全土の有権者の四分の一（約四六五万票）以上の票を獲得して通過したのに対し、性的マイノリティ運動が発議した第14・15案はどちらも通過しなかった。[139]

138　後述するように、二〇〇四年に制定されたジェンダー平等教育法は義務教育課程の「ＬＧＢＴ教育（同志教育）」の導入を定めたが、保守派が提起した公民投票第11案（表5－1）はこれに異議を申し立てるものである。公民投票の結果、第11案は通過し、これを受けて二〇一九年四月にジェンダー平等教育法の施行細則は改正され、「ＬＧＢＴ教育」という文言が削除された。ただし、教育部は「ＬＧＢＴ教育」の代わりに「ジェンダーの特徴・特質、性的指向、ジェンダー・アイデンティティ教育」という文言を新たに付け加えることによって、従来どおり性的指向やジェンダー・アイデンティティを含む「多様なジェンダー平等教育」を推進する姿勢を強調している。

139　公民投票が実施された直後の一一月二九日には、公民投票の結果（第10案および第12案）が第七四八号解釈と抵触することは許されないと司法院大法官書記処が表明している（鈴木賢 2019b）。

最終的に民進党政権が二〇一九年五月一七日に施行した司法院釈字第七四八号解釈施行法は、大法官解釈と公民投票の結果の折衷案として成立した。すなわち、民法改正でなく特別立法という形式において異性婚と差異化しつつ（公民投票第10・12案）、異性婚と同じく戸政機関で結婚登録をするという点で同性パートナーにも婚姻関係を承認し、実質的には異性間の婚姻関係に認められる権利と義務のほとんどが同性カップルにも承認されたのである。[140] 台湾における婚姻平等はこのような紆余曲折を経て実現し、[141] アジア初の同性婚として国際社会でも大きな関心をもって受けとめられた。

2-2　ジェンダー主流化のパラダイム・シフト

婚姻平等運動の成功は、女性運動やフェミニスト立法委員の強力な支持なくして実現は困難だった。ただし両者の連帯は安直に想像されるように、性的マイノリティの人権課題に対してフェミニストがアライシップ[142]（allyship）を発揮したといった質のものではなかった。そうではなくて、台湾のフェミニストが追求した「ジェンダー平等」という理念が性的マイノリティの人権課題を包摂したのだ。すなわち「ジェンダー平等」の旗印のもとで「女性の人権」と「性的マイノリティの人権」が共通の課題として包含されたのである。以下では、民主化以降の女性運動の軌跡をたどりながら、「ジェンダー平等」が性的マイノリティの人権課題を包摂した過程を検討していきたい。

民主化とリベラル・フェミニズムの達成

ジェンダー政治という点で台湾と韓国に共通する特徴のひとつは、一九九〇年代以降に国家機構に参入したフェミニストが政党政治をとおしてジェンダー主流化の推進に成功したところにある。台湾の場合、戒厳令が解除される一九八七年前後に欧米（おもに米・英）での留学を終えて帰国した高学歴で中産階層のフェミニストがリーダーシップを発揮して女性運動を牽引した。彼女たちは民主化を標榜した民進党を支持し、両者の間で強固な同盟関係が形成された。一九九四年におこなわれた台北市長選挙では、婦女新知基金会をはじめとする多くの女性団体やフェミニストが陳水扁を支持した（第3章参照）。市長に就任した陳水扁は、その恩に報いるように台北市に婦女

140 養子縁組の制限（同性カップルのうち、どちらにも血縁関係のない子どもは養子にできない）や生殖補助技術の利用可否（二〇〇七年に成立した人工生殖法はその対象を「夫婦」に限定しており、同性カップルのアクセスについては不問に付された）、国際結婚の制限（台湾国籍を持つ者と、同性婚が認められている国の国籍を持つ者との間の同性婚でなければ国際結婚は認められないとされた）など、異性婚との間でいくつか重要な差異を残したまま、見切り発車的に立法がなされた。その後、国際結婚については複数の訴訟が提起され、二〇二一年に台湾とマカオの同性カップルが、そして二〇二二年には台湾と日本の同性カップルが結婚の権利を勝ち取ることに成功している。これを受けて、二〇二三年一月に内政部は香港とマカオを除く中国人以外のすべての外国籍と台湾籍の同性カップルの婚姻届を受理する通知を公表した。

141 公民投票が実施された二〇一八年一一月二四日から司法院釈字第七四八号解釈施行法が制定される二〇一九年五月一七日までの間にも、特別立法の文言や形式をめぐってさまざまな調整や対立が立法院でみられた（鈴木賢 2019a）。

142 アライシップとは、社会から差別・抑圧・疎外されてきたマイノリティに対する支援または支援者を指し、二〇一〇年代以降の日本では性的マイノリティに対する支持者という意味で「アライ」という英語由来の言葉が広く用いられるようになった。ただしアライというポジションは、性的マジョリティとしてのみずからの特権性を省みないこと、マジョリティ／マイノリティ関係やアイデンティティの固定化をもたらすこと、さらには性的マイノリティに対する差別や抑圧を社会の問題というよりも個人の道徳の水準で理解するといった課題をもたらしうるという点で、問題含みでもある。

権益促進委員会を設置してフェミニストを積極的に登用し、女性政策を推進した。このような台北市の「上から下への女性運動」の成功モデルは中央政府や他の自治体にも広がり（顧燕林 2010）、ジェンダー主流化を推進する重要な背景となった。

民主時代の台湾社会で「民意」は政権の正統性を担保するもっとも重要な要件とみなされた（洪郁如 2010）。数ある社会問題のなかでも女性政策やジェンダー平等は国民党の権威主義体制や旧時代を相対化する主要なイシューと位置づけられ、政治エリートの注目や社会の関心を集めた。第1章で論じたように、国民党政府は中国由来の儒教規範を台湾に移植して女性を私的領域に囲い込み、自由や権利を制限してきた。国民党政府を家父長制の象徴とみなしたフェミニストにとって、さらには国民党体制の打破や民主化を掲げて結党した民進党にとって、両者の同盟関係は歴史の必然であった。

民主化を志向した一連の政治改革は社会運動の発展を促した。たとえば直接選挙の導入は、政治エリートに社会運動団体から支持を獲得することに対する動機を与えた。民進党だけでなく、一九九〇年代後半に入る頃には国民党も女性運動からの支持を重視するようになった。女性政策やジェンダー主流化が政党政治にとって重要な政治課題と認識されたことを背景に、中央・地方政治への参画を果たしたリベラル・フェミニストたちは与野党の支持を受けて、立法や法改正といったトップダウン型のアプローチでいくつもの政治成果を達成した。法的達成がとくに顕著だったが、そこには歴史的経緯があった。

そもそも台湾の法体系の起源は一九一二年に大陸で成立した中華民国にあり、一九三一年に施行された民法親族編は「女は、家にいては父に従え、嫁に出たら夫に従え、夫の死後は子に従え」とする中国の伝統的な儒教規範が色濃く反映された。事実、妻は夫の姓を冠し、子は夫の姓を名乗らねばならず、妻は夫の居住地を住所とし、結婚後の妻の財産は夫の所有物とされ、未成年の子に対する親権の行使は父親の意思を優先し、離婚した子の監督権は父親に付与されるといった一連の女性差別的な条文を含んだ。女性運動の働きかけによって一九九〇年代に改正されるまで、これらの法は女性を私的領域に留め置くとともに男性に対して従属的な立場に追いやってきた（尤美女 1999）。女性の公的領域への参入、すなわち就労をめぐる権利も二〇〇一年に両性労働平等法（両性工作平等法）が成立するまでは後ろ盾を欠き、結婚・妊娠によって自主退職しなければならないとする「独身条項」や「妊娠条項」といった慣行が横行した。[143]

一九四七年に大陸で施行された中華民国憲法は「男女平等」をうたった。しかし二・二八事件の余波で公布された「動員戡乱時期臨時条款」（一九四八～九一年）は憲法の効力を停止して、これを宙吊りにしてしまった。戒厳令が解除され、憲法の存在が政治的焦点となったとき、憲法が掲げる理念と現実の間の目も眩むような落差が注目を集めた。そして台湾のフェミニストたちは「時

143　一九八七年には、国父記念館に勤める女性五〇名が一斉に解雇される事件が起きた。一斉解雇の根拠は、彼女たちの年齢が満三〇歳に達し、外国からの賓客をもてなす国父記念館の職員としてふさわしい条件を満たさなくなったというものだった。婦女新知基金会や台湾大学婦女研究室を中心に大規模な抗議活動が起こり、この事件を契機に女性の就労を保障する法律の重要性が意識され、婦女新知基金会の尤美女や潘正芬や劉志鵬を中心に両性労働平等法の草案づくりが開始された（台灣光華雑誌 2002）。

代遅れ」となった法の修正や立法をとおして「男女平等」の実現を目指したのである。

そのアプローチは数多くの成功を果たした。まず、民法親族編における一連の「父権・夫権優先条項」が一九九六年より段階的に改正され、家族制度の民主化が進められた。二〇〇一年には女性の就労を保障する両性労働平等法が制定された。[144] これにより職場のセクシュアル・ハラスメント防止や一定数以上の被雇用者を有する事業所の託児所設置の義務化などが実現した（金戸2005）。二〇〇四年にはジェンダー平等教育法（性別平等教育法）が成立し、学校におけるセクシュアル・ハラスメントや性暴力の防止と救済手段の確立、妊娠した女子生徒の就学の権利などが保障された。後述するように、この立法は性的マイノリティの児童や生徒を含む包括的な「ジェンダー平等」を実現するための教育を提唱している。

また、日本軍性奴隷制度（「慰安婦」問題）が大きな社会的関心を集めたことを背景に、女性に対する暴力の撤廃を求める主張が広がった。その結果、一九九七年に性暴力犯罪防止法（性侵害犯罪防治法）、[145] 九八年にＤＶ防止法（家庭暴力防治法）、二〇〇五年にセクシュアル・ハラスメント防止法（性騒擾防治法）が制定された。これらの立法や法改正は、婦女新知基金会などに所属する法学を専門としたフェミニスト研究者の貢献によるところが大きかった。

台湾女性運動の一九九〇年代以降の政治的達成は目覚ましいが、これはそれまで女性に対する差別的な法制度や慣行が長らく放置されてきたということを意味している。その背景として、社会運動に対する抑圧的な権威主義体制があったことはこれまで論じてきたとおりであり、この点は韓国とも共通するところだが、台湾には独自の状況もあった。それは、国連を基盤とするフェミニストのグローバルなネットワークからの排除である。女性の権利やジェンダー平等については戦後、国際条約など国連を中心とする国際人権言説がグローバル・フェミニストらの尽力と貢献によって蓄積されてきた。[146] ところが台湾はそうしたネットワークから排除されてきたのである。

台湾の政治を論じるうえで国際環境、すなわち国際社会における国家としての周縁化されたポジションを検討することはきわめて重要である（若林 1996, 2008; 金戸 2005; 佐藤和美 2007; 福永 2015a, 2017c, 2022e; 呉叡人 2016=2021; 何春蕤 2017; 松田英亮 2023）。そもそも台湾が「国家」であるか否かを問うこと自体が政治的にセンシティブな問題であるという事実が、台湾の困難な国際環境を象徴している。

144 両性労働平等法の成立過程に関しては金戸（2005）が論じており、いまも参照すべき重要な論点が提起されている。とくに両性労働平等法の制定過程に焦点を当てる研究手法や、それを国際政治の文脈を含めて考察する視座は、わたしが台湾の性政治を対象とした研究を進めるうえで重要な示唆を与えてくれた。なお、後述するように、両性労働平等法は二〇〇七年の改正を受けてジェンダー労働平等法（性別工作平等法）へ名称変更をともなう改正を実現し、性的指向やジェンダー・アイデンティティを含む職場における「多様なジェンダー差別」の禁止規定を導入している。

145 性暴力犯罪防止法は成立当初は男性を加害者、女性を被害者であることを想定した立法であったが、一九九九年の修正によって男女ともに被害者・加害者になりうることを前提とした修正が加えられた。また「強姦」の代わりに「強制性交」という表現が導入され、ペニスの膣への挿入と定義されていた「性交」の定義も修正されて肛門や口への異物混入を含むものとされた。

146 国連は一九四八年に世界人権宣言を採択し、六六年にはこの宣言にもとづいた包括的な国際人権規約（社会権規約・自由権規約）を採択している。このほか、個別的な人権課題を規定した条約として、「人身売買及び他人の売春からの搾取の禁止に関する条約」（一九四九年）や人種差別撤廃条約（一九六五年）、子どもの権利条約（一九八九年）などがある。

第二次大戦終結後、台湾地域を接収した中華民国は「中国」を代表する国家として国連加盟国となった。しかし一九四九年に大陸で中華人民共和国が成立し、中華民国が台湾地域のみを実効支配する国家として再編されると、国連の代表権が政治的争点として浮上する。冷戦体制下で、中国代表権を中華人民共和国に移行すべきであると主張したソ連に対し、米国は台湾を支持する立場を強調した。ところが一九六〇年代に新たに独立して国連加盟国入りしたアフリカ諸国が中国への支持を表明すると、台湾を支持する米国や日本が劣勢に転じる。[147] ついに一九七一年の国連総会においてアルバニアの提案によって中華人民共和国の中国代表権が承認されると、中華民国は国連からの事実上の追放を余儀なくされた。こうして中国が国際社会への「復帰」を果たしたことを背景に、中華民国は主要先進国との間でも相次いで国交断絶を経験していった（表5－2）。

グローバル・フェミニズムの活動は国連をハブに展開し、一九七五年から始まった世界女性会議や女性差別撤廃条約（一九七九年採択）として結実した。しかし当時すでに国連を脱退していた台湾にとって、女性の人権課題への取り組みを促進する国連や国際社会からの圧力は有効に作用しなかった。このため、台湾の女性運動は女性の権利に対して敵対的な立場を取る国民党政府のもとで「外圧」を期待することがかなわず、みずからの手で法改正や立法を推進せざるをえなかったのである（顧燕林 2010）。

このようなジェンダー政治をめぐる台湾の特殊な状況について、女性差別撤廃条約（Convention on the Elimination of All Forms of Discrimination against Women; ＣＥＤＡＷと略記）を事例に考えてみたい。一九八一

表 5-2　中華民国台湾と中華人民共和国の国交国数の推移

	1950	1954	1965	1969	1971	1972	1975	1979	1986	1992
国家総数	87	91	132	141	147	147	156	164	171	189
中華民国と国交	37	39	57	68	55	42	27	22	23	29
同上比率（%）	43	43	43	44	37	29	17	13	13	15
中華人民共和国と国交	18	20	48	44	65	86	106	120	133	152
同上比率（%）	21	22	36	31	44	59	68	73	78	80
双方と国交なし	30	30	25	27	26	18	21	20	13	6
同上比率（%）	34	33	19	19	18	22	13	12	8	3
備考	米、台湾海峡介入	米華相互防衛援助条約締結	米経済援助集結	国交国数最大	国連追放	対日断交		対米断交、米華条約廃棄、国交国最低	民進党結成、本格的自由化開始	国連復帰運動開始

出所：若林（2008: 112）をベースに筆者が若干の編集を加えた

年にＣＥＤＡＷが発効すると、日本や韓国を含む多くの国で女性差別の撤廃が重要な政治課題に位置づけられた。日本政府もＣＥＤＡＷの批准に合わせて、男女雇用機会均等法の制定や国籍法の改正

147　国連における中国代表権問題をめぐって、一九六〇年代には米国がアフリカ諸国に外交圧力を加え、中国との国交樹立を阻止しようと画策した。しかしその試みは失敗に終わり、中国がこれらの支持を獲得することに成功している。張紹鐸（2006: 79）はその要因として次の三点を指摘する。第一に、核実験の成功（一九六四年）に象徴される中国の大国としての地位の確保、第二に、ヨーロッパの植民地支配の影響を受けたアフリカ諸国にとって、その民族独立運動を支持した中国のプレゼンスの大きさ、第三に、これらの国々に対する中国からの資金や物資や技術など多様な支援の成果である。

（父系血統主義から父母両系主義へ）を急いで進めている。他方、グローバル・フェミニズムの波が国連を媒介に制度化の段階へ入ったとき、台湾は国連加盟国でなかったために国連女性の地位委員会による監督を得られず、女性の人権課題に消極的な国民党も国際社会との窓口の機能を果たす国内機関を設置しなかった。「国際的な庇護の外にあって、台湾の女性運動は粘り強く人々の女性意識を育成する必要があり、政治的機会を注意深く待ち、十分な数の女性が声を上げ」始める一九八〇年代後半まで待たなければならなかったのである[148]（顧燕林 2010: 90）。

国際社会で周縁化された台湾のフェミニストたちは独自のアプローチを模索せざるをえなかった。こうした背景のもと、国民党の権威主義体制打倒を画策した民進党との間で強力な同盟関係を形成するに至ったのである。他方、民進党も人権課題が台湾の国際社会や国連復帰を支える貴重な回路であることを発見し、女性の人権課題への取り組みを進めていった。民進党の躍進を受けて権威主義体制からの脱却を試みた国民党も、まもなく女性政策を重視するようになる。

北京女性会議が提唱したジェンダー主流化は政党政治をつうじて強力に推進され、二〇〇三年に台湾のジェンダー・エンパワーメント指数[149]はアジア首位を記録するほど、女性をとりまく社会的政治的状況は激変する。そしてジェンダー主流化は台湾社会でローカル化される過程で、性的マイノリティの人権課題を包摂した「ジェンダー平等」を導くことになる。

以下では、ジェンダー主流化の成功例として評価されるジェンダー平等教育法（二〇〇四年）に注目したい。性的マイノリティの人権課題を包摂したこの立法が、その後のジェンダー政治の方向性を決定づけることになる。

「ジェンダー平等」の提唱

じつはジェンダー平等教育法が起草された当初の草案名は「両性平等教育法」であり、(シスジェンダーでヘテロセクシュアルの)女性の人権課題を想定したもので、性的マイノリティの存在は念頭に置かれなかった。実際、草案の目的は憲法第十条第六項(「国家は女性の尊厳を擁護し、その身体の安全を保障し、性差別を解消し、両性の地位の実質的平等を促進しなければならない」)の達成にあるとされ、これを実現するためのアプローチとして「両性平等教育」を位置づけた。以下では「両性平等教育」が「ジェンダー平等教育」へ転換した過程を検討するが、その前にこの立法が推進された背景となる教育改革についてみておきたい。

一九九〇年代以降、民主化のひとつの柱として教育改革が提唱された。その特徴は「国家」(官)に対する「社会」(民)の役割を増大する制度的条件を整えるところにあった(山崎 2002)。もはや教育分野も民意を無視できなくなり、相次いで組織された市民団体が教育政策を方向づけるアクターとして存在感を発揮した。女性運動もそのひとつで、フェミニストは両性平等の実現は

148　CEDAWについて付言すると、台湾政府は国連再加盟を掲げるようになった一九九〇年代以降、条約の締結に関心を向けている。ただし台湾は国際条約の批准が認められないため、最終的にCEDAWは二〇一一年に国内法として法制化された(「消除對婦女一切形式歧視公約」)。

149　ジェンダー・エンパワーメント指数(Gender Empowerment Measure)とは、女性の政治・経済活動への参加や、意思決定への関与を示す指数である。国会議員・管理職・専門職・技術職に占める女性の割合や男女の所得格差にもとづいて算出される。ただし台湾は国連加盟国ではないため、台湾政府は独自に算出して自国を含めた世界ランキングを公表している。

教育改革なくしてありえないとして教育政策への介入を進めていった。

女性運動は、学校における両性平等教育の実施を求めた。婦女新知基金会やフェミニスト研究者らの尽力の結果、一九九五年には「両性平等教育」という文言が行政院教育改革審議委員会の最終答申に導入された。そこでは、家父長制のもとで女性は男性と平等の権利を獲得していないこと、学校教育では教材の内容やカリキュラム、教師と生徒の関係、空間設計の配分といった点で男女間の不均衡が顕著であり是正すべきであるということが指摘された。そして学校における両性平等教育の実施、大学における女性学コースの設置、さらにはこれらを首尾よく進めるための関連法の整備などが提言に盛り込まれた（洪慧玲 2007）。

この時期、学校における女子児童・生徒への性暴力やセクシュアル・ハラスメントも注目を集め、校内の安全対策や女性に対する暴力の根絶も両性平等教育の課題とされた。一九九七年に成立した性暴力犯罪防止法（性侵害暴力犯罪防止法）は、義務教育課程における両性平等教育カリキュラムの導入を定め、[150]これを推進する機関として教育部傘下に両性平等教育委員会が設置された。

教育部は教育領域における女性差別の解消や学校における女子児童・生徒に対するあらゆる暴力の撤廃を掲げ、四名のフェミニストに草案の作成を委託した。[151]彼女たちの手にかかった両性平等教育法草案はやがて当初の目的を逸脱して性的マイノリティの人権課題を導入することになるのだが、この点を考えるうえで重要なのは、草案が起草された時期がまさに女性運動と性的マイノリティ運動が相互に影響し合いながら発展を遂げた時期だったということである（福永 2017c）。結論を先取りすれば、法案の作成を委託されたフェミニストたちは、起草作業を進める過程で異性愛規範に逸脱的な子どもたちの脆弱性を「発見」することとなる。これにより、シスジェンダーでヘテロセクシュアルな「男女」を前提とした「両性平等」のアプローチは棄却され、性的マイノリティを含む「ジェンダー平等」という新たなアプローチが提唱されたのだ。

そもそも教育部も四名のフェミニストたちも「両性平等教育」の理念を抽象的にしか把握していなかった。彼女たちはまず国外の先行事例を調査したが、関連法がほとんど存在しないことが判明した。そこで、学校の現場で働く教員やジェンダー研究者らを中心に市民の声を広く草案に取り入れるという方針を打ち出した。草案の検討会議には教員や研究者や多様な分野の活動家たちが招かれ、全国各地で公聴会も開催された。[152] また、市民（読者）の投稿に開かれた季刊誌『両

150 一九九六年末、民進党婦女発展委員会執行役で、両性平等教育の重要性を主張してきた彭婉如（一九四九〜一九九六年）が殺害されるという事件が発生した。この事件はマスメディアでもセンセーショナルに報道され、女性の安全を求める運動や世論が急激な高まりをみせた。内政部は急遽「女性安全会議」を開催し、年明けには女性運動団体からの後押しも受けて性暴力犯罪防止法を公布した（洪慧玲 2007; 李玉璽 2013）。

151 四名のフェミニストとは、蘇芊玲と沈美真、謝小芬、陳恵馨を指す。蘇芊玲と沈美真は教育部の任命を受けて両性平等教育委員会の委員を務めていた。謝小芬は教育学におけるジェンダー研究の第一人者として知られる弁護士であり、陳恵馨は民法親族編の改正議論を牽引していた法学研究者で、女性学学会で会長を務めた経験を持った。いずれも一九九〇年代の女性運動を牽引してきたフェミニストである。

152 草案作成を委託された四名は一九九九年一二月三日の第一回草案起草会議を皮切りに、約一年間に計三五回の会議を開催して草案の作成作業を進めた。会議は二種類に分かれ、ひとつは草案作成チーム四名を中心とした小規模な会合で、もうひとつが専門家・学者討論会である。後者は民間の活動家や研究者や学校教師を招聘し、草案の内容を外部にひらいて検討するというものであった。期間中、前者の会議は一八回、後者の討論会は一七回開催され、計三五回の会議を経て草案は完成した。この会議を重ねる過程で、法案の名称・目的が「両性平等教育法」から「ジェンダー平等教育法」へと移行した（福永 2017c）。

性平等教育』を刊行し、誌面をとおして立法目的や草案の方向性、検討会議の議事録、作業計画が適宜掲載され、読者からの意見が集められた。[153] このように草案の起草過程が市民にひらかれたことが、性的マイノリティの活動家やクィア研究者らの介入を可能にした。事実、当時クィア・スタディーズやトランスジェンダー・スタディーズに関する論考を精力的に刊行していたジョセフィン・ホーも季刊誌に投稿して、ジェンダーとセクシュアリティの交差性を重視する新たなアプローチ（「性／別教育」）を提唱している（何春蕤 1998）。市民を巻き込んだ草案作成の過程は、なによりも民意を重視する当時の教育改革の潮流を反映したものだったが、このようなアプローチは台湾の民主化以降の社会運動の特色でもあった。[154]

草案の検討作業が進められるなか、「両性平等」路線に揺さぶりをかける事件が起きた。男子として学校生活を送っていた中学生に対する性暴力が注目を集めたのである。同級生から「おかま」と言われていじめや性暴力の被害を受けた葉永鋕《イエ・ヨンジー》が二〇〇〇年四月に校内の男子トイレで死亡した（本書プロローグ）。両性平等教育委員会は校内の性暴力やセクシュアル・ハラスメントの調査業務も受け持ったことから、この事件も調査対象となった。その結果、同性愛やトランスジェンダー、あるいは異性愛規範から逸脱的なジェンダー表現をとる子どもたちもまた、シスジェンダーでヘテロセクシュアルの女性と同じように性暴力を含む多様な暴力に対して脆弱的な状況に置かれていることが「発見」されたのである。葉永鋕の事件はマスメディアでも報道され、性的マイノリティのコミュニティでも「葉永鋕は自分だったかもしれない」として衝撃を持って受けとめられた（畢恆達 2000b）。

季刊誌もこの事件をきっかけに「性的マイノリティ」特集を組んだ。草案メンバーの蘇芊玲《スー・チェンリン》も調査に加わった経験から、この事件をふり返って次のように述べている。

ジェンダーの視点からみれば、女性は権力を奪われているという意味でマイノリティである。ジェンダーの気質という視点からみれば、女らしい男性や、男らしい女性は差別の対象となる。性的指向の視点からみれば、同性愛者が差別の対象となる。〔座談会にいる異性愛女性やレズビアン、ゲイ男性たちを指して〕私たちはみな、ジェンダー差別〔性別歧視〕を受けてきたという点において連帯できるのではないでしょうか。

（強調は引用者、畢恆達 2000a: 78-79）

蘇芊玲はこの座談会で「ジェンダー差別」という概念を提起して、シスジェンダーでヘテロセクシュアルな女性に対する差別だけでなく、異性愛規範から逸脱したセクシュアリティを生きる人びとに対する差別を共通の問題として認識する枠組みを提示している。既存の「両性平等」がシスジェンダーでヘテロセクシュアルの「男女の平等」を自明視したのに対し、「ジェンダー平

153 季刊誌は性的マイノリティの人権課題に対する関心から、二〇〇四年に『ジェンダー平等教育〔性別平等教育〕』へ名前を変えている。なお、季刊誌のバックナンバーは台湾教育部のウェブサイトから無料で閲覧・ダウンロードすることができる。

154 社会運動に従事する活動家や研究者が法案を起草した事例は、本書の関心にしぼってもジェンダー平等教育法のほか、両性労働平等法〔二〇〇二年〕や「多様な家族」草案〔二〇一三年〕などがある。

等」は性的指向やジェンダー・アイデンティティにおいて周縁化されたマイノリティを包摂した枠組みとして打ち出されたのである。

理論的に緻密な議論が交わされたとは言い難いが、この座談会に参加した畢恆達《ビー・ヘンダー》（両性平等教育委員会委員）も葉永鋕を追悼する季刊誌特集号において「異性愛主義」を基盤とする「家父長制」を打破するために女性と性的マイノリティの連帯が欠かせないことを強調している（畢恆達 2000a: 79-80）。

とはいえ、葉永鋕の事件が発生する以前から、両性平等教育委員会には性的マイノリティの人権課題に取り組む下地がすでにあったことも指摘しておきたい。というのも、季刊誌の読者投稿欄をとおして、同性愛の児童や生徒に関する学校教師の悩み相談が相次いで編集部に届けられ、委員たちはこの問題に応答せざるをえなかったのである。たとえば一九九八年の季刊誌第三号では、ある小学校の教員が「同性愛者は自然に反した存在なのでしょうか」とする質問を投稿している。これに対し、編集部はジェンダー研究者の回答を掲載し、「性的指向は『心理療法』や『教育』で変えることはできない」こと、「同性愛が『自然に反する』とする見方は性行為が次世代を生み遺すための営みであるという仮説にもとづくものにすぎない」と反駁し、「寛容な態度で〔当事者の〕子どもと接し、決して排除してはならない」と注意を喚起している（黄囇莉 1998: 139-142）。これ以降も季刊誌では同性愛に関する記事がたびたび掲載され、「両性平等教育」における性的マイノリティの子どもの位置づけはもはやフェミニストにとっても無視できない問題となった。

さらに、草案の内容を検討する会議では、トイレやプールが女性にとって性暴力やセクシュアル・ハラスメントの被害に遭遇するリスクの大きい空間であり、いかに安全性を担保したデザインを考案すべきかといった議論も交わされていた（教育部 2001）。こうした検討が進む最中に、トイレで性暴力の被害に遭った葉永鋕の事件が発覚したのである。草案の起草を担ったフェミニストにとって、性暴力やセクシュアル・ハラスメントの被害をシスジェンダーでヘテロセクシュアルの女性に限定するだけでは不十分であると認識する準備はすでにできていたと言える。

葉永鋕の死去から約八ヶ月後の二〇〇〇年一二月一六日、教育部は「両性平等教育委員会」を「ジェンダー平等教育委員会」へ改名して「多様なジェンダー平等教育（多元性別平等教育）」を提唱した。「伝統的な男女の両性のみならず、異なる性的指向やジェンダー気質の尊重を訴え、〔……〕教育政策の重点を両性教育から多様なジェンダー平等教育へ転換することを宣言した」のである（畢恆達 2000b: 132、強調引用者）。こうして葉永鋕の悲劇は、学校教育において「両性平等」から「ジェンダー平等」へのパラダイム・シフトをもたらした契機として、台湾の性的マイノリティの社会運動やメディアなどでいまも語り継がれている（プロローグの図1）。

二〇〇四年に制定されたジェンダー平等教育法は、「性別」だけでなく「性的指向（性傾向）」と「ジェンダー・アイデンティティ（性別認同）」にもとづく「ジェンダー差別」を禁止する立法として結実した。台湾でも二〇一〇年代以降バックラッシュが大きな盛りあがりをみせるが、二〇〇四年当時は宗教右派や保守派による組織的な動員が進んでいなかった。このため、立法院の内外でもほとんど批判や抗議を受けることなく、立法過程は順調に進んだ。二〇一八年の公民投票で

図 5-1　「性的いじめ」の学校別発生件数

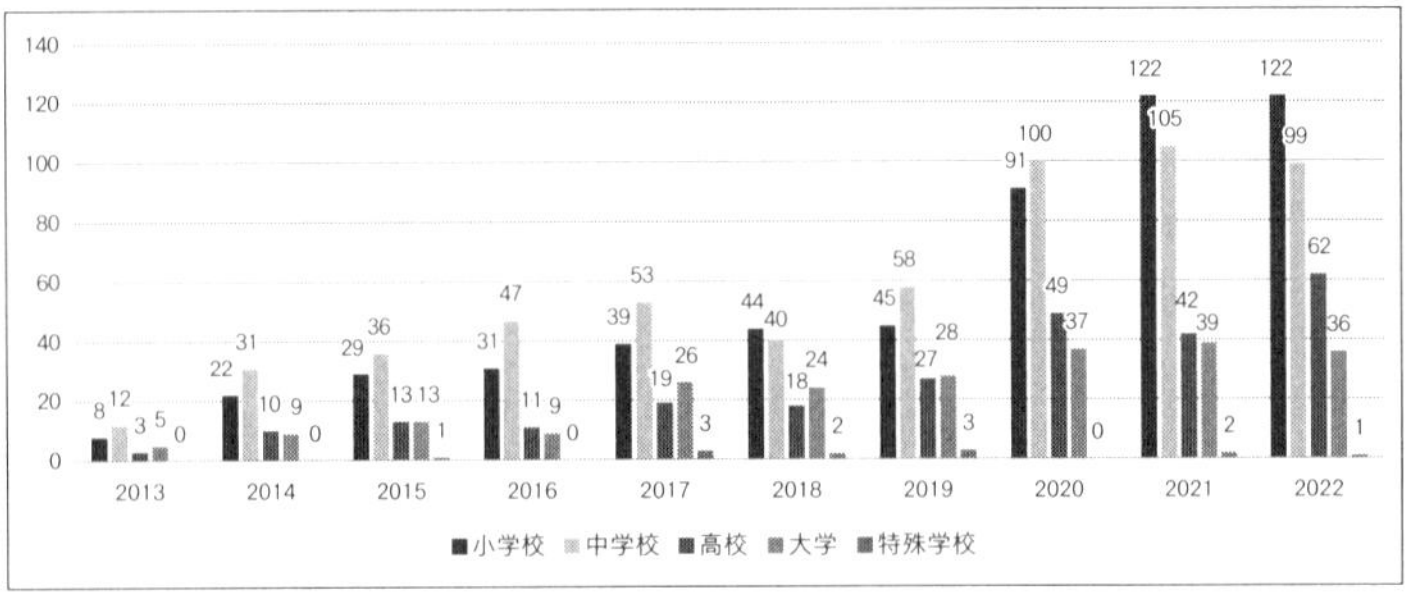

出所：教育部統計處（2023）より筆者作成

ジェンダー平等教育法が婚姻平等と並んで保守派からの苛烈な攻撃の対象とされたことに鑑みれば、二〇〇四年当時の社会的関心の低さが先進的な立法を可能にしたひとつの背景であったとも言える。[155]

ジェンダー平等教育法の施行を受けて、二〇〇六年には「ジェンダーにもとづく暴力」に関する実態調査がすべての学校を対象に始まった。二〇一三年には「性暴力」と「セクシュアル・ハラスメント」に加えて「性的いじめ（性霸凌）」[156]という概念も導入された。これらの調査は、性別だけでなく性的指向やジェンダー・アイデンティティに配慮して進められた。図5－1は「性的いじめ」の学校別発生件数の推移をまとめたものである。これをみると、とくに小学校と中学校で性的いじめの発生件数が急増していることがわかる。これは学校の治安が悪化したというよりも、これまで見過ごされてきた「ジェンダーにもとづく暴力」が社会的に認知された結果として解釈するのが妥当だろう。このような取り組みは、「女性」のみならず異性愛規範に逸脱的な青少年に向けられる多様な暴力を「ジェンダーにもとづく暴力」と再定義して実態を明らかにし、その解消を目指す「ジェンダー平等教育」の重要な試みである。

民進党政権下で成立したジェンダー平等教育法は、台湾におけるジェンダー主流化の重要な成果として高く評価された。これにより、ジェンダー主流化に向けた新たな施策はもちろん、既存の「女性政策」も「ジェンダー平等」のアプローチと合致するよう修正されていった。たとえば、二〇〇一年に制定された両性労働平等法も「ジェンダー主流化の理念と合致させる」という名目で、二〇〇七年には性別に加えて性的指向とジェンダー・アイデンティティにもとづく差別の禁止を含んだ「ジェンダー労働平等法」に改正されている。立法院ではこの法改正をめぐって次のような議論がみられた（立法院 2009: 15）。

「ジェンダー主流化」はグローバル社会の共通認識であるとともに世界各国政府の重点的施策にもなっています。〔……〕「両性労働平等法」から「ジェンダー労働平等法」への改正は、〔ジェンダー主流化が提起した〕ジェンダーの多様性や差異を保障するという理念と合致させることを目

155 ジェンダー平等教育法については、そもそも当時の新聞紙面や報道での扱いも極端に少なく、右派や保守だけでなく左派やリベラルからも注目を集めたとは言い難い。ジェンダー平等教育法の「先進性」が社会的な関心を集めたのは、性的マイノリティの人権課題に関する議論が活発になる二〇一〇年代以降のことであった。

156 「性的いじめ」とは「言葉や身体やその他の暴力によって他人のジェンダーの特徴や気質、性的指向やジェンダー・アイデンティティを貶め、攻撃または脅す行為で、セクシュアル・ハラスメントを除くもの」と定義されている（教育部統計處 2023）。

的としたものです。

地方自治体の施策でも同様の動きがみられ（『聯合報』二〇〇四年一二月一五日）、ジェンダー主流化は性的マイノリティの人権課題を包摂して進められていった。

家族制度の民主化と婚姻平等

台湾の女性運動やフェミニズムは性的マイノリティの人権課題を包摂した「ジェンダー平等」を導き、この路線に規定された「ジェンダー主流化」は他国のそれと比べて独自の展開を果たした。二〇〇〇年代前半にはすでに資源動員や正当性の獲得に成功していた女性運動をとおして性的マイノリティの人権課題が擁護されたのである。こうした文脈において、「婚姻平等」もフェミニストの取り組むべき政治課題とみなされた。

台湾における性的マイノリティ運動は一九九〇年代に展開したが、先行する女性運動やフェミニズムから影響を受けて二〇〇〇年代に大きな発展を遂げた（甯應斌 2008, 2012; 朱偉誠 2009; 福永 2017b, 2017c, 2017d; 何春蕤 2017; 沈秀華 2019）。婚姻平等を推進した台灣伴侶権益推動聯盟も例外ではなく、女性団体としてもっとも高い知名度を誇る婦女新知基金会から派生的に生まれた団体であった。伴侶盟は婦女新知基金会から事務所や人材や資金といった物質的支援を受けたが、運動の路線や目標も継承したことが明らかになっている。

前述のとおり、一九九〇年代に飛躍的な成長を遂げた女性運動は、民法親族編の改正を優先的課題と位置づけた。儒教規範を色濃く反映した民法親族編は「家父長制の根源」とみなされ（台灣伴侶権益推動聯盟 2013a）、婦女新知基金会は民法改正を家族制度の「民主化」や「ジェンダー平等化」を実現するための運動と定義した（沈秀華 2019）。その後、民法の段階的な改正を達成して運動は収束したものの、婦女新知基金会で働くレズビアンフェミニストたちは民法親族編の異性愛規範を残された課題と認識し、その改正に向けた検討作業を継続したのである。

彼女たちは二〇〇六年に婦女新知基金会内部で「多様な家族チーム（多元的家族小組）」を結成し、法学者や弁護士のメンバーを中心に外国の同性パートナーシップ保障に関する法令研究に取り組んだ。二〇〇九年に台灣伴侶権益推動聯盟を設立して他の性的マイノリティ団体との連帯を模索し、二〇一三年には婦女新知基金会から独立して「多様な家族（多元成家）」草案を公表した。性的マイノリティの人権保障を「民主化の深化」ととらえる社会のなかで（『聯合報』「民主的下一歩——婚姻平権」二〇一三年一二月五日）、民法改正による「婚姻平等」案は家族制度の「民主化」と「ジェンダー平等化」に取り組んできた女性運動やフェミニズムの路線を継承するものとして位置づけられたのだ。

伴侶盟の提唱した「婚姻平等」運動は、先行する女性運動やフェミニズムから思想の点でも路線を継承したのである。このような経緯から、「婚姻平等」運動は性的マイノリティ団体だけでなく資源動員力を豊富に持つ主流派の女性運動団体やフェミニストにとっても重要な政治課題とみなされた。婚姻平等を実現に導いた「女神」として名を馳せた民進党の尤美女《ヨウ・メイニュウ》が婦女新知基金会初期の中核的メンバーであったことが象徴するように（蘇龍麒 2020）、フェミニストたちは立法院の内外で婚姻平等の実現に貢献したのである。[157]

２―３　性的マイノリティ運動と民進党の同盟関係

二〇一六年一月、民進党の蔡英文《ツァイ・インウェン》は総統選挙で圧勝を収め、台湾初の女性総統が誕生した。立法委員選挙でも民進党は大勝し、全一一三議席の過半数を上回る六八議席を獲得した。国民党を除いて初の完全与党の成立であった。婚姻平等の実現を促進した政治要因として、これを支持して選挙戦を勝ち抜いたリベラルな蔡英文が総統に就任したこと以外に（図５―２）、民進党による安定した政権運営が実現した点も重要である。

同性婚を成立へ導いた転機は二〇一七年の大法官解釈（第七四八号解釈）だったが、蔡英文政権が任命した七名の大法官はすべて婚姻平等を支持していた。[158] 婚姻平等は民進党の支持層のなかでも地方在住者や高齢者の間で反対意見は根強く、蔡英文は強引な採択に踏み切れなかったため、大法官解釈が決定打となった（尤美女 2019: 94）。

157　ただし、台湾の主流派フェミニストがつねに「ＬＧＢＴフレンドリー」だったかというと必ずしもそうではなかった。むしろ一九九〇年代後半にはレズビアン（同性愛）やセックスワークの問題をめぐって深刻な対立や排斥がみられた。主流派フェミニストのなかには、同性愛者の解放を掲げた性解放派フェミニストについて、「宿主」である主流派団体の資源に「フリーライド」しながら「宿主」を批判する「寄生虫」のような害悪であるとする非難もみられ、このような批判は主流派フェミニストからの一定の支持を集めた（丁乃非 2003）。実際、主流派フェミニストの林芳玫は「性解放運動は、少数の特殊なひとたちの利益をもって普遍的な公民権や人権の問題であると拡大解釈して社会正義を要求している」と述べて、マイノリティの問題をフェミニズムから排斥すべきであると主張した（林芳玫 1998: 78）。二〇一〇年代に婚姻平等を導いた「女神」

として性的マイノリティから称賛を集めた尤美女も、一九九七年には婦女新知基金会の理事としてホモフォビックな態度を露悪的に示していた。実際、婦女新知基金会内部でレズビアンやエイズの問題を扱うべきだと主張した二名のレズビアンのスタッフを解雇している。

尤美女は〔一九九七年〕一二月五日付けの『聯合報』に、「〔二名の〕解雇処分は、婦女新知基金会としてマイノリティ路線を排斥する意図にもとづくものではありません。ただ、〔彼女たちとは〕資源の配分や〔運動の〕優先順位に関して路線が異なるというだけのことです」と寄稿した。いわく、

「〔婦女新知基金会〕理事会は……運営経費や人員が限られたなかで、大多数の女性にとって利益をもたらしうることを婦女新知基金会が優先して取り組むべき仕事であると決めました。……もし婦女新知基金会が〔同性愛やエイズやセックスワークやなどの〕周縁的なイシューばかりを追いかけて、資金調達に困難をきたすようになったら、私たちの運動をつづけるための資源はいったいどこからやってくるというのでしょうか」（王蘋 2013: 317、強調引用者）

図 5-2　台湾同志パレードの開催に合わせて送られたメッセージ「私は蔡英文。婚姻平等を支持します」

出所：蔡英文（2015）

158

婦女新知基金会が「ＬＧＢＴフレンドリー」な立場を示すようになるのは、２０００年代に入ってからのことである。なお、婦女新知基金から「路線が異なる」ことを理由に解雇された王蘋は、主流派フェミニズムが「少数の特殊なひとたちの利益」として切り捨てたマイノリティのイシューを積極的に扱い、二〇〇〇年代の性解放運動を牽引することになる（福永 2017d）。
大法官は計一五名だが〔任期八年〕、大法官釈字第七四八号解釈について、国民党の馬英九〔前〕政権が選出した八名の大法官のうち、呉陳鐶と黄虹霞の二名が同性婚の法制化に反対する意見を提出している（司法院大法官 2017）。なお、台湾における司法院大法官は、女性差別的な民法親族編をはじめ、学術の自由、信仰の自由、集会・結社の自由などのイシューに対してリベラルな解釈を提示して台湾の民主化や人権保障の推進に貢献してきた（翁岳生 2011）。第七四八号解釈もそのような歴史の延長線上にあると言うことができる。

「ジェンダー平等」の推進に民進党が果たした役割の大きさは、強調してもしすぎるということはない。権威主義体制の打倒と「民主」や「人権」を党是に掲げた民進党にとって、進歩的なマイノリティの人権課題はそもそも党の方針と親和性が高かった。さらに、マイノリティの人権課題は党派性という次元を超えて、台湾というナショナルな共同体に利益をもたらすイシューとしても認識された。どういうことか。この点を論じるうえで台湾の置かれた国際環境が重要である。

前述のとおり、中国との対抗関係を背景に台湾は国連からの脱退や主要国との断交を経験し、国家としての政治的・法的承認を奪われてきた。国際社会における周縁化は、単なる認識上の問題という次元を超えて物質的な影響を台湾にもたらしている。二〇〇三年に重症急性呼吸器症候群（SARS）が国境を超えて流行したとき、台湾はWHOの非加盟国だったため情報資源へのアクセスが制限され、結果的に多くの市民や医療従事者がSARSに感染して死亡する事態に見舞われた（『毎日新聞』二〇二〇年二月一三日）。国際社会での承認と国連機関への参加は、国家として生存空間を担保するという意味で切実かつ喫緊の政治課題であった。

こうした課題を抱えた台湾にとって、フェミニストのグローバルなネットワークは国際社会との回路を担保するための貴重なチャンネルとなった。金戸幸子（2005: 36）はこの点について、次のような事例を紹介している。

一九九〇年代には、現台湾副総統である呂秀蓮《リュウ・シゥリエン》[159]が、国際社会において台湾の人権、民主、平和を示す努力を行うことにより、台湾の国際イメージと地位を高め、台湾の国際参加の正当性を強化した。その一環として、呂秀蓮は、一九九四年二月には第三回世界女性サミットを台湾で開催した。当初、この会議を台湾で開催することは、台湾と国交のない国々からどのように貴賓を招くかという問題もあり、ほとんど不可能だと考えられていたが、このサミットには七〇ヶ国あまりの政界、産業界、学界、女性団体から二〇〇人以上のリーダーが参加する空前の盛会となった。つづく同年三月三日には、非政府団体（NGO）代表の立場で第四回国連世界女性会議の準備活動に参加するために国連に歩み入り、さらに専門家顧問団の立場で公式会議に出席し、以降、数々の国際的に重要な会議の台湾での開催に成功した。

国連への未参加という外交上のハードルを抱えた台湾にとって、ジェンダー政治のイシューが国外の政府関係機関や国際NGOとの連携を可能にするチャンネルとして機能したのである。このときの成功体験は、二〇〇〇年に成立した陳水扁政権にも継承されていく。

159　呂秀蓮（一九四四年〜）が一九七四年に出版した『新女性主義』は、戦後台湾フェミニズムの起点として評価されている。その特徴は穏健路線にあり、体制内の男性たちの共感を引き出そうと格闘したところにある（洪郁如 2001: 73）。一九七九年一二月に呂は、世界人権デーにあわせて高雄市で開催された人権集会で演説したことを理由に反乱罪の容疑で逮捕され、懲役一二年、公民権終身剝奪の判決を受けている（美麗島事件、第3章参照）。このときに弁護団の一員だった陳水扁とは、二〇〇〇年に誕生した民主党政権で総統・副総統のペアを組むことになる。呂秀蓮は女性として初の副総統を務めたフェミニストとして絶大な知名度を誇るが、二〇〇三年には「エイズは同性愛者に対する天罰」と公言するなど同性愛嫌悪的な発言も残している。

二〇〇〇年に初の政権交代を果たした陳水扁（副総統は呂秀蓮）は、総統就任演説で「中華民国をもって二一世紀における人権のあらたな指標」にすることを宣言した。佐藤和美（2007）の指摘によれば、陳水扁が提唱した「人権立国」や「人権外交」というアプローチは対米・対中関係に強く規定されたという。一方では中国が経済大国として国際社会で台頭したことにともなう中台間のパワーバランスの変化があり、他方で米中関係を軸とした中台間の相対的関係の変化があった。民進党政権はふたつのバランスシフトとの対峙を迫られたのである。すなわち、中国が「世界の工場」として経済面でのプレゼンスを発揮したとき、台湾の経済成長は減速傾向をみせ、国内経済の中国依存度が増加した。他方、戦後、一貫して台湾を支持してきた米国は、冷戦が終わりを迎えると中国との協力関係を模索しはじめた。米国の対外政策における中国の重要度が高まり、米政府は経済だけでなくテロ対策やエネルギー問題などさまざまな国際的な課題について中国政府からの協力を求めるようになった（同上 133-4）。

こうした国際環境の変化に直面して、民進党政権が採用したのが「人権」に焦点を当てたソフトパワー戦略である。「民主主義」の価値を重視して国内外からの支持を獲得することに成功した民進党にとって、「人権外交」とは「党の歴史の延長線上に立ち、政府主導により台湾を人権社会としてさらに成熟させることで『人権立国』台湾を内外にアピールし」、「人権・民主」を対外交流の基盤に置くという、「いわば台湾の国際活動空間を拡大するための間接的な手段」であった（同上 131）。そして「人権立国」の中核に位置づけられたのが「ジェンダー主流化」やそれが包含する性的マイノリティの人権課題であった。

民進党政権が誕生した二〇〇〇年代初頭は、まさに性的マイノリティをめぐる問題が「先進的な人権課題」として国際社会――台湾が「復帰」を渇望した国連――で関心を集めた時期でもあった。性的マイノリティをめぐる言説は、一九九〇年代に国連や国際NGOの取り組みによって国際人権枠組みに導入された。その先鞭をつけたのは一九八八年の国連人権小委員会とされるが、ウィーン世界人権会議（一九九三年）や北京女性会議（一九九五年）などで「セクシュアル・ライツ（sexual rights）」という文言が提案されている。[160] 一九九六年には、アムネスティ・インターナショナル（NGO）が同性愛者の人権保障を本格的に推進する姿勢を示した。そして二〇〇〇年一〇月には、陳水扁政権が設置した人権諮問グループの委員にアムネスティ台湾総会の秘書長が加わるなど、[161]「人権」を媒介に国際社会との連携を模索する過程で性的マイノリティの人権が台湾社会

160　一九八八年の国連小委員会において「性的マイノリティの法的・社会的諸問題（The legal and social problems of sexual minorities）」と題した報告書が提出され、これが性的マイノリティの国際人権枠組みへの導入の端緒とされる（谷口洋幸 2015）。補足として、以下では二〇〇〇年代以降の国連を中心とした性的マイノリティの人権課題への取り組みについて簡単に整理しておきたい。まず、二〇〇二年には社会権規約委員会が性的指向にもとづく差別への注視を促した。次に、二〇〇六年に採択された「性的指向・ジェンダー・アイデンティティに関する国際人権法の適用に関するジョグジャカルタ原則」によって、国際社会で戦後形成された人権に関する枠組みや規定が性的指向とジェンダー・アイデンティティに対しても適用可能であることが周知された。そして二〇一一年には国連人権理事会で「人権、性的指向およびジェンダー・アイデンティティ（Human Rights, Sexual Orientation and Gender Identity）」決議が南アフリカ共和国によって提案され、採択されている。第3章でみたように、国連や米国を中心とした国際社会における性的マイノリティの人権保障の取り組みは、台湾のメディアでも高い関心を持って報道された。こうして国内において性的マイノリティの問題が「先進的な人権課題」として把握されるようになったのである。

161　二〇〇〇年一〇月、陳水扁は総統府に人権諮問グループを設置した。呂秀蓮副総統を主任委員に任命し、弁護士や法学者、専門家、アムネスティ・インターナショナル台湾総会秘書長など、約二〇名からなる委員会を結成した。

で関心を集めたのである。

台湾ホモナショナリズム

陳水扁が総統に就任した二〇〇〇年当時、性的マイノリティの権利保障という点で台湾は国際社会に「キャッチアップ」する立場だったが、二〇〇〇年代なかごろから後半にかけて台湾を「LGBTフレンドリーな先進国」とする新しい言説──「ホモナショナリズム」──がみられるようになった。[162]

台湾ホモナショナリズムを先導した政治家として知られるのが馬英九である。かれは二〇〇四年に台北市長として「性的マイノリティの尊重」が「先進国の人権指標」であり、すでにそれを達成した台湾という「卓越した国家が人権先進国と同質」であることを誇らしげに演説している（馬英九 2004: 1）。二〇一〇年代に入ると台湾ホモナショナリズムを強調する言説は広がっていく。たとえば台湾国際クィア映画祭（台灣国際酷児影展）は二〇一五年、台湾が「性的マイノリティの人権課題を推進する国家としてアジアでもっとも耳目を置かれる存在」であると強調して、「アジアのクィア映画の発展を先導」することを宣言している（台灣国際酷児影展 2015: 7）。

ナショナリズムが集合的自画像を構築する過程で、そこから切断される他者像を形成することは不可避である。「LGBTフレンドリーな台湾」を称揚するホモナショナリズムの言説は、「中国」の他者化と表裏一体であった。台湾の先進性を強調する一連のメディア報道は、二〇〇〇年代なかばから一〇年代にかけて激増したが、まさに同じ時期に中国における性的マイノリティの

「人権被害」や「後進性」が焦点化されるようになった。実際、『聯合報』と『中國時報』で中国の性的マイノリティを報じた件数は一九八〇年代に六件、九〇年代には一二件だったが、二〇〇〇年代には一三七件にまで増加した。これらの記事の多くが、「LGBTフレンドリーな台湾」とは対照的に中国の性的マイノリティが抑圧的な状況にあることを強調している（たとえば図5‐3）。[163] 台湾ホモナショナリズムの形成は、中国を「野蛮な後進国」として他者化する認識をともなったのである。

台湾ホモナショナリズムについて、ジョセフィン・ホーも同様の指摘をしている。いわく、

同性愛に関するイシューは近年の同性婚の立法をもって、米国が世界的に推進するホモナショナリズムと呼応して（台湾

図 5-3「大陸の同志は台北同志パレードに羨望」

在北京遊行「那可是槍林彈雨！」

台北同志遊行 大陸同志羨慕

【記者張幼芳／台北報導】大陸超紅的超級女聲選拔，若觸碰敏感的同志身分，也要中箭落馬。來台參訪的大陸同志研究團體表示，去年超女李宇春以中性形象贏得青睞，但今年有參賽者被公開同志性向，馬上被淘汰。

台灣同志諮詢熱線舉辦「兩岸性／別與文化論壇」，昨天邀請北京愛知行研究所成員座談交流，所長萬延海前天目睹台北的同志大遊行、同志婚禮，對台灣「既抗議、又玩樂」的遊行氣氛印象深刻。

北京愛知行信息諮詢中心性別研究員徐玢說，大陸的同志問題是「做研究可以，搞運動不行」，且都圍繞在男同志愛滋防治，缺乏活力。去年北京舉辦同志文化節，活動當天被公安查封，想在北京辦同志遊行，更難如登天。

萬延海看過港、台同志遊行，他說去香港時下大雨，來台灣下毛毛雨，但若同志遊行在北京舉行，「那可是槍林彈雨！」

研究員江暉說，同志議題在大陸「只能做，不能說」，近年官方態度轉變，但也僅限愛滋病防治，其他領域不能觸碰，與同志有關網站需經審核，充斥民間觀點的「維基百科」，也在拒絕網域之列，在大陸上台灣網站，「十個有兩個打得開就不錯了。」

出所：『聯合報』（2006. 10. 2）

162 「ホモナショナリズム」は二〇〇〇年代の米国のクィア政治を論じたジャスビル・プア（Jasbir Puar 2007）が提起した理論である。プアの議論の紹介と米国のホモナショナリズムとの共通点や差異については、終論で考察する。

163 これらの記事の中からいくつかの見出しを例に挙げると、「〔北京で開催された〕レズビアン&ゲイ映画祭――政府の干渉を逃れるのは困難で中止」（『聯合報』二〇〇二年六月二四日）、「大陸三千万人のゲイ――境遇はまさに『ブロークバック・マウンテン』」（『聯合報』二〇〇六年一月一八日）、「台北同志パレード開催――大陸の同志は羨望のまなざし」（『聯合報』二〇〇六年一〇月二日）、「二万人の同志が凱達格蘭大道をパレード――中国の同志の当事者は目立たないようにこっそり応援」（『聯合報』二〇〇九年一一月一日）などがある。

で」注目を集めた。台湾は米ニューヨーク・タイムズや英ガーディアンといった国際メディアからの称賛を受け、冷戦時代に一世を風靡した『アジアの自由の灯台』というイメージをふたたび磨きあげ、歴史的な反共主義を喚起して中国との距離をさらに引き離した。(何春蕤 2017: iv)

このように「LGBTフレンドリーな台湾」という自己イメージは、ポスト冷戦期の台湾において国連や米国と理念や価値観を共有する先進国といった自画像を構築しつつ、冷戦時代の遺産である「歴史的な反共主義を喚起して」中国と差異化する言説として形成された。台湾の政党政治は、まさにこうしたホモナショナリズムの動員をとおして国内外のリベラルからの支持を拡大することに成功したということになる。その意味において、ジェンダー主流化の推進やその帰結としての婚姻平等の実現は、単に社会運動の成功であったというだけでなく、リベラルな政府ひいては国家にとって利益をもたらすプロジェクトでもあった。「ジェンダー平等」はこうして台湾の民主主義を構成する不可欠の要素(紀大偉 2010)と位置づけられたのである。

3 「毀家・廃婚」から「婚姻平等」へ

最後の節では、性的マイノリティの社会運動が「毀家・廃婚」を含むラディカルなアプローチから「婚姻平等」へと収斂していった過程を検討する。とくにプロテスタント右派を核とするバックラッシュが果たした役割に注目し、性的マイノリティ運動の戦略やフレームの変化について考察したい。

3-1　プロテスタント右派と保守の市民連帯

二〇一三年一一月三〇日、伴侶盟が立法院へ提出した「多様な家族」草案に危機感を抱いた保守派の市民が抗議集会を開催した。「次世代幸福聯盟（下一代幸福聯盟 Coalition for the Happiness of our Next Generation）」と「台灣宗教団体愛護家庭大聯盟（Family Guardian Coalition）」による共同主催で、参加者は公称で約三〇万人にのぼったとされる。「多様な家族」草案に対する抗議を目的に組織化された保守運動は、キリスト教や仏教、一貫道、統一教会といった多様な宗教団体を基盤とした市民連帯だったが、プロテスタント右派がその中核を担った（Huang Ke-Hsien 2017）。以下ではバックラッシュでプレゼンスを発揮したプロテスタント右派に焦点を当て、かれらが二〇〇〇年代に入ってから性政治への介入を進めた背景や資源動員の戦略について検討する。

プロテスタント右派による性政治への介入

冷戦期に台湾のプロテスタントは政治活動に与しない立場を保持したが、二〇〇〇年代に入ると政治への介入を積極的に進めた。このような変化を促した背景として、黄克先（Huang Ke-Hsien 2017）は次の三点を指摘する。国家の役割の変化、東アジア内の宗教ネットワークを介した影響、宗教起業家の台頭である。

まず、冷戦期の台湾の政治と社会を規定した親米反共イデオロギーや儒教規範は民主化を契機に動揺をみせたが、プロテスタント右派は国家がこうした変化を主導したことに対して強い危機感を抱いた（同上 112-114）。国民党は中国共産党が文化大革命などをつうじて儒教倫理や道徳を崩壊させたと国内外で喧伝し、これによりみずからを中国文化の正当な継承者と位置づけていた。冷戦時代、教会は父権主義的な価値観や宗教を保護した国民党政府に対して友好的な立場を取り、反共イデオロギーに彩られた道徳キャンペーンを支持した。ところがグローバル冷戦の終結や民主体制への移行を背景に、国民党はみずからの正当性を強化するために役割を変化させていく。すなわち、中国を代表する伝統的な道徳文化の保護者から、国際社会の一員として「民主主義」や「人権」といったグローバルな（欧米的）価値観を重視する役割へと移行を遂げたのである。これまで論じてきたように、新時代の国民党を担う政治エリートとして一九九〇年代後半に注目を集めた馬英九は、数ある人権問題のなかでも「同性愛者の人権」に注目し、権威主義的な国民党の過去と差異化を図る言説資源としてこれを活用した。冷戦期に儒教道徳や男子徴兵制などをとおして強烈にスティグマ化された同性愛は、ポスト冷戦時代の到来を象徴する人権課題と再定義されたのである。こうしてプロテスタント右派は、数ある政治イシューのなかでもとりわけ同性愛（同性婚と「ＬＧＢＴ教育」）を主要な標的とみなしたのである（図5－4）。

次に、二〇〇〇年代に入る頃には、韓国や香港やシンガポールといった東アジア圏内でのプロテスタントの相互交流が活発になった（同上 116-117）。とくに福音主義の成功例として国際的にも高い評価を集めた韓国の影響は大きく、福音主義的なビジョンや組織化の戦略といった点で台湾

の教会を強く鼓舞した。韓国のプロテスタント右派は、自国を先進諸国のなかで同性愛者の権利保障を抑止することに成功した例外的な国家であると位置づけて世界へアピールしたが（Kim Nami 2016; 한채윤 2017）、台湾のプロテスタントもこれに倣って「国家を導いて変革する（國度轉化）」といった統一的なビジョンを掲げた。実際、台湾のプロテスタントは一九九〇年代後半から毎年数百名単位で汝矣島《ヨイド》純福音教会（ソウル市）を訪問して交流をつづけてきたが、そこはまさに韓国における反同性愛運動の拠点でもあった（第6章参照）。

図5-4　2016年に高雄市で開催された同性婚抗議集会――貸切バスで動員された市民が同性婚と性教育を否定するプラカードを掲げている

出所：2016年12月3日に高雄市で筆者撮影

最後に、二〇一〇年代には世俗と宗教を統合する宗教起業家が台頭し、宗教や教派を超えて保守派の市民を動員することに成功した（同上 120）。台湾の宗教起業家は米国の権威として知られるピーター・ワグナー（Peter Wagner, 1930-2016）の理論を参照し、教会の成長を達成するために三つの目標を掲げた。第一に教会と社会の対話の場の構築、第二に重要な社会問題に関する談話の発表、第三に円滑なコミュニケーションのための言語の開発である。これらを実践すべく、メガチャーチの指導者は総統との交流の場を設けて政治と教会の架け橋をつくり、シンクタンクやアカデミアと連携して新党の設立やデモを主催するようになった。[164]また、宗教起業家はキリスト教のアイデンティティを抑制し、世俗的な言説をつくりあげることに尽力した。同性愛嫌悪的な表現を抑制し、代わりに「家族の伝統」や「子どもの未来」といった世俗道徳と中華ナショナリズムを結びつけた言説を展開することで保守層の広範な市民の動員に成功したのである。たとえば「同性婚は中華文化のもっとも伝統的で重要な価値観を破壊し、親孝行、正当性、礼儀正しさ、誠実さ、恥ずかしさといった価値観を排除してしまう」といった主張がその典型とされる（同上 124）。

二〇〇〇年代初頭にも台北同志フェスティバルやプライドパレードに対する批判はみられたが、この当時は一部の過激な宗教団体の批判にすぎないとして性的マイノリティ運動もマスメディアも歯牙にかけなかった（第3章参照）。しかし二〇一〇年代に入る頃には、公民投票案を提起してその運動に成功をもたらすほど、保守運動はその規模や資源動員を拡大させることに成功したのである。

反同性愛言説の分析

プロテスタント右派を中核とする保守派の市民連合は、公民投票に臨んで「婚姻と家族は全国民が決める（婚姻家庭、全民決定）」というスローガンを打ち出した。数億円を超える潤沢な資本を背景に、テレビや新聞やネットに婚姻平等に反対する広告を提供し、広告を貼り付けた路線バスを台北市内で三〇〇台以上も走らせた（婚姻平権大平台 2018）。

プロテスタント右派はいかにして広範な保守市民の支持を獲得することに成功したのだろうか。

この点を考える手がかりとして、ここでは公民投票に合わせて制作・公開された『愛家映画 樹葬篇（愛家影片 樹葬篇）』と題した短編ドラマを分析して、そのプロパガンダ戦略を読み解きたい。[165]

　このドラマはゲイ男性の兄を姉妹が弔うシーンから始まる。同性愛であることを理由に父と喧嘩別れして、同性の恋人と同居を始めた男性（兄）が、数年後にエイズを発症して実家に帰ってくる。男性は父や母の熱心なケアを受けるが、闘病の末に亡くなってしまう。「二〇一七年に報告されたＨＩＶ感染者の八六％が男性同性間の安全ではない性行為による」という解説を挟んだのち、男性の妹の挙式のシーンが挿入され、「幸福は自然なカップルにのみ訪れる」「一男一女、一夫一婦、代々伝承。家には永遠の愛がある」というナレーションが流れる。最後に、姉妹の子どもを含む大家族の集合写真が映し出され、「一夫一婦家族を救え、子どもにＬＧＢＴ教育を受けさせるな、一一月二四日、家を愛して公民投票へ——第10、11、12案に賛成票を」という字幕が表示されて映像は終わる。

　このプロパガンダ動画は、次の三点において台湾で広がった「反婚姻平等」言説の典型であった。第一に、社会の秩序を破壊する道徳的他者として同性愛（者）を表象している点である。保

164　宗教起業家によって設立された代表的なシンクタンクとして「中華二一世紀智庫教会（Chunghua 21st Century Think Tank）」がある。この団体は国際会議の開催などをつうじて教会と学術業界と政治家の交流を促進してきたが、「伝統的な家族の保護」は主要なイシューのひとつとされた（Huang 2017: 120）。

165　『愛家映画 樹葬篇』は以下のYouTubeアドレスより閲覧することができる（二〇二四年三月一日取得 https://www.youtube.com/watch?v=1HeiZy9Fx-0）。

守派は、同性間性行為や同性愛者をエイズと結びつけて社会の脅威とみなしたが、エイズウイルスは男性同性愛者の身体を内側から蝕んで死をもたらすだけでなく、社会の根幹を成すヘテロセクシュアルで「自然な家族」を破滅へ導く脅威とされた。ドラマでは「HIV感染者の八六%が〔……〕安全ではない性行為による」という字幕を提示しつつ、妹の口から「愛を貫き通した兄を尊敬するけど、愛のために命を投げ出してしまうなんて残念でしかたない」といった台詞を語らせることにより、同性愛とエイズを等号で結んでいる。このドラマがアップロードされたYouTubeのコメント欄には「HIV感染は同性愛じゃなく危険な性行為によるものだ!」とする批判がみられたが、こうした批判も保守派には届かない。なぜなら台湾の性的マイノリティ運動はかつて「性解放」というフレームを用いて同性間の複数間の性行為や性関係を肯定してきた歴史があり、保守派の批判はこのような「性解放」運動をその射程に収めているからである。

第二に、保守派にとって、同性愛(者)によって脅威に晒される「家族」とは、単に男女の婚姻関係を指すものではない。このドラマの真の主人公は物語の中盤で死をもって退場する息子ではなく、じつは同性愛者を息子に持つ父親の方である。実際、ドラマの後半は父の物語となり、最後は父を中心とする大家族の集合写真で終わりを迎えている(図5-5)。孫の一歳の誕生日を祝福するために集まった大家族の集合写真が示唆するように、家族の核心は男女の婚姻関係ではなく、男女の婚姻関係から生まれる(とされる)家族に未来をもたらす子どもと孫である。すなわち、祖父から孫へと至る血縁関係の縦《ストレートな》の時間性こそが「中華の伝統」である「伝宗接代《でんそうせつだい》」にほかならず、社会が守るべき規範なのだ。それゆえ生殖に貢献しない同性愛者は「伝宗接代」の根幹である縦《ストレートな》の時間性を攪乱する脅威《クィア》とみなされる。そして同性愛者《クィア》を規範的外部として他者化することで、異性愛者《ストレート》こそが結婚の権利を享受するのにふさわしい市民であることが強調される。ドラマの最後に映し出される孫の誕生日を祝福する大家族の笑顔に満ちた集合写真は、そこに不在の息子、つまり再生産から排除された同性愛者の「不自然さ」を逆照射している。

図 5-5　祖父から孫へ至る血縁関係の縦《ストレートな》の時間性のイメージ

出所：『愛家影片 樹葬篇』より

ただし——第三に——、「愛を貫き通した兄を尊敬する」と語る妹は、兄が同性愛者であるという事実を否定しない。著名な保守活動家が述べるように、もし同性愛が後天的に学習されるのなら「家族の愛」をつうじて子どもが異性愛者になるよう矯正・教育すればよいだけのことである（王怡蓁 2018）。あるいは婚姻平等運動が主張したように同性愛が生得的であるということを認めるとしても、同性愛者というライフスタイル（たとえば同性パートナーと同居すること）を選択しなければよいのである。このような言説は、同性愛を「変態性欲」として無条件に退ける一九八〇年代までのそれとは質的に異なる。だが、そうであるにもかかわらず、ドラマでは男性が結局のところ同性に対する欲望を抑制しなかったこと、すなわち同性愛者としてのライフ

図 5-6　不孝な息子を懸命にケアする父のイメージ

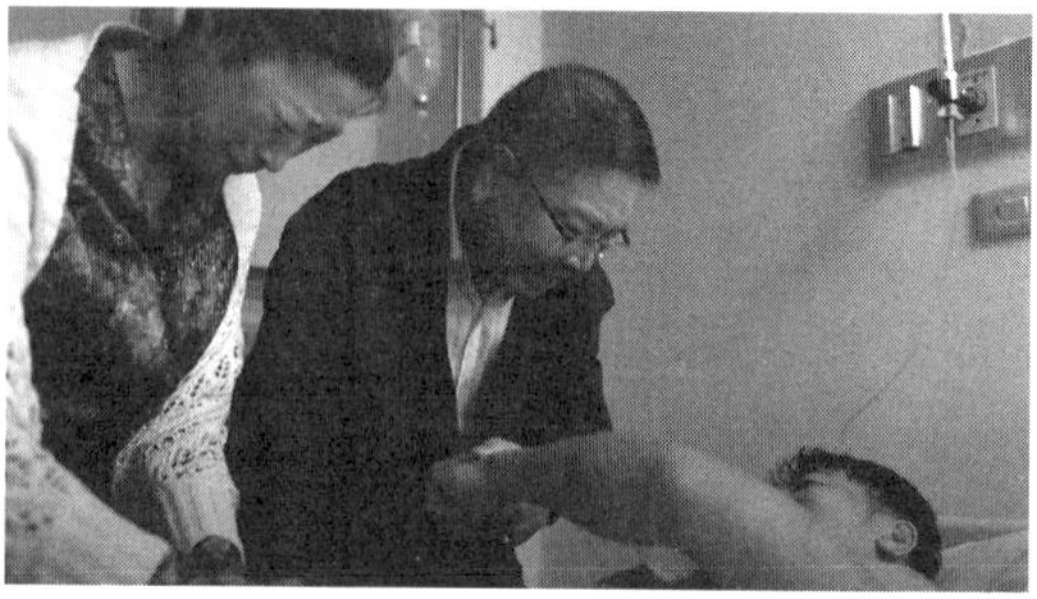

出所：『愛家影片 樹葬篇』より

スタイルを選択したことの帰結やその代償として（エイズを発症して）死んでしまう。他方、ドラマの終盤ではそのような息子を受容し、献身的にケアする父を描くことによって、「自然」や「伝統」や「道徳」に反する不孝な息子をも包摂するヘテロセクシュアル《ストレート》な家族の寛容さ（「家には永遠の愛がある」）や、ケア労働を率先しておこなう父の「男女平等」意識（あるいはポスト男性性）が強調される（図5-6）。あたかも同性婚を否定することと男女平等を提唱することが両立するかのように。

婚姻平等への抗議を契機に保守市民の大規模な動員に成功した宗教右派は、自然で、伝統的で、しかし男女平等で（！）、寛容でさえある家族――そしてそのような家族によって構成される社会と未来――をウイルスのように侵食して脅かす道徳的他者として同性愛（者）を表象し、否定することに成功した。婚姻平等を求める性的マイノリティの運動は、こうした保守言説とどのように対峙したのだろうか。

3-2 「毀家・廃婚」から「婚姻平等」へ

伴侶盟は婚姻平等を含む三つの異なる法案を「多様な家族」草案として二〇一三年に立法院へ提出した。これらの草案の内容について、あらためて説明しておきたい。

まず、性別や性的指向やジェンダー・アイデンティティを問わず、カップルに婚姻の自由を承認する「婚姻平等」案である。次に、二名のカップルの親密関係を保護するもので、両者の間で権利・義務関係を定めた契約を結ぶ「パートナーシップ制度」案である。婚姻平等案とちがってこれは「性の独占(セックスへの自由の排他的独占)」を前提としない。最後に、血縁やパートナーシップを重視せず、血縁関係のない選択的家族(chosen family)に対して家族としての権利を保障する家属制度案である(許秀雯 2015)。ふたり以上の共同生活者に家族としての権利を付与する最後の案は、共同生活を目的とした集団による相互扶助の関係を「家族」と再定義し、構成員の人数や性別などを不問とした。これは血縁関係に依拠しない友人関係や、障害者や移民といった低階層のマイノリティ集団にも「家族」を開放することで、民法親族編から「家父長制という封建主義思想」を取り除こうとするもの(台灣伴侶權益推動聯盟 2013b)、すなわち「毀家・廃婚」へつながる試案であった。[166] いったいなぜ伴侶盟は三種の「多様な家族」草案を準備したのだろうか。

166 伴侶盟が提起した三つの重要な草案については、日本語で読める資料に許秀雯(2015)がある。婚姻制度や親密な関係性を再想像する試みとして、広く読まれるべき内容である。

私たちの運動は異性愛中心主義と婚姻中心主義に挑戦しているのだから、婚姻平等だけを推進するということはありえません。同性愛者であろうとなかろうと、結婚は家族をつくるための唯一の想像ではなく、幸せになるための唯一の方法であってもなりません。結婚という、権利と義務が法的に厳しく規制された家族の形式をだれもが好み、必要とするとは限らないのです。〔……〕もし〔私たち〕伴侶盟が婚姻平等だけを推進したり、婚姻平等を他の二案よりも優先すると認めたりしたら、すべての人を強制的に婚姻に押しやり、他の形態の家族が抱えるニーズを無視することになってしまいます。〔……〕伴侶盟が三つの案をひとまとまりとして推進する理由は、平等と多様性に対する私たちの信念にもとづいています。

(台灣伴侶權益推動聯盟 2013b)

伴侶盟が提起した「多様な家族」草案は現実的に台湾社会を動かした。しかしそのフレームがやがて「多様な家族」から「婚姻平等」へと収斂してしまうことはすでに述べたとおりである。

これまで論じたように、保守派は同性愛者を「人種的他者」とみなした。同性愛者が異性愛者と異なる人種であることを根拠に、保守派は「等者、等之。不等者、不等之」、すなわち「同じ者には同じ定めを、異なる者には異なる定めを」と主張したのである(尤美女 2019: 91)。そして原住民の人権を特別立法で保障したのと同じように、[167] 同性愛者の人権も(民法改正ではなく)特別立法で保障すればよいとしたのだ。保守派は「中華の伝統で自然な家族」の法的根拠が大陸を歴史的背景に持つ民法にあるとして、異性婚を規定した民法を死守すべく公民投票に臨んだのである。

このような保守派の言論と運動に対抗して、性的マイノリティ運動は「婚姻平等公民投票推進チーム」を結成した。そして民法改正による婚姻平等が、同性愛者に対する真の人権保障であると主張した。公民投票では敗北に終わったものの、二〇一九年に婚姻平等が実現するまでそれを「真の人権保障」とする運動の路線は動かなかった。伴侶盟もかつての主張をみずから否定するように「婚姻平等は人権」とするスローガンを掲げるようになった。こうして「婚姻平等が性的マイノリティ運動の主要な目標から唯一の目標へと昇格され、〔……〕婚姻の覇権的地位に挑戦したかつての運動は、むしろ婚姻の崇高な地位を強化するものとなり、イエを壊して婚姻を廃止するという当初の野心は見る影もなくなった」のである（黄亦宏 2019: 285-286）。

言い換えれば、「自然な家族」の根拠を民法に求めた保守派と交渉する過程で、性的マイノリティ運動は民法改正を「唯一の目標へ昇格」させたということになる。ここで注目したいのは、性的マイノリティ運動が同性愛者を他者化する保守言説に対抗して、同性愛者も異性愛者と同じ人間であること、さらには社会の秩序を脅かさない「良き市民（好公民）」であるといった同化主義的な言説を動員したことである。

保守派は「多様な家族」運動の背後には「乱交」や「浮気」や「淫らな肛門性交」といった「親

---

167 台湾では民主化の過程で多文化主義が導入され、原住民のさまざまな権利が保障された。一九九六年には原住民族委員会が行政院に設置され、九八年には原住民族教育法が制定されて原住民の言語や伝統文化の保護が提唱された。また、二〇〇〇年に陳水扁政権が原住民族との「新たなパートナーシップ」宣言を発し、二〇〇五年には原住民族基本法の成立をもって先住民族としての法的地位が保障された。二〇一六年には蔡英文政権が政府として原住民に対して公式謝罪している。多文化主義の導入と定着という点でも、ジェンダー平等と同じように民進党が重要な役割を担ったことがわかる。なお、台湾における原住民運動や多文化主義の展開については石垣直（2007）が参考になる。

密性よりも性欲」を重視して「子どもを悪へ導く」「性解放」イデオロギーが潜んでいると主張して、同性愛者を他者化する言説をさまざまなメディアで拡散した（李秉芳 2016）。これに対抗して、性的マイノリティ運動の陣営では、同性愛者も「異性愛者と同じ人間」であって「良き市民」でさえあるとして、かつて拠りどころとした「性解放」というフレームを否定する言説が主流化したのである。そして同性愛者たちがみずからを「良き市民」と主張するとき、そこで前提とされるのは大陸を歴史的背景に持つ「中華民国」ではなく、「台湾」というナショナルな共同体であった。こうして二〇〇〇年代に発展した台湾ナショナリズムは二〇一〇年代には同性愛者を包摂し、その寛容さと多様性を世界に誇る台湾ホモナショナリズムへと変質を遂げたのである（福永 2015a, 2022e; Fukunaga 2024; 何春蕤 2017; 卡維波 2018）。

一九九〇年代後半から二〇〇〇年代まで、台湾の性的マイノリティ運動は「性解放」というフレームを活用した。これは同性愛を「異常犯罪」や精神病と結びつけて「変態性欲」とスティグマ化してきた社会に対する対抗言説であった。台湾にソドミー法はなかったが、戒厳令下で性的マイノリティは警察によってその人権を蹂躙されてきた。一方、一九九〇年代後半には主流派フェミニストが売買春の撲滅や子どもの性の保護を提唱した。その結果、公娼制は廃止され、ハッテン場が安全の保護という名目で存続の危機に晒された。また、刑法二三五条（猥褻物頒布等の罪）の改正や「児童・少年の性取引抑止条例」二九条（「性的メッセージの頒布による性的取引関与の罪」）や出版物レーティング制度などの導入により、同性間や未成年者の性行為といった「悪いセックス」（公序良俗に反する性行為や性関係）を規制するための法改正や条例制定が相次いだ。台湾でかつて提唱された「性解放」というフレームは、主流派フェミニズムと国家の結託によるセクシュアリティの管理に対する危機意識を背景に、抑圧的な社会規範や政治制度からの解放を主張する言説だったと言うことができる（何春蕤 2013; 福永 2017d）。

言い換えれば、「性解放」とはスティグマ化されたセクシュアリティを逆手にとって、「悪い市民（壊公民）」という立場から社会や政治をラディカルに批判する言説でもあった。二〇一〇年代の性的マイノリティ運動は、まさにそのラディカリズムを標的とした保守言説と交渉する過程で、「悪い市民」の立場を棄却して「良き市民」を標榜することで婚姻制度への包摂の正当性を主張したのである。

同性愛者が「異性愛者と同じ人間」で「良き市民」であるというスローガンは、婚姻平等運動にとって重要な言説戦略となった。二〇一六年一二月一〇日に台北市で開催された「婚姻平等デモ」で八一四枚のプラカードを分析したエリック・クー（Eric Ku 2020）によると、婚姻平等に賛意を示したプラカードの特徴は異性愛者との同質性を強調する同化主義的言説にあった。「私も人間、あなたたちと同じ」といったシンプルな主張だけでなく、「私も結婚するまで貞操を守りたい」とか「婚姻平等を守り抜いて俺も主夫になる」といったように、異性愛規範に親和的なスローガンが多くみられた。これらの主張は、婚姻平等が異性愛者に認められた権利と同じ権利を求めるアプローチにすぎず、同性愛者としての特権を求めるものではないといったメッセージを含意しているとクーは批判的に分析する。

異性愛との差異ではなく同質性を主張するメッセージは、社会運動だけでなく婚姻平等を支

図 5-7　婚姻平等と「ちょっと特別な家族」のイメージ

出所：金蘭醤油（2018）『幸福百搭的滋味』より

持するCMでもみられた。二〇一八年一一月に老舗の醤油メーカーが公開したCMでは、カップルとみられる女性ふたりとその娘の三人で食卓を囲むシーンが描かれた（金蘭醤油 2018）。「家庭によって料理の味はちがいます。濃かったり、薄かったり、ちょっと〔……〕特別だったり」というナレーションによって、三人が「特別な家族」であることが示唆される。興味深いのは、女性カップルの間で、外で仕事をする女性と家庭で料理をつくって待つ女性といった役割分業がみられること、さらに子どもの存在によって保守派の主張する「伝宗接代」という「中華の伝統」に包摂されうる「家族」のイメージが再生産されていることである。異性愛家族と変わるところがないような、「ちょっと特別」な家族の表象は、同性愛者と異性愛者の間の差異を漂白するメッセージとして読み解くこともできるだろう（図5－7）。

婚姻平等運動をさらに検討すると、性的指向が生得的であると強調する言説も特徴的であった。たとえば「民法改正による婚姻平等以外のいかなる形式も同性愛者に対する差別である」と主張する張凱昱（2018）は、「性的指向が生まれつきである」ことを執拗に主張している。性的指向が

「他者からの教化によって自由に変えられるものではない」といったメッセージは、同性愛者が「子どもを悪へ導く」とか、「同性愛者が家族をつくることで子どもが同性愛者になってしまう」といった保守派のプロパガンダへの対抗言説としてデモ現場やオンライン空間で広く流通したが、こうした主張の普遍化は性的指向の不変性を強調するあまり、その流動性（sexual fluidity）を不可視化する効果を副次的にともなうものでもある。

婚姻平等運動による「良き市民」という言説の動員は、台湾同志パレードでも確認された。婚姻平等が実現した二〇一九年のパレードは「同志であろうと異性愛者のアライであろうと、私たちは共に生活を送る『良いお隣さん』になれるはず」をテーマに掲げた（台灣同志遊行聯盟 2019）。同性愛者はかつて性的指向が異なることを根拠にスティグマ化され、その生を否定された歴史を持つ。それゆえ「悪い市民」といった周縁化されたポジションから社会のラディカルな変革を試みたのだが、「いまや同性愛者たちは（みずからが）いかに『清潔で、安全であるか』を主張するようになった」のである（陳逸婷 2019: 28）。

ＨＩＶ／エイズのガバナンス（管理・統治）という観点から研究を進めてきた黄道明（2016）も同様の危惧を表明している。二〇〇四年に台北市内で、セックスドラッグを用いた男性同士の大規模な乱交パーティーが警察によって摘発される事件が起きた。現場にいた九二名の男性たちはエイズ検査を強要され、警察が連れて入ったマスコミによってその半裸姿の写真と合わせてスキャンダラスに報道されて深刻なバッシングを集めた。当時の性的マイノリティ運動団体はこうした警察の介入を「白色テロ」として批判し、さまざまな運動団体や大学サークルがセックスドラッグの合法化や「文化」としての乱交についてポジティブな議論を交わした。しかし婚姻平等を求める声が運動内部で主流化した「いま、私たちが目にするのは、インターネットやSNSにおける薬物使用の有害な影響に関するピア教育である。そして〔……〕エイズ産業従事者や台湾全土で開業が相次ぐゲイ・ヘルスセンターも台灣伴侶權益推動聯盟が主張する〔……〕モノガミーな婚姻的価値観を共有するようになった」（黃道明 2016: 177）。二〇〇四年にはドラッグを用いたセックスや乱交パーティーを弾圧する警察やマスメディアに対して、運動団体は抗議の意志を表明したが、いまやみずから進んで薬物を抑制・管理し、「モノガミーな婚姻的価値観」を提唱するようになったのである。

性的マイノリティ運動では保守派のプロパガンダと交渉する過程で、薬物や乱交を慎む同性愛者、セックスよりも親密性を重視する同性愛者、異性愛規範に挑戦しない「良き市民」としての同性愛者を主張する同化主義的な言説が主流化した。そして、安全で、清潔で、社会を脅かさず、モノガミーを重視するホモノーマティブ（homonormative）な言説は[168]、「家族制度のジェンダー平等化」を推進した女性運動や主流派フェミニストの思想とも親和的であり、婚姻平等運動のこうした保守路線が女性運動やフェミニスト立法委員からの支持を獲得する重要な背景となったのである。

4 小括

本章では二〇一九年に蔡英文民進党政権下で実現した婚姻平等に焦点を当て、その成功を促進した要因を検討した。同性婚を求める性的マイノリティの社会運動は一九八〇年代からみられたが、二〇一三年に伴侶盟が公表した「多様な家族」草案が世論を喚起した。その後、これに反対する保守運動も組織化されたが、最終的には二〇一九年に婚姻平等が実現した。本章の結論は、婚姻平等を主張する性的マイノリティ運動が、先行する女性運動との間で連帯関係を、さらに民進党政権との間で同盟関係を形成したことが婚姻平等の実現を促進したというものである。

戒厳令の解除を受けて発展した女性運動は、党外勢力として台頭した民進党と同盟関係を形成した。選挙の大衆化や民進党の躍進を背景に民意や女性団体の意向が重視されるようになり、フェミニストの中央・地方政治への参入が進んだ。国民党も権威主義体制からの脱却を模索し、一九九五年に北京女性会議で提唱されたジェンダー主流化が政党政治をつうじて強力に推進された。重要なのは、台湾におけるジェンダー主流化が性的マイノリティの人権課題を包摂した「ジェンダー平等」を志向したということである。

そうした転機をもたらした事例として、二〇〇四年に成立したジェンダー平等教育法をとりあげた。とくにその起草過程に注目して、学校における性的マイノリティの児童や生徒がさまざまな暴力に対して脆弱性に晒されていることが主流派フェミニストによって「発見」されたことを

168 リサ・ドゥガンは、新しいホモノーマティビティ（new homonormativity）という概念を提起して、一九九〇年代以降の米国で主流化したゲイの政治を批判的に読み解いた。ドゥガンは、同性婚を推進するゲイの政治や運動が新自由主義と親和的であること、すなわち公的領域のラディカルな変革を求めるのではなく、私的領域のなかで限定的な自由を求める脱政治化された運動として主流化したことを批判している（Lisa Duggan 2003: 50）。

指摘した。すなわち、学校における女子児童・生徒に対する性暴力の根絶を訴えたフェミニストは、同性愛やトランスジェンダーの子どもたちも性暴力のリスクに晒されていることに気がついたのである。その結果、ジェンダー平等教育法は性別だけでなく、性的指向やジェンダー・アイデンティティにもとづく差別の禁止を包摂した「ジェンダー平等」の推進を目的とする立法として成立した。

民進党政権が制定したジェンダー平等教育法はジェンダー主流化の成功事例と位置づけられ、これが既定路線となった。ジェンダー主流化がローカル化される過程で、性的マイノリティの人権課題を包摂するものとして読み替えられたのである。二〇〇一年に制定された両性労働平等法も、このようなジェンダー主流化の方向性と合致させるべく、二〇〇七年には性的指向やジェンダー・アイデンティティにもとづく差別の禁止を導入したジェンダー労働平等法に改正された。ジェンダー主流化の潮流は、既存の法や施策に対しても性的マイノリティの人権保障を包摂する方向へ作用したのだ。

次に、二〇〇〇年に台湾初の政権交代を実現した民進党が性的マイノリティの人権課題に尽力してきたことに注目し、その背景を検討した。第一に、党外勢力として結成された民進党の歴史的背景を指摘した。国民党政府の権威主義体制を打倒し、「民主」や「人権」を掲げて支持を拡大した民進党にとって、女性の権利や性的マイノリティの進歩的な人権課題は党の方針と親和性が高かった。第二に、台湾の国際社会における周縁化されたポジションである。中国の国際社会における台頭を背景に、台湾は国連追放や主要国との国交断交を経験するなど、国家としての政治的・法的承認を次第に失い、国際社会で周縁化された。国際社会における生存空間の拡大を模索した民進党政権にとって、二〇〇〇年に提唱した「人権立国」は国連や米国を中心とする先進諸国と同じ価値観を共有しつつ、中国との差異化を企図したソフトパワー戦略でもあった。このような地政学的状況から、台湾社会で性的マイノリティの人権は解決すべき政治的課題として承認されたのである。というのも、性的マイノリティの人権は二〇〇〇年代初頭、国際人権言説の枠組みに導入されつつあった先進的な人権課題であり、さらにはこれに抑圧的な政治で知られる中国と差異化するためのイシューとして認識されたからである。ポスト冷戦期の台湾にとって「LGBTフレンドリーな国家」であるという言説は、中国を他者化しつつ、グローバル先進国の一員であることを国内外に称揚する台湾ホモナショナリズムの燃料となった。

本章の後半では、婚姻平等に反対するバックラッシュに焦点を当て、これと対峙する過程で性的マイノリティ運動の保守化がみられたことを批判的に論じた。台湾のプロテスタント右派は二〇〇〇年代以降「反同性愛」を掲げて政治的介入を進め、二〇一〇年代には保守市民層を組織化することに成功した。プロテスタント右派がポスト冷戦期に性政治へ介入した背景として、次の三つを指摘した。まず、グローバル冷戦の終結や民主化の進展を背景に、反共イデオロギーや儒教道徳を根幹とする社会規範が変化した。国家がこれを主導したことに対して、プロテスタントの間で危機感が広がったのである。次に、東アジア内の宗教ネットワークを介した影響である。二〇〇〇年代にはグローバル化の影響を受けて韓国や香港やシンガポールなど、東アジアの地域内でプロテスタントの相互交流が活発になった。とくに福音主義の成功事例として国際的にも高く評価された韓国の影響は大きく、福音主義的なビジョンや組織化の戦略という点で台湾の教会を鼓舞した。最後に、二〇一〇年代には世俗と宗教を統合する宗教起業家が台頭したことである。かれらは中国の伝統や儒教イデオロギーにもとづく世俗言説を活用することによって、宗教や教派を超えて保守の市民連合を形成することに貢献した。

　そして中華文化の伝統的で、自然な家族の根拠を民法に求めた保守派と交渉する過程で、性的マイノリティ運動はラディカルな「毀家・廃婚」路線を放棄し、「婚姻平等こそが真の平等」とするスローガンを掲げるようになった。同性愛者を他者化する保守言説に対しては「同じ人間」であることを強調し、「性解放」を悪魔化する言説に対しては同性愛者も「良き市民」であるとして、婚姻制度への包摂を求める言説が主流化したのである。そして同性愛者がみずからを「良き市民」であると主張するとき、そこで前提とされたのは「中華民国」でなく、「台湾」というナショナルな共同体であった。

　このようにして達成された婚姻平等運動の成功は、親密性のラディカルな再想像／創造の断念でもあった。事実、婚姻制度は同性愛者の包摂をつうじて制度としての正当性を担保し、婚姻規範はさらに強化された。大法官解釈によれば、「婚姻の自由は人格の健全な発展および尊厳の保護に重大な影響を与える」ものであるから、「親密性かつ排他性を有する永続的な関係を求める欲望にとって婚姻制度は不可欠」ということになる（司法院 2017）。婚姻平等を唯一の解とする性的マイノリティ運動の路線に対してフェミニストの立場から批判を投げかけた呉静如《ウー・ジンルー》（2019）は、婚姻制度から排除されることで同性愛者が疎外される権利を列挙して、これらの諸権利が一対のカップルによって根拠づけられる家族制度に囲い込まれる必然性がないことを強調している。彼女は婚姻制度の解体を目標として「家族をつくらないことをひとつの選択肢とする広範な連帯」を呼びかけた。しかし、婚姻制度をラディカルに問い直す連帯への呼びかけに応じる声は、ついに現れなかった。そして婚姻平等の実現をもって性的マイノリティ運動の歴史的な成功を新しい根拠とする台湾ホモナショナリズムが主流化した。

第6章　韓国Ⅲ——憎悪の動員と差別禁止法の挫折

1　はじめに

二〇二〇年六月三〇日、韓国で国家人権委員会が「平等および差別禁止に関する法律（평등 및 차별금지에 관한 법률）」（以下「差別禁止法」と略記）の制定を国会に勧告し、その試案を公表した。公開された草案は差別事由に「性別、障害、病歴、年齢、出身国、出身民族、人種、皮膚の色、出身地域、容姿・遺伝情報等の身体条件、婚姻の有無、妊娠または出産、家族形態および家族状況、宗教、思想または政治的意見、前科、性的指向、ジェンダー・アイデンティティ、学歴、雇用形態、社会的身分等」を挙げ、これらにもとづく「直接差別、間接差別、ハラスメント、セクシュアル・ハラスメント、差別表示や助長の広告」を禁止した。立法目的は「社会的マイノリティおよび弱者に対する排除・嫌悪・差別」の予防や是正とされ、これを促進する制度や政策の導入を国や地方自治体の責務と定めた。

差別禁止法の草案が「性的指向」と「ジェンダー・アイデンティティ」を導入したことで性的

マイノリティの問題が焦点化され、大規模な抗議運動が展開した。仮に差別禁止法が制定されたら、「青少年の間でHIV感染と性転換〔성전환〕がますます増え、未成年の子どもの同性愛と性転換に同意しない親は親権が剥奪されるかもしれない」などといった非難が集中したのである（최일권 2020）。差別禁止法に対するバックラッシュを動員したのは、プロテスタント右派を中心とする保守派の市民連合であった。

韓国政治において性的マイノリティの権利保障を推進した主要なアクターはフェミニストや女性運動というよりも、二〇〇一年に設置された国家人権委員会（국가인권위원회：National Human Rights Commission of the Republic of Korea）だった。進歩派の金大中政権が設置した国家人権委員会は国家人権委員会法を法源とし、憲法や政府が過去に批准した国際人権条約ならびに国際慣習法で定められた人権規範をローカル化し、社会に定着させることを目的とした。同委員会はじつは二〇〇六年にも差別禁止法の制定を呼びかけたが、このときもプロテスタント右派を中心とする激しい抗議運動が組織化されて立法は挫折に終わっている。法案はその後も二〇〇八、一一、一二、一三、一七、二〇年と六度にわたって国会に提出されたものの、国会内外の大規模な抵抗に遭って廃案へ追い込まれた。

バックラッシュが標的と定めてとりわけ情熱を注いだのが「性的指向」だった。プロテスタント右派は「反同性愛」というフレームを掲げて保守派の市民連合を牽引したのである。二〇一〇年代なかばには「ジェンダー・アイデンティティ」にも目を向け、折しもトランスジェンダーに対する嫌悪の言説を動員し始めた保守フェミニストと共闘して、性的マイノリティの権利擁護に対する攻撃をさらに強めた。台湾におけるジェンダー主流化は性的マイノリティの人権課題を包摂したが、韓国ではむしろ（一部の）フェミニストがバックラッシュに与する事態がみられたのである。このように性的マイノリティが苦境に立たされるなかで、その権利を全面的に擁護したのが国家人権委員会だった。

よく知られるように、韓国の女性運動やフェミニストも一九九〇年代以降、特筆すべき発展を遂げて多くの政治成果を達成した。しかし政党政治をとおして推進されたジェンダー主流化は性的マイノリティの人権課題と接続しなかった。それはいったいなぜなのか。どのように説明できるのだろうか。また、国家人権委員会とはいかなる機構で、性的マイノリティの人権をどのように擁護してきたのか。東アジアで国家人権機構（National Institutions for the Promotion and Protection of Human Rights）が設置された社会は、韓国を除くと香港だけである。[169] 韓国のそれはどのような歴史的経緯で設立され、いかなる役割を果たしてきたのか。そして保守市民の組織化と動員を牽引したプロテスタント右派はどのように性政治への介入を進めてきたのだろうか。本章ではこれらの問いを手がかりに性的マイノリティの権利をめぐる闘争を論じていきたい。

構成

本章では国家人権委員会が提起した差別禁止法に焦点を当てる。まず、ポスト冷戦期に発展した女性運動やフェミニズムの特徴を考察し、これらと性的マイノリティの人権課題との接続／切断について検討する。次に、国家人権委員会に注目し、これが設置された背景や経緯を国内外の歴史的・政治的文脈に位置づけて考察する。最後にプロテスタント右派が牽引したバックラッシュを論じていく。

2 フェミニズム、ジェンダー主流化、保守回帰

韓国でも一九八〇年代から進展した民主化を背景に女性運動はさまざまな政治的達成を実現してきた。本節では女性運動の発展とジェンダー主流化の推進について、とくに性的マイノリティの人権課題との接続に焦点を当てて考察をおこなう。

2-1 民主化と女性運動の発展

軍事クーデターを成功させて一九六三年に成立した朴正熙《パク・チョンヒ》政権は独裁体制を形成し、親米反共イデオロギーを動員して権威主義体制を正当化した。朴正熙の死後を継いだ全斗煥《チョン・ドゥファン》も一九八〇年五月には光州で起きた民主化運動を弾圧して、反政府活動や言論の自由に対する取り締まりを徹

169 日本語では「国内人権機関」と訳されることもあるが、本書では「国家人権機構」とした。国家人権機構の役割を担う公的機関として、東アジアでは香港に一九九六年に設置された平等機会委員会（Equal Opportunities Commission）がある。平等機会委員会は、差別禁止条例の推進や人権問題に関する調査、人権救済や調停といった業務を担い、ジェンダー平等や性的マイノリティの権利擁護においても重要な役割を果たしている。

底した。[170] しかし民主化を求める運動は高まりをつづけ、ついに一九八七年六月二九日には盧泰愚《ノ・テウ》が次期大統領として民主化を宣言するに至った。

　民主化宣言を受けて一九八七年に改正された第六共和国憲法は、直接選挙による大統領選出、憲法裁判所の設置、言論・結社の自由の保障などを導入して民主化を促進する政治基盤を整えた。全斗煥政権（一九八一～八八年）のもとで成長を遂げた『朝鮮日報』や『中央日報』といった保守メディアはその後も存在感を保持したが、とはいえ言論領域でも民主化の潮流は不可避であった。その象徴として知られるのが『ハンギョレ新聞』の創刊である。軍事政権下でリベラルな記者のなかには政治的圧力を受けて解職に追い込まれた者もいたが、一九八八年にはかれらが中心となって「市民社会のコミュニケーションの新しい媒体」として「権力と資本からの自由」を掲げた『ハンギョレ』を創刊したのである（文京洙 2015: 175）。『ハンギョレ』は進歩派の言論メディアとして同時代の社会運動を後押しし、その発展を支援する重要な役割を担った。冷戦時代に神聖化された軍隊で起きた人権侵害に対しても『ハンギョレ』が積極的に介入したこと、そしてその実態を暴露した報道が軍の組織改革を促進するひとつの要因にもなったことは第2章で論じたとおりである。

　一九九三年に金泳三《キム・ヨンサム》が大統領に就任すると（～一九九八年）、朴正煕時代から三二年間つづいた軍事政権が終わりを迎えて文民政権が誕生した。民主時代の文民政権はその正当性を市民社会に求め、こうした変化を背景に社会運動も役割を変化させた。軍事政権下で政府に対して敵対的なポジションを取った社会運動は、次第に政府と交渉する市民団体へと役割を移行し、政府に対する批判や監視、政策提言といったアドボカシー活動に重点を置くようになった。

社会運動のなかでも女性運動は組織化や資源動員、政治成果の達成という点で顕著な成功を収めた。冷戦期には、知識人女性が牽引した家族法の改正運動を除けば、国家政策を代行する体制派の女性運動しか存在しなかったが（宋連玉 2013）、一九八七年には韓国女性団体連合（한국여성단체연합; Korea Women's Associations United）（以下「女連」と略記）が結成され、「労働者」や「学生」といった身分ではなく、あるいは「母」や「妻」といったジェンダー役割でもなく、「女性」というアイデンティティに依拠して差別の解消や権利を主張する女性運動やフェミニズムが台頭した（申琪榮 2020）。社会運動は選挙の大衆化を背景に選挙戦への介入を進めた。二〇〇〇年の国会議員選挙では九五〇以上もの市民団体が結集して「落選運動」を展開し、女性運動がその中心的役割を担った（白井京 2005）。こうした取り組みの結果、各政党も女性団体や女性有権者の主張に耳を傾けて女性政策を公約に掲げ、これがジェンダー主流化を推進する背景となった。

北京女性会議（一九九五年）で提唱されたジェンダー主流化は、フェミニストの政治参与を促進する外圧として機能した。同年には金泳三政権が大統領政策諮問機構・世界化推進委員会のなか

170　一九七九年一〇月二六日、朴正熙大統領（当時）が銃殺されると独裁体制は動揺したが、全斗煥や盧泰愚といった新軍部勢力が独裁体制の延命を図った。これを受けて進歩派の政治家や大学生を中心とする市民らは民主化運動を展開する。一九八〇年五月一八日、光州の全南大学で大学を占領した戒厳軍に対して学生は抗議運動を起こすも、戒厳軍はこれを暴力的に鎮圧した。学生たちは市内の中心部に移動して街頭デモを継続し、これが多くの市民を巻き込んだ運動へと発展した。五月二一日、戒厳軍は市民に向かって無差別に銃撃し、五月二七日には戦車を出動して市民を鎮圧した。光州市の記録によると、一〇日間の抗争で軍人二三人、警察四人が死亡し、一方で民間人は一六六人が亡くなったとされる。一連の事件は「光州事件」として知られている。

に女性政策小委員会を設置し、CEDAW（一九八三年批准）にもとづいて女性発展基本法（여성발전기본법）を制定した。一九九八年にはついに進歩派の金大中が大統領に就任して、本格的にジェンダー主流化が推進されていく。まず、大統領直属機関として女性特別委員会を設置した。一九九九年には「男女差別禁止および救済に関する法律（남녀차별금지 및 구제에 관한 법률）」を制定して、雇用や教育における女性差別やセクシュアル・ハラスメントを禁止した。[171] 二〇〇〇年には政党法を改正してクォーター制を導入し、これは数次の改正を経て女性の政党政治への進出を後押しした。[172] 二〇〇一年には各省に分散する女性関連業務を一括管理・執行するナショナル・マシーナリーとして「女性部（여성부 Ministry of Gender Equality）」を創設している。

家族の男女平等化を求めて

台湾の女性運動が民法親族編の改正を家父長制への挑戦とみなしたように、韓国のフェミニストは家族・親族のありかたを規定する戸主制を女性差別の根源と認識してその廃止を主張した。戸主制廃止をめぐる一連の運動は韓国のフェミニズムや民主化を志向した政治を理解するうえで有益な示唆を与えてくれるため、詳しくみておきたい。

韓国の家族法は一九五八年に新民法の一部として制定されたが、親族の範囲や戸主相続順位、財産相続や父親優先の親権など、女性を男性に対して従属化させるという点できわめて女性差別的な法制度であった。フェミニストは家族法の女性差別的な条文の改正を求めて運動を展開し、一九八九年の改正によって財産相続や子の養育権の問題が解消された。しかし、戸籍上の家長と位置づけられる戸主について定めた戸主制は残された。これは、直系卑属男子を第一位として男系血統優先で戸主が継承されること、[173]そして父兄血統の戸籍編製であるという問題を含んだ。この制度のもとでは子は父親の戸籍に入籍され、姓・本籍が父親のそれと同一となることから、母親の姓を名乗ることが認められなかった（春木育美 2007: 76）。[174]

フェミニストは戸主制を家父長制の象徴とみなして廃止を主張したが、その運動は進歩政治と合流してリベラルな市民から広範な支持を獲得することに成功した（春木 2007: 82）。戸主制廃止運動は当初は「女性差別の解消」というフレームを基盤としたが、金大中政権期（一九九八〜二〇〇三年）には「家族の民主化」や「離婚家庭の子女の福利」といった新たなフレームが動員された。「家族の民主化」という言説はジェンダー平等と民主化を関連させるもので、ポスト冷戦期の台湾でもみられたものである（第5章参照）。ただし韓国では独自の展開も遂げた。盧武鉉《ノ・ムヒョン》政権（二〇〇三〜〇八年）が「過去清算」を提唱すると、戸主制は植民地主義の負の遺産とみなされて、この新

171 この法律は二〇〇五年に廃止され、女性差別を原因とする被害の救済が国家人権委員会に移管された。

172 二〇〇〇年の政党法改正では、比例代表の候補者の三〇%を女性に割り当てることが規定されたが、のちに五〇%に引き上げられた（宋連玉 2013）。

173 直系卑属とは、子・孫など、自分より後の世代で、直通する系統の親族を指す。戸主が死亡した場合、配偶者ではなく息子（息子がいない場合は未婚の娘）が戸主を継承するという規定や、戸主である夫はみずからの婚外子を妻の同意なしに自分の戸籍に入籍させることができるが、妻は戸主の同意がなければそれが認められないといった女性差別的な規定がフェミニストによって問題とされた（春木 2007: 76）。

174 再婚家庭や母子家庭の子であっても、実の父の姓を受け継がなければならないという姓不変原則が存在するため、母子家庭や離婚家庭の子が福利厚生面で不利益を被るなどの問題が生じた（春木 2007: 76）。

しいフレームがさらなる支持者の獲得につながったのである。

盧武鉉は日本統治時代を経験しない韓国初の大統領となり、そうした立場から「過去清算」を提唱して移行期正義の実現を試みた。[175]「清算」の対象とされた「過去」の範囲は広く、日韓併合から日本統治時代に至るまでの親日派に対する再評価にとどまらず、朝鮮戦争時の韓国軍による民間人の虐殺や軍事政権下での人権侵害の真相究明や被害者の名誉回復にまで及んだ。そして韓国の民法が日本の明治民法を土台につくられた歴史的経緯を持つことから、戸主制は「植民地支配の残滓」と位置づけられたのだ。戸主制の廃止はポストコロニアルな韓国社会で清算すべき不正義とみなされて、こうしたフレームが新たな支持層の形成に寄与したのである。

他方、戸主制廃止運動に対する保守派の抵抗も盛りあがりをみせた。儒教団体を中心とする抵抗勢力は戸主制が朝鮮王朝時代に起源を持つと主張し、その廃止が伝統家族の解体や儒教的秩序の動揺につながるとして廃止派を批判した（同上82）。保守層を支持基盤とする最大野党のハンナラ党[176]も戸主制の廃止に反対する立場を取った。そのため、保守政党と連立政権を組むことを余儀なくされて支持基盤が脆弱だった金大中政権下で、戸主制の廃止は実現しなかった。[177]

最終的に戸主制は盧武鉉政権（二〇〇三〜〇八年）で廃止されたが、これを促進した政治要因を春木育美（2007）は次のように指摘する。まず、戸主制廃止を支持する進歩派の盧武鉉政権が二〇〇四年の国会議員選挙で与党第一党となり、安定した政権運営が実現した点である。女性部も二〇〇三年に「戸主制度廃止特別企画団」を発足して改革案を提議するなど、廃止運動を後押しした。次に、国家人権委員会や憲法裁判所も重要な役割を果たした。国家人権委員会は二〇〇三年に戸主制が女性差別的であるとする意見書を憲法裁判所に提出し、二〇〇五年二月には憲法裁判所が家族生活における個人の尊厳と男女平等を規定した憲法に違反するという判断を下した。そして三月に戸主制の廃止を含む民法改正案が可決されたのである（法的効力の発生は二〇〇八年一月一日）。

このように一九九〇年代から二〇〇〇年代にかけて韓国の女性運動は大きな発展を遂げて政治的達成を実現したが、これを促したのが民主化を志向した政治制度の形成や文民政権の成立、保守派から進歩派への政権移行であったとまとめることができる。

2-2　ジェンダー主流化と保守回帰

レズビアン団体「仲間同士《キリキリ》」の李ヘソル（이해솔 1999=2004）によれば、性的マイノリティ運動が一九九〇年代に台頭したときレズビアンとゲイ男性の間で深刻な対立が起きたが（第4章参照）、主流派フェミニストとレズビアンとの間にも緊張関係がみられた。韓国初のレズビアン団体として

175　移行期正義については第3章（二五三頁）を参照。

176　ハンナラ党は一九九七年に金泳三大統領主導で成立し、韓国の保守派の本流として知られる政党である。進歩派の金大中政権下でも国会で過半数の議席を確保した。その後、李明博政権（二〇〇八～一三年）と朴槿恵政権（二〇一三～一七年）期には与党となった。なお、二〇一二年に「セヌリ党」に、一七年には「自由韓国党」に改称し、二〇二〇年の組織再編を経て「国民の力」に改称している。

177　一九九七年のアジア通貨危機や経済不況を背景に誕生した金大中政権は初の政権交代を果たしたが、保守政党との連立政権を余儀なくされた。だが、金大中は市民運動を支持勢力に取り込むことで改革を推進する原動力とし、フェミニストをはじめとする社会運動エリートの登用に積極的な姿勢をみせた。

一九九四年に結成された「仲間同士《キリキリ》」の女性たちは「フェミニストとの連帯を図ろう」と試みて韓国女性団体連合[178]への加入を希望したものの、女連はこれを歓迎しなかった。その理由は、「同性愛者であるレズビアンを女連に加入させた場合に受けるであろう誹謗に対する心配と、加入の承認自体が同性愛者を支持することとみられること」を恐れたからとされた（同上 487-488）。

李ヘソルは一九九九年の論考で「フェミニストとレズビアンの連帯」が「まだ容易ではない」として、その根拠を次のように説明する（同上 485-488）。当時の主流派フェミニストは「異性愛制度を基盤とし、異性愛の関係のなかで平等と対案を探すこと」にしか関心を寄せなかった。「女性運動陣営においてもホモフォビアが蔓延しており、女性運動家たちはレズビアンが『純粋な』異性愛者たちの女性運動を壊すのではないかと心配し、時には露骨に拒否感」を示すこともあった。その結果、レズビアンは「女性」というよりはむしろ「ゲイ中心の同性愛者集団」に位置づけられ、「レズビアンの悩みや性、そして権利が『女性の権利』として認識され」ることはなかった。レズビアン女性は一方で「同性愛集団」内部においてゲイ男性によって周縁化されたが、「女性運動」内部ではレズビアンの権利が「女性の権利」として承認されず、二重の周縁化に直面したのである。

李ヘソルが示した「フェミニストとレズビアンの連帯」に対する懸念は、杞憂に終わらなかった。二〇〇〇年代以降に進展したジェンダー主流化は異性愛規範を逸脱しない範囲でローカル化され、性的マイノリティの人権課題とは切断されて進展した。一九八〇年代までの「女性政策」は婚姻制度を基盤とする「家族」を基層単位として保健・福祉政策を充実する方向で進められたが、ジェンダー主流化も「女性政策」の路線を逸脱しない範囲で「男女平等」を志向したのである。以下では、女性部の再編や多文化主義の導入といった事例からこの点を検討してみたい。

女性部の再編と異性愛家族の復権

二〇〇一年九月に設置された女性部（Ministry of Gender Equality）の初代長官には、女連で共同代表を務めた韓明淑《ハン・ミョンスク》が就任した。女性部は女性差別の解消と男女平等の実現を理念に掲げ、女性の政治参与や就労をめぐる権利保障、戸主制の廃止、性暴力やＤＶの防止と被害者の保護、日本軍性奴隷制のサバイバーに対する生活支援、「淪落《りんらく》行為」（買売春）[179]の根絶などに取り組み、重要な成果

178　一九八七年に結成された韓国女性団体連合は、多くのフェミニスト団体をつなぐネットワーク型の女性団体として絶大な知名度を誇っている。結成以来、性暴力やセクシュアル・ハラスメント、女性差別の解消、戸主制廃止、＃MeToo 運動などに取り組んできた。

179　二〇〇〇年代に「性売買（성매매）」という表現が普及する以前は、「倫落（윤락）」「売春（매춘）」「買売春（매매춘）」「売買淫（매매음）」といった言葉が用いられていた。李麗華（2007: 320-321）の整理によれば、「性売買」以外の表現はいずれもセックスワーカーの女性に焦点を当ててその道徳性を問題化しつつ、サービスを受益する男性の責任を不問に付すニュアンスを含んだ。他方、二〇〇四年に制定された性売買関連二法（「性売買斡旋等の行為の処罰に関する法律」と「性売買防止及び被害者保護等に関する法律」）で導入された「性売買」とは、フェミニストが提起したオルタナティブな言説であり、サービスの提供者だけでなくその受益者や斡旋業者、さらには性産業をも含んだ「全体像」を表すニュアンスが付与された。また、近年ではセックスワークに従事する女性を表す「性売買女性」という表現が広く用いられるが、「性売買被害者」「性売買被害女性」といった「被害」のニュアンスを含んだ言葉を用いるフェミニストも少なくない。このことを裏づけるように、韓国では「性売買」を家父長制の象徴とみなして「性売買女性」を男性によって搾取された「被害者」と位置づけ、「性売買」の廃止を主張する立場がフェミニストの主流派を占める。こうしたフェミニズムの立場は女性部の目的（「淪落行為の根絶」）にも表れている。このような主張に対してセックスワーカー当事者からの批判もみられるが、そうした批判の声はフェミニズムにおいて周縁化されている。

をあげてきた。[180] しかし申琪榮（2015: 6）が指摘するように、女性部というナショナル・マシーナリーが設置されたことで「ジェンダー主流化の制度化は進んだが、『女性』のなかの多様性が十分に注目されることはな」かった。[181]

また、女性部は進歩派と保守派との間の政治的争点にもなり、組織の方針や理念をめぐってさまざまな政治的介入を招いてきた。たとえば、二〇〇五年には盧武鉉政権下で女性部が再編され、「家族」と「保育」に関する業務を管轄する女性家族部（Ministry of Gender Equality and Family）になった。その目的は、金大中前政権が志向した福祉国家化からの脱却と異性愛家族の規範化をつうじた私的領域への介入にあった。

二〇〇〇年代当時の韓国では、少子高齢化の著しい進行や晩婚・離婚率の増加、青少年の非行やDVや自殺率の増加といったさまざまな「社会問題」の原因を家族に帰する言説が席巻した（白井 2005; 倉元綾子 2011）。「家族の危機」が叫ばれて国民の不安が煽動されるなかで、盧武鉉政権は家族への介入を進めるため二〇〇四年に健康家庭基本法（건강가정기본법）を制定した。この立法はリプロダクティブな異性愛家族を規範化し、これを国家の基層単位と定めて政治的介入の正当化を図ることで社会問題の解決をうたったのである。

この法律はリプロダクティブな異性愛家族を「健康家庭」と定義し、「健康な家庭生活の営みと家族の維持」を「国民の義務」と定めた[182]（第一条・第四条）。「家族の構成員」に対しては「家族の解体を阻止するための努力」を要請し（第九条）、国家と地方自治体による家族への介入を正当化した（第一三条・第一四条）。こうした立法のありかたは、福祉国家とは逆に、社会福祉の責任を

（再）私事化しながらも、[183] 家族に対する国家の介入を正当化するものであった。その帰結として、健康家庭基本法は「家族の多様な現実を二元化」して、リプロダクティブな核家族を規範化しつつ、貧困層のシングルマザーのように「国のサービスを受ける家庭は非健康家庭であるという烙印」を押しつけ（倉元 2011: 5）、さらには同性カップルやシングルの生き方の不可視化をもたらした。

保守政権による多文化主義の「専有」

金大中・盧武鉉とつづいた進歩派政権を破って二〇〇八年に政権を奪取した保守政党は、国家による家族への介入をさらに推し進めた。李明博《イ・ミョンバク》はまず、大統領就任（二〇〇八～二〇一三年）直後

180 韓国におけるジェンダー主流化の成果や課題について、日本語でアクセス可能な重要な先行研究として申琪榮（2013）や宋連玉（2013）、金京姫（2015）などがある。

181 厳密には、申琪榮（2015）は「東アジア地域の国家におけるジェンダー主流化」を主眼に置いて述べているが、韓国についてもこの指摘は当てはまる。

182 健康家庭基本法条文の日本語訳は白井（2005: 119-120）を参照した。なお、盧武鉉政権の家族政策については金美淑・金香男（2010）が参考になる。

183 フェミニズムは、公的領域における男性の労働を有償で生産的なものとして価値を置き、私的領域における女性のケア労働を無償化して劣位に置いてきた近代社会のありかたを批判し、ケアの社会化を提唱するだけでなく、ケアの倫理にもとづく新しい社会の構想を呼びかけてきた。「健康家庭基本法」の理念は、ケアの社会化や福祉国家の潮流に反するもので、社会福祉の責任をプライベートな問題として再構成しようとするものであった。

に女性家族部の廃止を試みた。この企みは頓挫するが、ジェンダー主流化の象徴とされた女性家族部を標的としてその廃止を提唱するという、その後のバックラッシュの常道をつくった。紆余曲折を経て、李明博政権は二〇一〇年に「多文化家族」に関する業務を女性家族部に移管し、多文化主義をナショナリズムの枠組みのなかで推進するというアプローチを模索した。

いったいなぜ、リベラリズムの象徴とされる多文化主義を保守政党が提唱したのだろうか。このねじれを理解するために、李明博から朴槿恵《パク・クネ》政権（二〇一三〜二〇一七年）に至る保守政権が提唱した多文化主義を検討しておきたい。これにより、韓国のジェンダー主流化やそのなかで進められた家族政策が保守政治によっていかなる介入を受けたかを明らかにすることができる。

趙慶喜《チョウ・キョンヒ》（2018a）が「裏切られた多文化主義」で指摘するように、韓国では二〇〇〇年代に台頭したニューライト（新右翼）[184]が多文化主義を先導したが、マイノリティの包摂を標榜した多文化政策は既存の「国家」や「家族」の変容にはつながらなかった[185]。

新旧保守層の支持を受けて成立した李明博政権は多文化主義を提唱した。二〇〇八年に多文化家族支援法（다문화가족지원법）を制定し、韓国国籍保持者と結婚した家族のみを「多文化家族」と定義して国家による公的支援の対象と位置づけた。これにより、多文化家族に対する社会適応教育や訓練支援、文化的差異を考慮した専門サービスの提供、DV防止や保護施設の拡充、また市民に対する差別や偏見の防止教育を目的とした施策が導入された。

だが、趙慶喜によれば、「多文化家族」に対する支援は多文化主義の制度化としては不十分であり、むしろ「家族の再生産を目指した極めて同化主義的かつ温情主義的」な代物であった（同上、第一第五段落)。事実、多文化家族支援法による「多文化家族」の包摂は、多様な背景を持つさまざまな「移住民」のなかに新たな階層化と分断をもたらした。このような限界に規定された多文化主義は、韓国のナショナル・アイデンティティを動揺させることなく、しかし政府は「ダイバーシティ」を喧伝することに成功したのだ(同上、第一節第五段落)。保守政治に絡みとられた多文化政策は企業からも歓迎され、その結果、多文化主義は「人種主義や国家間経済格差への自覚を呼び覚ますことなく、文化的差異を韓国社会に取り込むことのできる都合のいい言葉であり、空虚な言葉」に成りさがってしまった(同上、第二節第三段落)。

こうした限界含みの多文化主義路線は、李明博の後を継いだ朴槿恵政権にも継承された。朴槿

184 韓国のニューライトについて、文京洙(2015: 250-251)は次のように整理している。

ニューライトは、一九九〇年代に社会主義体制が崩壊して経済や人権をめぐる北朝鮮の疲労が明らかになるなかで、おもに運動圏から離脱した学者や活動家が「自由主義連帯」(二〇〇四年結成)や「ニューライト全国連合」(二〇〇六)などを組織したことに始まる。このグループはオールドライト(保守派)とオールドレフト(保守左派)との双方から自らを峻別し、減税及び教育自立化、規制緩和、公企業民営化など経済、行政、教育における自由主義改革と世界化(貿易の自由化)を主張する。反北朝鮮である点で旧来の保守と変わるところはないが、保守勢力が反共と既得権の保持以外に事実上これといった系統的な論理や思想を提示できなかったのに対して、ニューライトは韓国の資本主義的達成を踏まえてより体系的な論理や歴史観を提示しようとしている。

185 二〇〇〇年代後半に多文化主義が導入された背景として、一九九〇年代以降、中国朝鮮族のビザや東南アジアからの移住労働者の問題が社会的関心を集めたこと、そしてこれらの問題への対応として盧武鉉政権期に外国人労働者雇用法(二〇〇三)や雇用許可制(二〇〇四)、在韓外国人処遇基本法(二〇〇七)が制定されたことが指摘されている(趙慶喜 2018a: Kindle版、第二節第一段落)。

恵は二〇一三年に施行した「難民法」がアジア唯一の独立立法であることを称揚して「人権先進国」を標榜した[186]（同上、第一節第三段落、第二節第二段落）。他方、軍事主義を貫いた朴正熙の娘として知られる朴槿恵に対しては、極右勢力や保守勢力からの強力な支持が集まった。こうした期待に応えるように、彼女は「社会統合」と「国民の安全」を強く打ち出して、移住民による犯罪を執拗に焦点化した（同上、第三節第一～二段落）。二〇一六年には市民からの抗議や反対運動を押し除けて「国民保護および公共安全のためのテロ防止法」を制定し、国家情報院[187]によるテロ危険人物の個人情報や位置情報、出入国記録などの収集を進めた。[188]二〇一七年から一八年にかけてイエメン出身の難民申請者が済州島に大挙したとき、庇護を求めた難民たちの期待とは裏腹に難民排斥運動が一部のフェミニストを巻き込んで大きな盛りあがりをみせた（本章3－2で後述）。こうした事態は、保守政権が推し進めた「多文化政策の失敗を反映したもの」であり、「保守政権による多文化政策の専有が、むしろ進歩勢力の多文化アジェンダへの沈黙や消極的対応につながった」恐れがあると趙慶喜は指摘している（同上、第一節第六段落）。

趙慶喜は、保守政党（セヌリ党）による移住民女性の活用についても注目している（同上、第二節第六段落）。二〇一二年の国会議員選挙では、フィリピン出身で韓国籍を取得した李ジャスミンがセヌリ党の比例代表で当選した。移住民の女性が、進歩派政党ではなく保守政党から選出されたのである。たしかにセヌリ党による進歩的な政治課題の「専有」は巧妙だった。だが、特筆すべきは、進歩派政党が有効な対抗手段を講じる術を持たなかったことである。実際、進歩派政党は多文化主義だけでなく性的マイノリティの人権課題についても右派や保守陣営の集中砲火を浴びつづけ、沈黙を余儀なくされている。そして性的マイノリティに対する政治状況が厳しさを増すなか、トランスジェンダーやゲイ男性に対する攻撃に保守フェミニストが加担するという新たな事態が生じることになる。

2-3 「女性優先フェミニズム」とトランス嫌悪言説

政治の保守回帰が進んだ二〇一〇年代には「フェミニズム・リブート（再起動）」（손희정 2017）と呼ばれるフェミニズムの「大衆化」が進んだ。その契機とされるのが二〇一六年にソウル市江南《カンナム》

---

186 藤原夏人（二〇一二）は、韓国における難民に対する処遇と難民法制定の経緯を整理している。かれによれば、韓国は一九九二年に国連難民条約（一九五一年）と難民議定書（一九六七年）に加入し、九三年に改正した出入国管理法で難民関連条項を新設し、九四年から難民認定手続きを開始した。だが、この認定手続きには難民条約や難民議定書の内容が十分に反映されなかった。そのため、二〇〇〇年代なかばから民間の難民支援団体を中心に、従来の出入国管理法から独立した新たな難民法の制定を求める声が強まり、難民法案が起草された。これが二〇〇九年に議員立法として発議され、二〇一二年に公布、一三年に施行された。

187 国家情報院とは、一九六一年に設置された韓国中央情報部と、一九八一年に中央情報部が改編されて成立した国家安全企画部の業務を継承する国家機関である。おもに国家の安全保障に関わる情報収集や管理、保安・犯罪捜査などを担当し、大統領直属の情報機関に位置づけられる。

188 韓国社会におけるテロとは、歴史的には北朝鮮によるテロを指し、これに対しては刑法をはじめとする個別法や「国家対テロ活動指針」（一九八二年、大統領訓令第四七号）により対策を講じてきた。しかし二〇〇一年の九・一一をうけて、一般市民を無差別に殺傷する新たな類型のテロへの対応が論じられるようになり、包括的なテロ防止法の制定をめぐって保守派と進歩派で対立がつづいた。二〇一六年二月に朴槿恵率いるセヌリ党が議員立法で「国民保護および公共安全のためのテロ防止法」法案を国会に提出すると、野党からの反発を受けたが、政府はこれを押し除けて同法を三月三日に公布した（藤原 2016: 71-74）。

駅付近のトイレで発生した女性の殺害事件である。[189]

　このフェミサイド[190]をきっかけに若年世代の女性たちの間でフェミニズムが急激な広がりをみせたが、「リブート」されたフェミニズムの潮流のひとつとして先行世代のそれと一線を画した「新しいフェミニズム」が登場した。性的マイノリティや障害者、移住民や難民といった「他のマイノリティとの連帯」を模索した先行世代のフェミニズムを否定し、あらゆる反差別闘争のなかで女性に対する抑圧への抵抗を重視すべきであると主張する「女性優先フェミニズム」が支持を集めたのである。そして「ＴＥＲＦ」（Trans-Exclusionary Radical Feminist の略で、トランスジェンダーの排除を主張するラディカル・フェミニスト）も「女性優先フェミニズム」のなかでプレゼンスを発揮していくこととなる（이효민 2019）。

　イ・ヒョミン（이효민 2019）は「フェミニズム政治学のラディカルな再構成――韓国の『ＴＥＲＦ』に対する批判的分析を中心に」と題した論考で、トランスジェンダーを他者化するフェミニズムの台頭が生物学的本質主義を基盤に「女性」カテゴリーを再構成する試みであると指摘する。ＴＥＲＦにとって「女性であること」を規定する唯一の要素は「生物学的性」であり（“sex is real”）、それゆえ「社会的・文化的性または性役割」とされる「ジェンダー」の解体こそが「フェミニスト闘争の目標」とされる。性器や染色体といった「科学的な」根拠以外で女性を定義しようとする企ては「女性嫌悪的で、フェミニズムの旗印に反するもの」とみなされる。「女性の身体に生まれ、〔性〕差別と被害を経験した」女性こそが「本物の女性」なのであって、女性が経験するさまざまな暴力や性差別はすべて「生物学的事実」に起因するという（同上 107）。

こうしたフェミニズムの問題は、セクシュアリティや階級や人種といったさまざまな権力やそれらが交差する女性たちの複雑で多様な経験を捨象するだけでなく、他者としてのトランスジェンダー女性なしにフェミニズムのアイデンティティを構築することができないところにある。TERFにとって、トランス女性の実践は「本物の女性」たちが脱ぎ捨てようとする「ジェンダー」というコルセットを「ふたたび拾って着る行為」と解釈される。ここから、「トランスジェンダーの存在自体がミソジニーであり、家父長制の産物であるという歪曲した認識」が導き出される（同上 v-vi）。彼女たちがフェミニズムの思想や運動の立脚点とする「生物学的女性」というカテゴリーは、トランス女性の他者化をつうじて真正性を獲得するのだ。

TERFは当初、オンラインを中心に運動を展開し、トランス女性やゲイ男性に対する嫌悪言

---

189 二〇一六年五月一七日、韓国ソウル市のカラオケバーのトイレで、三四歳の男性が面識のない二三歳の女性を殺傷する事件が起きた。容疑者は警察への供述や法廷で女性に対する憎悪を語り（「女たちはいつも自分を無視した。だからやったんだ」）、犯行の手口も実際に女性を標的と定めたものであったことから、これをミソジニーにもとづく「フェミサイド」（次の脚注を参照）とする批判がフェミニストのムーブメントの高まりをもたらした。事件現場に近い江南駅の一〇番出口には被害者を追悼する女性たちのポストイット（付箋）や花が連日寄せられた。「#たまたま生き残った」というハッシュタグ・ムーブメントが示唆するように、これを契機にさまざまな暴力に対する脆弱性に晒される「女性」という集合的アイデンティティに立脚したデモや運動が、オンライン／オフラインの別を問わず急速に広がった。

190 「フェミサイド（femicide）」とは、ジェンダー中立表現の homicide（「殺人」を意味する）に代わる言葉として、女性を意味する fem- という接頭語と殺害を意味する -cide から構成された造語である。「フェミサイド」は、女性の殺害が女性差別にもとづく暴力の最たるものであるといった前提に立ち、女性が殺害される現象に注目する概念として提唱された（牧野雅子 2023）。日本では二〇二一年八月に小田急線の車内で乗客三人が切りつけられた事件をきっかけにこの言葉が広がった。

説をSNSなどで拡散することに心血を注いだ。[191] プロローグで言及したピョン・ヒスに対する集中的な攻撃もそのひとつである。彼女たちの活動の空間はやがてオフラインにも拡張し、女性運動やフェミニストが主催する社会運動の参加資格を「生物学的女性」に制限する動きもみられた。また、ピョン・ヒスへの攻撃が激化したのと同じ時期に、女子大によるトランス女性の受け入れに対しても抗議運動を展開している。

二〇二〇年一月三〇日、あるトランス女性が淑明女子大学（ソウル市）の入学試験に合格したことが報じられた。この受験者は二〇一九年にタイで性別適合手術を受け、法的性別もすでに「女性」に移行済みだった。これは韓国の女子大として初めてトランス女性の受け入れを公表した事例となり、メディアの報道が集中した。これを受けて、トランス女性（「男性身体」）の入学によって「女性の安全な空間」が脅かされるとして、淑明女子大学や梨花女子大学など六つの女子大に所属する二一個の学生団体が「女性の権利を脅かす性別変更に反対する」と題した声明文を公表したのである（진혜민 2020）。

この女性団体連合はラディカル・フェミニストを名乗るグループから構成された。彼女たちは「女子大は男が女として認定されるための場ではない」と主張して、女子大によるトランス女性の受け入れに抗議する署名運動を開始した（김주환 2020）。これらの女子大や学生団体は韓国のフェミニズムや女性運動の発展を支えてきた組織でもあったことから、「トランスジェンダー問題」をめぐってフェミニストの間で亀裂と分断が可視化した。一連の騒動で犠牲となったのは、言うまでもなく当事者のトランス女性である。彼女は自身の入学に反対する在校生・卒業生の排外主義

的な主張やトランスジェンダーに対する嫌悪言説に恐怖を感じ、入学の断念を余儀なくされた。

日本でもお茶の水女子大学が二〇一九年にトランス女性の受け入れを公表したことをきっかけにトランスジェンダーに対する嫌悪言説やトランス女性の「女性スペース」からの排除を主張するフェミニストの声が高まり、そうした主張が右派政治へ合流するという事態がみられた。[192]清水晶子（2022: 382）が指摘するように、トランスジェンダーの人びとに対する差別や暴力は「日本というひとつの国や文化圏に、特異なものではない。それどころか、トランスの権利擁護への反対という『一点』で、フェミニストやリベラルが、道徳的、宗教的保守派との『共闘』に組み込まれていく潮流は、二〇二〇年代を迎えた現在、国境を越えて各地で観測され」ている。韓国は

191　TERFにとってゲイ男性は、「生物学的男性」であるという点でフェミニストの敵であるというだけでなく、ドラァグというゲイカルチャーも女性嫌悪的な文化の象徴とみなされている。そのためゲイ男性に対する嫌悪言説の拡散にもTERFが加担した。

192　日本で二〇二三年に成立した「LGBT理解増進法」（正式名称「性的指向及びジェンダーアイデンティティの多様性に関する国民の理解の増進に関する法律」）をめぐっては、一部の保守フェミニストがジェンダー・アイデンティティという概念に対する攻撃をしかけて、マジョリティの不安を煽る言論活動を展開した。その結果、トランスジェンダーの権利を認めると「男性が女性と称して女性用トイレに入ってくる」「性暴力が増える」といったトランス嫌悪言説がマスメディアでもとりあげられた（『東京新聞』「『誤った前提』に立つLGBTQ理解増進法案」二〇二三年六月一四日）。最終的には法案に「全ての国民が安心して生活することができることとなるよう、留意する」という文言が導入されるなど、深刻な問題を残したまま立法化された。また、同法の制定直後にも「女性を守る議連」を名乗る右派政治家を中心とするグループが発足し、トランス女性とシスジェンダー女性の対立や分断を煽動する動きをみせている。なお、「女性を守る議連」で共同代表を務める山谷えり子は、男女共同参画施策に反対することを目的に二〇〇一年に日本会議に設置された「日本女性の会」の主要な構成員で、ジェンダーバックラッシュを推し進めてきた右派政治家として知られる。この法律をめぐる一連の騒動については福永（2024）も参照。

アジアのなかでもその動きが速く、二〇一六年頃にはすでにトランス嫌悪言説がフェミニストによって拡散され、宗教右派や保守市民がそれに相乗りするという状況がみられたのだ。

若年女性の間でトランス排除を主張するフェミニズムが支持を集めた背景について、イ・ヒョミンは次のように説明する（이효민 2019: 7-15）。まず、一九九〇年代後半以降の経済危機と新自由主義改革、それらにともなう経済格差の広がりが若年層の規範的なライフコースを困難なものにした。このような困難はジェンダー不平等に分配され、若年女性の間では「生存」が切実な問題として立ち現れた。また、女児堕胎の慣習[193]をすり抜けて生を享けた女性たちは、男性と同等の高等教育を受けて優秀な学業成績を収めたとしても構造化された女性差別に絡めとられ、性暴力やフェミサイドといった生命のリスクにさえ晒されてしまう。二〇一六年に江南駅で発生したフェミサイドは、とりわけ若年女性にとっては殺害された女性への同一化、すなわちマイノリティとしての「女性」という集合的アイデンティティの自覚を強化する契機となった（손희정 2017: 122）。「女性であるというだけで差別され、嫌悪と蔑視の対象となり、生存することさえ困難であるという集合的感覚と、それによって総体的に構成される『生存』に対する切迫した感情」が、女性たちを「生存手段あるいは生存のための資源」（김보명 2018a）としてのフェミニズムへ導いた。しかし、ミソジニーが構造化された社会でフェミニストとなった女性たち[194]は、嫌悪の情動を解体するのではなく、それを戦略的に領有して、先行世代のフェミニストが連帯を試みたトランス女性やゲイ男性へ向けることで、「（生物学的）女性」の被差別経験を基盤とするシングルイシュー・フェミニズムを志向したというのである（김보명 2018b）。

ただし、フェミニストの間でトランス嫌悪やホモフォビアが可視化する事態は、じつは韓国において新奇な現象というわけでもない。実際、トランス女性は妊娠や出産といった「生物学的機能」を持たないという意味で「女性」ではないが、にもかかわらず「女性性」を強化し、それゆえ女性に対する抑圧に加担しているといった現在のトランス嫌悪言説につながる主張も二〇〇〇年代にはみられた（루인 2015; 이효민 2019）。またＴＥＲＦは、フェミニズムの内部でフェミニズムを批判しながら発展を遂げたクィア理論に対する憎悪や敵意を隠さないが、クィア理論やクィア・スタディーズがフェミニストに亀裂をもたらすといった警戒心は本章で言及した李ヘソル（1999=2004）の論考にも如実に表れていた。

しかし、トランス女性やゲイ男性に対する嫌悪の情動がフェミニストの運動をとおして拡散され、それが社会に大きく波及したのは二〇一〇年代後半に生じた現象である。トランス排除言説がフェミニストと保守派のバックラッシュの合流地点となったことで社会的な広がりがみられたのだ。イ・ヒョミンはこの点を次のように指摘している。

193 戸主制度は男子優先の男系血統主義を規範化したことから、韓国では長らく男児選好思想が広くみられた。吉川貴恵（2015: 121）によると、女児一〇〇名に対する男児数の割合を表す出生性比率は一九九〇年に最高値の一一六・五を記録し、九〇年代をとおして一一〇以上を維持した。第三子以上に限ると、その比率は一九九三年で二〇七・三となり、二〇〇〇年でも一四四・二だった。

194 韓国社会で構造化されたミソジニーについては、チョ・ナムジュが二〇一六年に出版してベストセラーとなった『82年生まれ、キム・ジヨン』（斎藤真理子訳）で文学的想像力によって描出されている。

保守プロテスタント教会は、トランスジェンダーを敵視する一部のフェミニスト理論家の仕事を借用した。不安な感情に追い込まれた女性たちは保守プロテスタントの宣伝物に無批判に同意を送った。既存の権力関係と不平等な社会秩序を堅固にしようとする保守集団の実践が、社会変革を夢にみるフェミニストの実践と出会うことは、矛盾に満ちていて想像するのも容易ではない。しかしジェンダー本質主義の観点から生物学的女性の人権だけを「大事にする」フェミニズムは、そのアイロニーを現実としたのである。（이효민 2019: vi）

性的マイノリティの人権課題を包摂した「性平等（성평등）」を放棄し、代わりに既存のジェンダー秩序を脅かさない「両性平等（양성평등）」を支持するという点で、TERFと保守派の一点共闘が実現した。ペニスを持って生まれたことを根拠にトランス女性に対する憎悪の情動を動員するTERFの論理は、ペニスの欠如を規範的な男性身体からの逸脱とみなしてピョン・ヒスを排除した国防部の保守的な姿勢とも親和的である。性器の形状とジェンダー・アイデンティティとの間に一貫性があるべきとする歴史的に構造化された異性愛規範が、両者の政治的立場の差異を架橋する役割を果たしたのである。[195]

3　国家人権委員会の挑戦とバックラッシュの台頭

二〇〇一年に設置された国家人権委員会は、国際人権規範をローカル化する業務に取り組む過程で性的マイノリティの人権課題を推進してきた。前述のとおり、国家人権機構は台湾や日本ではいまだ設置されていないが、ジェンダー主流化が性的マイノリティの人権課題を包摂しなかった韓国では、性的マイノリティの権利推進という点できわめて重要な役割を果たした。ところが、国家人権委員会の主導で差別禁止法の制定が進んだことをきっかけに、プロテスタント右派を中

195　トランスフォビアとの闘いは「フェミニズムの歴史の一部」であるが、現代のトランスフォビアを理解するためにはトランスナショナルな運動としての側面を考察しなければならないと清水晶子（2021）は指摘する。清水によれば、二〇一〇年代後半以降、トランスジェンダー嫌悪を動員してきた主なアクターは次のふたつである。第一に、宗教右派や道徳保守による「反ジェンダー運動」（Anti-gender movement）である。米国では、トランプ政権が二〇一七年にトランスの生徒・学生に対する保護を撤回したことに象徴されるように、反ジェンダー運動を展開する保守がトランス嫌悪を拡散するアクターとなった。Ruth Pearce & Sonja Erikainen & Ben Vincent（2020: 7）によると、これらの勢力は、多国籍企業や国連などの国際機関によって代表される「グローバル・エリート」が推進するジェンダー平等や性解放や性的マイノリティの権利を、伝統に対する攻撃とみなした。そしてカトリック教会を中心としたキリスト教右派の反フェミニストかつ反トランス言説のなかで登場した「ジェンダー・イデオロギー」という言葉は、いまでは米国やヨーロッパやアフリカの国々で極右の組織や政治家たちによって動員されている。

第二に、「ジェンダー・クリティカル（Gender Critical）」を自称するフェミニストやそれに呼応する左派・リベラルの勢力である。イギリスでは二〇一七年の性別承認法（Gender Recognition Act）改正に向けた動きが引き金となり、「女性の権利」と「トランスの権利」を対立的に提示する枠組みが左派やリベラルによって打ち出された。トランス嫌悪を動員するフェミニストは、スティグマ化された（と彼女たちが考える）「TERF」の代わりに「ジェンダー・クリティカル」を自称するようになった。彼女たちはジェンダー・アイデンティティや社会的概念としてのジェンダーに対して、「生物学的」に定義されたセックスを特権視している（同上 4-8）。

イギリスのフェミニストによるトランス排除言説は、国際的なトランス排除の潮流、とりわけ米国のそれと影響関係にあるという（同上）。一方、清水（2021）は、イギリスのトランス排除言説が、カナダやオーストラリア、欧州語圏、東アジアへ広まったと述べる。日本の場合、お茶の水女子大学によるトランス女性の受け入れ表明をきっかけに、二〇一八年冬から一九年にかけて、イギリスや米国や韓国で「すでに使われていた色々なトランス差別のレトリック」が「大量に動員」されて「戦略的」に「輸入」されたとする指摘もある（夜のそら 2020）。

核とする保守市民の組織化とバックラッシュも盛りあがりをみせた。その標的は一貫して同性愛に集中したが、二〇一〇年代に入るとトランスジェンダーも攻撃の対象に含まれた。

本節では、まず国家人権委員会に焦点を当て、それが設立された経緯や背景、業務やその意義を論じる。次にプロテスタント右派の性政治への介入に注目し、バックラッシュを分析する。

3−1　国家人権委員会と差別禁止法の推進と挫折

国家人権機構（National Human Rights Institutions）とは、国連を中心に形成された国際人権規範を各国に定着させることを目的とする公的機関である。これが韓国で設置された経緯を理解するためには、韓国と国連の関わりをみておく必要がある。

韓国の戦後史は、朝鮮戦争を経て「最貧国」の状態から歩みを始めた。冷戦を背景に南北朝鮮の国連加盟について米中ソの合意が得られなかったため、両国の国連加盟は長らく認められなかった。だが、冷戦終焉後の一九九一年には両国の国連同時加盟が実現し、韓国は中堅国（middle power）としての責任を果たすべく国際社会でのコミットメントに積極的な姿勢を貫いてきた。

南北関係も大きな変化を経験した。台湾と中国が「ひとつの中国」をめぐって国際社会で対立してきたのと同じように、韓国と北朝鮮も一九七〇年代初頭まで「ひとつのコリア」という原則をめぐって対立をつづけてきた。しかし一九七三年に朴正熙が「ふたつのコリア政策」を提唱すると、両者の関係は相手の存在を公式的には承認しないという「対話のない対決姿勢」から「対話のある競争」関係へと変容を遂げていく（木宮 2018: 95）。「自らこそ朝鮮を代表する唯一正統な政府であることをタテマエ」とする「ひとつのコリア」原則が公式に放棄されたことで(同上 103-104)、韓国は北朝鮮と国交を持つ国とも国交の樹立を模索するようになり、国連をはじめとする国際機関でも北朝鮮の加盟を排除しない方針を打ち出した。

南北間のパワーバランスも逆転した。朝鮮戦争で壊滅的な打撃を被った韓国は一九六〇年代前半まで最貧国だったが、外交面でも北朝鮮に対して劣勢な状況にあった。しかし朴正熙政権下で高度経済成長が実現すると、南北間のパワーバランスは均衡をみせる。さらに一九八〇年代以降、韓国で民主化が進展してその正統性が確保されると、経済だけでなく政治の領域においても南北競争は韓国を優位とする状況が決定的となった(同上 125)。外交や国際社会におけるプレゼンスという点でも韓国の優勢は揺るぎないものとなり、韓国の修交国数は二〇二三年には国連加盟国一九二ヶ国のうち一八九ヶ国となり、北朝鮮の一五九ヶ国を大きく引き離している。

韓国にとっての国連の重要性は、強調してもしすぎるということはない。この点について木宮は、韓国が国連に加盟する以前から「国連専門機関の加盟国として応分の責任を果たしてきた」と指摘している。いわく、

朝鮮戦争において「国連軍」の参戦によって韓国の「生存」が確保されたことに起因して、韓国社会は、「韓国は国連加盟国ではないが、国連は韓国の味方であり、そのためにも韓国は国連を支えながら国連における発言力を高めることが必要だ」という「国連信仰」を共有した。さらに、北朝鮮との体制競争に備えて国際社会における存在感を高めるためにも、韓国は国連を始め

とする国際社会に積極的に関与してきた。それを通して韓国の国威を発揚することができると考えたからである。（2018: 146）

このことは、韓国の国際人権枠組みへの積極的な参加からも明らかである。事実、韓国は国連未加盟時の一九八四年にCEDAWを批准し、翌年には施行している。台湾が二〇一一年になってCEDAWを国内法化したことを想起するなら、国際人権枠組みに対する韓国の前向きな姿勢は明白である。また、多国間の枠組みに対しても重要な貢献を果たしてきた（同上 146-147）。一九八八年にソウル五輪を成功させ、九六年にはOECDへの加盟を実現している。二〇〇〇年のASEM（アジア欧州会合）、二〇〇五年のAPEC（アジア太平洋経済協力会議）首脳会議、二〇一二年の核セキュリティ・サミットなど、国際会議の誘致も重ね、二〇〇七年には国連事務総長も輩出している。ソウル特別市児童生徒人権条例の制定過程で「先進国」や「国連加盟国としての責任」といったレトリックが性的マイノリティの権利保障を正当化したことは、第4章で論じたとおりである。

国家人権委員会の設置

国家人権機構の起源は、一九七六年に発効したふたつの国際人権規約（社会権規約と自由権規約）[196]の国内における有効性を担保することを目的に構想されたところにある。その先駆けは一九七六年のニュージーランドだが、八〇年代初頭まではオーストラリアやカナダといった一部の西側先進国で設置されるにとどまった。一九八〇年代なかごろにアジアや中南米に広がった民主化の波と九〇年代初頭に東欧社会主義諸国で実現した体制転換を背景に、政治体制転換期の国や地域で国家人権機構に対する関心や需要が高まった（郭魯炫 2000）。そして、その設置を後押しする仕組みづくりも進展した。一九九三年には国家人権機構を規定したパリ原則が承認され、九五年には国連人権機関が「人権の増進と保護のための国家人権機構の設立及び強化に関するハンドブック」を公開し、国家人権機構をつうじて国際人権規範の国内での定着を確保するための理論と実践の手引きが提供された（United Nations 1995）。

郭魯炫（2000）の整理によれば、世界に広がった国家人権機構は先進国型と後進国型と移行期型という三つの類型に分けられるという。ニュージーランドやオーストラリアやカナダで設置された「先進国型」の国家人権機構は初期に設置されたもので、市民による差別行為を対象とするが国家による人権侵害は扱わず、国家を人権侵害の主体として想定しないところに特徴がある。「後進国型」はインドやインドネシアのもので、人権外交や国家の広報を目的に「アリバイ」的に設置された経緯があり、実際に人員や予算や実効性が限定されているという。三つ目の「移行期

196　国際人権規約とは「経済的、社会的及び文化的権利に関する国際規約」（社会権規約）と「市民的及び政治的権利に関する国際規約」（自由権規約）のふたつを指す。これらは一九四八年に採択された世界人権宣言の内容を具体的な法的拘束力を持つ条約として具体化したもので、一九六六年一二月一六日に国連総会で採択された。ただしこの条約化をめぐっては、ひとつの人権条約にまとめるか、あるいは人権を社会権と自由権のふたつのカテゴリーに分けるかをめぐって、冷戦下で東側諸国と西側諸国の間で対立もみられた。

型」は、「過去の独裁政権が打倒されたり退くことによって、民主化過程が本格的に始まった国において、人権尊重国家への転換意志を込めて誕生した国家人権機構」を指す。「先進国型」とちがって国家による人権侵害も対象に含み、フィリピンや南アフリカ共和国のそれが代表的とされる。韓国で設置された国家人権委員会は「移行期型」に該当すると言えるだろう。

では、韓国ではどのような経緯で設置されたのだろうか。申先雨（2002）によると、一九九三年にウィーンで開催された世界人権会議で国家人権機構の設置が要請されたことを契機に、韓国政府が九六年に本格化な検討を始めたという。これを実行に移したのが進歩政治を推し進めた金大中であった。かれは一九九七年の大統領選挙で国家人権機構の設置と人権法の制定を公約に掲げたのである。そして一九九八年に国際人権連盟から人権賞[197]を贈られたことをきっかけに、設置に向けての動きを加速させたのだ。

ただし金大中が国家人権委員会を法務部の管轄とする案を準備したのに対し、アムネスティ・インターナショナル韓国をはじめとする市民団体の多くはこれに反対する立場を表明した。最終的に二〇〇一年五月に制定された国家人権委員会法（국가인권위원회법）は、立法・司法・行政のいずれからも業務指揮を受けない独立した国家機関としてこれを位置づけた。

前述のとおり、国家人権機構は国際人権規約の国内有効性の確保を目的としたため、国家人権委員会法は「人権」の定義を「憲法および法律で保障し、または大韓民国が加入・批准した国際条約および国際慣習法で認められる人間としての尊厳と価値および自由と権利」と定めた。ソウル特別市児童生徒人権条例も「人権」の定義に国際人権条約や国際慣習法を含めたが（第4章参照）、これは国家人権委員会法の先例を参照したものとみられる。そして国際人権規範の参照が、国家人権委員会法に「性的指向」という文言を導入する背景となり、これが韓国の法制度で初めて性的マイノリティの存在を想定した事例となった。[198]

ここで国家人権委員会に課せられた役割と業務を挙げると、次のようにまとめられる。

1. 人権に関する法令・制度・政策・慣行の調査・研究、およびその改善に必要な事項に関する勧告または意見の表明
2. 人権侵害行為に対する調査と救済
3. 差別行為に対する調査と救済
4. 人権状況に対する実態調査
5. 人権に関する教育および広報

197 国際人権連盟（International League for Human Rights）は、世界人権宣言の尊重や人権擁護制度の拡充などを目的として一九四二年に設立された国際的な人権保護団体で、本部はニューヨークにある。台湾の陳水扁も二〇〇三年に同賞を受賞し、「人権の台湾、民主への脱皮」と題した受賞記念講演で同性婚の実現をうたっていた。

198 国家人権委員会法は「平等権侵害の差別行為」を次のように定義している。「合理的な理由なく性別、宗教、障害、年齢、社会的身分、出身地域、出身国家、出身民族、容貌など身体的条件、婚姻上の地位、妊娠または出産、家族状況、人種、皮膚の色、思想または政治的意見、刑の効力が失効した前科、性的指向、兵歴を理由にする雇用（募集、採用、教育、配置、昇進、賃金および賃金以外の金品支給、資金の融資、定年、退職、解雇などを含む）において特定の者を優遇・排除・区別するか不利に待遇する行為」である（強調は引用者）。なお、「ジェンダー・アイデンティティ」に関しては後述する差別禁止法案（国家人権委員会原案、二〇〇六年）で初めて導入された（ただし未成立）。

6. 人権侵害の類型・判断基準およびその予防措置等に関する指針の提示および勧告
7. 国際人権規約への加入およびその条約の履行に関する研究と勧告または意見の表明
8. 人権の擁護と伸長のために活動する団体および個人との協力
9. 人権と関連する国際機構および外国の人権機構との交流・協力
10. その他に人権の保障と向上のために必要と認める事項

（国家人権委員会法第一九条）

国家人権委員会はこれらの業務を遂行する過程で性政治への介入を進めてきた。本書で言及した取り組みに限っても、トランスジェンダーに対する差別の実態調査（プロローグ）、軍隊内で発生した人権侵害の調査ならびに国防部への改善勧告（第2章）、青少年有害メディアの審議基準における「同性愛」条項の削除勧告とソウルクィアパレードでのブース提供（第4章）、戸主制を女性に対する人権侵害として廃止を求めた勧告（本章）などがある。そして二〇〇三年には、差別禁止法の制定に向けて行動を開始していく。

差別禁止法の推進と挫折

二〇〇三年、金大中の進歩派路線を継承して盧武鉉政権（二〇〇三〜〇八年）が発足した。盧武鉉は「差別の解消をとおした国民統合」を提唱した。なかでも「性、障害、学閥、非正規雇用、外国人労働者」への差別を「五大差別」とし、これらの解消を目的とした包括的な法制度の整備を打ち出した（鄭康子 2011: 58）。

国家人権委員会は、金大中政権以来の課題である人権法の制定を推進すべく検討を重ねた。当初は「女性差別」や「障害者差別」のように、差別をアイデンティティの観点から把握する枠組みで検討するアプローチが模索され、縦割り行政の各省庁もこれに賛同する立場を取った。しかし国家人権委員会のワーキンググループは、オーストラリアやカナダ、ニュージーランドやアイルランドといった国々で制定された差別禁止法や、一元化された権利救済機関の先行事例を調査した結果、ひとつの法であらゆる差別の禁止と被害の救済を包括的に可能にする包括的差別禁止法の重要性が確認され、国家人権委員会がその試案を策定することとなった（同上 59-60）。

二〇〇三年に草案の作成が始まり、二〇〇六年七月には試案が完成した。これを公開して制定を勧告すると、政府は翌年四月に「差別禁止法推進企画団」を設置し、試案をベースに法務部が政府案を作成した。それから半年後の一〇月二日、法務部がついに差別禁止法の立法を予告した。

これを受けてプロテスタント右派による猛烈な抗議活動が始まった。かれらがとくに焦点を当てたのが差別禁止法に導入された「性的指向」の規定で、「反同性愛」を標榜する抗議運動を組織化した。まず、大韓民国祈禱朝食会が緊急理事会を開催し、立法予告からわずか四日後の一〇月六日には「性的指向」の削除を求めた「同性愛条項削除請願運動」を結成した。世界聖市化運動本部や韓日基督議員連盟、韓国基督教総連合会、韓国基督教教会協議会もこれに参加した。一〇月二二日には「同性愛差別禁止法案阻止議会宣教連合」が結成された。抗議の声は宗教界にとどまらず、市民団体も「同性愛者差別禁止法反対国民連合」を立ちあげた。激しい抗議を受けて、法務部は性的指向の文言の削除に追い込まれた。

他方、進歩派の市民団体の間でも政府案に対する批判が起きた。国家人権委員会試案に含まれた是正命令権や損害賠償制度といった、より踏み込んだ規定が政府案から抜け落ちたことが問題視されたのである（鄭康子 2011）。保守派からの猛烈な抗議と進歩派による批判の板挟みとなり、二〇〇八年五月の国会の会期切れによって政府案は廃案となった。

しかし国家人権委員会はその後もあきらめなかった。国連諸機関も韓国政府に対する制定勧告を継続的に重ねた。[199] その結果、差別禁止法案は二〇〇八年、一一年、一二年、一三年、一七年にも国会に提出された。だが、いずれも国会内外で大規模な抗議に遭って頓挫している。

差別禁止法の制定を挫折に追い込んだ最大の要因は、「反同性愛」を旗印に新旧右派や宗教団体や保守市民による共闘が実現したことである。これら保守勢力の連携が、進歩派政党の性的マイノリティの人権課題に対する消極的な姿勢を引き出した。こうした状況は、歴代総統や直轄市の市長が「ＬＧＢＴフレンドリー」な立場を公的に表明してきた二〇〇〇年代以降の台湾と決定的に異なる点である。

韓国の歴代総統で性的マイノリティ（同性愛者）の人権課題に取り組む姿勢を公表したのは金大中だけである。一九九七年の大統領選挙戦に際して、金大中だけがレズビアン団体からの質問状に肯定的な回答を寄せている。その発言を裏づけるように、金大中政権下で二〇〇一年に制定された国家人権委員会法が性的指向にもとづく差別禁止規定を導入したことはすでに述べたとおりである。

しかしながら、李明博や朴槿恵といった保守回帰を経て進歩派勢力から期待された文在寅《ムン・ジェイン》（ともに民主党）は差別禁止法制定を公約に入れることもせず、同性愛については「反対します。嫌いです」といった稚拙な応答をみせている（趙慶喜 2018b: 44）。では、「反同性愛」を掲げたバックラッシュはどのようにして政治的影響力を行使するに至ったのだろうか。そして、広範な保守市民による共闘はいかにして実現したのだろうか。

3-2　プロテスタント右派の組織化と憎悪の動員

本章の最後に、二〇〇〇年代以降に展開したバックラッシュについて、その動員に尽力したプロテスタント右派の動向を中心に検討したい。韓国でプロテスタント右派が同性愛を標的に定めたのは一九九〇年代だが、これは米国でキリスト教右派が軍隊における同性愛者の包摂を掲げた方針に対して攻撃を集中した時期と重なる。キム・ナミ（Kim Nami 2016: 84）はこうした共時性に着目し、米国福音派の国境を越えた影響が韓国でもみられたと指摘するが、だからといって韓国における反同性愛運動が「単に西洋から輸入されたものであるとか米国キリスト教右派の反同性愛運動のコピーとみなすべきではない」と注意を喚起する。すなわち米国の動向を念頭に置きつつ、

199　代表的なものをあげると、国連人種差別撤廃委員会（二〇〇七年）や国連社会権規約委員会（二〇〇九年）、国連女性差別撤廃委員会（二〇一一年）が性的指向を含む差別禁止法の制定を韓国政府に勧告または要請している。二〇一一年には国連子どもの権利委員会が移住者や脱北者や難民の子ども、障害を持った子どもを想定した差別禁止法の制定を要求した。ほかにも、二〇一五年には国連自由権委員会が人種差別や性的指向・ジェンダー・アイデンティティにもとづく差別を禁止する法律がないことを問題とし、包括的差別禁止法の制定を勧告している。

図 6-1　パレードの付近で掲げられた「同性愛（homosex）NO! 亡国 差別禁止法 NO」

出所：2019 年 6 月 9 日にソウル市庁前広場の付近で筆者撮影

韓国のローカルな歴史的文脈を考察するよう彼女は警鐘を鳴らすのだ。

キムによれば、プロテスタント右派とはたまたま政治的に保守的になった信者のことではない。そうではなくて、明確な目的を持って、保守的な神学や社会的理念を推進する「プロテスタントの教会、牧師、政治的指導者や集団」を指す（同上 xxiv）。ハン・チェユン（한채윤 2017: 157）も同様の指摘をして、「教会、聖職者、教団の指導者、プロテスタントを信じる信者が同性愛嫌悪を『組織的に』表出している」ことを強調している。

ハン・チェユンは、韓国のプロテスタント右派が反同性愛運動の組織化に取り組んだ時期が二〇〇七年であったことに注目し、なぜその時期に同性愛が注目されたのかという問いを投げかける。韓国では二〇〇〇年代以降、深刻な少子高齢化や聖職者による性暴力や不正、横領、世襲などの問題がメディアを賑わせたことなどを背景に、毎年千を超える教会が廃業し、プロテスタントの信者数は劇的な減少を経験した。信者からの献金を重要な資金源とする教会にとって、信者数の減少は教会の危機を意味する。危機に直面した集団にとって有効な手立ては、外部の「敵」をつくりあげて内部の結束を固めることとされるが、それにしてもなぜ同性愛が選ばれたのだろうか（たとえば図6－1）。ハンは聖書を読み解くのではなく、むしろプロテスタント右派の政治への関与を社会的な文脈のなかで理解することが重要であると主張する（同上159）。

冷戦体制とプロテスタント

この問いを検討するために、キム・ナミ（Kim Nami 2016）は歴史学的なアプローチを試みる。一九四五年に始まる米軍政とその後の軍事政権下で、プロテスタントは親米反共の立場を明らかにし、これらの体制を正当化する役割を演じてきた。かれらは朝鮮戦争が勃発する以前より米軍の朝鮮半島からの撤退に反対し、北への武力侵攻による再統一を呼びかけた李承晩《イ・スンマン》政権（一九四八～六〇年）を支持した。これにつづく朴正熙《パク・チョンヒ》政権下では、政権の延命を目的とした憲法改正に一部の牧師が抗議の意志を表明したものの、多くの牧師たちは信者に対して政治的に「中立」であるよう促しつつ軍事政権を肯定する側に立った（同上35）。

冷戦体制下の米韓の親密な関係は、韓国のプロテスタントの発展を促進した。米国に拠点を置く国際基督教リーダーシップ（International Christian Leadership）のサポートを受けて、一九六六年には大統領祈禱朝食会（一九七六年「大韓民国祈禱朝食会」に改称）が結成された。これをチャンネルとして牧師と政府間の連携がさらに強化されていった。そして朝食会への参加を重ねた牧師のなかから、一九九〇年代以降に第一線で活躍するプロテスタント右派の指導者が数多く輩出されている。趙鏞基（David Yong-gi Cho, 1936-）もそのひとりで、かれはのちに汝矣島《ヨイド》純福音教会で主任牧師を務めることになる（同上 7-8）。

プロテスタント右派が反共イデオロギーを支持した根拠は、一般に共産主義が「反宗教的で反キリスト教的である」からと理解されるが、朝鮮戦争を経験して深刻なトラウマを経験した韓国の人びとにとって「レッド・コンプレックス」は強烈な実感をともなうものとして広く共有された（同上 6-7）。文京洙（2015: 75）も同様の指摘をしており、「朝鮮戦争後の韓国社会では、反共は、たんなるお仕着せのイデオロギーではなく、一種の社会的倫理規範として定着し、人々の行動様式を内側から規定する呪縛とな」り、こうした歴史的文脈のもとで「『北の脅威』という安全保障上の言説が、人権や民主主義を含むあらゆる社会的価値の上位に置かれる社会」が形成されたのである。人びとの心に深く根づいた「冷戦的な情緒や価値観」は権威主義体制を正当化し、プロテスタントもこうした冷戦秩序のなかで飛躍的な発展を遂げていった。

朝鮮にキリスト教が伝来したのは一九世紀末とされるが、韓国のプロテスタントは世界でも例がないとされるほど劇的な成長を遂げたとされる（浅見雅一・安廷苑 2012）。事実、二〇〇〇年代なかごろには米国に次ぐ世界二位の宣教師派遣大国となった。世界の五〇大メガチャーチのうち二四個が韓国に集中し、なかでも汝矣島純福音教会は単一教会として世界最大の規模を誇る。プロテスタント信者の国民に占める割合は一九・七％となり、台湾の五・五％と比べても特筆に値するボリュームである。[200]

だが、冷戦の終焉と民主化の潮流は、政治体制にとどまらず社会や経済や文化を呑み込んで変化をもたらした。南北関係の宥和や米韓関係の変化に加え、親米反共イデオロギーも相対化されて国民の間に分断がもたらされ、宗教勢力も対応を迫られるようになった。

民主化と保守派の後退

プロテスタント右派が性政治への介入を進めた二〇〇〇年代とは、進歩派が中央・地方政治や言論や社会運動の領域で大きく台頭した時期でもあった。この点を理解するために、ポスト冷戦時代の韓国における保守・進歩派の対立軸について、とくに歴史認識と南北関係という観点から整理しておきたい（木宮 2018: 142-144）。[201]

まず、李承晩から朴正熙を経て全斗煥《チョン・ドゥファン》に至る軍事政権について、保守派は肯定的な立場を取る。軍事政権が経済成長を実現させた反共体制を盤石なものとし、これが民主体制の基礎になったと評価するのだ。他方、進歩派は軍事政権に対して批判的で、民主化を遂げた第六共和国以後（一九八八年〜）初めて政権が正統性を獲得したと考える。

次に、南北関係については、保守派が韓国の優位な国力を圧力とすることで韓国主導の吸収統一を図ろうとするのに対し、進歩派は北朝鮮に対して寛大な対応を取ることにより内政の変化を

200　韓国が二〇一五年、台湾が二〇一九年に実施した調査の結果である。データの出所は、それぞれ韓国統計庁の全国宗教人口調査と中央研究院の台湾社会変遷基本調査を参照した。両者の調査頻度が異なることから同じ年のデータが得られなかった。

201　保守と進歩の対立軸を考察するうえで経済政策という観点から検討するなら、次のように説明できる。すなわち、ポスト冷戦時代の保守派が市場原理にもとづく新自由主義的な経済政策を志向したのに対し、進歩派は市場原理が格差を拡大するという認識にもとづいて再分配政策や福祉政策を重視することで、より公正で格差の小さな社会を志向している（木宮 2018: 142-144）。

誘導し、韓国主導で漸進的に統一を推進すべきであるとする。実際、金大中から盧武鉉につづく進歩派政権は対北宥和政策を掲げている。

ポスト冷戦時代に台頭した進歩的な政治は保守派に動揺をもたらしたが、盧武鉉政権が推進した「過去清算」がさらに追い討ちをかけた。二〇〇四年八月一五日に公表された「過去清算」は、日本統治時代の「反民族親日行為」を明らかにするだけでなく、解放後の軍事政権による人権侵害や不法行為にも焦点を当てて、真相究明や責任者の処罰、被害者の名誉回復を掲げた。移行期正義の対象が軍事政権を含んだことが保守派を刺激し、二〇〇〇年代に台頭したニューライトは盧武鉉政権を「親北左派政権」と称するネガティブキャンペーンを展開した。軍事政権による不正義を対北朝鮮政策や反共産主義の論理にすり変えて攻撃をしかけたのだ[202]（文京洙 2015: 250-251）。冷戦イデオロギーからの脱却を試みた盧武鉉政権は、新旧右派や保守層の市民の敵対心を喚起したということになる。

これらの市民は進歩政治に対する反動から、李明博から朴槿恵に至る保守政治家を熱烈に支持する運動を推し進めた。これらの勢力は「従北左派（北朝鮮に従属する左派）」や「親北左派」といった言説を動員し、冷戦時代に構築された共産主義に対する憎悪感情を再流用して進歩的な政治を批判したのだ。保守派のある論客は、「従北左派勢力」が「北韓・金正日政権の前衛隊として反文明的な北韓路線に追従・盲従」するだけでなく、「韓国の自由民主主義路線を否定し、北韓金正日政権のいわゆる主体社会主義路線に立脚し、南韓の社会主義革命を企む勢力」であると痛烈に批判している（柳東烈 n.d.）。

ハン・チェユン（한채윤 2017: 161）は、二〇〇〇年代の進歩派政治の台頭期にプロテスタント右派と極右との間で連携が形成されたと指摘する。ソウル市庁前広場や汝矣島広場などで開かれる救国祈禱会には極右勢力も参加して、「星条旗と太極旗がはためく祈禱会で、著名なプロテスタントの牧師たちは〔南北の〕分断が神の祝福であり、米国の支援のもとで北朝鮮の共産主義を清算することが韓国プロテスタントの任務である」と主張するようになった。そしてこれらの勢力が新たに目をつけたのが進歩的な政治イシューの象徴としての同性愛であった。

プロテスタント右派の危機意識の高まり

プロテスタント右派の進歩政治に対する危機意識は、二〇〇六年に差別禁止法が立法予告されたことを契機に高まったが、ハン・チェユン（同上）によれば、それまでにもいくつかの布石があったという。

まず、進歩政治がもたらした南北関係の改善および米韓関係の変化である（同上 160）。アジア通貨危機を発端とする国際通貨基金（ＩＭＦ）の介入を受けて「失敗した長老派大統領」の烙印を押された金泳三政権（一九九三〜九八年）の後を継ぎ、カトリックの金大中が大統領に就任した。金大中政権は分断体制の克服と南北和解に向けた努力を惜しまなかった。二〇〇〇年六月一三日には

202　北朝鮮に対する強硬姿勢や親米反共イデオロギーという点で新旧右派の態度は変わらないが、教育の自由化や規制緩和、減税、公企業の民営化といった新自由主義路線の強調がニューライトの顕著な特徴である（文京洙 2015: 250-251）。

平壌を訪問し、分断後初となる首脳会談を実現させた。南北宥和路線は盧武鉉政権にも継承された（文京洙 2015: 196-197）。また、冷戦の終焉と民主化は米韓関係にも変化をもたらした。二〇〇二年六月、米軍の装甲車によって女子中学生ふたりが轢死する事件が起きた。事件の真相究明を求める怒りの声は民主化抗争以来、最大規模の「ろうそく集会」へつながり、反米感情が急激に高揚した。こうした反米感情の広がりは、中堅国としてのナショナルプライドや民主化が可能にしたものでもあった。

次に、民主化に後押しされた教育改革である（한채윤 2017: 161-162）。盧武鉉政権は私学法の改正を提唱し、学校の透明化や公共性の向上を目的とする開放型理事制の導入などを訴えた。韓国の私学はプロテスタント系の学校が全体の八割を占めるなか、この改革案はプロテスタントにとって既得権益を侵害するものとして受けとめられた。「まるで一九四〇年代半ばに北朝鮮の政権が土地改革を主張してキリスト教の財産を奪ったように、民主政府も教会の領土であるミッションスクールを侵奪しようと」試みていることから、「民主化とはすなわち共産化」であるといった批判が集中した。

私学法は最終的に二〇〇五年に改正されたが、同じ時期に宗教の自由を求める青少年の運動も盛りあがりをみせた。二〇〇四年にはプロテスタント系の私立高校で礼拝の強要に抗議した高校生が退学処分を受けたが、この生徒は国家人権委員会や裁判所への働きかけをとおして退学処分の取り消しと礼拝参加の自由を勝ち取ることに成功している（第4章参照）。

上からの改革と下からの運動が並行して進展したことから、プロテスタント右派は私学法の再改正を目標に掲げ、のちに李明博や朴槿恵を大統領に輩出するハンナラ党を支援する運動を組織化した。その結果、二〇〇七年七月には私学法の再改正を実現させたが、まさにこの年の四月に起きたのが盧武鉉政権による差別禁止法の立法予告であった。

差別禁止法の制定は、プロテスタント右派による「反同性愛」運動の組織化を促し、さらに宗教界の連合や新旧右派勢力の結集をもたらした。進歩政治の台頭を受けて後退戦を余儀なくされた右派や保守層にとって、「反同性愛」言説が宗教内部の対立や新旧右派の壁を越えた市民連合を形成する紐帯として機能することとなる。

「従北ゲイ」言説

それでは、バックラッシュのなかで「同性愛」はどのように語られ、広範な保守層の連合を可能にしたのだろうか。以下では『国民日報』の記事や差別禁止法制定に抗議するプロパガンダ動画『差別禁止法 OUT!!!!!!!!!!』(seogood63 2013)を参照して検討を進めたい。[203]

二〇〇〇年代以降の韓国で流通した「反同性愛」言説の特徴をまとめると、次の三点を指摘することができる。第一に、同性愛を男性同性間の性行為(「ホモセックス homosex」)に還元し、「反道徳的」「反儒教的」なアナルセックスが韓国社会の「伝統秩序」を崩壊に至らしめるとする認識である。ソウルクィアパレードに反対するデモ参加者が掲げたフラッグ(図6－2、「同性愛

203　この項で出典の記載がない引用はすべて seogood63(2013)の動画からである。

図6-2　星条旗を掲げてクィアパレードに抗議する極右活動家

出所：2019年6月9日にソウル市で筆者撮影

(homosex) NO！ 亡国差別禁止法NO」）にもみられたように、「同性愛」は男性間のアナルセックス（「ホモセックス」）と置き換えられてスティグマ化されたが、「鶏姦」を違法とする軍刑法がこうした想像力を支え、正当化している（第2章参照）。同性愛はもはや精神疾病ではない。しかし不道徳な性行為であるから、それによって「大多数の国民の道徳や倫理観」が損なわれるだけでなく、「大多数の国民が差別禁止法によって犯罪者の認定を受ける」こととなる。というのも、ミッションスクールで同性愛を罪と教えると、教師は差別禁止法によって処分を受けるようになるからだ。こうした「逆差別」を回避するためには、牧師たちが学校でみずから進んで「肛門性交まで教えなければならない」と主張している。

第二に、冷戦時代の名残りである反共イデオロギーと同性愛を結びつけて、これを国家にとっての敵と位置づけて他者化する言説である。差別禁止法の制定は「大多数の国民」を「犯罪者」と認定して国家を弱体化するねらいが隠されており、じつは「従北左派」による「謀略」であるといった陰謀論がこうした言説の背景にある。上述のプロパガンダ動画も「愛国者たち」に向けてこう呼びかけている。

> 国を愛する愛国者たちへ！
> 北朝鮮が核で挑発しているいま、われわれが「差別禁止法」を阻止しなければ、国家安保法が無力化し、従北勢力によって南ベトナムのように滅び、わが国の青少年は同性愛に蝕まれて自殺し、逆差別によって社会的共感を持つ大多数の国民が犯罪者になるだろう。

同性愛と「左派」や「従北勢力」との結びつきは、プロテスタント右派が二〇一三年頃から使い始めたとされる「従北ゲイ（종북게이）」という言説に象徴的である（趙慶喜 2018b: 44）。「従北ゲイ」という造語は、「従北アカ」と「ゲイ」という、プロテスタント右派にとってそれぞれ冷戦期とポスト冷戦期の敵対勢力を結合させた言葉で、国家を内側から蝕んで安全保障を脅威に晒す敵とみなして同性愛を他者化する。ここで「ゲイ（게이）」という男性ジェンダーを表す言葉が用いられるのは、保守派が国家の安全保障にとって男子徴兵制を要と認識していることの表れである。実際、『国民日報』の「反同性愛」報道では軍隊や徴兵制に言及した記事がとりわけ多く確認できる。[204]

204　一例をあげると、エイズと同性愛を関連づけた次のような記事がある（『国民日報』二〇一三年一〇月一〇日）。いわく、「多くの国軍将兵がエイズ感染のリスクに無防備に晒されている。エイズは性関係による感染が全体の約四分の三を占めるが、同性愛者の乱れた性行為が主な原因である。〔同性愛の容認は〕兵営でエイズが急速に拡散することを意味する」。

図6-3　同性愛の「原因」について言及した新聞記事数の推移（1991-2021）

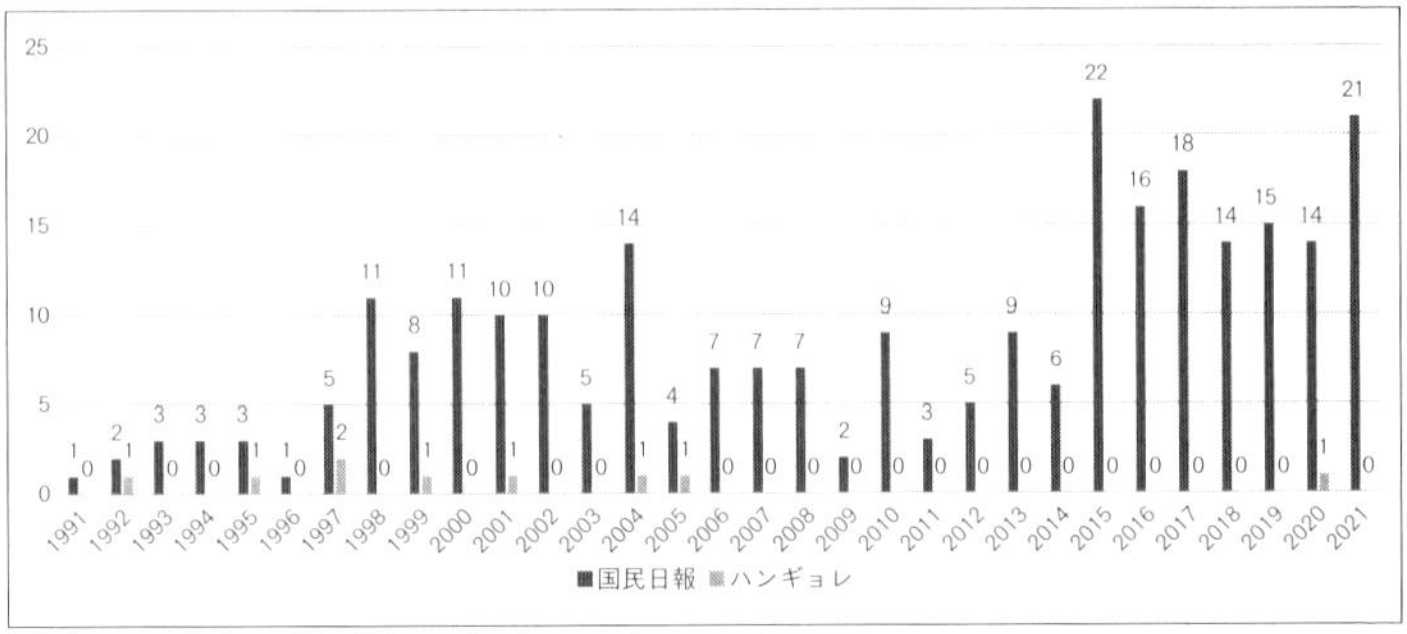

出所：『国民日報』と『ハンギョレ』のデータベースより筆者作成

第三に、「亡国に導く」「恐ろしい」同性愛から国家を保護することをキリスト教の使命とする主張である。同性愛を「ホモセックス」と置き換えて「倫理的堕落」や「道徳的放縦」とみなし、その擁護がやがて「亡国を導く」とする言説は、これをアイデンティティではなく、（矯正可能な）行為の次元で把握することにより、牧師がセクシュアリティの領域に介入する余地をつくる。事実、「反同性愛」言説の形成と流通に貢献した『国民日報』は、同性愛が「後天的な要因」によるとか、「自分の意思と選択によって形成された性的行動様式」であるとする牧師や「専門家」の記事を数多く掲載してきた。進歩派メディアの『ハンギョレ』が同性愛の「原因」に言及することなく「人権」問題として報じてきたのと対照的に、『国民日報』は同性愛の「原因」に関する「学説」を積極的にとりあげつつ「後天説」を強調してきたのだ（図6-3）。

たとえば、二〇〇〇年一一月一三日付の『国民日報』は、「もし同性愛が先天的な要因によるなら本人には〔異性愛者に〕変わる希望もなく、一生そのように生きなければならないが、同性愛は後天的要因によるものであるから本人が強くそう望むならキリストのなかで治癒されうる」と主張する牧師の発言を紹介している。二〇二一年五月四日付の記事では、同性愛を「自分の意思と選択によって形成された性的行動様式として把握すべきである」とする大学教授の見解が掲載された。このように同性愛を「後天的」であるとか「意思と選択によって形成された性的行動様式」とする主張が、牧師の介入の余地を生み出し、それが大韓民国を「亡国の危機」から救い出すという使命につながるのである。[205]

こうしてプロテスタントの使命を国家の保護（救国）と位置づけることで、韓国のプロテスタント右派は米国を「救世主」と仰ぐ冷戦イデオロギーを保持しつつ、しかしポスト冷戦時代には韓国こそが同性愛者の権利保障を妨害することに成功した稀有な先進国として米国を支援する側へ立つことを可能にするのだ。

205　同性愛を性行為に還元して後天的な要因によるものであるとする言説は、韓国から日本へ翻訳されて、右派の政治家や活動家たちの間で流通している。実際、二〇二二年六月に開催された「神道政治連盟国会議員懇談会」の会合で「同性愛と同性婚の真相を知る」と記した冊子が配布された。そこには「同性愛は心の中の問題であり、先天的なものではなく後天的な精神の障害、または依存症」であるとか、同性愛は「回復治療や宗教的信仰によって変化する」「世界には同性愛や性同一性障害から脱した多くの元LGBTの人たちがいる」といった主張が並んだ（松岡 2022）。この冊子は楊尚眞《ヤン・サンジン》の講演録からの引用であることが判明しているが、かれはプロテスタントの牧師で、韓国で修士号を取得後、米国で博士課程を修了し（キリスト教教育学）、日本でも弘前学院大学や教会で働いた経験を持つ。反トランス言説と同じように、反同性愛言説もまたトランスナショナルに流通しているのだ。この点については、さらに検討を進めた論文を執筆中である。

韓国のキリスト教内部には教義や信仰や政治的見解をめぐって互いに「異端」と糾弾しあうほどの緊張関係もみられたが、「反同性愛」という旗印のもとで共闘が実現した。実際、政治的な立場が大きく異なる韓国基督教総連合会と韓国教会聯合は「同性愛問題」を解決するという名目でふたたび統合が叫ばれるようになり、同性愛は「『共通の憎悪』として機能」した（한채윤 2017: 186）。社会の転換期で苦境に立たされたプロテスタント右派こそが、じつは「同性愛をもっとも切実に必要としてきた」（同上）のである。

「反同性愛」運動は、二〇一〇年代後半にはトランスジェンダーを他者化するフェミニストの運動と合流する。フェミニストからの後押しを受けた右派政治家は、二〇一九年に国家人権委員会法の改正案を発議した。そこでは、現行法の差別禁止規定から「性的指向」という文言を削除するにとどまらず、新たに「性別」を「個人が自由に選択することができず、変更することが困難な生来的、身体的特徴として、男性または女性のひとつを言う」と再定義することで、トランスジェンダーやノンバイナリーの生／性を抹消しようとする案が打ち出されている（차별금지법제정연대 2019）。

難民排斥と覇権的男性性の再構築

本節の最後に、プロテスタント右派にとってのもうひとつの主要な標的《ターゲット》であるムスリムの移住民や難民に対する排斥運動にも言及しておきたい。ムスリム男性を他者化する言説と反同性愛言説を総合的に分析することで、これらがいかなるジェンダー規範の構築に寄与するかを理解することが期待できる。

二〇一〇年代後半以降、韓国ではイスラームに対する嫌悪言説が広まったが、そのきっかけはイエメンからの難民申請者の急増にあった。マレーシアを経由して済州《チェジュ》島で難民申請をおこなったイエメン出身者は、二〇一六年にはわずか一〇人に満たなかったが、二〇一七年に四二人、二〇一八年五月には五一九人に激増した。かれらが済州島に大挙した背景について、キム・ヒョンミ（김현미 2018）は次の四点を指摘する。まず、観光化の一環として、二〇〇二年から済州島が一ヶ月間のビザなし入国・滞在が可能な地域に指定されたこと。次に、二〇一七年一二月にクアラルンプールと済州島を結ぶ格安航空会社の直航便が開通したこと。また、韓国政府が二〇一三年にアジアで初めて難民法を立法化したという事実が周知されたこと。最後に、二〇一八年四月に実現した南北首脳会談を背景に、韓国について「まもなく平和が訪れる国家」とするような、難民にとってポジティブな報道が国際社会に流通したことである。これらが重なって、イエメンからの難民申請者が済州島に大挙したのである。

ところが、かれらの期待を裏切るように、イエメンからのムスリム難民に対する嫌悪の言説が韓国社会を席巻した。政府も難民申請者の市民権を保障するどころか敵対的な措置を講じた。二〇一八年四月三〇日に法務部はイエメン難民の活動範囲を済州島に制限し、六月一日にはビザなし入国を認める国のリストからイエメンを削除した。難民排斥を求める国民の声も高揚し、六月一三日には国民請願制度をつうじて難民法やビザなし入国制度の廃止が提起された。プロテスタント右派は、早くも二〇〇〇年代後半には国内で増加しつつあったムスリム人口について脅威を煽る言論活動に取り組んだが、イエメン難民の排斥を求める運動でもリーダーシップを発揮した。難民排斥運動には一部のフェミニストも加わった。キム・ヒョンミ（同上 221）は「済州イエメン難民事件でもっとも驚くべき事実は、保守政治家、原理主義キリスト教、青年、〔フェミニストを含む〕女性たちの間で感情的な連合が構成された」ことであると述べる。

こうした「感情的な連合」の形成に寄与した言説の特徴は、ムスリム男性の他者化をとおして韓国人男性の優位とキリスト教の寛容さを強調したところにある。キム・ナミ（Kim Nami 2016: 117）も指摘するように、イエメン難民は「偽装難民」や「テロリスト武装民」と人種化されただけでなく、「女性の安全を脅かす男性」としてジェンダー化された。プロテスタント右派は、イスラームを暴力的な宗教として表象し、ムスリム男性を「暴力的で、ご都合主義的で、一夫一婦制をとらず（non-monogamous）、無能で（incapable）、国籍を取得するために韓国人女性を捕食する詐欺的な男性」として、ジェンダー化・人種化したイメージを産出したのである。こうした嫌悪言説は、プロテスタントの韓国人男性が「責任感にあふれ、信頼でき、能力があり、モノガミーで、同胞の女性が身体的安全と経済的安定を託すことのできる」正しい男性性の位置にあることを逆照射する。そこにおいて「韓国人女性に許された唯一のポジション」は「韓国人男性の保護を要請する」客体にすぎない（同上 222）。そしてプロテスタント右派が「韓国人女性を救う立場」にみずからを置くとき、「キリスト教は自由や平等や忠実さに価値を置く民主主義と両立可能な宗教として立ち現れ、これをつうじてイスラームと差異化」されたリベラルな宗教としての自画像が形成されるのだ（同上 139）。

趙慶喜（2018b: 38）は、共産主義者（「アカ」）や女性や移民に対する嫌悪の言説が歴史的に構築された反共主義や家父長制を基盤とすることを強調している。これらの嫌悪言説は「新自由主義時代に入り急に登場したのではなく、韓国社会を強力に規定してきた分断イデオロギーや敵対性の記憶によって増幅され」た歴史を持つ。性的マイノリティやムスリム難民に対する嫌悪もこうした歴史の延長線上に構築されたものであって、いずれもマイノリティに対する「過剰な嫌悪と恐怖を撒き散らし、情動の政治を作動させる点でつながっている」（同上45）。

反同性愛言説や反トランス言説、ムスリム難民に対する嫌悪言説は一見したところ相互に無関係のようにもみえる。しかし異性愛規範と人種主義（レイシズム）の交差は、冷戦秩序の復権を企てる保守政治への合流という点でつながっている。バックラッシュの言説を歴史的な文脈とトランスナショナルな政治との交わりという観点から読み解くことで、そのことが初めて明らかになるのだ。

4　小括

本章では、韓国社会で展開した性的マイノリティの権利をめぐる闘争について考察した。これを検討するうえで、女性運動やフェミニズム、国家人権委員会、プロテスタント右派を中核としたバックラッシュに焦点を当てた。

韓国では文民政権の台頭を背景に女性運動やフェミニズムが大きな発展を遂げた。一九九〇年代後半にはこれらの動向とグローバル・フェミニズムの成果であるジェンダー主流化が合流して、ジェンダー平等を推し進めるためのさまざまな政策や施策が展開した。ところが二〇〇〇年代なかばには政治の保守回帰がみられ、ジェンダー主流化も異性愛家族を基盤とする保守的な政策が取られていく。そこに性的マイノリティの人権課題を包摂する余地はなかった。それどころか二〇一〇年代には、トランスジェンダーやゲイ男性に対する憎悪を動員するフェミニストが台頭してバックラッシュと結びつく事態さえ起きた。保守政権が多文化主義といったリベラルな政治課題を専有する動きもみられ、進歩派政党も性的マイノリティの権利保障に対しては沈黙または否定的な立場を貫いた。

性的マイノリティの人権課題という点で重要な役割を果たしたのが国家人権委員会である。金大中政権下で成立した国家人権委員会は、国際人権枠組みのローカル化を主な目的に多様な成果を導いた。まず、国家人権委員会法は禁止すべき差別事由に性的指向を導入し、これが韓国の国内法で初めて性的マイノリティの権利を保障した立法となった。このほか、軍隊における性的マイノリティに対する暴力や差別の実態調査と是正勧告、トランスジェンダー差別の実態調査、ソウルクィアパレードに代表される社会運動へのサポートを実施してきた。包括的差別禁止法に関する検討や試案の作成にも取り組んだ。

しかし盧武鉉政権が二〇〇七年に差別禁止法を立法予告したことをきっかけに、プロテスタント右派を中心とする「反同性愛」運動が組織化された。この運動は、差別禁止法の草案が差別事由に性的指向を含んだことを問題化して抗議運動を展開し、結果的に政府案から性的指向の文言は削除されてしまう。差別禁止法は国会内でも保守政党からの批判を集め、現在まで制定には至っていない。

本章の後半では、バックラッシュをより正確に理解することを目的にプロテスタントの政治介入について検討した。解放後、プロテスタントは米国の支持を後ろ盾とする軍事政権を支持し、親米反共路線に協調して勢力を拡大することに成功した。しかし、冷戦の終焉や民主化を受けてプロテスタントをとりまく環境は激変した。そして進歩派の盧武鉉政権が日本の植民地統治だけでなく解放後の軍事政権も対象に移行期正義を推し進めたことが、プロテスタントの危機意識の高まりを招いた。こうした文脈において、プロテスタント右派は米国のカウンターパートの影響も受けつつ、反同性愛運動を組織化したのだ。親米反共イデオロギーがもはや国民を連帯させる紐帯となりえないポスト冷戦期の韓国社会において、「反同性愛」が宗教内部の緊張関係や新旧保守の垣根を越えて保守派の広範な連合を可能にする言説資源として機能したのである。

では、「反同性愛」言説のどのような特徴がバックラッシュの連合を可能にしたのだろうか。まず、同性愛を男性同性間のアナルセックス（「ホモセックス」）に還元し、それを「反道徳」的で、「反儒教」的で、それゆえ韓国社会の「伝統秩序」に混乱をもたらすといった特徴を指摘した。このような言説は、冷戦時代に定着した軍刑法のソドミー条項を法的根拠とすることから、国家による差別の制度化を後ろ盾として広範囲に及ぶ流通をもたらしたと言える。次に、同性愛を冷戦期に形成された反共言説と関連づけて、ナショナルな敵と同定した点である。プロテスタント右派が二〇一三年頃から使い始めた「従北ゲイ」という造語が象徴するように、「従北アカ」と「ゲイ」という、プロテスタント右派にとって冷戦期とポスト冷戦期におけるそれぞれの敵対勢力を結合させたレトリックは、「ゲイ」を単に「反道徳」「反倫理」としてスティグマ化するだけでなく、国家を内側から蝕んで安全保障を脅威に晒す反体制者であると主張した。第三に、「亡国に導く」「恐ろしい」同性愛から国家を保護することをキリスト教の使命とする認識である。同性愛を「後天的な要因」または「自分の意思と選択によって形成された性的行動様式」と位置づけることにより、牧師がセクシュアリティに介入する余地が生まれ、それが大韓民国を亡国の危機から救い出す使命へとつながるのだ。同性愛に対する嫌悪の情動は、冷戦期に活用された「アカ」批判の効用が薄れたポスト冷戦期の韓国において、ナショナリズムを喚起しつつ、保守派や右派の市民連合を形成する紐帯として機能したのである。

第三部　まとめ

第三部では、性的マイノリティの権利をめぐる闘争という観点からポスト冷戦期の台湾と韓国の政治を検討した。台湾における婚姻平等と韓国における差別禁止法の立法過程では、プロテスタント右派の主導によって「反同性愛」を標榜する保守派の組織化や動員が実現した。

二〇一三年、レズビアンフェミニストを中心とする台灣伴侶權益推動聯盟（伴侶盟）が「多様な家族」草案を立法院に提出して、同性間の婚姻関係を想定しない民法や人びとの親密関係を規定した婚姻制度に対する挑戦を試みた。「多様な家族」草案は三つの異なる案から構成された。婚姻関係を同性間にも拡大する婚姻平等案、当事者間の性的関係を規定しないパートナーシップ法案、そしてふたり以上の共同生活者に家族としての権利を付与する家属制度案である。伴侶盟が牽引した「多様な家族」運動は、家族制度の「民主化」に挑戦して社会を動かした。「多様な家族」というフレームが包含した異なるヴァリエーションの草案やその包摂性は、性的マイノリティ運動内部の連合、女性運動との連帯、民進党との同盟関係の形成を促進し、これが運動を成功に導いた。

台湾における性的マイノリティ運動と女性運動の連帯を促進した背景のひとつとして、ジェンダー主流化のローカル化を指摘した。民主化を背景に発展した女性運動は、党外勢力として台頭した民進党と同盟関係を形成してジェンダー主流化を後押しした。第5章では、ジェンダー主流化の成功例として評価されたジェンダー平等教育法に注目した。この法案の起草過程では、学校における性的マイノリティの生徒の脆弱性が主流派フェミニストによって「発見」された。性的マイノリティの子どもたちも、そうでない女子生徒と同じようにさまざまな暴力に対して脆弱なポジションに置かれていることに関心が向けられたのである。その結果、性別だけでなく、性的指向やジェンダー・アイデンティティにもとづく差別の解消を含む「ジェンダー平等」が志向され、二〇〇四年に「ジェンダー平等教育法」として結実した。そしてこの立法が台湾のジェンダー主流化の方向性を決定づけた。女性運動やフェミニズムが、性的マイノリティの人権課題を推進する重要なアクターとなったのである。

こうして台湾では政党政治をとおして性的マイノリティの権利保障が実現した。これを促した背景として、台湾で初めて政権交代を実現した民進党政権とその「人権立国」というアプローチに注目した。権威主義体制の打破や「民主」「人権」を掲げて支持を拡大した民進党にとって、女性の権利や性的マイノリティの人権課題は党の方針と親和性が高かった。そして数あるマイノリティの人権課題のなかでも、より進歩的なアジェンダと位置づけられた性的マイノリティの権利を保障することが台湾の民主化をより深化させ、欧米と並ぶ「先進国」へ導くものと把握されたのである。こうした認識を可能にした背景として、台湾の国際社会における周縁化されたポジションを指摘した。というのも、中国の台頭や経済大国としてのプレゼンスの強化を受けて、台湾は国連からの追放や各国との国交断交を経験するなど、国家としての政治的・法的承認を喪失してきた。国際社会における生存空間の拡大を模索した民進党政権にとって「人権立国」というアプローチは、国連や米国を中心とする先進諸国と同じ価値観を共有しつつ、「人権後進国」の中国との差異化を可能にするソフトパワー戦略でもあった。ポスト冷戦期の台湾にとって「LGBTフレンドリーな国家」であるという言説は、中国との他者化を図りつつ、グローバル先進国の一員であることを称揚する台湾ホモナショナリズムの燃料となったのだ。

性的マイノリティ運動が提唱した「多様な家族」というアプローチは、プロテスタント右派によるバックラッシュの組織化を喚起した。プロテスタント右派は、冷戦期には国民党に対して親和的な立場を取りつつも政治的な活動からは距離を置いたが、二〇〇〇年代には「反同性愛」を旗印に保守運動の組織化と動員を導いた。こうした変化を促した背景として次の三つを指摘した。第一に、冷戦期に米国の支援を受けて反共イデオロギーや儒教道徳を指導した国家が、冷戦の終焉や民主的な政治構造の形成を背景にみずからの役割を変化させた。「正統中国」を象徴する道徳文化の保護者から、国際社会の一員として「民主」や「人権」といったグローバルな価値を先導する役割へと移行を遂げたのだ。事実、新時代の国民党を担う政治エリートとして一九九〇年代後半に人気を集めた馬英九は、権威主義的な国民党の歴史や中国と距離をとるための資源として「同性愛者の人権」に注目した。冷戦期に儒教道徳や男子徴兵制をつうじてスティグマ化された同性愛は、ポスト冷戦期には国家によって民主時代の到来を象徴する先進的な人権課題と再定義されたのである。こうした事態に危機感を覚えたプロテスタント右派は、「反同性愛」を掲げて国家を指導する役割を演じるようになったのだ。第二に、東アジア内の宗教ネットワークを介した影響である。二〇〇〇年代にはグローバル化の影響を受けて韓国や香港やシンガポールなど、東アジアの地域内でプロテスタントの相互交流が活発になった。とくに福音主義の成功例として国際的に高く評価された韓国の影響は大きく、台湾のプロテスタント右派はこれに倣って「国家を導いて変革する」ことをその使命とした。第三に、二〇一〇年代には世俗と宗教を統合する宗教起業家が台頭した。かれらは「中国」の「伝統」や「儒教」といった世俗言説を動員し、宗教内外の立場の差異を超えて保守層の市民連合を形成することに貢献した。

そして中華文化の伝統的で自然な家族の根拠を民法に求めて異性婚の価値を称揚した保守運動と交渉する過程で、性的マイノリティ運動もまた保守化を余儀なくされた。その帰結として、ラディカルな「毀家・廃婚」の代わりに「婚姻平等こそ真の平等」とするスローガンが掲げられた。同性愛者を他者とみなす保守言説に対しては同性愛者も（異性愛者と）「同じ人間」であることを主張し、「性解放」を悪魔化する言説に対しては同性愛者も「良き市民」であるとして、婚姻制度への包摂を求める言説が主流化したのである。こうして達成された婚姻平等は、親密性のラディカルな再想像／創造の断念でもあった。そして婚姻平等の実現をもって性的マイノリティ運動の歴史的な成功を誇る台湾ホモナショナリズムが主流化した。

一方、韓国でも民主化を経て政治システムの社会運動に対する開放性が高まり、女性運動がさまざまな政治的成果を達成した。一九九三年に文民政権が成立すると、政治の正当性は市民社会に求められるようになった。そうしたなかで女性運動は国際人権言説を参照して発展を遂げた。とくに北京女性会議で提唱されたジェンダー主流化は、女性差別を解消するための立法や政策を導いた。しかし、二〇〇〇年代なかばには政治の保守回帰がみられ、ジェンダー政治も異性愛家族を基層単位とする保守的な立法や施策を帰結した。台湾とちがって、韓国で推進されたジェンダー主流化に性的マイノリティの人権課題を包摂する余地はなかった。

人権法の制定を公約に掲げて大統領に就任した金大中政権は、二〇〇一年に国家人権委員会を設置した。これが性的マイノリティの権利を推進する主要なアクターとなった。国家人権委員会は国連を中心に形成された国際人権規範をローカル化する役割を担い、性的マイノリティの人権課題が国際人権言説に包摂されたことを根拠として、差別の解消や権利の保障に向けてさまざまな挑戦に取り組んできた。

国家人権委員会が性的マイノリティの人権を規定した差別禁止法の制定を推進すると、プロテスタント右派を中心とするバックラッシュが組織化された。韓国のプロテスタント右派は米国のカウンターパートの影響を受けつつ、同性愛やトランスジェンダー、ムスリムや難民などのマイノリティに対する憎悪を動員して保守市民層の動員に尽力した。

キリスト教は一九世紀末に朝鮮半島に伝来して以来、急速な成長を遂げた。日本の統治時代から米軍政、そして解放後の親米独裁政権に至るまで、それぞれの勢力に適応しながらプロテスタントは勢力を拡大することに成功した。事実、プロテスタント右派は朴正熙の軍事政権を強く支持して米国を救世主と仰いで反共イデオロギーに積極的に呼応し、二〇〇〇年代には米国に次ぐ世界第二位の宣教師派遣大国となるまで成長を遂げた。しかし、冷戦の終焉と民主化にともなう政治体制や社会規範の変化、北朝鮮との宥和や「過去清算」を標榜した進歩派政権の誕生などを受けて、プロテスタントをとりまく政治状況は激変し、政治への介入が促進された。

ポスト冷戦期には同性愛者の人権が民主化や進歩政治を象徴するアジェンダと位置づけられた。親米反共イデオロギーはもはや国民を連帯させる紐帯となりえず、代わって「反同性愛」が宗教内部の対立や新旧右派の垣根を越えて保守層の広範な市民連合を可能にする言説資源として機能した。こうして動員された憎悪の情動は、歴史的に構築された冷戦イデオロギーを背景としつつ、ポスト冷戦期に社会秩序に抗した性的マイノリティに対する反動を呑み込んで社会を席巻している。

終論

1　性／生をめぐる闘争

本書は、性的マイノリティの生をめぐる闘争を論じてきた。終論では、序論で挙げたふたつの問い——性的マイノリティの生を条件づけた政治がいかなるもので、性的マイノリティはそうした条件のもとでどのような闘争をたたかってきたか——に答える。そのうえで、日本の視点を導入する補論を置いて、今後の研究の発展可能性を示したい。

性的マイノリティの生を条件づけた政治

前近代のヨーロッパでは宗教が人びとの親密な関係性や性のありかたに強い影響力を行使したが、近代では宗教に代わって医療が人間のセクシュアリティに対する理解の枠組みを構築した。同性に対する性的または親密性への欲望、逸脱的なジェンダー表現、トランスジェンダーは一九世紀に台頭した性科学によって「性倒錯」として「発見」され、知的探究の対象となった。性科学は同時代の優生思想や人種主義（レイシズム）と結びつきながら帝国主義や植民地主義を媒介に東アジアに翻訳され、ローカルな知と交渉しながらそれぞれの社会に定着した。

冷戦時代の台湾と韓国では、トランスジェンダーは外科的手術による「治療」が有効な精神疾病として医療の枠組みで論じられたのに対し、同性愛は不道徳な行為もしくは精神疾病であるとして「治療」や「予防」のみならず排斥を主張する言説もみられた。一九八〇年代から九〇年代にかけてエイズの流行が確認されると、同性愛や男性間性行為を異性愛社会に脅威をもたらすウイルスのようにみなす同性愛嫌悪言説が広がりをみせた。

台湾と韓国では権威主義体制が軍事主義を基盤とする国家建設を進めたことから、軍隊や徴兵制が国防だけでなく人びとの生にとっても象徴的な意義を持った。兵士の資格の有無を規定する徴兵検査は、国防の従事に不適切な男性身体を抽出する役割を課され、トランスジェンダーや同性愛や性分化疾患の病理化とスティグマ化は国家が制度化するところとなった。身体・精神疾病を詳細に分類した徴兵検査規則は、生殖に寄与しないと判定した男性身体を規範的外部へ放擲することをとおして、シスジェンダーで、ヘテロセクシュアルで、生殖可能で、健常な男性を「真正な男性性」とする規範の構築に寄与したのである。また、軍事主義が強く推進された冷戦時代には、公的領域で貢献する男性を私的領域で支える役割を女性に課すためのさまざまな政策や施策も展開された。軍事主義は、健常主義や異性愛規範を基盤とする家父長制と分かちがたく結びついて、国民国家建設プロジェクトの中核に位置づけられたのである。

男性性の軍事的構築は近代医療と結託し、「あたかも生殖が中心的な要件であるかのように人を男女に二分」して「性に関する身体把握において、何よりもまず外性器の形状を特権化し、それを中心に身体を意味づけ、『二種類の身体』という虚構を作り上げ」（竹村和子 2009: 279）るように作用した。メンバーシップを認められた男性たちは兵役を完遂することにより、国家に貢献する「国民」として承認され、公的領域へ迎え入れられた。

徴兵検査規則の執拗かつ詳細な分類は、軍事化された男性性のありようがそのじつ自明でも安定的でもなく、「つねにチェックされ、再確認されつづけなければならない不安定なもの」（Elly McCausland 2019: 219）であったことを逆接的に示している。軍隊は男性性を統制下に置き、ひとたび逸脱的とみなすや否や、厳格な監視体制のもとで矯正を図るか軍に不適切として排斥することで絶えず安定化を図らねばならなかったのだ。

米国の直接軍政（一九四五〜四八年）の影響から韓国では軍刑法にソドミー条項が翻訳、移植された。米国によって「反共の前哨基地」と位置づけられた点では台韓ともに同様であったが、直接軍政の経験はセクシュアリティに対する米国の帝国主義の影響をより強く受けるひとつの背景となった。軍刑法のソドミー条項は、同性愛に関する想像力を性行為の次元に還元してスティグマ化する言説を（再）生産する制度的根拠として、韓国でいまなお参照されている。

軍事主義によって形成された性的マイノリティに対する制度的差別は、米国の安全保障体制下で特権的なポジションを占めた日本にはみられなかった。二一世紀に入ってから台湾や韓国で盛りあがりをみせたバックラッシュの矛先がとりわけ男性同性愛に向けられたことは、男性性の構築に軍事主義が強く関与したこれらの社会の特色であったと言えるだろう。

性／生をめぐる闘争

一九九〇年代に首都圏で形成された性的マイノリティの社会運動は、レズビアンやゲイ、トランスジェンダーといったアイデンティティをベースに展開したが、民主化や情報技術の発達がこれを促進した。民主化は社会運動を可能にするだけでなく後押しする環境を整備し、言論の自由化は政府と敵対的な立場を取る社会運動を正当化する言論の形成と流通を促した。情報技術の発展は、公共空間に出現《カミングアウト》することが困難な性的マイノリティの社会運動への参与を推し進めた。一九八〇年代以前にもハッテン場や韓国の「女運会」といったコミュニティ、あるいはバーやクラブといった資本主義と結びついた空間が都市部を中心に形成されたが、性的アイデンティティにもとづいて政治的な権利を主張する集合的な運動には結びつかなかった。

　レズビアンやゲイ、バイセクシュアルやトランスジェンダーなど――あるいはそれらのアンブレラ・タームとしての「性的マイノリティ」（同志、성소수자）の社会運動は、性的マイノリティが人権の枠組みから排除されてきたことに異議を申し立て、市民権を要求した。一八世紀後半の米国やフランスで確立した「普遍的人権」の概念が女性や有色人種、外国人、子ども、精神病患者といったマイノリティを排除して成立したことは知られているが（Lynn Hunt 2007=2011: 5）、性的マイノリティの運動も特定のセクシュアリティやジェンダーのありかたを排除した「人権」の欺瞞を批判し、その境界の拡張を求めたのである。

　人権を求めた性的マイノリティの闘争は、婚姻平等や差別禁止法の制定といったリベラルなアプローチを重視しながらも、異性愛規範を根幹とする社会に対してラディカルな変革を要求する主張も含んだ。

たとえばプライドパレードは、個々の性的マイノリティがクローゼットから抜け出して公共空間に身体を出現させる個別的な行為であったが、それは単に可視性を求めるにとどまらず（「わたしたちはここにいる！」）、あらゆるひとを包摂しているようにみえる公共空間がじつは「（異）性化されている」（Binnie 1997: 223）ことを暴露する集合行為でもあった。性的マイノリティはつねにすでに存在した。にもかかわらず公共空間が異性愛的なものとして遂行的に産出されているがゆえに不可視化されてしまうのである。公共空間に出現した異質な人びと《クィア》の存在は、公共空間のただなかで「生存可能な生を要求」（Butler 2015: 27）しつつ、そこに不在の生、すでに失われてしまった生をも主張しているのだ。

プライドパレードを歩きながら過去の事件を想起させるスピーチは、すでに起きてしまった特定の差別行為に対して糾弾を呼びかける声である（第3章参照）。差別の歴史を告発し、それに対する怒りの情動を他者と共有することにより、「わたしたち同志」という集合的アイデンティティが産出され、異性愛的なものとして形成されてきた公共空間のなかにまさにそれに抗する拠点がつくられる。そうした集合行為は、公的な歴史として記録されず、社会の周縁に散逸した性的マイノリティの断片的な生の歴史――クィア史――を構築する社会運動でもある。

とはいえ「性的マイノリティ」といっても、ジェンダーやセクシュアリティによって社会的承認をめぐる状況には偏りもみられた。実際、社会運動ではレズビアンよりもゲイ男性の方が高い可視性や多くの資源を獲得する傾向があり、両者の間ではときに葛藤や対立も生じた。性的マイノリティの闘争は、性／生の理解可能性の枠組みをひらくことを求める試みであった。けれども青少年の同性愛者という二重に周縁化されたマイノリティは、法の領域で理解不能な存在としてその性／生を否認されてきた（第4章参照）。なにがこのような困難をもたらしたのか、ここでは有色女性たちのフェミニズムの歴史のなかで提起された「インターセクショナリティ（intersectionality）」という概念を参照することで、この問いを考える手助けとしたい。

フェミニストで法学者のキンバリー・クレンショーは「インターセクショナリティ（交差性）」という概念を提起して、黒人女性に対する差別が米国の司法で承認されないケースを発掘し、人種とジェンダーといった複数の権力が交差する経験を理解するためのアプローチを提唱した（Kimberlé Crenshaw 1989, 1991）。[206] その要点は、黒人女性の経験が、差別を認めようとしない保守派だけでなく、リベラルな反差別闘争からも適切な理解を得られてこなかった歴史や現状を問題化するところにあった。「性差別」や「人種差別」を告発し、その解消を求める既存のリベラルな反差別闘争の枠組みは、被差別集団のなかのマジョリティ（前者は白人女性、後者は黒人男性）の経験によって定義されてきたため、黒人女性という複合的なマイノリティの経験をそもそも扱うことができないのだ（Crenshaw 1989: 151）。

この問題を乗り越えるために必要なことは、「性差別」や「人種差別」という「すでに確立された分析構造のなかに黒人女性を含める」ようなアプローチではない（同上 140）。なぜなら、黒人女性の「交差的な経験は人種差別と性差別を加算したものよりも大きいから」である（同上）。それゆえ、「性差別」と「人種差別」を切り離された別個の問題として把握する旧来の「差別」に対する理解や枠組みを変革することが求められるのであって、そのためのアプローチがインターセクショナリティである。つまり、人種やジェンダー、セクシュアリティ、階級、健常性、年齢といったさまざまな権力がいかに相互に関わり、交差しながら社会構造を形成し、個々の女性たちが経験する差別をもたらしているのかを問わなければならないのだ。「『女性の経験』や『黒人の経験』を具体的な政策要求に翻訳するための基礎として使われてきた枠組み全体を再考し、再構築しなければならない」ということになる（同上）。

このような理解を要求するインターセクショナリティの概念は、複合的マイノリティの経験に対する理解を求めるだけでは不十分である。そのアプローチは、白人女性を中心とするフェミニズムや男性中心的な反人種差別運動に対して反省を迫るものでもあった。

青少年の同性愛者を論じた韓国の事例（第4章参照）に立ち返ってみよう。青少年保護法は、同性愛に関するウェブサイトを「青少年有害メディア」に指定して青少年のアクセスを一律に禁止した。この正当性を問うた訴訟では、成人の同性愛者を権利の法的主体として認めるという画期的な主張が含まれた。だが、同性愛に関するサイトが「青少年に性的自己アイデンティティの真剣な省察のきっかけを提供するのでなく、性的想像や好奇心を助長する副作用をもたらすなどし

206 ここではクレンショーの議論に焦点を当てて「インターセクショナリティ」を論じたが、ブラックフェミニズムや有色女性フェミニズムの歴史のなかでマイノリティ女性の経験を理解するための知的資源が過去に蓄積されてきたことを看過すべきでない（Jennifer Nash, 2019）。同様に、公民権運動のリベラルな成果を法学の見地から批判的に再考してきた批判的人種理論の系譜も重要である（Kimberlé Crenshaw, Neil Gotanda, Gary Peller and Kendall Thomas eds 1995）。

て〔青少年の〕人格形成に支障をきたす恐れがあることも否定することはできない」として、有害指定の正当性は覆らなかった（정성윤 2007）。

この司法の判断では、青少年は異性愛で「ある」または「あるべき」という前提や規範が自明視されている。成人の同性愛者には市民権が認められるとしても、家族の、そして国家の未来を背負うことが期待される（異性愛であるべき）青少年を同性愛へと誘惑し、その「人格形成に支障をきた」してはならないのだ。インターセクショナリティの議論を踏まえるなら、セクシュアリティと年齢というふたつの権力の交差点に位置する青少年の同性愛者の存在は、法の枠組みのなかで適切な理解を得られなかった。異性愛でない青少年は法の枠組みにおいて不在とされたのである。青少年の同性愛者に対する司法の不理解は、インターセクショナリティという概念の重要性——複数の権力が交差しながら社会規範や政治制度が構築されているという事実を示している。[207]

性的マイノリティの権利保障の制度化を促進／阻害する条件

本書では、軍隊による同性愛者の包摂、婚姻平等、性的マイノリティに対する差別の禁止を規定した法や条例の制定などを論じてきた。これらの事例から、性的マイノリティの権利保障の制度化を促進または阻害する条件を整理したい。

(1) 社会運動を支持する民主体制

ポスト冷戦時代の台湾と韓国で台頭した性的マイノリティの社会運動は、二〇〇〇年代に入ると差別禁止法の制定や婚姻平等、軍隊におけるメンバーシップの承認といったリベラリズムにもとづく個別的な目標を設定するようになった。一九九〇年代から二〇〇〇年代にかけて進展した民主化とそれを推進するための制度や政治的条件が、これらの社会運動の発生や発展を促進しつつ、リベラルな政治成果を可能にする背景となった。

本書では、言論の自由化、選挙の大衆化や直接民主制（公民投票や条例制定の請求権など）の導入、市民にひらかれた立法過程、国内人権機関の設置などが、ジェンダー平等教育法や婚姻平等（台湾）、児童生徒人権条例（韓国）の実現を促進したと論じた。これらの制度的な条件に加え、民主化を牽引したリベラル政党の躍進や、これらが性的マイノリティの権利を支持したことにも注目した。リベラル政党が性的マイノリティの権利を支持する構図は日本でもみられるものの、台湾と韓国では先進的な人権課題への取り組みが民主化を構成するプロジェクトの一環として位置づけられた点が注目に値する。民主化とは、一度達成されたらそれが永続するといったものでなく、つねに追い求

207 青少年の性的マイノリティを承認することに失敗した事例は、日本でもみられる。一例を挙げると、二〇一六年より「一〇代から二三歳までのLGBT（かもしれない人を含む）」に居場所を提供してきた一般社団法人「にじーず」に対し、SNSで「参加者の子どもたちをグルーミングしている」「洗脳している」などといった誹謗中傷が集中し、にじーずはX（旧Twitter）公式アカウントを削除する事態に追い込まれた。にじーずの活動は、まさに性的マイノリティ（かもしれない）青少年を対象とするがゆえに攻撃の対象となっているのだ。実際、誹謗中傷の根拠は、子どもの性的な「揺らぎ」を「一時の気の迷いかもしれない」とみなし、それゆえ青少年を（シスジェンダーで異性愛とされる）「家族」によって管理（保護）すべき対象と位置づけるところにある。にじーずに対する攻撃の苛烈さは、逆説的にも、性的マイノリティ（かもしれない）青少年のための支援やセーファースペースの必要性を示している。にじーずに対する支援については、公式サイト（https://24zzz-lgbt.com/）を参照のこと。

めなければならない未完のプロジェクトであって、性的マイノリティの権利は民主化を構成する要素であるとともにそれをさらに前へ推し進める政治課題と把握されたのである。

ただし、市民にひらかれた民主的な政治制度は、性的マイノリティの権利を否定する保守運動を利する結果ももたらした。[208] 事実、台湾で民進党政権が直接民主制の一環として導入した公民投票法は、婚姻平等やジェンダー平等教育に対する攻撃を企図した保守運動に対して有利に作用した。さらに集会やデモの自由化も、プライドパレードの開催だけでなく性的マイノリティの権利を否定するデモや集会の実現をもたらした。

性的マイノリティの権利保障が台湾で顕著に促進された要因として、第三部ではジェンダー主流化に焦点を当てた。

(2) ジェンダー主流化

台湾と韓国では一九八〇年代から九〇年代にかけて女性運動が台頭した。「妻」や「母」といったジェンダー役割ではなく、「労働者」といった階級役割でもなく、「女性」というアイデンティティにもとづいて自由や権利や平等を主張する社会運動である。かつて儒教を奨励して女性を私的領域に囲い込んできた保守政党も、選挙制度の民主化や大衆化などを背景に、有権者としての女性集団を重視するようになった。ジェンダー政治に関するさまざまな議題は、政党政治をとおして正当性を獲得することに成功した。

一九九五年に北京女性会議で採択されたジェンダー主流化は、東アジアの各国に大きな影響を与えた。そのなかでも台湾でローカル化されたジェンダー主流化は、女性だけでなく性的マイノリティの権利も包摂した「ジェンダー平等」を志向した。

台湾におけるジェンダー主流化のパラダイム転換の契機となったのは、二〇〇四年に制定されたジェンダー平等教育法である。教育部に委託されたフェミニスト法学者らは、草案の作成過程で学校における異性愛規範に逸脱的な子どもの脆弱性を「発見」して、性別だけでなく性的指向やジェンダー・アイデンティティにもとづく差別の禁止を含む「ジェンダー平等」を提唱した。中学校の男子トイレで死亡した葉永鋕の事件が焦点化され、理解可能なジェンダーの枠組みから排除された子どもの脆弱性が家父長制に由来するという認識が形成されたのである。そしてこの立法がジェンダー主流化の模範事例に位置づけられたことにより、ジェンダー主流化の目指すべき指針が定まった。こうして台湾では性的マイノリティ運動に先行して運動の資源や社会的承認をすでに獲得したフェミニストの政治参与をつうじて、性的マイノリティの権利保障が制度化されたのである。

トランスジェンダーの権利保障も近年、フェミニストの後押しを受けて特筆すべき成果を上げ

208　市民にひらかれた政治制度が右派や保守勢力によって活用される事例は日本でもみられる。日本におけるジェンダー主流化は、全国の地方自治体における男女共同参画推進条例の制定運動として二〇〇〇年代に広がったが、保守派もこれに乗じて成果を上げたことが明らかになっている。山口智美（2012）は山口県宇部市で二〇〇二年に成立した男女共同参画推進条例の制定過程に注目し、条例が「男らしさ、女らしさを一方的に否定することなく」や「専業主婦を否定することなく」といった保守的な文言を含んで成立したことの背景に保守派市民の介入があったことを指摘している。

つつある。二〇二一年九月には台北高等行政法院が、性別適合手術を受けていないトランス女性の性別取り扱いの変更を認める判断を下した。さらに同年一二月には、性別取り扱いの変更に際して性器（陰茎・睾丸、乳房・卵巣・子宮）の切除を必須要件と規定した内政部行政通達（二〇〇八年発行）に「違憲」の疑いがあるとして、憲法解釈が請求されている。[209] 興味深いのは、これらの運動がフェミニストらを中心に構成される台灣伴侶権益推動聯盟によって推進されていること、そしてトランスの権利保障の根拠として女性差別撤廃条約（一九七九年国連採択、二〇一一年国内法化）をはじめとするフェミニストの成果が参照されてきたことである。事実、トランスの権利を提唱する団体は、女性差別撤廃条約や「女性差別撤廃条約第二条に基づく締約国の主要義務」（第一八号、二〇一〇年）がジェンダー・アイデンティティを規定したことなどを根拠として性器の切除手術に関する規定の撤廃を要求し、そのアプローチが成功を収めつつあるのだ（台灣性別不明関懐協會 2013, 2014; 跨性別倡議站 2014）。

けれどもこうした議論は、フェミニストと性的マイノリティ運動の利害がつねに一致していたとか、セクシュアリティの問題をめぐってフェミニストの立場が一枚岩的であったということを意味しない。事実、一九九〇年代後半の台湾で、公娼制の廃止をめぐってフェミニスト内部で深刻な対立が可視化したことは第3章で述べたとおりである。

他方、韓国でも女性（家族）部の設置に象徴されるようにジェンダー主流化は進展したものの、異性愛規範を逸脱しない範囲に抑制された。そのため、性的マイノリティの権利はジェンダー主流化とは無関係な政治課題として推進せざるをえず、この点において日本と類似していると言えるだろう。また二〇一〇年代後半にはフェミニストの一部がトランスジェンダーや同性愛に対する憎悪を動員する右派政治と合流する現象がみられたことも指摘した。

(3) ナショナル・アイデンティティと国際環境

韓国では、リベラルから期待された文在寅大統領も性的マイノリティの権利保障には及び腰だったが、そのことが象徴するように、性的マイノリティの課題に取り組む姿勢を明らかにする政党はごく一部の左派政党に限られた。他方、台湾では政党が競い合って「LGBTフレンドリー」な立場を強調する動きがみられ、二〇一〇年代にはすべての直轄市を「LGBTフレンドリー」を公言する市長が占めた。[210] 本書ではこの点をナショナル・アイデンティティや国際環境という観点からも検討した。

序論でみたように、台湾では中国大陸を背景に持つ国民党が党国体制を形成したため、民主化は国民党体制からの脱却を意味しただけでなく、「中華民国」から「台湾」へのナショナル・アイデンティティの移行をともなった。国民党の権威主義体制を相対化する党外勢力として台

209 台湾には性別移行を定めた法律はなく、二〇〇八年の内政部行政通達（内授中戸字第０９７００６６２４０号）が参照されてきた。この通達は、性別移行に際して生殖器（陰茎・睾丸、乳房・卵巣・子宮）の切除手術が完了していることを要求している。

210 日本では二〇一六年に自民党が「ＬＧＢＴ理解増進法案」を公表した。この法案が紆余曲折を経て問題含みの立法として成立した経緯に鑑みても、性的マイノリティの人権課題が保守政党にとっても無視することができないポジションを占めていることがわかる。こうした日本の状況を踏まえると、韓国の政党政治の保守的な態度は特筆すべきである。

頭した民進党は、政治の「本土化=台湾化（ローカル化）」を推進した（若林 2008）。国民党は植民地統治を受けて「日本化」されてしまった台湾の「中国化」を掲げ、儒教イデオロギーを動員してジェンダー統治を進めたため、一九九〇年代に台頭したフェミニストは国民党の象徴する「中国」の伝統や権威主義体制を家父長制と同定した。であるからこそ、女性団体は党外勢力として結成された民進党と同盟関係を形成したのである。一九九〇年代後半に入る頃には国民党も権威主義体制からの脱却を打ち出すことを余儀なくされ、マイノリティの人権を重視する姿勢を打ち出すようになった。こうしてジェンダー平等は保守・リベラルの政治的差異を超えて目指すべき新しい「道徳規範」となり、台湾の民主主義を構成する不可欠の要素と位置づけられたのだ（何春蕤 2017: iii-iv）。

台湾と韓国が分裂国家という共通点を持ち、ともに冷戦体制下で西側体制に位置づけられて国民国家として歩み始めたことは、両国の国際人権規範へのキャッチアップを促進する要因となった。韓国は一九九一年に国連加盟を果たし、先進国（「中堅国」や「サブ帝国」）としての役割を積極的に担うことに成功した。そしてリベラルな政府は国際人権規範のローカル化を推進するために国家人権委員会を設置し、これが性的マイノリティの権利保障を推進する公的機関として存在感を発揮した。

他方、台湾は中国との競合関係を背景に、国家としての法的・政治的承認を獲得できないでいる。国家としての承認を受けられず、国際機関への参与も制限された状況は、冷戦期には国連を軸に展開したグローバル・フェミニストのネットワークからの排除をもたらした。だが、このことがポスト冷戦期には国際人権規範へのキャッチアップを強力に推し進める原動力にもなった。第5章では、二〇〇〇年に民進党政権が提唱した「人権立国」や「人権外交」をソフトパワー戦略として読み解き、これをとおして「ジェンダー平等」という政治課題が国際社会における国家としての生存空間を切りひらくプロジェクトの核心に位置づけられたことを指摘した。冷戦の終焉を背景に米中関係が変わりゆくなか、民進党政権は人権の領域で中国との差異化を図る戦略を重視し、それによって性的マイノリティの人権課題が脚光を浴びたのである。

(4) 宗教右派とバックラッシュ

性的マイノリティの権利保障を阻害する要因として、宗教右派によって組織化されたバックラッシュをとりあげた。東南アジア諸国における性的マイノリティの政治を比較検討した日下・伊賀(2021: 14-5)によると、キリスト教や仏教やイスラームといった世界宗教が支配的な国々では、宗教道徳が国家に包摂されるに値する「国民」を定義する言説として利用される傾向が強い。これらの宗教は性的マイノリティに対して本質的に排他的というわけではない。しかし社会の支配勢力やマジョリティが道徳的主導権の掌握と政治的利益の獲得のために「政治的同性愛嫌悪」(Michael J. Bosia & Meredith L. Weiss 2013)を動員することで、宗教が性的マイノリティに対するスティグマを流用する動きがみられるのだ(日下・伊賀 2021: 15)。

東南アジアのイスラーム地域でも、宗教的動員によるバックラッシュの激化は一九九〇年代から進んだが(伊賀 2021; 岡本正明 2021)、台湾と韓国でも性的マイノリティの権利保障が現実味を帯びた二〇〇〇年代以降にプロテスタント右派による保守市民の動員が進展した。民主化潮流のなかで性的マイノリティの人権が立法や政策といった具体的な政治成果として結実しようとする時期に、これに対する反動が可視化されたのである。なかでも資源動員力を誇るプロテスタント右派は、同性愛や（近年では）トランスジェンダーに対する世俗化された嫌悪言説を巧みに活用し、保守層の（フェミニストを含む）市民を巻き込んでバックラッシュが発展を遂げている。

台湾や韓国では同性愛者の人権が民主化を象徴する政治課題と位置づけられたため、「反同性愛」は宗教的文脈を超えて、民主化やその過程で形成された新たな社会規範に対する反動として広がりと訴求力を獲得した。宗教勢力によって動員された保守運動は、台湾では二〇一八年の公民投票で勝利を収め、韓国では差別禁止法の制定を挫折に追い込んだ。

台湾と韓国ではプロテスタント信者の人口に占めるボリュームが顕著に異なる。前者の五・五％と比較して、後者の一九・七％という割合の大きさは注目に値する。韓国におけるプロテスタントの組織力や資源の動員力は顕著であり、独自メディアの『国民日報』はバックラッシュ言説の流通という点でも重要な役割を担っている。

(5) 軍事的要請

性的マイノリティの権利保障の制度化が、すべて社会運動によって勝ち取られた成果であるとする見方は問題含みでもある。事実、「公民権」を根拠にゲイ男性の徴兵制への包摂を掲げた台湾国防部の方針（一九九四年）は、これまで論じてきたような「社会運動が勝ち取った権利」といった構図とは異なる理解を要求する（第一章）。

台湾国防部が「ゲイフレンドリー」な姿勢を打ち出してゲイ男性の徴兵制への包摂を標榜したとき、当事者たちは同性愛を精神疾病とした国防部の規定を逆手に取って兵役免除を求めた。同性愛者の社会運動が台頭を始めたばかりの当時にあって、国防部の突然の方針転換に当事者が戸惑ったのも無理はない。ジョセフィン・ホーは「現実的に同性愛者は国民としての権利を享受していない以上、国民の義務を果たす必要などあるはずがない」と主張して国防部の新たな方針を痛烈に批判したが（『中國時報』一九九四年六月一五日）、軍の方針は変わらなかった。

台湾の動向について興味深い点がふたつある。第一に、「従軍する権利」を求める当事者の主張がみられなかったこと。第二に、国防部によるゲイ男性の包摂は、同性愛を偽った異性愛男性の兵役逃れの禁止や軍紀の引き締めを目的としたものであったということだ。国家の軍事的要請に規定されたメンバーシップの拡張に対して、当事者は影響力を行使するアクターとなりえなかった。台湾を「アジアでもっともＬＧＢＴフレンドリーな社会」として称揚する英語圏の報道はしばしばオープンリーなゲイの「従軍する権利」を強調するが（The New York Times, October 29, 2014）、このような主張が当時の文脈に対する適切な理解を欠いていることは明白である。

小熊英二（1998）は、近代日本による大日本帝国時代から戦後までの沖縄・アイヌ・台湾・朝鮮の関連政策を「日本人」というカテゴリーの境界変動という観点から考察した結果、国民国家は「外部に脅威が存在し、国家資源としてできるだけ多数の人間を動員しなければならない場合に、包摂範囲を拡張する必要がもっとも高まる」（同上 636）と論じた。そのうえで、マイノリティの「国民」からの排除が人びとの関心を集めるのに比して、「国民」への包摂にともなう支配的な側面が見過ごされがちであることに警鐘を鳴らしたが、この指摘は本書の議論にとっても示唆的である。制度への包摂をあらかじめ「良きこと」と措定するのでなく、制度のありようや包摂／排除の境界設定をめぐる政治そのものを問うことが求められるのだ。

徴兵制が男性の重要な通過儀礼とみなされる韓国において、性的マイノリティにとって「従軍する権利」あるいは軍隊への包摂は「二級市民」から脱却して正当な構成員として承認されるための切実な政治課題であり、その重要性に疑問を挟む余地はない。ただし、「従軍する権利」と「国防の義務」はつねに表裏一体のものとして構築されてきた歴史があり、市民権と兵役の義務を紐づけてきた近代国家のありかたを不問に付してはならない。男性にとって「兵士になる」ことは国家と家族（女性や子ども）を守る役割を担うこと、すなわち家父長制と軍事主義の結託の歴史に身を投じることを意味する。近年、韓国の兵役拒否運動は個人の「良心」や思想信条にもとづく運動というよりも、むしろ国家の軍事主義に対する抵抗運動として展開されているが（이용석 2021＝2023）、徴兵制が男性性の構築にとって不可欠な要素と位置づけられた韓国において性的マイノリティ男性の運動がいかに脱軍事主義を掲げる運動と合流しうるかは、今後重要な課題となるだろう。[21] このように論じるとき、日本も傍観者の立場でいられない。このことは、次節で論じるように日本の脱帝国化の失敗の歴史からも明らかである。

2 補論——東アジアと複数形のホモナショナリズム

本書の議論から得られた考察は以上となるが、最後に補論を置いて、二〇一〇年代の台湾で台頭したホモナショナリズムについて思索をさらに進めてみたい。この補論では、旧帝国としての日本の視点を加えることで、グローバルに拡散する現象としてホモナショナリズムを検討する。これにより、ポストコロニアルな東アジア社会を規定した冷戦秩序についてセクシュアリティの政治の観点から考察するという本書のプロジェクトをさらに進めることが期待できる。

序論でみたとおり、冷戦に乗じた米国のアジア太平洋地域に対する介入は、知の産出という水準でのヘゲモニーの確立を可能にした。米国は民主主義や自由や近代性をこれらの地域にもたらした例外的な国家であるとする認識が形成・拡散され、こうした米国例外主義はとりわけ「女性の権利」によって根拠づけられた（Yoneyama 2016）。米国例外主義は二〇〇〇年代には新たなステージに入り、セクシュアリティの権利という点でも米国を卓越した国家とする性的例外主義（U.S. Sexual Exceptionalism）が確立された。ジャスビル・プア（Jasbir Puar 2007）は、ポスト9・11の米国で主流化したゲイの政治がムスリムを他者化するレイシズムを含んだナショナリズムに回収されてい

211 イ・ヨンソク（이용석 2021=2023）は『兵役拒否の問い——韓国における反戦平和運動の経験と思索』で、韓国における兵役拒否運動の歴史を論じ、「良心」や思想信条にもとづく個人的な運動から脱軍事主義を志向する運動へと変化を遂げつつあること、その運動は徴兵制の対象者である男性だけでなく女性たちの活動家によっても担われていることを指摘し、軍事主義が家父長制と結託してきた歴史を批判的に検討している。

ることを指摘し、この新しいナショナリズムをホモナショナリズム（homonationalism）と命名した。

第5章では、婚姻平等を提唱する台湾の性的マイノリティ運動において同化主義的な言説とナショナリズムが合流したことを指摘した。一九九〇年代には異性愛者との差異を強調して社会のラディカルな変革を模索した社会運動は、二〇一〇年代には同性愛者も異性愛者と同じ「良き市民」であることをうたって婚姻制度への包摂を求めた。そして異性愛規範を逸脱しないホモノーマティブ（homonormative）なレズビアンやゲイがみずからを「良き市民」と同定するとき、市民権を提供する国家は中国大陸を歴史的背景に持つ「中華民国」でなく、同性愛者を包摂してその近代性と寛容さに裏打ちされた「台湾」というナショナルな共同体であるとされた。

台湾ホモナショナリズムと日本

台湾ホモナショナリズム言説は日本でも二〇一〇年代に翻訳されて「『同志』に優しい台湾」（『毎日新聞』二〇一七年六月一五日）が注目を集めるようになった。とりわけ性的マイノリティの活動家たちの台湾に対する関心の高さは顕著である。

その特筆すべき例が東京レインボープライド（Tokyo Rainbow Pride、以下「TRP」と略記）である。TRPは二〇一四年に「東京オリンピック開催年までのロードマップ」を公表した。そこではTRPが二〇一七年までに「アジア最大のLGBTイベント」になることや、二〇二〇年までに「世界へ」と「国際的なムーブメント」を「広げ」ることが目標に掲げられた（図Ⅶ212）。

このロードマップで注目すべき点は三つある。第一に、性的マイノリティの社会運動の歴史を

図Ⅶ　東京レインボープライドのロードマップ

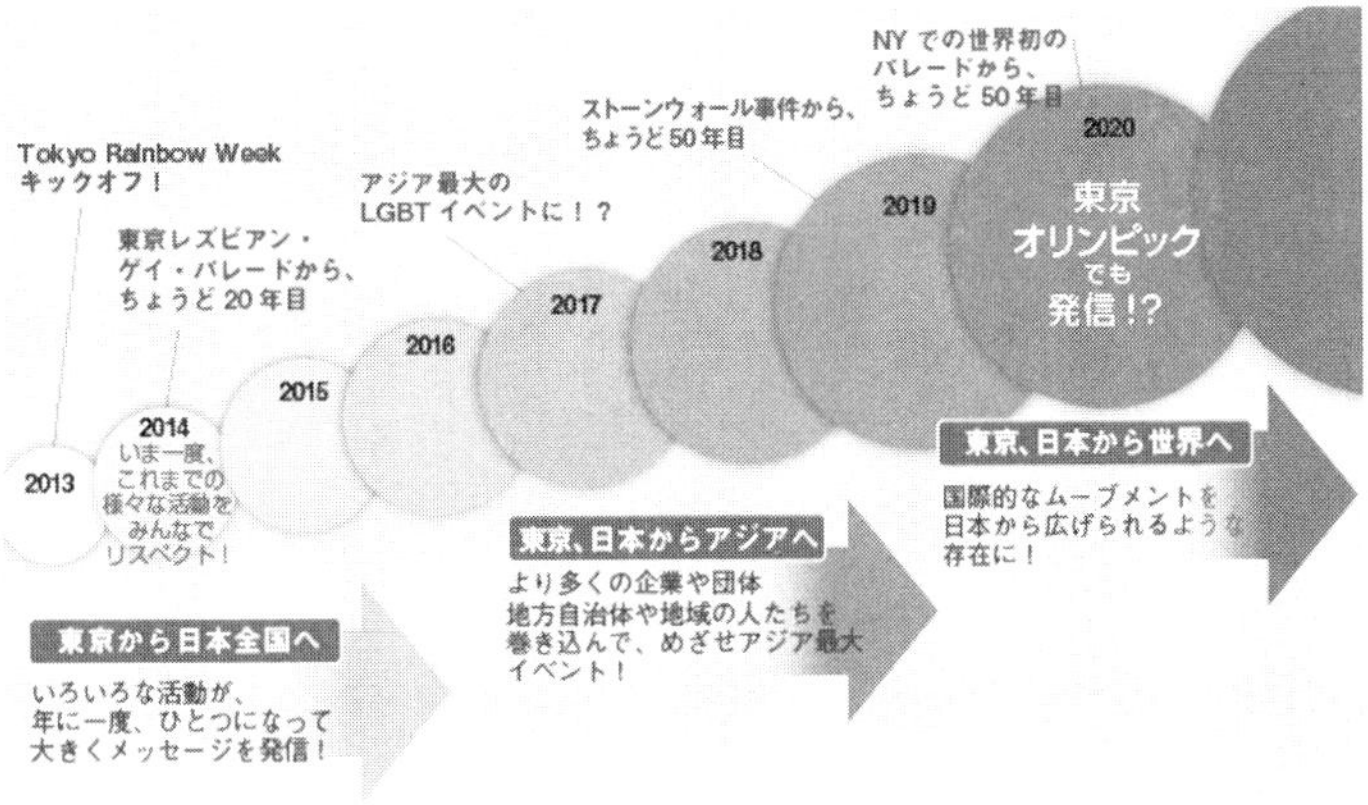

出所：東京レインボープライド（2014年）の公式ウェブサイトより

めぐる想像が米国を基準に設定されている点である。図Ⅶにあるとおり、「ストーンウォール事件」や「NYでの世界初のパレード」が「世界」の性的マイノリティ運動の歴史的起点と位置づけられるため、米国はTRPにとって「性解放の中心」として想像される（Itakura Kyohei 2015: 17）。「アジア」や「日本」や「世界」で展開されるプライドパレードは「米国」の道徳的優位性の向上に寄与するところとなり、こうして米国の性的例外主義が担保される。

第二に、TRPがみずからの役割をナショナルな水準へ横滑りさせている点である。TRPは「日本からアジアへ」、そして「日本から世界へ」と「ムーブメントを広げる」ことをうたう。このことは、TRPがみずからの役割を日本の政治に抵抗する社会運動とみなしているというよりは、むし

212　該当のページを含むサイトはすでに削除されており、二〇二四年三月一日時点でアクセスできない。

図Ⅷ　台湾同志パレード（2017）を歩くTRPの関係者

出所：台北市で2017年10月28日に筆者撮影

ろ「日本」を「アジア」や「世界」で賞賛されるべき「クィアフレンドリーな国家」(Itakura 2015: 18)として推進するためのエージェント（代理機関）として位置づけていることを示唆する。

最後に、TRPが「アジア最大のLGBTイベント」を目標に掲げるとき（図Ⅶ）、ライバルとして想定されているのは「台湾同志パレード」である。TRPは近年、台湾同志パレードとの間でフロート車の提供や活動家の交流を進めてきた。そして東京や台北で開催されるプライドパレードでは、それぞれの活動家がアジアの覇権を競い合うようなレトリックを動員している姿を目にすることができる。たとえば、二〇一七年の台北では「祝、台湾の婚姻平等実現。日本もつづけ！」と中国語で書かれたフラッグを手にしたTRP関係者の姿が（図Ⅷ）、その翌年の東京では台湾の活動家が「台湾、アジア初の婚姻平等」と英語で記したフラッグを掲げる姿がみられた（図Ⅸ）。このようにしてアジアの覇権をめぐる日本と台湾の社会運動は相互に競合しながら運動を推進していることがわかる。

ポストコロニアルな日台関係

日本における「LGBTフレンドリーな台湾」に対する関心の高さの背景には、「親日的な台湾」という認識が基盤にある。たとえばOut Japanという「総合LGBTマーケティング支援企業」を経営する後藤純一は、「ゲイの『楽園』を求めて」と題した記事でこの点を次のように説明している。

図IX　TRP（2018）を歩く台湾の活動家たち

出所：東京都内で2018年5月6日に筆者撮影

〔毎年、台湾同志パレードに参加するために〕一〇〇〇人近い日本のゲイの人たちが大挙して、台湾へお出かけしています。〔……〕いったいなぜ、これほど多くの日本人が台湾へ向かうのでしょうか？〔……〕最大の理由は、よく日本に遊びに来てくれる台湾のゲイの人たちや、昨年の震災のときに多大な支援をしてくれた台湾人に恩返しをしたいという気持ちがあります。つまり、台湾人が日本フレンドリーという理由が大きいわけです。

（後藤 2012）

ここで言及されている「震災」は東日本大震災を指すが、被災後に台湾から贈られた経済支援は台湾

図Ｘ　小林よしのり『新ゴーマニズム宣言スペシャル・台湾論』で描かれた李登輝

出所：小林よしのり（2000: 31）より

人の「親日」的態度の表出として日台双方の社会でくり返し言及されてきた（趙慶雲 2018）。

台湾と「親日」を結びつける言説が日本で流通しはじめたのはポスト冷戦期の一九九〇年代後半以降である。戦後から一九八〇年代まで「親日／反日」をめぐるイメージは必ずしも特定の国家や地域に固着せず、そのときどきの政治情勢に応じて東南アジアや米国などに割り当てられてきた。[213] 冷戦終焉後、保守系メディアの勃興や保守言説の広がりを背景に「反日」というスティグマ化されたイメージが中国や朝鮮へ向けられると同時に、「親日」が台湾と紐づけられるようになったのである。[214]

一九九一年のソ連崩壊後も、東アジアでは朝鮮半島の分断状況や台湾海峡危機に象徴されるように冷戦体制は完全に瓦解することなく、米国の継続的な介入もあって冷戦構造は保持された（小熊［2012］2014）。旧植民地の台湾や韓国では民主化が進展し、女性運動やフェミニズムの台頭もあって「慰安婦」問題をはじめとする日本の戦争責任や移行期正義をめぐる議論が活発になる。冷戦時代に米国の後ろ盾のもとアジアで特権的なポジションを占めた日本も、一九九〇年代には植民地支配や戦争の責任を問い直す周辺国の追及から逃れることができなくなった。このような国際環境の変化を受けて「大東亜戦争」を「自衛戦争」と位置づけ、戦争責任や植民地支配の事実を否定する歴史修正主義（歴史否定論）や保守言説が日本で急速に広がったのである。

歴史修正主義は植民地主義や冷戦時代の名残りである反共イデオロギーと結びつき、中国や韓国を「反日」と紐づける言説が台頭する。そしてこの時期に保守メディアによって発見されたのが「親日（国家）」としての「台湾」であった。

くり返しになるが、台湾における民主化の進展は「中華民国」から「台湾」へのナショナル・アイデンティティの移行を意味した。これと並行して、国民党の権威主義体制下で長らく否定されてきた「日本時代」を再評価する動きがみられた（Ching 2019=2021）。これを牽引した象徴的人物として知られるのが李登輝（1923-2020）である。日本統治下で生まれ育った李登輝は、植民地支配が台湾の近代化に貢献したことを強調し、「日本時代」を肯定する言論活動を主導した（図X）[215]。そ

213 実際、「親日／反日」という表現を特定の国家や地域と紐づける言説は一九九〇年代以前にはほとんどみられなかった。数少ない例として、貿易や外交摩擦といった文脈でアメリカや東南アジアを「反日」というイメージで表現する雑誌記事が一九七〇年代の週刊誌で散見された。たとえば「一触即発！アメリカの〈排日運動〉はここまできている！」（『プレイボーイ』一九七一年七月六日号、三六～三八頁）や「日本人はなぜ東南アジアで憎まれるのか」（『微笑』一九七四年二月九日号、一八〇～一八一頁）など。

214 近年、日本で急速に広がる保守言説に関する研究は増えている。重要なものとして、上丸洋一（2011）、樋口直人（2014）、早川タダノリ・能川元一（2015）、倉橋耕平（2018）、樋口直人・永吉希久子・松谷満・倉橋耕平・ファビアンシェーファー・山口智美（2019）などがある。

215 小林よしのりは二〇〇〇年に出版した『新ゴーマニズム宣言スペシャル・台湾論』で日本の台湾統治を肯定しつつ、国民党の圧政を批判的に描いている。この本は二〇〇一年二月に台湾版が出版されてベストセラーとなった。不買運動や抗議活動も起こり、同年三月には小林の台湾への入国禁止が決定されて物議を醸した。同書について批判的に検討した研究として東アジア文史哲ネットワーク編（2001）が参考になる。

して台湾における「日本時代」の再評価や「親日」的な言論活動は、日本の保守メディアから熱烈な歓迎を受けた。その結果、日本の植民地統治を肯定する根拠として台湾の「親日性」を強調する言説が日本の保守メディアで急増し、これが現在の日本社会における「台湾＝親日」イメージの源流となったのである。

近代性とセクシュアリティ

　では、こうした「台湾＝親日」言説はセクシュアリティの言説とどのように関連するのだろうか。「台湾＝親日」言説を検討すると、日本と台湾で「民主主義」「人権」「自由」といった「近代的価値観」が共有される一方、中国を遅れた、あるいはそれらに象徴される「近代性《モダニティ》」に対して敵対的な国家とするイメージが前提とされていることが明らかになる。

　たとえば一九九二年の『産経新聞』は「中国と韓国」が「反日ナショナリズム」に依拠して「反日共同戦線」を形成していると主張しつつ、「中国よりはるかに価値観を共有するところの多い台湾との関係強化」を提言する（一九九二年一〇月八日「日台断交二〇年――台湾、大陸、そして日本」）。二〇〇〇年代に入ると、日台で共有される「近代的価値観」という曖昧な記号には「民主主義」や「自由」や「人権」という言葉が代入されていく。日本で一九六〇年代から台湾独立運動に身を投じた黄文雄によれば、「反日感情を操る中国」は決して「心を許せない隣人」（2012a, 2012b）であるのに対し、「人類の普遍的価値である民主・自由・人権の理念を求める志向が一致している」日本と台湾は「一蓮托生、生命共同体」（2007: 85）ということになる。[216]「親日」的な台湾を「生命共同体」として賞賛する保守系メディアも、中国における「自由や人権の侵害」を激しく糾弾する。「民主主義」「自由」「人権」といった「近代的価値観」を共有する「台湾」は、それとは敵対的なポジションを取るとされる「中国」とともに保守言説のなかでつねにセットで語られてきたのである。そして台湾ホモナショナリズムの台頭を背景に、いまではセクシュアリティがこのような「近代性」を構成する要素とみなされるようになった。

実際、「東アジアのゲイのクラブパーティ」でゴーゴーボーイとして活躍する日本の男性は、TRPのオフィシャルマガジンで「中国の人たちはちょっとシリアスな、動物的で怖いイメージがある」のと「比べると台湾は人が優しいって思ったかな」と臆面もなく発言する（東京レインボープライド 2017: 7）。「台湾」の「人」がフレンドリーであるのに対して、「中国の人」は「動物的」といった「怖いイメージ」で対置されるのだ。[217] こうしたまなざしは、台湾人と中国人をそれぞれ人種化しながら両者の間に人種的ヒエラルキーを構築していく。

別の例をあげれば、「ゲイ男性」の恋愛を描いた『スプリング・フィーバー』（二〇〇九年）という中国映画について「ゲイのための総合情報サイト g-lad xx」は次のようなレビューを掲載した。

216　日本を拠点に台湾独立運動を展開してきた著名人のなかには、黄文雄や金美齢のように保守系メディアで日本の植民地統治を肯定する言論活動に取り組んできた人物が少なくない。これらを分析した重要な研究として森宣雄（2001）がある。

217　二〇二三年一〇月に始まったイスラエルによるガザ侵攻の渦中、イスラエル国防大臣が「We are fighting human animals（わたしたちは人間動物と戦っている）」と公言したことが報じられたが、「人間」を「動物的」といったイメージで把握して非人間化する欲望は、帝国主義や植民地主義のプロジェクトを普遍化するための言説をとおして動員されてきた歴史がある。

『スプリング・フィーバー』は、今の日本のゲイからみると、ちょっとビックリするような「男どうしで愛することの困難」を描いています。これが中国の現実なのか…と思う方は多いことでしょう。〔……〕そんな『スプリング・フィーバー』は、欧米のゲイ映画のような、ゲイコミュニティがしっかりある中で、同性婚や子どものことも視野に入れながら前向きにゲイライフを生きようとするような雰囲気とは全く対照的です。まだ同性愛者が社会に受け入れられていない厳しい状況のなかで、それでも必死に、全身全霊で恋を貫こうとするような、男どうしで堂々と愛しあうこと自体がすなわち革命であるような、激しく、孤独で、だからこそ自由の重みがひしひしと伝わってくるような作品です。

（強調筆者、後藤 2010）

劇中、「男どうしで愛する」男性主人公は日本語字幕で「ゲイ」として言及され、原語の中国語でもスティグマ化された「同性恋」ではなく、肯定的な意味を含む「同志」という言葉が用いられている。にもかかわらず、このレビューは「ゲイコミュニティ」や「ゲイライフ」が定着している「欧米」と「全く対照的」であるとして「中国」の「同性愛者」の「男どうしで愛することの困難」を語ってしまう。中国に「同性愛者」はいるが「ゲイ」はいないものとされ、この点において台湾のホモナショナリズム言説（「中国に革命に従事する同志はいるが、ゲイを意味する同志はいない」）と見事な調和をみせる。[218]

複数形のホモナショナリズム

ジャスビル・プア（puar 2017: 51）によれば、ホモナショナリズムとは単に人種的他者を構築するレイシズムの同義語ではなく、国家における「近代性の歴史的転換」を意味する。すなわちホモナショナリズムの出現や拡散は、国家による異性愛規範（heteronormativity）への固執から同性愛規範（homonormativity）の包摂への歴史的転換として理解すべき現象である。

プア（2007）は、ポスト9・11の米国で台頭したホモナショナリズムがムスリムの人種化をともなったことを批判的に論じた。本書はプアの議論を参照しながら台湾で形成されたホモナショナリズムを検討したが、その要点は米国と台湾でふたつの相互に無関係なホモナショナリズムがあるということではない。そうではなくて、二〇一〇年代の台湾で台頭したホモナショナリズムは米国のホモナショナリズムに喚起されつつ、それに微修正を加えることで醸成されたのだ。台湾ホモナショナリズムが「アジアでもっともＬＧＢＴフレンドリーな台湾」として地域を「アジア」に限定する表現をつねにともなったことが示唆するように、それは米国の性的例外主義を否定することなく、「アジア」における台湾の性的例外主義を強調する言説であった。

ところでプアの議論は、イスラエル政府による「ピンクウォッシング（pinkwashing）」――国家のイメージ向上を目的としたプロパガンダで、イスラエルによるパレスチナへの侵略やパレスチナ人の虐殺といったネガティブなイメージを「ＬＧＢＴＱフレンドリー」な印象で覆い隠す戦略

218　括弧内の出典元は台湾の『聯合報』の記事（「只有革命同志，沒有玻璃同志」一九九六年四月三日）である。強調は筆者による。

図XI　イスラエルの兵士が「愛の名のもとに」ガザへの侵略を正当化する写真（左）
図XII　TRP の公式パンフレットにおける「ゲイシティ」テルアビブ特集（右）

出所：図XIは X（旧 Twitter）におけるアカウント名「Danel Ben Namer」の 2023 年 11 月 13 日付の投稿（https://twitter.com/DanelBenNamer/status/1723808610197667975）より
図XIIは東京レインボーウィーク（2014）より

――に対する批判にも重要な理論的視座を提供してきた。[219] ピンクウォッシングのグローバルな成功は、イスラエル政府による特筆すべき広報活動（図XI）のみに起因するのでなく、これを積極的に受容する側の問題でもあって[220]（図XII）、そこでは冷戦期に米国主導で形成されたグローバル秩序が重要な背景となっている。台湾ホモナショナリズムも真空空間のなかに突如として出現したものではなく、米国の冷戦地政学的想像力（Yoneyama 2016: 68）の延長線上にあるのだ。

　この補論は、プアの議論をアジア地域へ拡大して批判的に発展させる試みであった。つまり、米国の性的例外主義に裏打ちされたホモナショナリズムに影響を受けつつ、台湾ホモナショナリズムが醸成されたこと、そして両者が冷戦秩序を背景としていることを検討してきた。[221] このような議論は、米国と中国の対立構図を背景にアジアで深刻化している「新冷戦」と呼ばれる現状と性政治の連関を理解するうえでも、重要な視点を提供するだろう。

松田英亮（2023）は、台湾ホモナショナリズムを検討した拙論（福永 2017e, 2019c）を批判的に参照しながら、その課題を乗り越える作業に取り組んでいる。松田によれば、拙論の問題点は以下のふたつである。第一に、プアが米国の事例を前提に提起したホモナショナリズムの理論を拙論が「安易に脱文脈化」しているとする主張である。つまり松田は、中国との対抗関係が緊迫する国際環境において「台湾というナショナルなもの」が政治的に否定されてきた歴史を重視して、「構造的弱者としての台湾」という視点を前景化してホモナショナリズムを（再）検討する必要があると主張するのだ（同上14）。もうひとつの批判は、拙論において「社会運動と国家との結託が完全悪であるという前提」がみられるとするものである（同上32）。これらの問題点を指摘したうえで、

219 イスラエル政府が国内外でプライドパレードやクィア映画祭を支援し、「LGBTQフレンドリー」なイメージの形成をもって自国に対するネガティブな印象を打ち消すプロパガンダを繰り広げてきたことは、いまでは広く知られる。イスラエル政府は二〇一〇年代には大使館をつうじて日本や台湾の性的マイノリティ運動への支援に積極的に乗り出していた。ピンクウォッシングの日本における受容については小野直子（2019）や福永玄弥（2023）などがある。

220 ピンクウォッシングの成功は、国家が性的マイノリティの解放を約束するというリベラルな前提を下敷きにしている。その意味では、「クィアフレンドリーな国家」（Itakura 2015: 18）を推進するエージェントとしてみずからの役割を同定するTRPがイスラエル政府によるピンクウォッシングの優れた受け皿となることも、不可解な現象ではないと言えるだろう。

221 本書の議論は、Liu Wen & Zhang Charlie Yi による研究（2022）とも問題意識を共有する。同書は、中国、台湾、香港におけるクィア政治と競合するナショナリズムの動態を浮き彫りにしつつ、それぞれの社会における性的マイノリティグループのトランスナショナルな闘いを考察している。これらの議論も、プアのホモナショナリズムが単一の国家的分脈における性の力学を記述するうえで地政学的な限界を背負っていることを示している。

松田はインタビュー調査を用いて「非規範的とされる性関係やセクシュアリティを生きる人々の声を拾う事」をとおして、台湾ホモナショナリズムが単に「中国的身体」を他者化するだけでなく、「後進的」とされる東南アジア諸国からの性的マイノリティの移民や、台湾というアイデンティティから距離をとる人、台湾人でありつつ台湾的でないとされる人をも周縁化する現象であることを明らかにしている（同上12）。

松田の批判に応じながら、本書の意義をあらためて強調しておきたい。ナショナリズム研究やポストコロニアル研究が明らかにしてきたように、ナショナリズムは右派だけでなく左派とも歴史的に結びついてきたし、脱植民地化運動を成立させる要素として立ち現れることもある（小熊1998; 2002; Dane Kennedy 2016=2023）。だが、ナショナリズムが本質的に同化と他者化の作用をともなうことに疑問を挟む余地はない。だからこそ、台湾ホモナショナリズムがどのような文脈で、いかなる自画像を形成してきたかを問うだけでなく、その反転としてどのような他者像を構築してきたか分析することが求められるのだ。そして本書で試みてきた議論は、単に「社会運動と国家との結託」を批判するのでなく、両者の関係性の歴史的な変化を読み解くものであった。プアが米国ホモナショナリズムをレイシズムの観点から批判しつつ、同性愛者の身体や政治が「ナショナルなもの」との関係性をどのように切り結んでいるかを明らかにしてきたように、本書でも台湾ホモナショナリズムの形成過程に性的マイノリティの運動がどのように介入しているかを考察してきたのである。

イスラエルによるガザ侵攻とパレスチナ人の虐殺の正当化が、まさにホモナショナリズム言説

（「LGBTフレンドリーなイスラエルが、同性愛嫌悪的なパレスチナを解放する！」）をとおして進展している昨今の切迫した政治情勢のなかで、イスラエルや台湾のホモナショナリズムが米国の帝国主義といかなる関係性を形成しているのか、国際社会で周縁化されてきた「構造的弱者としての台湾」という視角が、こうしたトランスナショナルなセクシュアリティの政治にいかなる展開をもたらしうるのかについては、今後さらなる検討を進めていきたい。

終わりに

陳光興（2006=2011）は『去帝國——亞洲作為方法』（邦訳『脱帝国——方法としてのアジア』）において、東アジアの脱植民地化がいまなお残存する冷戦構造のなかで未完のプロジェクトであることを批判的に論じている。そして冷戦のアジアにおける広がりや戦後に形成された国際秩序がポスト冷戦期の東アジアにどのような課題を残しているかを検討しつつ、脱植民地化と脱帝国化と脱冷戦化という三つのプロジェクトを並行して進めることを提唱する。東アジアにおけるジェンダー・セクシュアリティの政治を冷戦という観点から考察する本書の挑戦は、このような呼びかけに対するひとつの応答でもあった。

帝国主義と植民地主義と冷戦は互いに複雑に絡み合いながら、東アジアの性政治にさまざまなかたちで足跡を残している。本書でみたように、韓国ではポスト冷戦期に性的マイノリティの社会運動が台頭し、挫折をくり返しながらも軍隊に残るソドミー条項に対して異議を申し立ててきた。ソドミー条項は冷戦時代の米韓間の不平等な関係性の象徴だが、にもかかわらず韓国の性的マイノリティとその運動にとって米国は「自由」や「権利」をもたらす国家として想像される。韓国の性的マイノリティ運動は、一方で米国の帝国主義を告発しつつ、他方で米国の軍事主義と結託して性的マイノリティを抑圧してきた国家との闘争を繰り広げてきたのである。

キム・ナミ（2016: 82-83）によれば、宗教右派のバックラッシュに対する批判的な介入は、「ゲイの権利」を「近代性」や「民主主義」の指標としてのみ提示する植民地主義的・帝国主義的論理に呑み込まれない方法で進めるべきである。さもなければ、「ゲイの権利」を支持しない国家は、後進的で、非文明的で、非民主的であるとみなされ、米国を覇権とする戦後の冷戦秩序や複数形のホモナショナリズムの再生産に与することとなってしまう。それゆえバックラッシュへの批判は、「ゲイの権利」をローカルな政治と切断して文明の指標とみなす言説からは距離をとる必要があるのだ。

本書のプロジェクトは、バックラッシュに対する批判的介入であり、それを提唱する試みでもある。より有効な批判を実践するためには、性的マイノリティの生を矮小化し、抹消しようとするバックラッシュの言説を正確に分析しなければならない。だが、それにもまして重要なのは、性的マイノリティの生をめぐる政治や運動、歴史を理解することである。

性的マイノリティの社会運動がバックラッシュに呑み込まれることなく、さらにナショナリズムによる取り込みや動員に対して距離を保持しつづけるためにも、社会運動がいかなる社会のなかでどのように組織化され、どんなアクターと関係を構築しながら、なにをどのように問題化してきたか、それらの挑戦がグローバルな政治的経済システムというマクロな政治学とローカルな歴史的文脈が交差するなかでいかなる課題を達成し、あるいは挫折してきたかを問わねばならない。また、性政治と植民地主義・帝国主義・冷戦体制との結びつきを批判的に省察する実践をとおして、性的マイノリティの歴史を直線《ストレート》的な進歩史観や植民地主義・帝国主義的な想像力で把握する見方を棄却することが、初めて可能になる。そしてこのようなアプローチが、わたしたちの性／生をめぐる想像力を、ひとつではない複数形の過去や現在、そして未来へとひらいていくことを可能にするのだ。

あとがき

大学を卒業し、約六年の企業勤めと一年半の北京滞在を経て、大学院に進学したのは二〇一四年の春だった。それから本書の出版に至るまで、十年の歳月が流れた。十年という時間は、社会の変化を肌で感じるにはじゅうぶんすぎるほどの長さだ。とりわけ性的マイノリティをとりまく政治的環境の変化には、目を見張るものがある。

二〇一〇年代の前半には「ＬＧＢＴブーム」が市場の論理に媒介されて巻き起こり、性的マイノリティに関する理解の内実はともかく、「ＬＧＢＴ」という言葉は人口に膾炙した。大学で「ジェンダー」を冠する授業を開講すれば、数百名規模の履修者が集まり、多くの学生が「ＬＧＢＴについて知りたいと思った」と一様に口にする。

東京、台北、ソウルの各都市で開催されるプライドパレードの規模も劇的に拡大した。左派やリベラルの政治家だけでなく、右派や保守政党、グローバル企業、著名人の参加も目立つようになった。二〇一九年には台湾で婚姻平等が実現した。二〇二四年には札幌高裁が同性婚を認めない現行民法に違憲判決を下した。性別の移行に際して性別適合手術を要件と定めた法のありかたを人権侵害とする司法判断もみられるようになった。

個人的な生活《プライベート》でも変化を経験している。かつて、同性愛であることをアウティングされたわたしに「同性愛は痴漢と同じくらい恥ずべき罪」と追い討ちをかけるように叱責した親族も、いまでは「LGBT」について一定の理解を示すようになった。

けれども、これを「解放」と呼ぶことはできるだろうか。あるいは現在の地点から直線的《ストレート》に未来へ向かって進んだその先に「解放」が約束されていると信じることはできるだろうか。

非常勤講師として働く勤務先には「LGBTフレンドリー」を掲げ、「アライ」ステッカーを無償配布する取り組みをおこなっている大学がある。そこでは校舎や教職員のラップトップにステッカーが貼られている。にもかかわらず、トランスジェンダーの在学生が性別変更を求めても、その大学はさまざまな理由をつけて拒否しつづけている。授業中に教員がトランスジェンダーや同性愛への嫌悪的な発言《ヘイトスピーチ》を平然と口にしたり、「ディスカッション」という枠組みのなかでヘイトスピーチを促すことさえある。性的マイノリティの学生たちは、「ジェンダー」を冠する授業を履修するにあたって、シラバスに注意深く目を通し、参考文献にトランス差別を公言するフェミニストの名前が含まれていないか、ガイダンスで差別的な発言が飛び出さないかをいちいち確認しなければならない現実がある。

わたし自身、この十年以内に限っても同性同士であることを理由に不動産会社から賃貸を拒否された経験がある。それも一度や二度ではない。ラブホテルの利用を断られたり、ビジネスホテルでダブルベッドを予約したのにホテル側の好意でツインベッドに変更されたりすることも日常茶飯事である。日常生活のなかで経験する些細なつまずきを挙げはじめれば、「あとがき」が何頁あっても終わらないほどだ。

　つまずきへの対処は、それが些細なことと感じられるものであるほど、個別的な対応に委ねられる。たとえば、ホテルの公式サイトで「同性カップルの利用可」と小さく記された注意書きを懸命に探し出すこと、賃貸探しで「ルームシェア可」と書かれた限られた物件のなかで格別な温情を示してくれる大家を探すこと。同性婚というリベラルなアプローチは、きっとこれらの問題を解消するための手がかりになるだろう。しかし、差別と暴力の歴史に彩られた婚姻制度に取り込まれることが、わたしたちの目指すべきゆいいつの未来なのだろうか。

　わたしたちの存在を前提に社会の仕組みや政治の制度を組み替えることを要求することは、むろん重要である。しかし制度への包摂がわたしたちにとってなにを意味するのか、わたしたちは果たしてどこまで理解しているだろうか。周縁化された立場から、社会や政治をラディカルに問い直すことは、性／生の理解可能性の枠組みをひらいていくことにつながるのではないか。そうした問題意識から、本書の研究は始まった。

　この研究は、社会運動のフィールドをとおして／のなかに身を置くことで、現在のようなかたちにたどり着いた。印象に残るシーンをいくつか書き残しておきたい。

二〇一四年一〇月、修士一年目の秋に台北のプライドパレードを訪れたとき、先導するフロート車のうえでベテランのアクティヴィストたちがアジテーションを飛ばしていた。ある活動家が十年前に発生した同性愛者に対する差別事件の顛末を参加者に語りかけると、もうひとりはパブリック・ストリートに響きわたる大声でフェミニスト的なスローガンを叫び、参加者を示威行動に誘っていた。わたしはその光景を動画に撮りながら、東京レインボープライドとのちがい――たとえば「メディア受け」をねらってアライの政治家を隊列の先頭に配置する方策、警察に従順であることを参加者に対して執拗に求めるスタッフ、政治的に中立な立場を装いイスラエル政府のピンクウォッシングに加担する欺瞞――を思い出し、目の前の光景に興奮して目眩を覚えるほどだった。気づけば、スマホを回しながらいっしょに叫んでいた。「幹（クソッタレ）！」

じつは、そのふたりの活動家とは数日前に会って言葉を交わしていた。わたしが二〇一一年に北京クィア映画祭でキュレーターを務めた際、移住労働者の支援運動に従事する呉静如《ウー・ジンルー》と知り合い、彼女から「台湾で話を聴くべきアクティヴィスト」のリストをもらった。そのなかにふたりの名前があったのだ。呉静如はわたしのその後の台湾での研究を大きく前進させてくれたという意味で、そしてリベラリズムに妥協しないラディカル・クィアの視点から「台湾」を紹介してくれたという意味で、重要な「インフォーマント」であり、かけがえのない友人にもなった。

修士論文で台湾について書き終えた後、（ポスト）植民地主義への関心から博士論文では韓国を対象に加えたいと考えた。ただし、「冷戦フェミニズム研究」との出会いが研究の射程をさらに広げてくれた。台湾のフェミニストの丁乃非（Ding Nai-fei）の論文は、性政治を冷戦の枠組みで、あるいは冷戦を性政治という観点から再考するきっかけを与えてくれた。博士課程二年目を台湾国立中央大学で過ごしたとき、冷戦研究に関するシンポジウムや学会報告の多さに驚き、自分が「冷戦」に対していかに無知であったか痛感した。そして、台湾と韓国を比較するだけでなく、冷戦秩序という観点から東アジアを対象とした博士論文を執筆できるかもしれないと考えた。

博士課程三年目の半年間をソウルで過ごした。午前中は延世《ヨンセ》大学の語学堂でみっちり韓国語を学び、午後は大量の宿題をこなし、合間を縫って性的マイノリティ団体やフェミニスト研究者を訪問したり、さまざまなデモへ足を運んだりした。ソウルクィアパレードでは、参加者がレインボーのカラーに染めた太極旗（韓国の国旗）を掲げる姿や、そのうしろで同性愛嫌悪的な暴言を吐く右派活動家が太極旗と星条旗を両手で抱える姿を目にした。ナショナルな象徴をめぐる性的マイノリティとバックラッシャーの闘争に、米国の象徴である星条旗が関与することの意味について、路上に座り込んでしばし考えをめぐらせたことを覚えている。

本書は社会運動というローカルな文脈と冷戦という国際政治の文脈を行き来する内容になったが、各地のフィールドでのさまざまな経験が研究をこのようなかたちに導いたことはまちがいない。フィールドで出会ったすべての人たちに感謝する。

謝辞

本書は、二〇二二年度に東京大学大学院総合文化研究科国際社会科学専攻相関社会科学コースに提出した博士論文を元にしている。博士論文の主査は瀬地山角さん、副査を阿古智子さん、市野川容孝さん、清水晶子さん、森山至貴さんにお引き受けいただいた。

瀬地山さんには、学術論文のなんたるかも理解していなかった修士課程の時代からお世話になった。研究の方向性が定まらず迷走を重ねるなかで、ときには学術的な議論の緻密さよりもわたしの問題意識や関心を重視して研究を発展させる指導をしていただいたことに感謝している。清水晶子さんのクィア理論を扱う授業で、ジャスビル・プアの「ホモナショナリズム」に触れたときの衝撃や、その理論を台湾の文脈にすぐに適用しようとした拙速な議論をたしなめられた経験は、いまも鮮明に記憶に残っている。大学院時代にクィア理論の文献に触れる機会に恵まれたことは、清水さんの存在なしには考えられなかった。阿古智子さんと市野川容孝さんには修士論文でも副査を務めていただき、折に触れて貴重なコメントや励ましを受けた。森山至貴さんには非常勤講師の仕事も紹介していただき、それがアカデミアでのキャリアを始めるきっかけとなった。この場を借りて、みなさまに感謝を申し上げる。

台湾と韓国で調査を進めるにあたり、台湾国立中央大学の甯應斌（Ning Ying-bin）さん、何春蕤（ジョセフィン・ホー）さん、丁乃非さん、林建廷（Lin Jian-ting）さん、黃道名（Huang Dao-ming）さん、韓国延世大学のキム・ヒョンミー（Kim Hyun Mee）さんにお世話になった。客員研究員として受け入れていただいたおかげで、フィールドに入り浸る時間を持つことができた。ソウルで支えてくれた長尾有紀さんとパムちゃんには、孤独な生活のなかで温かい助けをいただいた。

大学院への進学準備中、守如子さんには関西大学の図書館利用や有償労働の機会を提供していただき、経済的にも精神的にも支えられた。日本大学の小浜正子さんは、日本学術振興会特別研究員（PD）の受け入れ教員を引き受けてくださっただけでなく、共同研究や研究発表の機会を折に触れて提供してくださった。二〇二二年秋からは、東京大学教養学部附属教養教育高度化機構に新設されたDiversity & Inclusion部門での安定した雇用によって、本書の執筆を進めることができた。同部門の井芹真紀子さんには入職当初から多大なサポートを受け、おかげで苦手意識の強かった駒場キャンパスでの仕事をどうにか始めることができた。

実践女子大学、都留文科大学、早稲田大学、神奈川大学、明治大学、東京大学の授業をとおして、たくさんの学生たちと出会った。授業に対するフィードバックは多いときで毎週五十万字を超えるコメントを読まなければならず、労働としても精神的にも負担は大さかった。しかし、それらをとおしてフェミニズムやクィア・スタディーズを大学で教えることの意味や研究のありかたについて、反省させられたり考え直したりすることができた。とくに東大の演習ゼミと都留文の自主ゼミでは多くの学びを得た。ありがとうございました。

本書は博士論文をベースにしているが、ほとんどすべての文章に手を加え、議論も修正した。キャリアのための「業績づくり」を目的とした出版は、わたしの目指すところではなかった。紀伊國屋書店で約六年働いた経験から、新刊本が大量に出版されては消えていく様子を日常的にみていたため、書店の棚に長く残る本をつくることを目指した。明石書店の赤瀬智彦さんには、出版のご提案を受けてから約二年間にわたり、わたしの要望に根気強く応じていただいた。赤瀬さんの伴走がなければ、本書をこのようなかたちで出版することはかなわなかった。

本書の初稿やその一部について、内田賢さん、戸田凛多郎さん、植松真緒さん、瀬川貴音さん、徳山晶さんに下読みをしていただいた。内田賢さんには長期間にわたり執筆を支えてもらった。細かい仕事も多く、たくさん迷惑をかけたが、愉快で学びに溢れた時間だった。

りふ（郭立夫）、あめ、ふう、ゆん、なぎと過ごした日々は、きびしい日常生活に彩りを与えてくれた。新型コロナのパンデミックによって大学のすべての授業がオンラインへ移行したとき、病と共に生きるふうを抱えながら授業を続けた日々は、苦しく、切なくも、愛おしい思い出として心に残っている。かけがえのない日々をありがとう。きびしい見通ししかないけれど、いつかりふと中国と日本を自由に行き来できる日が訪れることを願っている。

最後に、母である山本秀子さんには、子どものころから一貫して励ましを与えられた。母の人生をとおしてフェミニズムと向き合う機会を得たことに感謝している。

本書は、独立行政法人日本学術振興会の特別研究員（JP16J08328）、研究活動スタート支援（JP23K18828）、公益財団法人松下幸之助記念志財団研究助成（二〇一九年度）の成果である。また、日本学術振興会若手研究者海外挑戦プログラムにより、台湾の中央大学に半年間滞在する機会を得た。本書の出版にあたっては公益財団法人りそなアジア・オセアニア財団の助成を受けたことを記し、感謝する。

性的マイノリティに対するバックラッシュが苛烈さを増し、生存そのものが脅かされる現状で、マイノリティを他者化する差別言説に対して、事実にもとづいて批判を積み重ねることは必要だし、重要である。しかし、生が切り詰められて「後退戦」を余儀なくされるなかで、クィアが生きることのできたかもしれないもうひとつの世界――ユン・ヒョンソクの言葉を引用するなら「いつか訪れる解放」――を想像／創造する力を手放したくない。そのために、闘争の足跡を歴史化したいと考えた。

解放を夢みたクィアに、この本を捧げる。

初出一覧

＊本書の一部は以下の既発表論文・論考にもとづいている。ただし、本書に収録するにあたり、大幅な加筆・修正を加えた。

プロローグ

福永玄弥, 2021a,「東アジアのクィア・アクティヴィズム／安全な空間と不適切な身体 ―― ピョン・ヒスさんを追悼して」『出版舎ジグ jig-web 連載」(2021年4月17日取得, https://jig-jig.com/serialization/fukunaga-quaia-activism/fukunaga_extra/)

第一部(第1、2章)

福永玄弥, 2017a,「同性愛の包摂と排除をめぐるポリティクス ―― 台湾の徴兵制を事例に」『Gender and Sexuality』12: 157-182.

福永玄弥, 2022a,「冷戦体制と軍事化されたマスキュリニティ ―― 台湾と韓国の徴兵制を事例に」小浜正子板橋暁子編『東アジアの家族とセクシュアリティ ―― 規範と逸脱』京都大学学術出版会, 21-54.

第二部(第3、4章)

福永玄弥, 2015a,「台湾における性的少数者の社会的包摂と排除」東京大学大学院総合文化研究科国際社会科学専攻修士論文.

福永玄弥, 2017e,「『LGBT フレンドリーな台湾』の誕生」瀬地山角編『ジェンダーとセクシュアリティで見る東アジア』勁草書房, 187-225.

福永玄弥, 2019b,「東アジアのクィア・アクティヴィズム／ソウルのクィアパレードから」『出版舎ジグ jig-web 連載」(2020年12月17日取得, https://jig-jig.com/serialization/fukunaga-quaia-activism/fukunaga01/)

第三部(第5、6章)

福永玄弥, 2017c,「性的少数者の制度への包摂をめぐるポリティクス ―― 台湾のジェンダー平等教育法を事例に」『日本台湾学会報』19: 29-49.

福永玄弥, 2017d,「台湾におけるフェミニズム的性解放運動の展開 ―― 女性運動の主流化と、逸脱的セクシュアリティ主体の連帯」瀬地山角編『ジェンダーとセクシュアリティで見る東アジア』勁草書房, 92-135.

福永玄弥, 2021b,「『毀家・廃婚』から『婚姻平等』へ ―― 台湾における同性婚の法制化と『良き市民』の政治」『ソシオロゴス』45: 39-58.

福永玄弥, 2022b,「フェミニストと保守の奇妙な〈連帯〉 ―― 韓国のトランス排除言説を中心に」『ジェンダー史学』18: 75-85.

終 章

Fukunaga, Genya. 2024. “Queer Politics and Solidarity: Post–Cold War Homonationalism in East Asia”. Kawasaka, Kazuyoshi and Würrer, Stefan (Ed.), *Beyond Diversity: Queer Politics, Activism and Representation in Contemporary Japan*. Dusseldorf University Press. 99-115.

전원재판부, 2011,「군형법 제92조 위헌제청」(2024年3月1日取得, https://www.law.go.kr/LSW/detcInfoP.do?mode=0&detcSeq=15473)
정성윤, 2007,「동성애 사이트 '엑스존' 유해매체물 결정은 정당」, 법률신문뉴스 (2024年3月1日取得, https://www.lawtimes.co.kr/Legal-News/Legal-News-View?serial=29742)
정욜, 2006,「군대 내 동성애자 인권침해 현실과 '병영 내 동성애자 관리지침' 의 문제점: 차별당사자의 입장에서」『군대 내 동성애자 차별 철폐 토론회』4-9.
정희진, 2018,「피해자 정체성의 정치와 페미니즘」『피해와 가해의 페미니즘』교양인.
조남주, 2016,『82년생 김지영』민음사」(斎藤真理子訳, 2018,『82年生まれ、キム・ジヨン』筑摩書房)
조수미, 2019,「퀴어문화축제 공간의 상징과 의례」『한국문화인류학』52(3): 209-272.
조현, 2021,「종교계, 변희수 전 하사 '자살 아닌 사회적 타살', 차별금지법 제정 촉구」한겨레 (2024年3月1日取得, https://www.hani.co.kr/arti/society/religious/985678.html)
진혜민, 2020,「'트랜스젠더' 여성 여대에 가다」여성 신문. (2024年3月1日取得, https://www.womennews.co.kr/news/articleView.html?idxno=196056)
차별금지법제정연대, 2019,「성소수자 차별하고, 성별이분법 강화하는 국가인권위원회법 개악안 발의 규탄 기자회견」, 참여연대 (2024年3月1日取得, https://www.peoplepower21.org/solidarity/1669112)
천주교인권위원회, 2006,「군대 내 동성애자를 이성애자로 전환한다고?」(2024年3月1日取得, http://www.cathrights.or.kr/news/articleView.html?idxno=3165)
최강욱・청맥, 2006,「군대 내 동성애자에 대한 제도적 차별의 법률적 조망」『군대 내 동성애자 차별 철폐 토론회』10-21.
최일권, 2020,「포괄적 차별 금지법의 문제점 (1)」, 대경일보 (2024年3月1日取得, https://www.dkilbo.com/news/articleView.html?idxno=315021)
최하얀・곽재훈, 2017,「스텝 꼬인 문재인, 동성애 발언 해명 진땀」, 프레시안 (2024年3月1日取得, https://www.pressian.com/pages/articles/157052?no=157052#0DKU)
한겨레신문사, 2008,『희망으로 가는 길 —— 한겨레 20년의 역사』한겨레신문사 (川瀬俊治・森類臣訳, 2008,『不屈のハンギョレ新聞 —— 韓国市民が支えた言論民主化20年』現代人文社)
한국동성애자연합, 2003,「'엑스존' 패소 판결에 부쳐」, 정보 인권 (2024年3月1日取得, https://act.jinbo.net/wp/3077/)
한국성폭력상담소, 2006,「군대 내 동성애자 차별법제의 문제점」『군대 내 동성애자 차별 철폐 토론회』28-30.
한국여성의전화, 2015,「제16회 퀴어문화축제의 안전한 개최를 위한 인권・시민사회・정당 긴급 기자회견문」(2024年3月1日取得, http://hotline.or.kr/board_statement/10860?ckattempt=1 該当のページは2024年10月1日時点でアクセス不可)
한국청소년개발원, 2006,『청소년 성소수자의 생활실태조사」(2024年3月1日取得, https://lib.nypi.re.kr/pdfs/2006/31.pdf)
한채윤, 2017,「왜 한국 개신교는 '동성애 혐오'를 필요로 하는가?」정희진 (엮음)『양성평등에 반대한다』교양인, 154-191.
한홍구, 2003,『한홍구의 역사이야기 대한민국사2』한겨레출판사 (高崎宗司監訳, 2005,『韓洪九の韓国現代史 II —— 負の歴史から何を学ぶのか』平凡社)
행동하는성소수자인권연대, 2015,「서울시청광장을 무지갯빛으로!」(2024年3月1日取得, https://lgbtpride.tistory.com/1000)
————, 出版年不明,「활동 원칙과 방향」(2024年3月1日取得, https://lgbtpride.or.kr/xe/vision3)
seogood63, 2013, "차별금지법 OUT!!!!!!!!" 2013.4.6 (2024年3月1日取得, https://www.youtube.com/watch?v=fhr9iNRuSiI)

구』71: 83-117.
————, 2021,「보수적 페미니즘은 '여성'을 구할까?」『문학과 사회』4: 3-60.
김연주・나영정, 2013,「서울학생인권조례 제정운동을 통한 시민권의 재구성」『기억과전망』28: 312-358.
김종철, 2022,「'희망을 꿈꿨던 곳' 타이에서 돌아온 변희수의 군복」한겨레 (2024年3月1日取得, https://www.hani.co.kr/arti/society/rights/1032664.html)
김주환, 2020,「"반대" vs "환대" : 성전환 여대생' 놓고 대학가 공방 지속」, 연합뉴스 (2024年3月1日取得, https://www.yna.co.kr/view/AKR20200204091051004)
김현미, 2018,「난민 포비아와 한국 정치적 정동의 시간성」『황해문화』101: 210-228.
김현철, 2015,「성적 반체제자와 도시공간의 공공성 : 2014 신촌 퀴어퍼레이드를 중심으로」『공간과 사회』25(1): 12-62.
김형남, 2021,「변희수는 왜 그렇게도 군을 믿었나」(2024年3月1日取得, http://m.ohmynews.com/NWS_Web/Mobile/at_pg.aspx?CNTN_CD=A0002727388)
동성애자인권연대・친구사이, 2008,『군대내 성소수자 인권을 위한 병역 지침서』.
루인, 2015,「혐오는 무엇을 하는가 : 트랜스젠더퀴어, 바이섹슈얼 그리고 혐오 아카이브」『여성 혐오가 어쨌다구?』현실문화.
————, 2017,「남성 신체의 근대적 발명」권김현영 (엮음)『한국 남성을 분석한다』교양인, 105-153.
박차민정, 2018,『조선의 퀴어』현실문화.
변성빈, 2020,『신의 딸은 춤을 춘다』(インディー映画につき制作会社なし)
비디오머그, 2020,「[LIVE]'전역 결정' 복무중 성전환 변희수 하사..."끝까지 싸우겠다"」, 비디오머그 (2024年3月1日取得, https://www.youtube.com/watch?v=-oZ43agcnwM)
서울퀴어문화축제조직위원회, 2020,「제21회 서울퀴어문화축제」.
서울특별시의회사무처, 2011년11월24일,「2011년도 행정사무감사 교육위원회회의록」.
————, 2011년12월16일,「제235회서울특별시의회」.
————, 2012년1월13일,「제235회서울특별시의회」.
손희정, 2017,『페미니즘 리부트: 혐오의 시대를 뚫고 나온 목소리들』나무연필.
시우, 2018,『퀴어 아포칼립스 : 사랑과 혐오의 정치학』현실문화.
육우당, 2006,『故육우당 추모집 : 내 혼은 꽃비 되어』동성애자인권연대.
윤상민, 2012,「군형법상 성범죄 규정의 문제점과 개정방향」『圓光法學』28(4): 185-207.
이대학보, 1994,「이대학보불평등한 사회에 도전장 던지며」『군복무 가산점제도』(2024年3月1日取得, https://inews.ewha.ac.kr/news/articleView.html?idxno=8027)
이영, 2015,『불온한 당신』WOM.
이용석, 2021,『병역거부의 질문들 : 군대도, 전쟁도 당연하지 않다』오월의봄 (森田和樹訳, 2023,『兵役拒否の問い —— 韓国における反戦平和運動の経験と思索』以文社)
이해솔=李ヘソル, 1999, 「한국 레즈비언 인권운동사」한국여성의전화연합(엮음)『한국여성인권운동사』한울아카데미 (山下英愛訳, 2004,「韓国レズビアン人権運動史」韓国女性ホットライン連合編『韓国女性人権運動史』明石書店, 455-510)
이현재, 2010,「여성주의적 도시권을 위한 시론: 차이의 권리에서 연대의 권리로」『공간과사회』24: 5-32.
————, 2017,「페미니즘 트러블: 도시 상상계와 편집증적 주체의 탄생」『여/성이론』37: 102-126.
이효민, 2019,『페미니즘 정치학의 급진적 재구성: 한국 'TERF'에 대한 비판적 분석을 중심으로』연세대학교 커뮤니케이션대학원 석사논문.
장병권, 2007,「동성애자 인권 짓밟는 '병영 내 관리지침」, 한겨레 (2024年3月1日取得, https://www.hani.co.kr/arti/opinion/column/247323.html)

【韓国語】

＊著者名가나다라順

강민수, 2017,「동성애가 국방 전력 약화시킨다?」, 한국탐사저널리즘센터（2024年3月1日取得, https://newstapa.org/article/vYu3u）

교육위원회회의록, 2011년 12월 16일,「제235회서울특별시의회」.

국가인권위원회, 2004,『군대내 성폭력 실태조사』.

————, 2003,「동성애자 인권침해 사건」（2024年3月1日取得, https://www.humanrights.go.kr/site/program/board/basicboard/view?&boardtypeid= 24&currentpage=265&menuid=001004002001&pagesize=10&boardid=554570）

————, 2006,「동성애자 사병에 대한 차별과 인격권, 프라이버시권 침해 등에 대해 인권교육 권고」（2024年3月1日取得, https://www.humanrights.go.kr/site/program/board/basicboard/view?&boardtypeid=24&currentpage=271&menuid=001004002001&pagesize=10&boardid=555096）

————, 2020,『트랜스젠더 혐오차별 실태조사』.

국방부, 1965,「국방부령 제104호, 1965. 6. 28」.

————, 1981,「국방부령 제329호, 1980. 12. 31」.

————, 1990,「국방부령 제408호, 1990. 1. 3」.

————, 2004,「국방부령 제556호, 2004. 2. 2」.

————, 2009,「부대관리훈령 제1056호, 2009.5.19」.

————, 2010,「국방부령 제702호, 2010. 2. 17」.

————, 2018,「국방부령 제968호, 2018. 9. 17」.

————, 2020,「부대관리훈령, 제2468호, 2020. 10. 15」.

국제앰네스티, 2019,『침묵 속의 복무 —— 한국 군대의 LGBTI』（2024年3月1日取得, https://amnesty.or.kr/wp-content/uploads/bcp-attach/Serving-in-Silence-Report-Online-final-versionKor.pdf）

국지혜, 2021, Facebook投稿（2021年3月3日）（2024年3月1日取得, https://www.facebook.com/permalink.php?story_fbid=3699812183427924&id=100001975374516 該当のページは2024年10月1日時点でアクセス不可）

군대 내 동성애자 인권침해 사건 진상조사단, 2006,『군대 내 동성애자 차별 철폐 토론회』.

권인숙＝權仁淑, 2005,『대한민국은 군대다 —— 여성학적 시각에서 본 평화, 군사주의, 남성성』청년사（山下英愛訳, 2006,『韓国の軍事文化とジェンダー』御茶の水書房）

김동규, 2011,「동성애자라고 밝히는 순간 군은 지옥이었다」, 한겨레（2024年3月1日取得, http://www.hani.co.kr/arti/politics/defense/498122.html#csidx749fda494aa12ac9da4badf90a440de）

김미향, 2019,「인조인 미하도 폐기한 차별법 : 군형법 92조의6을 묻는다 원문보기」, 한겨레.（2024年3月1日取得, http://www.hani.co.kr/arti/society/society_general/898898.html#csidx5a0e4e2237549db9fe061e976267b1a）

김민경, 2011,「성소수자 차별금지 조항 반대에… 흔들리는 '서울학생인권조례'」한겨레（2024年3月1日取得, https://www.hani.co.kr/arti/society/schooling/506508.html）

김보명, 2018a,「페미니즘의 재부상, 그 경로와 특징들」『경제와사회』118: 99-138.

————, 2018b,「혐오의 정동경제학과 페미니스트 저항」『한국여성학』34(1): 1-31.

————, 2018c,「급진 페미니즘（Radical Feminism）」『여/성이론』39: 158-178.

————, 2020a,「급진 페미니즘의 과거와 현재」『문화과학』104: 73-91.

————, 2020b,「여성 공간과 페미니즘: 트랜스젠더 여성에 대한 배제를 중심으로」『현대문학의 연

王怡蓁, 2018,「前同志郭大衛 —— 同志不是天生, 只是像抽菸很難戒掉」, 上報（2024年3月1日取得, https://www.upmedia.mg/news_info.php?SerialNo=51556）
翁喆裕, 2010,『NastyKids BBS站的同志遊行動員與扮裝策略（2003-2008）』世新大學新聞研究所碩士論文.
吳静如, 2019,「祝你好運 —— 不成家作為一種選擇與擴大連結的起點」想像不家庭陣線『想像不家庭 —— 邁向一個批判的異托邦』蓋亞文化有限公司, 26-30.
吳叡人, 2016,『受困的思想 —— 台灣重返世界』衛城出版（駒込武訳, 2021,『台灣、あるいは孤立無援の島の思想 —— 民主主義とナショナリズムのディレンマを越えて』みすず書房）
想像不家庭陣線, 2019,「不結婚也被保障, 才是真平權！」想像不家庭陣線『想像不家庭 —— 邁向一個批判的異托邦』蓋亞文化有限公司, 221-225.
謝佩娟, 1999,「台北新公園同志運動 —— 情慾主體的社會實踐」臺灣大學建築與城鄉研究所碩士論文.
行政院人權保障推動小組, 2003,『2002年国家人權報告』（2024年3月1日取得, http://www.humanrights.moj.gov.tw/public/Data/210493551854.pdf）
許雯娟, 2007,「臺北非常同志 —— 臺北同玩節作為一種社會運動」臺灣大學建築與城鄉研究所碩士論文.
尤美女, 1999,「民法親屬篇修法運動與台灣婦女人權之發展」『1999台灣女權報告』（2015年10月10日取得, 2024年3月1日現在該当ページ削除済み, http://www.scu.edu.tw/hr/document_imgs/documents/d6_7.htm）
張凱昱, 2018,「為什麼不要同性婚姻專法？」, 風傳媒（2024年3月1日取得, https://www.storm.mg/article/482449?page=1）
趙静・石頭, 2015,『我们在这里』女权之声（福永玄弥訳, 2016,『私たちはここにいる！ —— 北京女性会議と中国レズビアン運動の記録』第10回関西クィア映画祭上映）
趙慶雲, 2018,「『台日友好』的情感政治學」, 苦勞網（2024年3月1日取得, https://www.coolloud.org.tw/node/90219）
鄭鴻生, 2014,「解嚴之前的海外台灣左派初探」賀照田・高士明編『人間思想』1: 230-262.
朱偉誠, 2005,「公民權論述與公民社會在台灣」公民身份與文化歸屬工作坊（台中：東海大學社會學系）學術會議論文.
————, 2008,「同志・台灣 —— 性公民, 國族建構或公民社會」朱偉誠編『批判的性政治：台灣性／別與同志讀本』台灣社會研究雜誌社, 413-438.
————, 2009,「性別主流化之後的台灣性／別與同志運動」『台灣社會研究季刊』74: 419-24.

同志手冊』1.
────, 2004,「小小的種子, 散播與耕耘」台北市政府民政局『台北2004同志公民運動：認識同志手冊』1.
倪家珍, 1997,「九零年代同性戀論述與運動主體在台灣」何春蕤編『性／別研究的新視野：第一屆四性研討會論文集（上）』元尊文化, 125-148.
甯應斌, 2008,「同性戀／性工作的生命共同體 ── 理論的與現實的連帶」朱偉誠編『批判的性政治 ── 台灣性／別與同志讀本』台灣社會研究雜誌社, 341-381.
────, 2012,「台灣性解放運動十年回顧 ── 試論」何春蕤編『轉眼歷史 ── 兩岸三地性運回顧』國立中央大學性／別研究所, 365-393.
────, 2017,『現代性：文化研究 ── 應用哲學的取向』國立中央大學性／別研究室.
司法院大法官, 2017,「釈字第748号解釈［同性二人婚姻自由案］」（2024年3月1日取得, https://cons.judicial.gov.tw/jcc/zh-tw/jep03/show?expno=748）
蘇龍麒, 2020,「同運女神立院畢業 尤美女重回民間」, 中央通訊社（2024年3月1日取得, https://www.cna.com.tw/news/firstnews/202001200110.aspx）
蘇芊玲, 2001,「両性平等教育的回顧與前瞻」『両性平等教育季刊』14: 13-18.
台北市政府, 2015,「台北市政府1040724解釈憲法聲請書」, 司法院大法官（2024年3月1日取得, https://cons.judicial.gov.tw/jcc/zh-tw/jep03/show?expno=748）
臺北市政府兵役局, 2017,「針對疑似性別認同不一致役男參加徵兵檢查流程處理之探討」（2024年3月1日取得, https://www.gender.ey.gov.tw/gecdb/Stat_AnalysisReport_Content.aspx?s=9neCnt7Eo1kP8GjbdsB8Xg%40%40）
臺北高等行政法院, 2021,「臺北高等行政法院新聞稿」（2024年3月1日取得, https://tpb.judicial.gov.tw/tw/dl-75304-a88b76711faa4fd89c806f49a92fff05.html）
台灣伴侶權益推動聯盟, 2013a,「伴侶盟凱道千人伴桌 多元家庭新人『照』過來」, 苦労網（2024年3月1日取得, https://www.coolloud.org.tw/node/75523）
────, 2013b,「家屬制度」, 台灣伴侶權益推動聯盟（2024年3月1日取得, https://tapcpr.org/freedom-to-marry/draft-intro/multiple-personfamilies）
台灣國際酷兒影展, 2015,「第二屆台灣國際酷兒影展合作提案」（2015年10月11日取得, 2024年3月1日現在該当ページ削除済み, http://web.cm.mcu.edu.tw/sites/default/files/u3/2015/document/TIQFF%E4%BB%8B%E7%B4%B9.pdf）
台灣同志遊行聯盟, 2014,「擁抱性／別・認同差異 Walk in Queers' Shoes」, 台灣同志遊行（2024年3月1日取得, http://twpride.org/twp/?q=node/133）
────, 2019,「本屆主題」, 台灣同志遊行（2020年1月1日取得, 2024年3月1日現在該当ページ削除済み, https://www.taiwanpride.lgbt/）
台灣性別平等教育協會, 2006a,「六年後的遲來正義！── 葉永鋕案件更二審宣判」（2024年3月1日取得, https://enews.url.com.tw/enews/40296）
────, 2006b,『擁抱玫瑰少年』女書文化事業有限公司.
台灣性別不明関懐協會, 2013,「兩公約盟兩公約總檢討 ── 各部會比一比一 ── 民間團體公布兩公約四週年檢討報告」（2024年3月1日取得, http://www.istscare.org/2013/12/13/161/）
────, 2014,「CEDAW 影子報告：跨性別者、陰陽人及性別不明者 在性別登記及性別平等議題」（2024年3月1日取得, http://www.istscare.org/wp-content/uploads/2014/05/ISTScare_shadow_report_2014_chinese.pdf）
王蘋, 2013,「從個人實踐看台灣性／別運動的轉進與衝突」何春蕤編『轉眼歷史 ── 兩岸三地性運回顧』國立中央大學性／別研究所, 305-334.

————, 2002,「同志新聞通訊社『性權是人權』專題」, 台灣性別人權協會（2024年3月1日取得, http://gsrat.net/news/newsclipDetail.php?ncdata_id=1586）
————, 2017,『性別治理』國立中央大學性／別研究室.
洪慧玲, 2007,「性別平等教育法形成之論述分析」台灣師範大学教育学系碩士論文.
黃道明, 2008,「台灣公權力的性部署」北京師範大學「台灣性／別權力的浮現」演講（2024年3月1日取得, http://www.coolloud.org.tw/node/65791）
————, 2012a,「紅絲帶主流化 —— 台灣愛滋NGO防治文化與性治理」黃道明編『愛滋治理與在地行動』國立中央大學性／別研究室, 85-144.
————, 2012b,『酷兒政治與台灣現代「性」』中央大學出版中心.
————, 2016,「『性』病毒的保安政略 —— 愛滋列管產業與治療公民權」何春蕤・甯應斌編『性／別2.0』國立中央大學性／別研究室, 153-184.
黃囇莉, 1998,「両性平等教育問與答」『両性平等教育季刊』3: 139-143.
黃亦宏, 2019,「人貓爽爽跨物種成家？婚嫁制度的再思考」想像不家庭陣線『想像不家庭 —— 邁向一個批判的異托邦』蓋亞文化有限公司, 284-287.
婚姻平權大平台, 2018,「反同謠言漫天飛！同婚公投已進入『宣傳戰』警報！」, 苦勞網（2024年3月1日取得, https://www.coolloud.org.tw/node/91817）
紀大偉, 2010,「缺了同志人權 不算完整民主」『中國時報』2010年10月28日.
教育部, 2001,『「両性平等教育法草案」研擬計画期末報告』教育部.
教育部統計處, 2023,「疑似校園性侵害、性騷擾及性霸凌通報件數統計」.
金蘭醬油, 2018,『幸福百搭的滋味』, YouTube（2024年3月1日取得, https://www.youtube.com/watch?v=a0Gjf5m44Rk&feature=emb_title）
卡維波, 2018,「粉飾與同性戀民族主義之後 —— 以夷制夷下的知識生產」『台灣社會研究季刊』111: 231-248.
喀飛, 2011,「[歷史紀錄]2000年9月台灣保守教會反對台北同玩節 原始文件與相關報導」『彩虹夜總會：同志運動的歷史紀錄』（2015年1月11日取得, 2024年3月1日現在該当ページ削除済み, http://blog.yam.com/gofyycat/article/40813151）
跨性別倡議站, 2014,「台灣跨性別人士權益CEDAW公約影子報告」（2024年3月1日取得, http://www.cedaw.org.tw/tw/en-global/download/downloadFile/81）
賴鈺麟, 2003,「台灣性傾向歧視之現狀」『兩性平等教育季刊』23: 14-21.
賴正哲, 1998,「在公司上班 —— 新公園作為男同志演出地景之研究」淡江大學建築學系碩士論文.
李秉芳, 2016,「護家盟 —— 同志運動背後鼓励的是性解放意識形態」, Yahoo! 新聞（2024年3月1日取得, https://tw.news.yahoo.com/-045910890.html）
————, 2020,「擴大兵源？國防部預告加嚴『免役標準』」, The New Lens（2024年3月1日取得, https://www.thenewslens.com/article/143801）
立法院, 1994,「立法院第2届第3会期第4次会議議案関係文書」.
————, 2004,「立法院公報」第93巻第33期.
————, 2009,「立法院第7届第4會期第6次會議議案關係文書」.
李書璇, 2016,「抗議柯市府視而不見 日日春要求成立性交易專區」民報／歷史回顧（2024年3月1日取得, https://www.peoplemedia.tw/news/2fbcac83-f960-4796-a738-f45cf0172c1a）
林芳玫, 1998,「當代台灣婦運的認同政治 —— 以公娼存廢爭議為例」『中外文學』27(1): 56-87.
林賢修, 2002,「身不由已的美國經驗」莊慧秋編『揚起彩虹旗』心靈工房, 122-130.
馬英九, 2001,「多元的性別文化、友善的國際大城」台北市政府民政局『台北2001同志公民運動：認識

【中国語】

＊中国語文献は読者の便宜に配慮し、台湾著者名も含めて漢語拼音順に記載した。簡体字と繁体字の別は原著の表記に従った。

白先勇, 1983,『孽子』台北：遠景出版社（陳正醍訳, 2006,『孽子』国書刊行会）
畢恆達, 2000a,「座談記録」『両性平等教育季刊』12: 59-90.
————, 2000b,「從両性平等到性別平等」『両性平等教育季刊』13: 125-132.
蔡英文, 2015,「我是蔡英文, 我支持婚姻平權」（2024年3月1日取得, https://www.facebook.com/tsaiingwen/videos/10152991551061065/）
陳光興, 2006,『去帝國 —— 亞洲作為方法』行人（丸川哲史訳, 2011,『脱帝国 —— 方法としてのアジア』以文社）
陳恵馨, 2001a,「教育部『兩性平等教育法草案』的立法與內容」『兩性平等教育季刊』(14): 25-33.
————. 2001b,「教育部『兩性平等教育法草案』的立法過程與內容」教育部『「両性平等教育法草案」研擬計畫期末報告』14-21.
————. 2005a,「性別平等教育法 —— 台灣性別教育之継往與開来」『性別平等教育季刊』(30): 115-129.
————. 2005b,「性別主流化與國家發展」『總統府公報第6660號』.
————. 2006,「葉永鋕案與性別的關係 —— 一個法律人的觀點」台灣性別平等教育協會編『擁抱玫瑰少年』女書文化事業有限公司, 60-69.
陳佩甄, 2013,「現代『性』與帝國『愛』—— 台韓殖民時期同性愛再現」『臺灣文學學報』23: 101-136.
————, 2018,「反共意識形態與性政治 —— 1950-1960年代台韓社會中的他者們」『台灣學誌』8: 21-42.
陳水扁, 2000,「中華民國第十任總統、副總統就職慶祝大會」, 中華民國總統府（2024年3月1日取得, http://www.president.gov.tw/Default.aspx?tabid=131&itemid=7542）
陳逸婷, 2019,「酷兒毀家, 從位置出發」想像不家庭陣線『想像不家庭 —— 邁向一個批判的異托邦』蓋亞文化有限公司, 26-30.
丁乃非, 2003,「娼妓, 寄生蟲, 與國家女性主義之『家』」何春蕤編『性工作』國立中央大學性／別研究室, 373-395.
————, 2008,「家庭與婚姻的女『性』主義政治」北京師範大學「台灣性／別權利的浮現」演講.
官曉薇, 2019,「台灣民主化以後同志人權保障之變遷 —— 法律與社會運動的觀點」『中研院法學期刊』551-615.
郭玉潔, 2012,「台北, 被同性戀佔領的城市」, 紐約時報中文網（2024年3月1日取得, http://cn.nytimes.com/culture/20121210/cc10taiwanletter/zh-hant/）
郝龍斌, 2010,『擁抱青春夢, 共賞彩虹花』台北市政府民政局『台北2010同志公民運動 — 認識同志手冊』, 4-5.
何春蕤, 1993,「誰來關懷同性戀人權」性／別研究室（2024年3月1日取得, https://sex.ncu.edu.tw/jo_article/1993/12/%E8%AA%B0%E4%BE%86%E9%97%9C%E6%87%B7%E5%90%8C%E6%80%A7%E6%88%80%E4%BA%BA%E6%AC%8A%EF%BC%88%E7%99%BC%E8%A8%80%E7%A8%BF%EF%BC%89/）
————, 1996,「同性戀與狗不得進入」, 國立中央大學（2024年3月1日取得, http://sex.ncu.edu.tw/members/Ho/Hlist_05.htm）
————, 1998,「性／別教育中之偏見」『両性平等教育季刊』3: 68-73.
————, 1999,「婦女運動・女同性戀・性解放（完整正確版）」, 性／別研究室・國際邊緣（2024年3月1日取得, http://sex.ncu.edu.tw/members/Ho/H233.htm）
————, 2002,「同志新聞通訊社『性權是人權』專題」, 台灣性別人權協會（2024年3月1日取得,

United Nations, 1995, "National Human Rights Institutions: A Handbook on the Establishment and Strengthening of National Institutions for the Promotion and Protection of Human Rights," Centre for Human Rights Geneva.（Retrieved March 1, 2024, https://www.ohchr.org/Documents/Publications/training4en.pdf）

W

若林正丈, 1996,「台湾・韓国の政治体制と民主化 ―― 相違点対比の試み」服部民夫・佐藤幸人編『韓国・台湾の発展メカニズム』アジア経済研究所, 219-242.

――――, 2008,『台湾の政治 ―― 中華民国台湾化の戦後史』東京大学出版会.

Wade, Robert, 1993, "Managing Trade: Taiwan and South Korea as Challenges to Economics and Political Science," *Comparative Politics*, 25(2): 147-167.

Y

山口智美, 2012,「地方からのフェミニズム批判 ―― 宇部市男女共同参画推進条例と『日本時事評論』」山口智美・斉藤正美・荻上チキ編,『社会運動の戸惑い ―― フェミニズムの「失われた時代」と草の根保守運動』勁草書房, 49-105.

柳淳也, 2023,「NPOのミッション・ドリフトに抵抗する周縁化された主体 ―― LGBTQプライドパレード組織の事例分析」『組織科学』56(3) 18-31.

山崎直也, 2002,「台湾における教育改革と『教育本土化』(indigenization of education) ―― 『国家認同』(national identity) と公教育をめぐる政治」『国際教育』8: 22-43.

Yoneyama Lisa, 2016, *Cold War Ruins: Transpacific Critique of American Justice and Japanese War Crime*, Durham, and London: Duke University Press.

米山リサ, 2003,『暴力・戦争・リドレス ―― 多文化主義のポリティクス』岩波書店.

夜のそら, 2020,「お茶の水大学と杉田水脈 ―― LGB (T) の2018年」, 2020年12月20日（2024年3月1日取得, https://note.com/asexualnight/n/n67ce635bd72a）

吉川貴恵, 2015,「韓国における戸主制度廃止と家族法改正 ―― 女性運動の観点をふまえて」『立命館法政論集』13: 112-149.

吉見義明, 2019,『買春する帝国 ―― 日本軍「慰安婦」問題の基底』岩波書店.

尤美女《ヨウ・メイニュウ》, 2019,「台湾における婚姻平等化への道」鈴木賢・梁鎮輝訳,『日本台湾学会報』21: 82-96.

柳姃希《ユウ・ジョンヒ》, 2023,『あいまい化する〈当事者〉たち ―― 韓国セクシュアル・マイノリティ運動から考えるコミュニティの未来』春風社.

柳東烈《ユ・ドンヨル》, n.d.,「従北左派勢力の問題点」, 在日本大韓民国民団（2024年3月1日取得, https://www.mindan.org/old/front/jijitaronDetail1164.html?sisaid=115）

遊間和子, 2001,「ブロードバンドで日本を凌駕する韓国」, 国際社会経済研究所（2024年3月1日取得, https://www.i-ise.com/jp/lecture/lect_2001.pdf）

尹載善《ユン・ジェソン》, 2004,『韓国の軍隊 ―― 徴兵制は社会に何をもたらしているか』中央公論新社.

Z

張紹鐸（Zhang Shaoduo）, 2006,「国連における中国代表権問題 ―― 米・台・中の対アフリカ外交を事例に（1962～1965）」『北東アジア研究』11: 63-83.

ボープライド（2024年3月1日取得, https://trponline.trparchives.com/magazine/columnessay/15535/）
————, 2020,「日本のLGBT+と婚姻平等化という課題」『Over』2: 30-40.
————, 2022,「（第4回）台湾法 —— ポスト同性婚時代の論点移行」, Web日本評論（2024年3月1日取得, https://www.web-nippyo.jp/26164/）
鈴木みのり, 2020,「わたしの声の複数性 —— トランスジェンダー女性の生／性の可能性を探って」『新潮』117(3): 201-212.
SWASH編, 2018,『セックスワーク・スタディーズ —— 当事者視点で考える性と労働』日本評論社.

T

田上智宜, 2020,「多文化主義」若林正丈・家永真幸編『台湾研究入門』東京大学出版会, 235-244.
台湾光華雑誌, 2002,「女性たちの空が広がった —— 男女就業平等法の施行」（2015年11月1日取得, 2024年3月1日現在該当ページ削除済み, http://www.taiwan-panorama.com/jp/show_issue.php?id=200249104038J.TXT&table=4&cur_page=3&distype=）
髙内悠貴, 2015,「『従軍する権利』をめぐるダブルバインド —— 1970年代アメリカ合衆国におけるゲイ解放運動とベトナム反戦運動」『Gender and Sexuality』10: 5-32.
————, 2019,「同性愛の発見と発明 —— 米軍におけるセクシュアリティの歴史」菊池夏野・堀江有里・飯野由里子編『クィア・スタディーズをひらく1 —— アイデンティティ、コミュニティ、スペース』晃洋書房, 197-201.
竹村和子, 2024,『フェミニズム』岩波書店.
————, 2002,『愛について —— アイデンティティと欲望の政治学』岩波書店.
————, 2009,「身体的性差という虚構」天野正子ほか編『新編日本のフェミニズム2 —— フェミニズム理論』岩波書店, 274-280.
————, 2013,「『資本主義社会はもはや異性愛主義を必要としていない』のか —— 『同一性の原理』をめぐってバトラーとフレイザーが言わなかったこと」『境界を攪乱する —— 性・生・暴力』岩波書店, 3-42.
田中俊之, 2009,『男性学の新展開』青弓社.
谷口洋幸, 2015,「『同性愛』と国際人権」三成美保編『同性愛をめぐる歴史と法 —— 尊厳としてのセクシュアリティ』明石書店.
テッサ・モーリス－スズキ, 2009,「液状化する地域研究 —— 移動のなかの北東アジア」『多言語多文化 —— 実践と研究』2: 4-25.
徳田匡, 2021,「〈沖縄学〉の認識論的条件 —— 歴史・統治・帝国」東京大学大学院総合文化研究科国際社会科学専攻博士論文.
東京レインボーウィーク, 2014,『WHO! Magazine』.
東京レインボープライド, 2017,『BEYOND: Tokyo Rainbow Pride Official Magazine』3.
————, 2023,「出展者ブースリスト」（2024年3月1日取得, https://tokyorainbowpride.com/booth/category/）

U

植田啓嗣, 2016,「韓国・京畿道における地方教育行政主導の改革 —— 教育監のリーダーシップによる革新学校政策」『日本教育行政学会創立50周年記念』161-167.
上野千鶴子, 1998(2012),『（新版）ナショナリズムとジェンダー』岩波書店.
動くゲイとレズビアンの会, 2001,「同性愛者にかかわる公権力による人権侵害事例」『人権フォーラム21』（2024年3月1日取得, https://www.jca.apc.org/jhrf21/Campaign/20010321E.html）

ローゼットの認識論――セクシュアリティの20世紀』青土社）
沈秀華, 2019,「婚姻平等化における台湾女性運動の貢献」鈴木賢・梁鎮輝訳『日本台湾学会報』21: 97-107.
椎野信雄, 2017,「Homosexualityをめぐって――ホモセクシュアルが病気でなくなるまで」『文教大学国際学部紀要』27(2): 39-47.
清水晶子, 2013,「『ちゃんと正しい方向に向かってる』――クィア・ポリティクスの現在」三浦玲一・早坂静編『ジェンダーと「自由」――理論、リベラリズム、クィア』彩流社, 313-331.
――――, 2015,「ようこそ、ゲイ・フレンドリーな街へ――スペースとセクシュアル・マイノリティ」『現代思想』43(16): 144-155.
――――, 2021,「トランスナショナルな運動としてのトランスフォビア」立命館大学国際言語文化研究所講演, 2021年12月18日.
――――, 2022,「スーパー・グルーによる一点共闘――反ジェンダー運動とトランス排除」高井ゆと里訳,『トランスジェンダー問題――議論は正義のために』明石書店, 381-389.
Shimizu, Akiko, 2020, "'Imported' Feminism and 'Indigenous' Queerness: From Backlash to Transphobic Feminism in Transnational Japanese Context,"『ジェンダー研究』23: 89-104.
Shin Layoung, 2020, "Avoiding T'ibu (Obvious Butchness): Invisibility as a Survival Strategy among Young Queer Women in South Korea," Todd A. Henry (ed), *Queer Korea*, Duke University, 295-322.
申鉉旿, 2012,「韓国における良心的兵役拒否に関する考察――憲法裁判所の決定と国連諸機関における議論を中心に」『立命館国際研究』25(1): 289-320.
申琪榮, 2013,「ジェンダー政策の形成過程――理論的考察と韓国の事例」『国際ジェンダー学会誌』11: 35-58.
――――, 2015,「『ジェンダー主流化』の理論と実践」『ジェンダー研究』18: 1-6.
――――, 2020,「韓国の#MeToo運動と女性運動」生活経済政策研究所主催講演『社会運動の再生にむけて――韓国の市民・女性・労働運動から学ぶVol.1』.
申先雨, 2002,「韓国『国家人権委員会法』の成立と施行経過」『獨協法学』59: 81-115.
新ヶ江章友, 2021,「ダイバーシティ推進とLGBT／SOGIのゆくえ――市場化される社会運動」岩渕功一編『多様性との対話――ダイバーシティ推進が見えなくするもの」青弓社, 36-58.
慎改康之, 2019,『ミシェル・フーコー――自己から脱け出すための哲学』岩波書店.
白井京, 2005,「韓国の女性関連法制――男女平等の実現に向けて」『外国の立法』26: 103-132.
徐台教《ソ・テギョ》, 2021,「65%が差別を経験…韓国で過去最大の『トランスジェンダー嫌悪差別』調査結果が発表」, YAHOO!JAPANニュース（2024年3月1日取得, https://news.yahoo.co.jp/expert/articles/21ae916a0a1c9a1d7870c8427a288991f7c319e1）
宋連玉, 2013,「ジェンダーの視点から見た韓国民主化」『ジェンダー史学』9: 5-22.
ソウル特別市教育庁, 2018,『学生が市民になる時――ソウル学生人権条例が変えた私たちの学校』ソウル特別市教育庁刊行物.
Spivak, Gayatri Chakravorty, 1999, *A Critique of Postcolonial Reason: Towards a History of the Vanishing Present*. Cambridge, Massachusetts: Harvard UP.（上村忠男訳, 2003,『ポストコロニアル理性批判――消え去りゆく現在の歴史のために』月曜社）
Stryker, Susan, 2017, *Transgender history: The roots of today's revolution*, New York: Seal Press.
杉浦郁子・前川直哉, 2022,『「地方」と性的マイノリティ――東北6県のインタビューから』青弓社.
鈴木賢, 2019a,「台湾の同性婚法制から何を学ぶか第2回――同性婚法の成立と法のあらまし」, 東京レインボープライド（2024年3月1日取得, https://trponline.trparchives.com/magazine/columnessay/15241/）
――――, 2019b,「台湾の同性婚法制から何を学ぶか第4回――国民投票での大敗北」, 東京レイン

and Ben Vincent eds., *TERF Wars: Feminism and the fight for transgender futures*, London: SAGE, 3–24.

Puar, Jasbir, 2007, *Terrorist Assemblages: Homonationalism in Queer times*, Durham: Duke University Press.

————, 2017, "Homonationalism as Assemblage: Viral Travels, Affective Sexualities," Oishik, Sicar and Dipika, Jain eds., *New Intimacies, Old Desires: Law, Culture and Queer Politics in Neoliberal Times*, New Delhi: Cuban Publishers, 50-70.

Q

邱淑芬, 2008,「ジェンダー・イクォリティ教育法」横山政子訳, 台湾女性史入門編纂委員会編『台湾女性史入門』人文書院, 52-53.

R

Ross, J. Loretta and Solinger, Rickie eds., 2017, *Reproductive Justice: An Introduction*, University of California Press.

Rubin, Gayle, 1982, "Thinking Sex: Notes for a Radical Theory of the Politics of Sexuality," Carol S. Vance ed., *Pleasure and Danger: Exploring Female Sexuality*, London: Routledge & Kegan, 143-178.

S

佐伯順子, 1998,『「色」と「愛」の比較文化史』岩波書店.

蔡秀卿, 2020,「台湾における公民投票制度とその実態 ── 国政レベルを中心に」『政策科学』27(4): 267-285.

斉藤正美・山口智美, 2012,「『性的指向』をめぐって ── 宮崎県都城市の条例づくりと『世界日報』」山口智美・斉藤正美・荻上チキ編『社会運動の戸惑い ── フェミニズムの「失われた時代」と草の根保守運動』勁草書房, 147-200.

佐々木正徳, 2013,「代替服務という生き方 ── 韓国の男性性と兵役の多様性」『長崎外大論叢』17: 93-104.

————, 2014,「軍事文化からみる韓国のジェンダー秩序 ── 補充役のポジションに着目して」『長崎外大論叢』18: 137–148.

笹野美佐恵, 2023,「韓国社会におけるジェンダー革命と少子化 ── 世界最低出生率の背後で何が起こっているのか」『人口問題研究』79(2): 107-132.

Sassen, Saskia, 2001, *The Global City: New York, London, Tokyo*, New Jersey: Princeton University Press.（伊豫谷登士翁監訳、大井由紀・高橋華生子訳, 2008,『グローバル・シティ ── ニューヨーク・ロンドン・東京から世界を読む』筑摩書房）

佐藤和美, 2007,「民進党政権の『人権外交』── 逆境の中のソフトパワー外交の試み」『日本台湾学会報』9: 131-153.

佐藤文香, 2004,『軍事組織とジェンダー ── 自衛隊の女性たち』慶應義塾大学出版会.

————, 2022,『女性兵士という難問 ── ジェンダーから問う戦争・軍隊の社会学』慶應義塾大学出版会.

Scott, Joan Wallach, [1988]2018, *Gender and the Politics of History: thirtieth anniversary edition*, New York: Columbia University Press.（荻野美穂訳, 2022,『ジェンダーと歴史学（30周年版）』平凡社）

瀬地山角, 1996,『東アジアの家父長制 ── ジェンダーの比較社会学』勁草書房.

瀬地山角編, 2017,『ジェンダーとセクシュアリティで見る東アジア』勁草書房.

Sedgwick, Eve Kosofsky, 1985, *Between Men: English Literature and Male Homosocial Desire*, New York: Columbia University Press.（上原早苗・亀澤美由紀訳, 2001,『男同士の絆 ── イギリス文学とホモソーシャルな欲望』名古屋大学出版会）

————, 1990, *Epistemology of the Closet*, California: University of California Press.（外岡尚美訳, 1999,『ク

YAHOO! Japanニュース（2024年3月1日取得, https://news.yahoo.co.jp/expert/articles/b3af2ac0da712abc419f93c4acca36715d2ffb73）

McCausland, Elly, 2019, "'Something which every boy can learn': accessible knightly masculinities in children's Arthuriana, 1903–11," Brown, Michael, Maria Barry & Begiato, Joanne eds., *Martial masculinities: Experiencing and imagining the military in the long nineteenth century*, Manchester: Manchester University Press, 214-231.

三澤真美恵, 2009,「米国広報文化交流局（USIS）と台湾『自由』映画陣営の形成」貴志俊彦・土屋由香編『文化冷戦の時代 ── アメリカとアジア』国際書院, 95-118.

森宣雄, 2001,『台湾／日本 ── 連鎖するコロニアリズム』インパクト出版会.

森類臣, 2012,「『ハンギョレ新聞』創刊における国民株方式の分析」『コリア研究』3: 121-134.

————, 2013,「言論民主化運動からハンギョレ新聞へ ── 韓国ジャーナリズムの変動過程に関する一考察」同志社大学大学院社会学研究科メディア学専攻博士論文.

森山至貴, 2017,『LGBTを読みとく ── クィア・スタディーズ入門』筑摩書房.

文京洙《ムン・ギョンス》, 2015,『新・韓国現代史』岩波書店.

N

中川昌郎, 1998,『中国と台湾 ── 統一交渉か、実務交流か』中央公論社.

Nash C. Jennifer, 2019, *Black Feminism Reimagined After Intersectionality.* Duke University Press.

西村一之, 2009,「中華文化復興運動」長谷川啓之監修『現代アジア事典』文眞堂, 711.

O

小熊英二, 1998,『〈日本人〉の境界 ── 沖縄・アイヌ・台湾・朝鮮　植民地支配から復帰運動まで』新曜社.

————, 2002,『〈民主〉と〈愛国〉 ── 戦後日本のナショナリズムと公共性』新曜社.

————, 2012,『社会を変えるには』講談社.

————, [2012]2014,「国際環境とナショナリズム ──『フォーマット化』と擬似冷戦体制」小熊英二編『平成史 増補新版』河出書房新社, 499-577.

OHCHR, 2007, "What is transitional justice?,"（Retrieved March 1, 2024, https://nepal.ohchr.org/en/resources/publications/TJ%20brochure_E.pdf）

岡真理, 2000,『彼女の「正しい」名前とは何か ── 第三世界フェミニズムの思想』青土社.

岡本正明, 2021,「反LGBT運動化するインドネシアの精神医学」日下渉・伊賀司・青山薫・田村慶子編『東南アジアと「LGBT」の政治 ── 性的少数者をめぐって何が争われているのか』明石書店, 86-110.

小野直子, 2019,「イスラエルの戦争犯罪に共犯する東京レインボープライドとわたしたち」菊池夏野・堀江有里・飯野由里子編『クィア・スタディーズをひらく1 ── アイデンティティ、コミュニティ、スペース』晃洋書房, 102-109.

翁岳生, 2011,「司法院大法官の解釈と台湾の民主政治・法治主義の発展」林成蔚・坂口一成訳『日本台湾学会報』13: 135-159.

P

Patton, Cindy., 2002, "The Globalization of 'Alterity' in Emerging Democracies," Arnaldo Cruz-Malave and Martin F. Manalansan eds., *Queer Globalizations: Citizenship and the Afterlife of Colonialism*, New York: NYU Press, 195-218.

Pearce, Ruth, Erikainen Sonja, and Vincent, Ben, 2020, "TERF Wars: An Introduction," Pearce, Ruth, Sonja Erikainen,

洪郁如, 2001,『近代台湾女性史 ―― 日本の植民地統治と「新女性」の誕生』勁草書房.
――――, 2010,「台湾のフェモクラットとジェンダー主流化」野村鮎子・成田静香編『台湾女性研究の挑戦』人文書院, 109-126.
Ku, Eric, 2020, "'Waiting for my red envelope': discourse of sameness in the linguistic landscape of a marriage equality demonstration in Taiwan," *Critical Discourse Studies*, 17(2): 156-174.
熊本理抄, 2020,『被差別部落女性の主体性形成に関する研究』解放出版社.
倉橋耕平, 2018,『歴史修正主義とサブカルチャー ―― 90年代保守言説のメディア文化』青弓社.
倉元綾子, 2011,「韓国における『健康家庭基本法』(2003年)の成立と展開」『家政学原論研究』45: 2-8.
葛原千景, 2023,「ディトランスVSトランスジェンダーを再考する ―― 未来を不均衡に脆弱にする『正常な発達』に抗して」『Phantastopia』2: 268-285(2024年3月1日取得, https://phantastopia.com/2/rethinking-detrans/)
許秀雯, 2015,「台湾 ―― 多様な家族形成運動」小川富之『2015年度・福岡大学法科大学院・国際シンポジウム ―― アジアにおける同性婚に対する法的対応』868-882.

L

Laville, Helen, 2002, *Cold War Women: The International Activities of American Women's Organizations*, Manchester: Manchester University Press.
李玉璽, 2013,「台湾の大学課程におけるジェンダー法学教育の実践と問題点」(杉本史子訳)『立命館法学』2: 291-317.
李知淵, 2011,「韓国における『家族計画事業』と近代家族の成立 ―― 1960-70年代における『家族計画オモニ会』を中心に」『家族関係学』30: 167-178.
李麗華, 2007,「韓国における『性売買防止法』制定運動をめぐるジェンダー・ポリティクス」『人間文化創成科学論叢』10: 319-327.
Liu, Wen and Zhang, Charlie Yi, 2022, "Homonationalism as a Site of Contestation and Transformation: On Queer Subjectivities and Homotransnationalism across Sinophone Societies," Sifaki, Angeliki, Quinan, C.L. and Lončarević, Katarina eds., *Homonationalism, Femonationalism and Ablenationalism*, London: Routledge, 48-65.
Lefebvre, Henri, [1968]2009, *Le Droit à la ville, Éditions, Anthropos*, Paris: Anthropos.(森本和夫訳, 2011,『都市への権利』筑摩書房)

M

前川直哉, 2017,『〈男性同性愛者〉の社会史 ―― アイデンティティの受容/クローゼットへの解放』作品社.
牧野雅子, 2023,「フェミサイド」『ジェンダー史学』19: 63-67.
Massad, Joseph, 2015, *Islam in Liberalism*, Chicago and London: The University of Chicago Press.
松田英亮, 2023,『台湾ホモナショナリズム ――「誇らしい」同性婚と「よいクィア」をめぐる22人の語り』花伝社.
松田康博, 2005,「中台の軍事バランス ―― 中台の安全保障戦略に与える影響」『日本台湾学会報』7: 69-89.
松岡宗嗣, 2021,『あいつゲイだって ―― アウティングはなぜ問題なのか?』柏書房.
――――, 2022,「『同性愛は依存症』『LGBTの自殺は本人のせい』自民党議連で配布」, YAHOO! JAPANニュース(2024年3月1日取得, https://news.yahoo.co.jp/expert/articles/4d75c4cfabdf6554fc8be391287003fa76396c3e)
――――, 2023,「LGBT理解増進法が成立。『多様な性』尊重の流れを止めないためにできること」,

大会報告」『アジア経済』49(3): 55-67.
金戸幸子, 2005,「台湾の『両性工作平等法』成立過程に関する国際社会学的考察 —— 多様化社会建設に向けた国家戦略としてのジェンダー主流化をめぐって」『日本台湾学会報』7: 18-43.
川坂和義, 2009,「セクシュアリテイ診断家としてのミシェル・フーコーとセクシュアリティ研究の対抗言説」『Gender and Sexuality』4: 39-60.
————, 2013,「アメリカ化されるLGBTの人権 ——「ゲイの権利は人権である」演説と〈進歩〉というナラティヴ」『Gender and Sexuality』8: 5-28.
Kennedy, Dane, 2016, *Decolonization: A Very Short Introduction*, Oxford: Oxford University Press.（長田紀之訳, 2023,『脱植民地化 —— 帝国・暴力・国民国家の世界史』白水社）
キース・ヴィンセント・風間孝・河口和也, 1997,『ゲイ・スタディーズ』青土社.
Kim, Hayam and Heo, Uk, 2017, "Comparative Analysis of Economic Development in South Korea and Taiwan: Lessons for Other Developing Countries," *Asian Perspective*, 41(1): 17-41.
Kim, Hyun Mee, 2001, "Work, nation and hypermasculinity: the 'woman' question in the economic miracle and crisis in South Korea," *Inter-Asia Cultural Studies*, 2(1): 53-68.
Kim, Nami, 2016, *The Gendered Politics of the Korean Protestant Right*, London: Palgrave Macmillan.
木宮正史, 1996,「ベトナム戦争とベトナム特需」服部民夫・佐藤幸人編『韓国・台湾の発展メカニズム』アジア経済研究所, 243-267.
————, 2006,「朝鮮半島冷戦の展開 —— グローバル冷戦との『乖離』、同盟内政治との連携」『アジア研究』52(2): 16-25.
————, 2018,『ナショナリズムから見た韓国・北朝鮮近現代史』講談社.
金麗實, 2009,「米軍政下の朝鮮映画 ——『光復映画』から『反共映画』へ」貴志俊彦・土屋由香編『文化冷戦の時代 —— アメリカとアジア』国際書院, 165-186.
金京姫, 2015,「ジェンダー主流化再考 —— 韓国の事例」『ジェンダー研究』18: 21-32.
金美淑・金香男, 2010,「盧武鉉（ノ・ムヒョン）政権の家族政策 —— 3つの法案を中心に」伊藤公雄・春木育美・金香男編『現代韓国の家族政策』行路社, 11-34.
貴志俊彦・土屋由香編, 2009,『文化冷戦の時代 —— アメリカとアジア』国際書院.
喜多村理子, 2008,「徴兵の社会史的考察」大阪大学大学院文学研究科文化形態論専攻博士論文.
日下渉・伊賀司, 2021,「性的少数者をめぐって何が争われているのか —— 東南アジアの視座から」日下渉・伊賀司・青山薫・田村慶子編『東南アジアと「LGBT」の政治 —— 性的少数者をめぐって何が争われているのか』明石書店, 7-33.
日下渉・伊賀司・青山薫・田村慶子編, 2021,『東南アジアと「LGBT」の政治 —— 性的少数者をめぐって何が争われているのか』明石書店.
小林よしのり, 2000, 『新ゴーマニズム宣言スペシャル・台湾論』小学館.
顧燕林, 2010,「フェミニズムの体制内改革 —— 台北市女性権益保障弁法制定の過程と検討」, 羽田朝子訳, 野村鮎子・成田静香編『台湾女性研究の挑戦』人文書院, 85-108.
黄文雄, 2007,「日本人に告ぐ —— 台湾という『親日国家』が消えてもいいのか」『正論』424, 78-87.
————, 2012a,『反日感情を操る中国の正体』日本文芸社.
————, 2012b,『中国と中国人は、この五文字で理解できる —— 心を許せない隣人』ワック.
黄齢萱, 2007a,「台湾女性運動の軌跡 —— 売春児童保護運動から『妓権』労働運動へ」『技術マネジメント研究』6: 9-20.
————, 2007b,「現代台湾における女性運動の動向 ——『性権派』と『婦権派』の対立を中心に」『ジェンダー史学』3: 87-93.

星加良司, 2022,「合理的配慮は『社会モデル』を保証するか」飯野由里子・星加良司・西倉実季『「社会」を扱う新たなモード ――「障害の社会モデル」の使い方』生活書院, 140-162.

Huang, Ke-Hsien, 2017, "'Culture Wars' in a Globalized East: How Taiwanese Conservative Christianity Turned Public during the Same-Sex Marriage Controversy and a Secularist Backlash," *Review of Religion and Chinese Society*, 4(1): 108-136.

Hunt, Lynn, 2007, *Inventing Human Rights: A History*, New York: W. W. Norton.（松浦義弘訳, 2011,『人権を創造する』岩波書店）

I

市野川容孝, 2000,『身体／生命』岩波書店.

五十嵐隆幸, 2016,「台湾における軍事戦略の転換（1961-1991年）」『日本台湾学会報』18: 19-41.

伊賀司, 2021,「希望連盟政権下のセクシュアリティ・ポリティクス ――『新しいマレーシア』の下でも進まなかった性的少数者の政治・社会的包摂」日下渉・伊賀司・青山薫・田村慶子編『東南アジアと「LGBT」の政治 ―― 性的少数者をめぐって何が争われているのか』明石書店, 111-135.

飯野由里子, 2021,「なぜトランスフォビアとの闘いがフェミニズムの課題でもあるのか」聡子の部屋講演, 2021年1月20日.

――――, 2022,「性の権利は障害者の味方か？」飯野由里子・星加良司・西倉実季『「社会」を扱う新たなモード ――「障害の社会モデル」の使い方』生活書院, 101-139.

林貞和《イム・ジョンファ》, 2015,「韓国における性労働者運動に関する一考察 ―― 性労働者運動の当事者女性のインタビューを中心に」『女性学研究』22: 74-98.

石垣直, 2007,「現代台湾の多文化主義と先住権の行方 ――〈原住民族〉による土地をめぐる権利回復運動の事例から」『日本台湾学会報』9: 197-216.

Itakura, Kyohei, 2015, "Making Japan 'Out-and-Proud' Through Not-Yet-Consensual Translation: A Case Study of Tokyo Rainbow Pride's Website," *Queer Cats Journal of LGBTQ Studies*, 1(1): 3-30.

J

Jacobs, Andrew, 2014, "For Asia's Gays, Taiwan Stands Out as Beacon," The New York Times.（Retrieved March 1, 2024, http://www.nytimes.com/2014/10/30/world/asia/taiwan-shines-as-beacon-for-gays-in-asia.html?_r=0）

Jerke, Bud W., 2011, "Queer Ruralism," *Harvard Journal of Law & Gender*, 34 (1): 259– 312.

K

上丸洋一, 2011,『「諸君！」「正論」の研究 ―― 保守言論はどう変容してきたか』岩波書店.

影本剛, 2021,「『本物』、『真の』兵役拒否者など存在しない ―― 代替服務制度以降の韓国兵役拒否者・忌避者たちの新しい課題」, LEFT STAND HOMERUN（2024年3月1日取得, https://left-stand-homerun.tumblr.com/post/641637673209069568/）

風間孝・河口和也, 2010,『同性愛と異性愛』岩波書店.

郭魯炫《カク・ノヒョン》, 2000,「国家人権機構に関する韓国の立法論争 ―― 主要争点を中心として」『立命館法学』2(270): 232.

Kao, Ying-Chao, 2017, "Weapons of the Weak Soldiers: Military Masculinity and Embodied Resistance in Taiwanese Conscription," Xiaodong Lin, Chris Haywood and Mairtin Mac an Ghaill eds., *East Asian Men Masculinity, Sexuality and Desire*, London: Palgrave Macmillan, 199-218.

Kao, Ying-Chao and Bih, Herng-Dar, 2014, "Masculinity in Ambiguity: Constructing Taiwanese Masculine Identities Between Great Powers," J. Gelfer ed., *Masculinities in a Global Era*, Berlin: Springer, 175-191.

神尾真知子, 2008,「東アジアの戸籍制度からみるジェンダー問題 ―― 2007年6月アジア法学会研究藤原夏人, 2016,「韓国のテロ防止法」『外国の立法』270: 71-85.
古川誠, 1994,「セクシュアリティの変容 ── 近代日本の同性愛をめぐる3つのコード」『日米女性ジャーナル』17: 29-55.

G

後藤純一, 2010,「映画『スプリング・フィーバー』」, gladxx（2024年3月1日取得, https://gladxx.jp/review/cinema/848.html）
────, 2012,「ゲイの『楽園』を求めて」, All About Japan（2024年3月1日取得, http://allabout.co.jp/gm/gc/402677）
Grofman, Bernard, Sung-Chull Lee, Edwin A. Winckler, and Brian Woodall, eds., 1999, *Elections in Japan, Korea, and Taiwan Under the Single Non-Transferable Vote: The Comparative Study of an Embedded Institution*, Michigan: The University of Michigan Press.
郭立夫, 2019,「トランスナショナルなクィア・アクティビズムを再／想像する ── 中国と『新シルクロード』」シンポジウム「アジアのLGBTは今」東アジアにおける家族とセクシャリティの変容に関する比較史的研究主催, 東京.
────, 2020,「終わるエイズ、健康な中国 ── China AIDS Walkを事例に中国におけるゲイ・エイズ運動を再考する」『女性学』28: 12-33.
郭立夫・福永玄弥, 2020,「中国とセクシュアリティの近代 ── 『LGBTフレンドリー』と『病理』言説の間で」ジェンダー史学会第17回年次大会報告原稿.

H

范情, 2010,「台湾女性運動の歴史をふりかえって」竹内理樺訳, 野村鮎子・成田静香編『台湾女性研究の挑戦』人文書院, 127-154.
Haefele-Thomas, Ardel, 2019, *Introduction to transgender studies*, New York: Harrington Park Press.
Halberstam, Jack, 2004, *In a Queer Time and Place: Transgender Bodies, Subcultural Lives Sexual Cultures*, New York: NYU Press.
Haritaworn, Jin, 2015, *Queer Lovers and Hateful Others: Regenerating Violent Times and Places*, London: Pluto Press.
Huang, Hans Tao-Ming, 2004, "State power, prostitution and sexual order in Taiwan: towards a genealogical critique of 'Virtuous Custom'," *Inter-Asia Cultural Studies*, 5(2): 237-262.
春木育美, 2007,「政治的機会構造と韓国の市民運動 ── 戸主制廃止運動を事例として」『ソシオロジ』51(3): 75-89.
服部民夫・佐藤幸人編, 1996,『韓国・台湾の発展メカニズム』アジア経済研究所.
早川紀代・李熒娘・江上幸子・加藤千香子編, 2007,『東アジアの国民国家形成とジェンダー』青木書店.
早川タダノリ・能川元一, 2015,『憎悪の広告 ── 右派系オピニオン誌「愛国」「嫌中・嫌韓」の系譜』合同出版.
東アジア文史哲ネットワーク編, 2001,『〈小林よしのり『台湾論』〉を超えて ── 台湾への新しい視座』作品社.
樋口直人, 2014,『日本型排外主義 ── 在特会・外国人参政権・東アジア地政学』名古屋大学出版会.
樋口直人・永吉希久子・松谷満・倉橋耕平・ファビアンシェーファー・山口智美, 2019,『ネット右翼とは何か』青弓社.
平井新, 2016,「『移行期正義』概念の再検討」『次世代論集』2: 3-44.
何春蕤, 2013,『「性／別」攪乱 ── 台湾における性政治』舘かおる・平野恵子共編, 大橋史恵・張瑋容訳, 御茶の水書房.
Ho, Josephine, 2008, "Is Global Governance Bad for East Asian Queers?," *GLQ*, 14(4): 457-479.

す』を読み解く」『ジェンダー研究』24: 171-187.
福永玄弥, 2015a,「台湾における性的少数者の社会的包摂と排除」東京大学大学院総合文化研究科国際社会科学専攻修士論文.
————, 2015b,「台北 —— クィアに占領された国際都市：第12回台湾LGBTパレードの参与観察」『(不) 可視化されるコミュニティ 2014年度「地域社会論」調査報告集』東京大学教養学部教養学科総合社会科学分科, 193-232.
————, 2017a,「同性愛の包摂と排除をめぐるポリティクス —— 台湾の徴兵制を事例に」『Gender and Sexuality』12: 157-182.
————, 2017b,「台湾で同性婚が成立の見通し —— 司法院大法官の憲法解釈を読む」, SYNODOS（2024年3月1日取得, https://synodos.jp/society/19837）
————, 2017c,「性的少数者の制度への包摂をめぐるポリティクス —— 台湾のジェンダー平等教育法を事例に」『日本台湾学会報』19: 29-49.
————, 2017d,「台湾におけるフェミニズム的性解放運動の展開 —— 女性運動の主流化と、逸脱的セクシュアリティ主体の連帯」瀬地山角編『ジェンダーとセクシュアリティで見る東アジア』勁草書房, 92-135.
————, 2017e,「『LGBTフレンドリーな台湾』の誕生」瀬地山角編『ジェンダーとセクシュアリティで見る東アジア』勁草書房, 187-225.
————, 2019a,「#MeToo終將席捲日本？ —— 性／別政治與時間性的問題」『人間思想』18: 75-85, 香港: 人間出版社.
————, 2019b,「東アジアのクィア・アクティヴィズム／ソウルのクィアパレードから」, 出版舎ジグ jig-web 連載（2024年3月1日取得, https://jig-jig.com/serialization/fukunaga-quaia-activism/fukunaga01/）
————, 2019c,「ポスト帝国主義とホモナショナリズムの同床異夢 —— 日本と台湾のLGBT運動の『連帯』」日本台湾学会第21回学術大会報告.
————, 2021a,「東アジアのクィア・アクティヴィズム／安全な空間と不適切な身体 —— ピョン・ヒスさんを追悼して」, 出版舎ジグjig-web連載（2024年3月1日取得, https://jig-jig.com/serialization/fukunaga-quaia-activism/fukunaga_extra/）
————, 2021b,「『毀家・廃婚』から『婚姻平等』へ —— 台湾における同性婚の法制化と『良き市民』の政治」『ソシオロゴス』45: 39-58.
————, 2022a,「冷戦体制と軍事化されたマスキュリニティ —— 台湾と韓国の徴兵制を事例に」小浜正子・板橋暁子編『東アジアの家族とセクシュアリティ —— 規範と逸脱』京都大学学術出版会, 21-54.
————, 2022b,「フェミニストと保守の奇妙な〈連帯〉 —— 韓国のトランス排除言説を中心に」『ジェンダー史学』18: 75-85.
————, 2022c,「ポスト冷戦期東アジアにおけるセクシュアリティの政治 —— 台湾と韓国の事例から」東京大学大学院総合文化研究科国際社会科学専攻博士論文.
————, 2023,「男たちの帝国と東アジア」『エトセトラ』10: 76-81.
————, 2024,「東アジアにおける『LGBT』の主流化と反ジェンダー運動」産業精神保健 32(4): 323-326.
Fukunaga, Genya, 2024, "Queer Politics and Solidarity: Post–Cold War Homonationalism in East Asia," Kawasaka, Kazuyoshi and Würrer, Stefan eds., *Beyond Diversity: Queer Politics, Activism and Representation in Contemporary Japan*, Dusseldorf University Press, 99-115.
藤原夏人, 2012,「韓国における難民法の制定」『外国の立法』253: 128-162.

Crenshaw, W. Kimberlé, Gotanda, Neil, Peller, Gary and Thomas, Kendall (eds), 1995, *Critical Race Theory: The Key Writings That Formed the Movement*. The New Press.

D

D'Emilio, John, 1983, "Capitalism and Gay Identity," Ann Snitow, Christine Stansell, and Sharan Thompson eds., *Powers of Desire: The Politics of Sexuality*, New York: Monthly Review Press, 100-113.（風間孝訳, 1997,「資本主義とゲイ・アイデンティティ」『現代思想』25(6): 145-158）

Ding, Naifei, 2015, "In the Eye of International Feminism: Cold Sex Wars in Taiwan," *Economic and Political Weekly*, 50(17): 56-62.

Duggan, Lisa, 2003, *The Twilight of Equality?: Neoliberalism, Cultural Politics, and the attack on Democracy*, Boston: Beacon Press.

E

Edelman, Lee, 1998, "The Future Is Kid Stuff: Queer Theory, Disidentification, and the Death Drive," *Narrative*, 6(1): 18-30. Reprinted in: Donald E Hall and Annamarie Jagose eds., 2013, *The Routledge Queer Studies Reader*, London: Routledge, 287-298.

Enloe, Cynthia, 2000, *Maneuvers: the International Politics of Militarizing Women's Lives*, California: University of California Press.（上野千鶴子監訳／佐藤文香訳, 2006,『策略 —— 女性を軍事化する国際政治』岩波書店）

F

Faye, Shon, 2021, *The Transgender Issue: An Argument for Justice*, London: Penguin.（高井ゆと里訳, 2022,『トランスジェンダー問題 —— 議論は正義のために』明石書店）

Florida, Richard, 2008, *Who's Your City?: How the Creative Economy Is Making Where to Live the Most Important Decision of Your Life*, New York: Basic Books.（井口典夫訳, 2009,『クリエイティブ都市論 —— 創造性は居心地のよい場所を求める』ダイヤモンド社）

Foucault, Michel, 1976, *Histoire de la sexualité, tome1: La volonté de savoir*, Paris: Gallimard.（渡辺守章訳, 1986,『性の歴史 I —— 知への意志』新潮社）

————, 1997, *Il faut défendre la société: Cours au Collège de France* 1975-1976, Paris: Gallimard/Seuil.（石田英敬・小野正嗣訳, 2007,『社会は防衛しなければならない —— コレージュ・ド・フランス講義 1975-1976年度（ミシェル・フーコー講義集成6）』筑摩書房）

————, 2004a, *Sécurité, territoire, population: Cours au Collège de France* 1977-1978, Paris: Gallimard/Seuil.（高桑和巳訳, 2007,『安全・領土・人口 —— コレージュ・ド・フランス講義1977-1978年度（ミシェル・フーコー講義集成7）』筑摩書房）

————, 2004b, *Naissance de la biopolitique: Cours au Collège de France* 1978-1979, Paris: Gallimard/Seuil.（慎改康之訳, 2008,『生政治の誕生 —— コレージュ・ド・フランス講義1978-1979年度（ミシェル・フーコー講義集成8）』筑摩書房）

Fraser, Nancy & Honneth, Axel, 2003, *Umverteilung oder Anerkennung?: Eine politisch-philosophische Kontroverse*, Suhrkamp Verlag.（加藤泰史監訳, 2012,『再配分か承認か？ —— 政治・哲学論争』法政大学出版局）

Frühstück, Sabine, 2003, *Colonizing Sex: Sexology and Social Control in Modern Japan*, California: University of California Press.

藤目ゆき, 2018,「冷戦下の東アジアにおける米軍買春と売春禁止主義」『アジア現代女性史』12: 86-92.

藤高和輝, 2021,「ポストフェミニズムとしてのトランス？ —— 千田有紀『「女」の境界線を引きなお

悠貴・土屋和代訳, 2023,『クィアなアメリカ史 —— 再解釈のアメリカ史・2』勁草書房）

Butler, Judith, 1990, *Gender Trouble: Feminism and the Subversion of Identity*, New York and London: Routledge.（竹村和子訳, 1999,『ジェンダー・トラブル —— フェミニズムとアイデンティティの攪乱』青土社）

————, 1993. *Bodies that Matter: On the Discursive Limits of "Sex."* Routledge.（佐藤嘉幸監訳、竹村和子・越智博美・河野貴代美・三浦玲一訳, 2021,『問題＝物質（マター）となる身体 ——「セックス」の言説的境界について』以文社）

————, 1998, "Merely Cultural," *New Left Review* (227):33-44.（大脇美智子訳, 1999,「単に文化的な」『批評空間2期』23(10): 227-240.）

————, 2009, *Frames of War: When is Life Grievable?*, London: Verso.（清水晶子訳, 2012,『戦争の枠組 —— 生はいつ嘆きうるものであるのか』筑摩書房）

————, 2015, *Notes Toward a Performative Theory of Assembly*, Cambridge: Harvard University Press.（佐藤嘉幸・清水知子訳, 2018,『アセンブリ —— 行為遂行性・複数性・政治』青土社）

C

ケアプランセンターあすか, 2022,「旧統一教会と自民党、そして家族」（2024年3月1日取得, https://www.cpc-asuka.org/2022/09/11/979/）

張慶燮（Chang Kyung-Sup）, 2013,「個人主義なき個人化 ——『圧縮された近代』と東アジアの曖昧な家族危機」落合恵美子編『親密圏と公共圏の再編成 —— アジア近代からの問い』京都大学学術出版会.

Chauncey, George, 1995, "Privacy Could Only Be Had in Public: Gay Uses of the Streets," Joel Sanders ed., *Architecture of Masculinity*, New York: Princeton Architectural Press, 224-267.

チェ・チャン、シャオ・チン・シェ, 2002,「台湾における女性学の動向」『アジア女性研究』11: 82-86.

Ching, Leo T. S., 2019, *Anti-Japan: The Politics of Sentiment in Postcolonial East Asia*, Durham, North Carolina: Duke University Press.（倉橋耕平監訳／趙相宇・永冨真梨・比護遥・輪島裕介訳, 2021,『反日 —— 東アジアにおける感情の政治』人文書院）

Cho, John, 2020, "The Three Faces of South Korea's Male Homosexuality; Pogal, Iban, and Neoliberal Gay," Todd A. Henry ed., *Queer Korea*, Durham and London: Duke University Press, 263-294.

趙慶喜《チョ・キョンヒ》, 2018a,「裏切られた多文化主義 —— 韓国における難民嫌悪をめぐる小考」『現代思想』46(12): 116-125, Kindle版No.2689-2988.

————, 2018b,「韓国における女性嫌悪と情動の政治」『社会情報学』6(3): 35-47.

鄭康子《チョン・カンジャ》, 2011,「韓国における反差別運動と差別禁止法制」『人権問題研究所紀要』25: 41-84.

Cole, J. Michael, 2016, "Taiwan's Compulsory Military Service: Fix it or Drop it," The News Lens.（Retrieved March 1, 2024, https://international.thenewslens.com/article/41422）

Connell, Raewyn, [1995]2005, *Masculinities*, 2nd ed., California: University of California Press.（伊藤公雄訳, 2022,『マスキュリニティーズ —— 男性性の社会科学』新曜社）

Conrad, Peter and Schneider, Joseph W., [1980]1992, *Deviance and Medicalization: From Badness to Sickness*, Philadelphia: Temple University Press.（進藤雄三監訳／杉田聡・近藤正英訳, 2003,『逸脱と医療化 —— 悪から病いへ』ミネルヴァ書房）

Crenshaw, W. Kimberlé, 1989, "Demarginalizing the Intersection of Race and Sex: A Black Feminist Critique of Antidiscrimination Doctrine, Feminist Theory and Antiracist Politics." The University of Chicago Legal Forum 140: 139-167.

————, 1991, "Mapping the Margins: Intersectionality, Identity Politics, and Violence against Women of Color." Stanford Law Review 43(6), 1241-1299.

参考文献

【日本語・英語】

A

安立清史, 2012,「新しい社会運動」見田宗介編集顧問／大澤真幸・吉見俊哉・鷲田清一編集委員『現代社会学事典』弘文堂, 16-17.

Ahmed, Sara, 2004, "Affective Economies," *Social Text*, 79: 117-139.

————, 2016, "An Affinity of Hammers," *TSQ*, 3(1-2): 22-34.

阿部浩己, 2000,「国際人権と女性 —— 女性差別撤廃条約選択議定書の意味するもの」『労働法律旬報』1487: 19-29.

赤川学, 1999,『セクシュアリティの歴史社会学』勁草書房.

Altman, Dennis, 2002, *Global Sex*, Chicago: University of Chicago Press.（河口和也・風間孝・岡島克樹訳, 2005,『グローバルセックス』岩波書店）

アムネスティ・インターナショナル日本, 2015,「LGBTと人権 —— アムネスティの取り組み」（2015年10月12日取得, http://www.amnesty.or.jp/humanrights/topic/lgbt/amnestys_efforts.html）

安ウンギョン, 2013,「韓国における子どもの権利規範形成のプロセスに関する研究 —— 児童生徒人権条例の制定動因をふまえて」『早稲田教育学研究』4: 25-38.

青山薫, 2021,「性的なことは政治的 The Sexual is Political —— 市場・国家・宗教・人権・生存を問う『LGBT』」日下渉・伊賀司・青山薫・田村慶子編『東南アジアと「LGBT」の政治 —— 性的少数者をめぐって何が争われているのか』明石書店, 347-374.

浅見雅一・安廷苑, 2012,『韓国とキリスト教 —— いかにして"国家的宗教"になりえたか』中央公論新社.

B

Barlow, Tani, E., 1997, "Introduction: On 'Colonial Modernity'," Tani Barlow ed., *Formations of Colonial Modernity in East Asia*, Durham NC: Duke University Press, 1-20.

BBC NEWS JAPAN「トランプ米大統領　トランスジェンダーの軍入隊禁止を表明」2017年7月27日（2024年3月1日取得, https://www.bbc.com/japanese/40737330）

Bell, David and Binnie, Jon, 2004, "Authenticating Queer Space: Citizenship, Urbanism and Governance," *Urban Studies*, 41(9): 1807-1820.

Binnie, Jon, 1997, "Coming out of Geography: towards a queer epistemology?," *Environment and Planning D: Society and Space*, 15(2): 223–237.

Bosia J. Michael and Weiss, L. Meredith, 2013, Political Homophobia in Comparative Perspective, Bosia Michael J. and Meredith L. Weiss eds, *Global Homophobia*. Illinoi University Press.

Brake, Elizabeth, 2012, *Minimizing Marriage: Morality, and the Law*, Oxford: Oxford University Press.（久保田裕之監訳／羽生有希・藤間公太・本多真隆・佐藤美和・松田和樹・阪井裕一郎訳, 2019,『最小の結婚 —— 結婚をめぐる法と道徳』白澤社）

Bronski, Michael, 2011, A Queer History of the United States, Boston: Beacon Press.（兼子歩・坂下史子・髙内

図表一覧

索 引

【著者紹介】

福永 玄弥（ふくなが げんや）

1983年大阪府生まれ。2005年慶應義塾大学総合政策学部卒業、会社員を経て、2022年に東京大学大学院総合文化研究科国際社会科学専攻博士課程修了。現在、東京大学教養学部附属教養教育高度化機構D&I部門で准教授を務めるほか、都留文科大学で非常勤講師として勤務。専門はフェミニズム・クィア研究、社会学、地域研究（東アジア）。

論考に「男たちの帝国と東アジア」（『エトセトラ vol.10』）、「失敗の留学ノート、あるいは『流氓』をめぐる覚え書き」（『現代思想2024年11月臨時増刊号』）など。

性／生をめぐる闘争

―― 台湾と韓国における性的マイノリティの運動と政治

2025年2月28日　初版第1刷発行

著　者 ―― 福永玄弥

発行者 ―― 大江 道雅

発行所 ―― 株式会社 明石書店

101-0021 東京都千代田区外神田6-9-5

電話 03-5818-1171

FAX 03-5818-1174

振替 00100-7-24505

https://www.akashi.co.jp

装　丁 ―― 間村 俊一

印刷／製本 ― モリモト印刷株式会社

ISBN 978-4-7503-5868-0

（定価はカバーに表示してあります）

JCOPY 〈出版者著作権管理機構 委託出版物〉

本書の無断複製は著作権法上での例外を除き禁じられています。複製される場合は、そのつど事前に、出版者著作権管理機構（電話 03-5244-5088、FAX03-5244-5089、e-mail: info@jcopy.or.jp）の許諾を得てください。

現代韓国を知るための61章【第3版】
エリア・スタディーズ6　石坂浩一、福島みのり編著　◎2000円

台湾を知るための72章【第2版】
エリア・スタディーズ147　赤松美和子、若松大祐編著　◎2000円

ジェンダード・イノベーションの可能性
小川眞里子、鶴田想人、弓削尚子編著　◎2700円

ラテンアメリカのLGBT　権利保障に関する6か国の比較研究
畑惠子編著　◎5400円

マチズモの人類史　家父長制から「新しい男性性」へ
イヴァン・ジャブロンカ著　村上良太訳　◎4300円

フェミニズムズ　グローバル・ヒストリー
ルーシー・デラップ著　幾島幸子訳
井野瀬久美惠解題　田中雅子翻訳協力　◎3500円

帝国のヴェール　人種・ジェンダー・ポストコロニアリズムから解く世界
荒木和華子、福本圭介編著　◎3000円

戸籍と国籍の近現代史【第3版】
民族・血統・日本人　遠藤正敬著　◎3800円

反中絶の極右たち　なぜ女性の自由に恐怖するのか
シャン・ノリス著　牟礼晶子訳　菊地夏野解説　◎2700円

わたしたちの中絶　38の異なる経験
石原燃、大橋由香子編著　◎2700円

私はアセクシュアル　自分らしさを見つけるまでの物語
レベッカ・バージェス著
上田勢子訳　中村香住解説　◎2000円

いちばんやさしいアロマンティックやアセクシュアルのこと
三宅大二郎、今徳はる香、神林麻衣、中村健著　◎1600円

ノンバイナリー　30人が語るジェンダーとアイデンティティ
マイカ・ラジャノフ、スコット・ドウェイン編
山本晶子訳　◎3000円

埋没した世界　トランスジェンダーふたりの往復書簡
五月あかり、周司あきら著　◎2000円

トランスジェンダー問題　議論は正義のために
ショーン・フェイ著
高井ゆと里訳　清水晶子解説　◎2000円

国際セクシュアリティ教育ガイダンス【改訂版】
科学的根拠に基づいたアプローチ
ユネスコ編　浅井春夫、艮香織、田代美江子、福田和子、渡辺大輔訳　◎2600円

〈価格は本体価格です〉